Lei da Mata Atlântica Comentada

Lei da Mata Atlântica Comentada

2018 · 2ª Edição Revista, Atualizada e Ampliada

Alexandre Gaio

LEI DA MATA ATLÂNTICA COMENTADA
2ª EDIÇÃO
© Almedina, 2018
AUTOR: Alexandre Gaio
DIAGRAMAÇÃO: Almedina
DESIGN DE CAPA: FBA
ISBN: 9788584933235

Dados Internacionais de Catalogação na Publicação (CIP)
(Câmara Brasileira do Livro, SP, Brasil)

Gaio, Alexandre
Lei da Mata Atlântica comentada / Alexandre Gaio. -- 2. ed. rev., atual. e ampl.. -- São Paulo : Almedina, 2018.

Bibliografia.
ISBN 978-85-8493-323-5

1. Direito ambiental - Legislação - Brasil 2. Direito de propriedade 3. Florestas - Proteção 4. Mata Atlântica (Brasil) - Preservação 5. Proteção ambiental I. Título.

18-18391   CDU-34:502.7(81)(094)

Índices para catálogo sistemático:
1. Brasil : Mata Atlântica : Leis comentadas: Direito ambiental 34:502.7(81)(094)
Cibele Maria Dias - Bibliotecária - CRB-8/9427

Este livro segue as regras do novo Acordo Ortográfico da Língua Portuguesa (1990).

Todos os direitos reservados. Nenhuma parte deste livro, protegido por copyright, pode ser reproduzida, armazenada ou transmitida de alguma forma ou por algum meio, seja eletrônico ou mecânico, inclusive fotocópia, gravação ou qualquer sistema de armazenagem de informações, sem a permissão expressa e por escrito da editora.

Julho, 2018

EDITORA: Almedina Brasil
Rua José Maria Lisboa, 860, Conj.131 e 132, Jardim Paulista | 01423-001 São Paulo | Brasil
editora@almedina.com.br
www.almedina.com.br

No que resta – ainda esplendor – da Mata Atlântica.
Apesar do declínio histórico, do massacre
De formas latejantes de viço e beleza.
Mostra o que ficou e amanhã – quem sabe?
Acabará na infinita desolação da terra assassinada.
E pergunta: 'Podemos deixar que uma faixa imensa do Brasil se esterelize,
Vire deserto, ossuário, tumba da natureza?

(Carlos Drummond de Andrade)

NOTA DO AUTOR À 2ª EDIÇÃO

Nesta 2ª edição da obra *Lei da Mata Atlântica Comentada*, publicada pela renomada Editora Almedina, promovi importantes revisões, ampliações e atualizações.

No primeiro capítulo, ao lado da abordagem da história de destruição do bioma Mata Atlântica e das sua principais características e funções ambientais e dos fatores de pressão e de risco à sua sobrevivência, inseri novos itens que tratam da discussão do tema Mata Atlântica no Estado Socioambiental de Direito, começando pela análise da extensão das obrigações positivas assumidas pelo Estado para promover o direito fundamental ao meio ambiente ecologicamente equilibrado, mas também passando pela abordagem ao direito ao desenvolvimento e os reflexos de sua tensão em relação à proteção do aludido bioma.

No segundo capítulo, houve a promoção de aditamento e aprofundamento aos comentários a cada um dos artigos da Lei nº 11.428/2006, uma vez que se vislumbrou a necessidade de esclarecimento a diversas questões ou dúvidas que surgiram a partir da sua aplicação prática nos casos concretos. Dentre diversas questões que ganharam destaque, cito a análise de situações que explicitaram aparente conflito entre as normas da Lei nº 11.428/2006 e as normas da Lei nº 12.651/2012, o que impôs uma abordagem da especialidade da Lei da Mata Atlântica; a apreciação dos precedentes legais da Lei nº 11.428/2006 sob a ótica das consequências dos desmatamentos não autorizados ocorridos anteriormente à data de início de sua vigência; o exame dos principais diplomas legais que conferem proteção indireta a esse bioma; considerações sobre a nota explicativa do IBGE em relação ao mapa e indicação da abrangência do bioma Mata Atlântica; aprofundamento da análise das definições, princípios e objetivos da Lei nº 11.428/2006, assim como do estudo do regime jurídico geral do bioma Mata Atlântica, em especial das determinações contidas nos artigos 11, 12 e 14 da Lei nº 11.428/2006, como verdadeiros pressupostos para iniciar a eventual análise dos demais requisitos legais frente à eventual pretensão de exploração, corte ou supressão de vegetação remanescente do bioma Mata Atlântica, além das hipóteses de necessidade de anuência prévia de órgãos federais ou municipais. Da mesma forma, aprofundou-se a análise dos requisitos previstos no regime jurídico especial do bioma Mata Atlântica, inclusive no que concerne aos condicionantes da emissão de eventual autorização florestal e às medidas de compensação ambiental pelo corte ou supressão de vegetação remanescente do bioma Mata Atlântica.

Agradeço à equipe do Centro de Apoio Operacional às Promotorias de Proteção ao Meio Ambiente, Habitação e Urbanismo do Ministério Público do Estado do Paraná, à equipe da Superintendência do IBAMA no Estado do Paraná e aos colegas da Associação Brasileira do Ministério Público Ambiental (ABRAMPA) pelos questionamentos realizados a respeito da aplicação da Lei nº 11.428/2006 e pelo apoio e incentivo para a realização desta nova edição de *Lei da Mata Atlântica Comentada*.

Curitiba, 23 de abril de 2018.

ALEXANDRE GAIO

PREFÁCIO

É grande a minha satisfação em poder apresentar a obra LEI DA MATA ATLÂNTICA COMENTADA, da autoria de ALEXANDRE GAIO, jovem e promissor Promotor de Justiça em Curitiba, Estado do Paraná. Dois são os motivos de minha alegria.

O primeiro consiste no fato de ter sido professor e orientador de Alexandre Gaio no seu curso de mestrado na Pontifícia Universidade Católica do Paraná e, por isso, ter acompanhado alguns passos de sua trajetória vitoriosa. O então mestrando, apesar de suas responsabilidades profissionais, à época na trabalhosa Promotoria Pública de Paranaguá, no litoral paranaense, saiu-se muito bem em todas as etapas de seu curso de pós-graduação, tendo pleno êxito na defesa da dissertação.

O segundo motivo de minha alegria é ver materializado um trabalho do autor, que com ele dá um bom exemplo de dedicação ao estudo e de sacrifício para alcançar o êxito de forma legítima. Ao mesmo tempo em que o Promotor Alexandre Gaio evolui e cresce culturalmente com o mestrado, devolve à sociedade o fruto de suas pesquisas, compartilha o saber adquirido ao longo de dois anos de estudos.

Feito este breve introito, vejamos a obra. O livro é simples na forma e profundo no conteúdo. Divide-se apenas em dois capítulos. O primeiro descreve a importância do bioma Mata Atlântica, dando ao leitor uma noção interdisciplinar. O segundo capítulo analise a lei, artigo por artigo, com a objetividade que o mundo moderno exige.

A Mata Atlântica, bioma protegido pela Constituição Federal, que o reconhece como Patrimônio Nacional, vai do Estado do Rio Grande do Norte até Santa Catarina. Sua beleza pode ser constatada através do simples olhar às suas espécies nativas, que se encontram em quase toda a costa brasileira e que tão bem foram descritas por Euclides da Cunha em sua magistral obra "Os Sertões".

Alexandre Gaio, contudo, não se limita a enaltecer o aspecto paisagístico. Narra também como a Mata Atlântica foi tratada ao longo da história, explorada de forma desordenada de modo a sobrar-lhe apenas 7% de seu tamanho original. E vai além, pois descreve, com base em profunda pesquisa bibliográfica, a relevância do bioma na preservação da biodiversidade, fornecimento de água potável, estabilidade do solo, diminuição de gases de efeito estufa, com consequente aquecimento da temperatura e controle térmico das cidades.

A relevância dos comentários torna-se ainda maior quando se pensa que, apesar de ter sido reduzido em grandes proporções o seu tamanho, a Mata Atlântica continua sob risco na parte remanescente. A pressão dos interesses econômicos persiste, seja através da pecuária e até mesmo por uma reforma agrária mal conduzida que, por vezes, atribui às terras em que ela se encontra a condição de improdutivas.

O autor faz preciso levantamento das normas que tratam da matéria, desde a Constituição de 1988 até a Lei 11.428, de 22.12. 2006, passando pelo controvertido Decreto 99.547, de 25.09.1990 e atos administrativos, inclusive Resoluções do Conselho Nacional do Meio Ambiente – CONAMA.

A obra no segundo capítulo, comenta cada artigo da Lei 11.428, de 2006. Nesta análise o autor coloca os muitos anos de experiência na comarca de Paranaguá, local em que a Mata Atlântica se estende com beleza ímpar, posta, porém, sob permanente ameaça. E aí, alicerçado em princípios teóricos obtidos no curso de mestrado, põe o autor as milhares de situações que examinou como agente do Ministério Público por quase cinco anos na comarca litorânea. Conflitos difíceis, oriundos de indústrias que invocavam o fornecimento de empregos, construções irregulares, atividades de transporte pesado que se dirigem ao importante Porto de Paranaguá, conflitos entre pessoas de baixa renda instaladas em áreas de preservação e tantas outras situações fáticas que o atual momento histórico nos fornece.

No seu estudo, o autor enfrenta a difícil questão do uso da madeira, conforme o estágio em que se encontra, salientando o regime especial de tratamento dado à Mata Atlântica pela Lei 11.428. Com simplicidade, dá ao leitor a compreensão de que:

> No título III da Lei nº 11.428/2006, que trata do regime jurídico especial do bioma Mata Atlântica, os artigos 20 a 31 explicitam quais são os pressupostos e condicionantes para o corte ou a supressão da Mata Atlântica, diferenciando, de modo separado, as hipóteses de vegetação primária, secundária em estágio avançado de regeneração, secundária em estágio médio de regeneração, secundária em estágio inicial de regeneração, e, ainda, as hipóteses do remanescente de Mata Atlântica se situar nas áreas urbanas.

Encerra o autor com suas considerações finais, onde coloca todas as medidas que devem ser tomadas na preservação deste bioma de interesse nacional, apontando de forma objetiva o que deve ser feito. Trata-se de autêntico roteiro àqueles que detém posições de comando e entre elas está, também, uma dirigida ao Poder Judiciário, que é a criação de Varas Ambientais, iniciativa pouco utilizada em nosso país.

Em suma, a presente obra de Alexandre Gaio, pioneira na análise da importante Lei 11.428, de 2006, ingressa no universo jurídico do Direito Ambiental para ocupar um lugar único, uma vez que ela reúne aspectos teóricos e práticos, sendo, pois, de consulta obrigatória a todos os que se dedicam a esta importante área do Direito e também aos que atuam em atividades interdisciplinares, como servidores dos órgãos ambientais, funcionários de prefeituras, órgãos de fiscalização do trânsito, agências reguladoras, fiscalização no uso de agrotóxicos e outras tantas atividades semelhantes. Apresentá-la é para mim uma honra, lê-la um constante aprendizado.

Curitiba, 18 de março de 2014.

VLADIMIR PASSOS DE FREITAS
Desembargador Federal aposentado, ex-Presidente do Tribunal Regional Federal da 4ª Região. Professor doutor de Direito Ambiental da Pontifícia Universidade Católica do Paraná, autor e co-autor de nove livros na área do Direito Ambiental, Presidente do Instituto Brasileiro de Administração do Sistema Judiciário – IBRAJUS e Vice-Presidente para a América Latina da "International Association for Courts Administration – IACA"

SUMÁRIO

NOTA DO AUTOR À 2ª EDIÇÃO   7

PREFÁCIO   9

SUMÁRIO   13

INTRODUÇÃO   15

CAPÍTULO 1. O BIOMA MATA ATLÂNTICA   19
1.1 As circunstâncias históricas e jurídicas da inserção da proteção florestal no Brasil   19
    1.1.1 O período colonial   19
    1.1.2 O período do Brasil império   27
    1.1.3 O período republicano   29
1.2 As características e funções ambientais da Mata Atlântica: a indissociável relação com a proteção da biodiversidade   35
1.3 A pressão dos interesses econômicos e da expansão urbana sobre a cobertura remanescente da mata atlântica e o risco de extinção do bioma   45
1.4 A Mata Atlântica no Estado Socioambiental de Direito   54
    1.4.1 O direito fundamental ao meio ambiente ecologicamente equilibrado e o Estado Socioambiental de Direito   54
    1.4.2 O direito ao desenvolvimento   61
    1.4.3 A tensão entre os direitos ao meio ambiente ecologicamente equilibrado e ao desenvolvimento e seus reflexos na proteção da Mata Atlântica   68

1.4.4 A tutela da Mata Atlântica pela Constituição Federal de 1988
e o alcance da expressão patrimônio nacional — 73

CAPÍTULO 2. COMENTÁRIOS À LEI Nº 11.428, DE 22.12.2006 — 81

2.1 Título 1 – Das definições, objetivos e princípios do regime jurídico do bioma Mata Atlântica (art. 1º a 7º) — 81

2.2 Título 2 – Do regime jurídico geral do bioma Mata Atlântica (art. 8º a 19) — 162

2.3 Título 3 – Do Regime Jurídico Especial do Bioma Mata Atlântica (Art. 20 a 32) — 225

2.4 Título 4 – Dos Incentivos Econômicos (Art. 33 a 41) — 253

2.5 Título 5 – Das Penalidades (Art. 42 a 44) — 264

2.6 Título 6 – Das Disposições Finais (Art. 45 a 51) — 270

Considerações Finais — 277

Referências — 289

Glossário — 299

Anexo A – Lei nº 11.428 de 22.12.2006 – DOU 26.12.2006
– ret 09.01.2007 — 305

Anexo B – Decreto nº 6.660 de 21.11.2008 – DOU 24.11.2008 — 321

Sobre o autor — 349

Introdução

Embora o bioma Mata Atlântica apresente alto índice de biodiversidade da flora e da fauna e múltiplas e indispensáveis funções ambientais, das quais dependem pelo menos cento e quarenta milhões de brasileiros, encontra-se em risco de extinção em nosso território e alvo de constantes pressões dos interesses econômicos e das expansões urbanas.

De um lado, no meio rural, o agronegócio, a pecuária extensiva, a silvicultura, a mineração e a implantação de centrais de produção hidrelétricas vêm, de modo incessante, captando novas áreas para produção em substituição aos remanescentes da Mata Atlântica. De outro lado, no meio urbano, não há como se olvidar que a maior parte da população brasileira se encontra nas áreas de domínio da Mata Atlântica e que há forte pressão não somente para a expansão urbana, mas também a existência de diversos interesses econômicos (comerciais, industriais, imobiliários e turísticos) que pretendem a supressão de seus remanescentes de vegetação ainda preservados ou em fase de recuperação.

A discussão entre os conflitos da livre iniciativa econômica e a preservação da Mata Atlântica, especialmente no âmbito de análise do direito de propriedade, assume importância ainda maior diante da constatação de que cerca de 70% das áreas do aludido bioma no Brasil se situam em propriedade privada. Ao lado disso, a atualidade do tema se revela flagrante, em tempos de sociedade de risco guiada predominantemente por imperativos econômicos, em que os ditames da competitividade e dos avanços tecnológicos avançam em velocidade superior ao conhecimento das suas consequências e riscos, deixando a humanidade e a própria vida do planeta sob contínua ameaça.

A Constituição Federal de 1988 reconheceu de modo expresso essa importância e preocupação, ao elevar o bioma Mata Atlântica à condição de "patrimônio nacional" e ao determinar a sua proteção e recuperação para as presentes e futuras gerações, o que importou em um duplo dever ao Poder Público quanto à edição de leis, decretos, resoluções, ou quaisquer outros atos normativos a respeito desse bioma: os deveres de impedir o decréscimo das condições de sua sobrevivência e o de possibilitar a sua efetiva proteção e recuperação.

No âmbito das legislações específicas sobre a Mata Atlântica, o Decreto nº 99.547/90 e o Decreto nº 750/93 preencheram a omissão do Poder Legislativo durante dezoito anos ante a determinação expressa da Constituição Federal de 1988 de edição de lei sobre esse bioma.

No entanto, após um longo e tortuoso trâmite de projetos de lei no Poder Legislativo, foi aprovada e sancionada a Lei nº 11.428/2006, que, dentre outras providências, dispõe sobre a utilização e proteção da vegetação nativa do bioma Mata Atlântica. Esse diploma legal, editado de modo analítico, incluiu definições, princípios e objetivos do regime jurídico do bioma Mata Atlântica, além de dispor sobre as hipóteses vedadas e permissíveis de exploração, corte e supressão de vegetação do bioma Mata Atlântica. Em relação a essas hipóteses, a Lei nº 11.428/2006 diferenciou o tratamento conforme a vegetação, os estágios de sua regeneração, a finalidade da intervenção, a sua localização urbana ou rural, dentre outros fatores.

Dessa forma, tratou-se, no primeiro capítulo, anteriormente aos comentários à Lei nº 11.428/2006, das circunstâncias históricas e jurídicas da inserção da proteção florestal no Brasil e das limitações ao livre uso e gozo da propriedade, principalmente sob o viés de proteção ambiental. Nesse particular, exteriorizou-se uma linha cronológica relativa à destruição da Mata Atlântica e à gênese de nossa legislação ambiental, desde a chegada dos invasores europeus, passando pelos períodos colonial, imperial e republicano, até os dias de hoje, em confronto com os principais ciclos de produção econômica.

Promoveu-se, também, a abordagem das principais características e funções ambientais do bioma Mata Atlântica, de modo a situar o grau de sua importância no país e no mundo, especialmente sob o enfoque da biodiversidade, e demonstrar os principais fatores de pressão sobre a sua preservação, os riscos e as consequências de sua gradativa extinção.

Ainda no primeiro capítulo, mereceram atenção a tutela do bioma Mata Atlântica pela Constituição Federal de 1988 e o alcance da expressão "patrimônio nacional", assim como a discussão do tema Mata Atlântica no Estado Socioambiental de Direito, começando pela análise da extensão das obrigações positivas assumidas pelo Estado para promover o direito fundamental ao meio ambiente ecologicamente equilibrado, o que deve incluir o atendimento aos direitos sociais básicos da população, e também passando pela abordagem ao direito ao desenvolvimento e os reflexos de sua tensão em relação à proteção do bioma Mata Atlântica.

No segundo capítulo, procedeu-se aos comentários de cada um dos artigos da Lei nº 11.428/2006 e da sua regulamentação pelo Decreto nº 6.660/2008, de modo a expor a sua aplicação prática e a sua interpretação, especialmente no que tange às hipóteses vedadas e permissíveis de exploração, corte ou supressão da vegetação remanescente do bioma Mata Atlântica, tendo também como questão de fundo a análise crítica da suficiência ou não dos instrumentos desse diploma legal para a proteção e recuperação do bioma Mata Atlântica e para a efetividade dos direitos fundamentais ao meio ambiente e ao desenvolvimento.

Capítulo 1
O Bioma Mata Atlântica

1.1 As circunstâncias históricas e jurídicas da inserção da proteção florestal no Brasil

1.1.1 *O período colonial*

A história do Brasil se confunde com a história de concentração fundiária, de desigualdade social e de ocupação danosa da terra, com um processo desenfreado de desmatamento e de degradação ambiental. Como sintetizou Figueiredo, essa história foi caracterizada pelo "mau aproveitamento das terras, pela exploração predatória dos recursos naturais, pelo desrespeito aos direitos dos trabalhadores e por uma exploração que contemplava exclusivamente os interesses imediatos dos proprietários"[1].

Desde a chegada dos europeus no Brasil, iniciou-se uma exploração florestal destruidora, o que é facilmente percebido com a comparação da situação constante do mapa original de 1500 com a situação do remanescente florestal nos dias de hoje[2]. No ano de 1501, Fernando de

---

[1] FIGUEIREDO, Guilherme José Purvin de. **A propriedade no direito ambiental**. 3.ed. São Paulo: Revista dos Tribunais, 2008. p.166.

[2] Benjamin assevera que: "visto de todos os ângulos de sua estrutura – econômico, cultural e jurídico –, o Brasil ainda dá os primeiros passos na busca da compatibilização entre crescimento econômico e proteção do meio ambiente. Nossos 500 anos de história estão marcados a ferro (primeiro, o machado, depois, os tratores e motosserras) e fogo (as queimadas e, mais recentemente, as chaminés descontroladas). Durante todo esse período, fomos

Noronha começou em nosso território a exploração da árvore posteriormente denominada pau-brasil (*Caesalpinia echinata*), que era utilizada na produção de corantes para o tingimento de tecidos, e, já no ano de 1530, havia relatos de que essa espécie florestal não mais existia em abundância[3]. Outras espécies de árvores, adequadas para a construção naval portuguesa, também foram objeto de constante exploração nessa época[4].

Em uma segunda fase da colonização, essa devastação foi potencializada com a utilização da técnica das queimadas para a implantação da agricultura, em especial da cana-de-açúcar. Além da abertura de espaços para a plantação, era preciso lenha para a produção de açúcar[5]. A produção da cana- de-açúcar, "juntamente com a criação de gado e o fabrico de tijolo e telha, impedia que a floresta renascesse em torno de diversos estuários"[6].

Ainda nesse período, formou-se, pela primeira vez, a noção de propriedade individual no Brasil, assim como se reconstituiu o instituto da escravidão com a utilização da mão de obra dos indígenas[7], em um primeiro momento, e da mão de obra dos africanos, a partir de meados do século XVI.

Caio Prado Junior explica que os portugueses vieram ao Brasil na condição de administradores, o que pressupunha a necessidade de um grande número de subordinados para a exploração agrária em grandes áreas, pois não havia a intenção de povoamento e construção de uma

---

escravos da visão distorcida da *natureza-inimiga*." (BENJAMIN, Antônio Herman. Introdução ao direito ambiental brasileiro. **Revista de Direito Ambiental**, São Paulo, n.14, p.48, 1999).

[3] CARADORI, Rogério da Cruz. **O Código Florestal e a legislação extravagante**: a teoria e a prática da proteção florestal. São Paulo: Atlas, 2009. p.5.

[4] CABRAL, Diogo de Carvalho. Floresta, política e trabalho: a exploração das madeiras-de-lei no Recôncavo da Guanabara (1760-1820). **Revista Brasileira de História**. São Paulo, v.28, n.55, jun. 2008.

[5] Warren Dean afirma que "cerca de quinze quilos de lenha eram queimados para cada quilo de açúcar produzido, o que daria a média de 210 mil toneladas de matas secundárias e florestas de manguezais de enseada cortadas anualmente para esse fim". (DEAN, Warren. **A ferro e fogo**: a história da devastação da Mata Atlântica brasileira. Tradução de Cid Knipel Moreira. São Paulo: Companhia das Letras, 1996. p.96).

[6] *Ibid.*, p.97.

[7] A escravidão dos indígenas foi substituída pela exploração servil de sua mão de obra por meio dos jesuítas, especialmente em regiões de mais difícil acesso do país.

nova nação, mas sim o propósito de mera extração de recursos para destinar à metrópole[8].

A colonização portuguesa estreou na faixa litorânea do país, que ofertava condições climáticas e de acesso mais favoráveis, passando às demais regiões nos séculos seguintes. Dessa forma, já neste início do período de colonização, a estrutura latifundiária ia se formando em quase todas as regiões brasileiras, mas especialmente no litoral, a partir da cessão de terras pelo Rei de Portugal a fidalgos da nobreza em troca de pagamentos anuais. O sistema de capitanias atribuía aos donatários não somente a administração das terras, mas também poderes militares e de Justiça[9]. A instituição das sesmarias com o intuito de povoar as terras brasileiras e a atribuição de grandes porções do território a poucos donatários, que desenvolviam monoculturas em extensas áreas, originaram a tradição do modelo latifundiário. E esse modelo era baseado no desmatamento progressivo em larga escala, deixando para trás as terras arrasadas e estéreis[10]. Apenas eram poupadas, por conveniência, as áreas de florestas onde o acesso era difícil ou impossível.

Na segunda fase de colonização do Brasil, mais especificamente no ciclo da cana-de-açúcar, no lapso temporal compreendido entre os anos de 1550 e 1700, Warren Dean afirma que houve a derrubada de mais de mil quilômetros quadrados da Mata Atlântica, o que foi por ele considerado ainda proporcionalmente modesto em relação ao que estava por vir[11].

No final do século XVII, o ciclo do ouro em Minas Gerais e São Paulo manteve em passos largos o desmatamento da Mata Atlântica. O mesmo se pode dizer em relação aos séculos XIX e XX, durante o ciclo do café, quando as extensas plantações substituíram a Mata Atlântica, com a preparação do solo sempre à base das queimadas[12]. Ainda durante o

---

[8] PRADO JUNIOR, Caio. **Formação do Brasil contemporâneo**. 23.ed. São Paulo: Brasiliense, 2006. p.23-24.
[9] PULNER, Rita de Cássia Linhares. **Análise crítica da cientificidade da legislação relativa a manguezais**. Curitiba: Imprensa Oficial do Paraná, 2007. p.51-52.
[10] FIGUEIREDO, Guilherme José Purvin de. **A propriedade no direito ambiental**, p.156.
[11] DEAN, Warren. **A ferro e fogo...**, p.96.
[12] MACHADO, Rita Dallago (Org.). **Mata Atlântica**: nossa floresta em perigo. Curitiba: Posigraf, 1999. p.22.

ciclo do café, foram construídas estradas de ferro e grandes rodovias atravessando importantes trechos da floresta[13].

A partir da transformação do capitalismo comercial em capitalismo industrial[14], o sistema colonial ingressou em fase de decadência e sobreveio a independência do Brasil. Nesse período, substitui-se o sistema escravocrata pelo sistema de trabalho aparentemente livre, pois os trabalhadores se tornavam reféns de dívidas no seu próprio local de trabalho[15]. Mais do que isso, a industrialização trouxe o êxodo rural e o inchamento das cidades[16], o agravamento das desigualdades regionais, a mecanização da agricultura, a pecuária extensiva, dentre várias outras consequências que importaram no contínuo desmatamento e destruição de "paraísos ecológicos"[17]. Juraci Perez Magalhães acrescenta que, nessa fase de inserção da indústria no Brasil, outro motivo para a existência de grande pressão sobre as florestas era a utilização do carvão vegetal como fonte de energia[18].

A política neoliberal, no final do século XX e início do século XXI, deu continuidade a esse processo, pois, fundamentada no imperativo da competitividade e na ideia de exclusão dos menos aptos, estimulou as maiores e "melhores" produções agropecuárias, naturalmente originárias de grandes propriedades, intensificou o êxodo rural e, consequentemente, incrementou o crescimento anômalo das cidades, o processo de exclusão social e a destruição dos recursos naturais. Como bem resumido por Warren Dean, a avareza, a ignorância, a indiferença

---

[13] *Ibid.*, p.23.
[14] A industrialização chega ao Brasil apenas no século XX, no eixo Rio-São Paulo, onde havia ferrovias e rodovias para o escoamento de produtos pelos portos. (FIGUEIREDO, *op. cit.*, p.164).
[15] *Ibid.*, p.163.
[16] "A partir da década de 50, foram instalados complexos industriais siderúrgicos e petroquímicos nas regiões da Mata Atlântica que precisavam de muitos trabalhadores. Assim, a população brasileira cresceu em uma velocidade impressionante." (MACHADO, *op. cit.*, p.23).
[17] FIGUEIREDO, *op. cit.*, p.164-165.
[18] Explica Juraci Perez Magalhães que: "Para se ter uma idéia, na indústria de ferro, para se obter 50 quilos de ferro era preciso tratar 200 quilos de minério, queimando-se, pelo menos, 25 esteres (25m3) de madeira. Assim, em quarenta dias, uma carvoaria podia devastar uma floresta num raio de um quilômetro". (MAGALHÃES, Juraci Perez. **A evolução do direito ambiental no Brasil**. São Paulo: Oliveira Mendes, 1998. p.20).

e a alienação acompanharam a destruição da Mata Atlântica por esses quinhentos anos, em cada ciclo de produção econômica:

[...] Durante quinhentos anos, a Mata Atlântica propiciou lucros fáceis: papagaios, corantes, escravos, ouro, ipecacuanha, orquídeas e madeira para o proveito dos seus senhores coloniais e, queimada e devastada, uma camada imensamente fértil de cinzas que possibilitavam uma agricultura passiva, imprudente e insustentável. A população crescia cada vez mais, o capital 'se acumulava', enquanto as florestas desapareciam; mais capital então 'se acumulava' – em barreiras à erosão de terras de lavoura, em aquedutos, controle de fluxos e enchentes de rios, equipamentos de dragagem, terras de mata plantada e a industrialização de sucedâneos para centenas de produtos outrora apanhados de graça na floresta[19].

Durante a passagem desses ciclos de destruição da Mata Atlântica, também tiveram origem as normas de proteção madeireira, florestal e ambiental no Brasil. A proteção florestal no Brasil teve como gênese preocupações de cunho eminentemente econômico, seja para assegurar a existência de reservas para posterior exploração, seja para a consolidação do território com o intuito de evitar invasões de outras nações. Com efeito, as primeiras disposições legais criadas pelos nossos colonizadores sobre o corte de árvores apontam para um propósito financeiro da Coroa portuguesa, que consistia em guardar os aludidos recursos para uma posterior utilização e exploração[20].

Aliás, Ann Helen Wainer constata que a história das leis que protegiam direta ou indiretamente os recursos naturais, nos séculos anteriores, identifica-se principalmente, e em regra, com os períodos em que houve indicação de escassez no abastecimento de gêneros alimentícios. No caso das normas portuguesas que vigoraram no Brasil colônia, não tiveram outro propósito que não o de "proteger as riquezas brasileiras que supriam a metrópole, sobretudo em madeiras empregadas para impulsionar a marinha mercante"[21]. Esse é o motivo pelo qual Guilherme Purvin Figueiredo defende a utilização do termo legislação madeireira

---

[19] DEAN, Warren. **A ferro e fogo...**, p.380.
[20] DEUS, Teresa Cristina de. **Tutela da flora em face do direito ambiental brasileiro.** São Paulo: Juarez de Oliveira, 2003. p.94.
[21] WAINER, Ann Helen. Legislação ambiental brasileira: evolução histórica do direito ambiental. **Revista de Direito Ambiental**, São Paulo, n.0, p.159, 1995.

e não legislação ambiental na época do Brasil colônia, eis que, "efetivamente, a finalidade da lei era evitar o desperdício de madeira destinada, sobretudo, à construção naval, e não à proteção do meio ambiente"[22]. Importante frisar que o registro da primeira utilização do termo ecologia se deu no ano de 1866 pelo biólogo alemão Ernest Haeckel, ocasião em que este estudioso propôs a criação de uma disciplina para estudar as relações entre o ambiente orgânico e inorgânico e os animais[23].

Nesse primeiro período de ocupação dos portugueses no Brasil, vigoravam as Ordenações Afonsinas, que previam, de modo embrionário em relação à proteção florestal, a existência de crime de injúria ao rei o corte de árvores de fruto[24]. As Ordenações Afonsinas deram lugar, a partir de 1521, às Ordenações Manuelinas, que continham disposições que protegiam indiretamente[25] o meio ambiente, tais como a vedação de caça de perdizes, lebres e coelhos em determinadas regiões (Livro V, Título LXXXIII), a proibição de comercialização de colmeias de abelhas sem que fossem preservadas as vidas desses insetos (Título XCVII, Livro V), ou ainda a vedação do corte de árvores frutíferas (Livro V, Título C)[26]. Wainer destaca, no entanto, que embora houvesse a previsão de penalidades rigorosas aos infratores das citadas normas, a Justiça era classista, ou seja, dosava as penas conforme a posição social do infrator[27].

Em 1605, a Coroa editou o Regimento Pau-Brasil, que proibia o corte dessa espécie florestal sem a sua autorização expressa, além de regular a forma de sua exploração com o intuito de possibilitar a regeneração da floresta, o que incluía a proibição de utilização de fogo e a previsão de guardas florestais[28], além de licença com a indicação da quantidade

---

[22] FIGUEIREDO, Guilherme José Purvin de. **A propriedade no direito ambiental**, p.156.
[23] LAGO, Antônio; PÁDUA, José Augusto. **O que é ecologia**. 9.ed. São Paulo: Brasiliense, 1989. p.7.
[24] CARMO, Aurélio Hipólito do. **Tutela ambiental da Mata Atlântica**: com vistas, principalmente, ao estado de São Paulo. São Paulo: Juarez de Oliveira, 2003. p.43.
[25] Para Juraci Perez Magalhães, as Ordenações, embora previssem penalidades rigorosas, não eram dotadas de preocupações conservacionistas, mas sim tão somente caráter econômico de proteção dos recursos naturais, na medida em que consistiam em um dos fatores de produção (MAGALHÃES, Juraci Perez. **Comentários ao Código Florestal**. 2.ed. São Paulo: Juarez de Oliveira, 2001. p.5).
[26] CARADORI, Rogério da Cruz. **O Código Florestal e a legislação extravagante**..., p.6.
[27] WAINER, Ann Helen. Legislação ambiental brasileira..., p.161.
[28] Interessante transcrever os parágrafos 1', 8' e 10' do Regimento do Pau-Brasil: "[...] Parágrafo 1'. Primeiramente Hei por bem, e Mando, que nenhuma pessoa possa cortar, nem

máxima para exploração e o seu registro em livro próprio[29]. A aludida legislação não teve muita eficácia, pois, segundo Wainer, havia uma dificuldade de veiculação da norma em um país com tamanha extensão de terras, aliado ao fato de o regimento proteger apenas essa espécie florestal[30].

As Ordenações Filipinas, vigentes no Brasil desde 1603 até o Código Civil de 1916, repetiram diversas normas constantes das Ordenações Manuelinas, mas inovaram "na determinação de programas de obras públicas, para construção de calçadas, pontes, chafarizes, poços, bem como o incentivo do plantio de árvores em terrenos baldios"[31]. Além disso, houve a inserção de disposições nos temas de danos aos pomares e olivais vizinhos, de poluição de águas (Livro V, Título LXXXVIII, § 7º) e de

mandar cortar o dito páo brasil, por si, ou seus escravos ou Feitores seus, sem expressa licença, ou escrito do Provedor mór de Minha Fazenda, de cada uma das Capitanias, em cujo destricto estiver a mata, em que se houver de cortar; e o que o contrário fizer encorrerá em pena de morte e confiscação de toda sua fazenda. [...] Parágrafo 8'. Por ter informação, que uma das cousas, que maior damno tem causado nas ditas mattas, em que se perde, e destroe mais páos, é por os Contractadores não aceitarem todo o que se corta, sendo bom, e de receber, e querem que todo o que se lhe dá seja roliço, e massiço do que se segue ficar pelos mattos muitos dos ramos e ilhargas perdidas, sendo todo elle bom, e conveniente para o uso das tintas: Mando a que daqui em diante se aproveite todo o que fôr de receber, e não se deixe pelos matos nenhum páo cortado, assim dos ditos ramos, como das ilhargas, e que os contractadores o recebão todo, e havendo dúvida se é de receber, a determinará o Provedor da Minha Fazenda com informação de pessoas de crédito ajuramentadas; e porque outrosym sou informado, que a causa de se extinguirem as matas do dito páo como hoje então, e não tornarem as árvores a brotar, é pelo mão modo com que se fazem os cortes, não lhe deixando ramos, e varas, que vão crescendo, e por se lhe pôr fogo nas raizes, para fazerem roças; Hei por bem, e Mando, que daqui em diante se não fação roças em terras de matas de páo do brasil, e serão para isso coutadas com todas as penas, e defesas, que estas coutadas Reaes, e que nos ditos córtes se tenhão muito tento a conservação das árvores para que tornem a brotar, deixando-lhes varas, e troncos com que os possão fazer, e os que o contrário fizerem serão castigados com as penas, que parecer ao Julgador. [...] Parágrafo 10'. E para que em todo haja guarda e vigilância, que convém Hei por bem, que em cada Capitania, das em que houver matas do dito páo, haja guardas, duas delias, que terão de seu ordenado a vintena das condemnações que por sua denunciação se fizeram, as quaes guardas serão nomeadas pelas Camaras, e approvadas pelos Provedores de Minha Fazenda, e se lhes dará juramento, que bem, e verdadeiramente fação seus Officios. [...]" (Brasil, 1605)

[29] MAGALHÃES, Juraci Perez. **Comentários ao Código Florestal**, p.07.
[30] WAINER, Ann Helen. Legislação ambiental brasileira..., p.166.
[31] WAINER, Ann Helen. Legislação ambiental brasileira..., p.161.

restrição de pesca em determinados locais e com alguns instrumentos (Livro V, Título LXXXVIII, § 6º)[32].

No período de domínio holandês no Nordeste brasileiro, houve a proibição do corte do cajueiro, assim como, em 1642, a proibição do lançamento do bagaço de cana nos rios e açudes, sob a justificativa de proteger as populações que tinham os peixes de água doce como alimento[33].

Em 1738, foi emitida provisão ao Governador do Rio de Janeiro, motivada pela preocupação de insuficiência de madeira de guarnição da marinha armada, para proibir a exportação da madeira Tapinhoã[34].

No reinado de D. Maria I, ainda no período colonial, foram expedidas importantes cartas régias e outros atos normativos de conteúdo conservacionista dos recursos econômicos florestais, destacando-se, dentre outros, a carta de 1773 dirigida ao vice-Rei do Brasil, para a proteção das madeiras nas matas, o que é repetido de modo ainda mais abrangente, no ano de 1797, por meio de carta ao Capitão do Rio Grande de S. Pedro, para que se atentasse ao cuidado na conservação das matas e arvoredos, principalmente quando houvesse pau-brasil[35]. Neste mesmo período, em 1795, um alvará estabeleceu a vedação de instituição de sesmarias nas terras situadas nas margens dos rios e mares, onde houvesse madeiras de construção, incumbindo essas terras à Coroa portuguesa, desde que já não tivessem proprietários, e, ainda, cartas régias foram expedidas aos Governadores das Capitanias, com determinação de "severa fiscalização das matas e arvoredos localizados perto dos mares ou nas margens dos rios"[36]. Por fim, com a carta régia de março de 1796, "foi criada a figura do juiz conservador das matas, o qual tinha a função de proteger a conservação das matas, propiciando as melhores técnicas para o corte das árvores"[37]. Rita Pulner lembra que esses ordenamentos eram sempre dotados de um propósito de assegurar os interesses financeiros da Coroa portuguesa nas terras coloniais brasileiras[38].

---

[32] Brasil, 1603.
[33] WAINER, *op. cit.*, p.164.
[34] *Ibid.*, p.166.
[35] *Ibid.*, p.164.
[36] *Ibid.*, p.166.
[37] PULNER, Rita de Cássia Linhares. **Análise crítica da cientificidade da legislação relativa a manguezais**, p.53.
[38] *Id.*

Em 1802, editou-se lei que aprovou o denominado Alvará de Regimento das Minas e Estabelecimentos Metálicos, transferiu a administração das matas ao Intendente Geral e exigiu ordem escrita para a comercialização de madeira ou carvão[39]. José Castro Meira também traz a lume a criação do Jardim Botânico do Rio de Janeiro no ano de 1808, considerada a primeira unidade de conservação brasileira, e a ordem expedida por D. João VI em 1809, que trazia a promessa de liberdade aos escravos que denunciassem contrabandistas do pau-brasil[40]. Outro relevante registro é indicado por Evaristo Eduardo de Miranda, de que, em 03 de agosto de 1817, um decreto proibiu o corte de árvores nas áreas das nascentes do rio Carioca, no Rio de Janeiro[41].

Wainer afirma que todas essas normas ainda não tinham a eficácia desejada e ressaltava a ausência de uma consciência, especialmente dos próprios administradores, sobre o valor do bem público. Sobre essa ausência de espírito coletivo, presente ainda em nossos dias, digno de nota a ousada crítica formulada pelo Padre Antonio Vieira ao vice-Rei, em 1641: "perde-se o Brasil (digamo-lo em uma palavra) porque alguns Ministros de Sua Majestade não vêm cá buscar nosso bem, vêm buscar nossos bens"[42].

Caradori, referindo-se ao período colonial, reitera que "a visão ecológica naquele tempo era, sem sombra de dúvida, muito atrasada em relação aos conhecimentos e relações 'homem-ambiente' conhecidos atualmente"[43], pois baseada preponderantemente em interesses econômicos e tendo como objeto de tutela, geralmente, a propriedade privada.

1.1.2 O período do Brasil império

No período imperial, a primeira Constituição brasileira, outorgada em 1824, não tratou de qualquer matéria ambiental, nem de modo indireto. Era uma Constituição inspirada pela Revolução Francesa e, portanto, refletia o modelo liberal individualista. Em relação à propriedade, apenas previu a possibilidade da sua desapropriação pelo bem público[44].

---

[39] MAGALHÃES, Juraci Perez. **Comentários ao Código Florestal**, p.07.
[40] MEIRA, José de Castro. **Direito ambiental**.
[41] MIRANDA, Evaristo Eduardo de. **Campeões de desmatamento**.
[42] Todos os sermões e discursos do Padre Antonio Vieira se encontra disponíveis, na íntegra, em: <http://www.brasiliana.usp.br/vieira_sermoes>.
[43] CARADORI, Rogério da Cruz. **O Código Florestal e a legislação extravagante...**, p.7.
[44] Artigo 179, item 22.

Alguns anos mais tarde, a Lei de 1º de outubro de 1828 determinou a transmissão às Câmaras Municipais das atribuições para deliberar, dentre outros temas, sobre as "plantações de arvores para preservação de seus limites á commodidade dos viajantes, e das que forem uteis para a sustentação dos homens, e dos animaes, ou sirvam para fabricação de polvora, e outros objectos de defesa"[45]. Tereza Cristina de Deus comenta que essa lei demonstrou certo sinal de atenção dos colonizadores portugueses com a finitude dos recursos da natureza, além da intenção de assegurar o sustento dos homens e animais e a defesa do território[46].

Em 1830, criminalizou-se, ainda que indiretamente, a conduta do corte ilegal de madeiras[47], e apenas em 14 de outubro de 1886, com a edição da Lei nº 3.311, é que se tipificou, como crime especial, o delito de incêndio[48], suprindo uma lacuna em relação a esta prática[49]. Evaristo Eduardo de Miranda também lembra que, no ano de 1844, o Ministro Almeida Torres propôs desapropriações e plantios de árvores para proteger os mananciais do Rio de Janeiro[50].

A Lei nº 601, de 1850 previu, em seu artigo 2º, por sua vez, o despejo, a perda de benfeitorias e a pena de prisão aos que "se apossarem de terras devolutas ou de alheias, e nellas derribarem mattos ou lhes puzerem fogo". José Castro Meira destaca que essa foi primeira Lei de Terras do Brasil e que "considerava crime punível com prisão, de 2 a 6 meses, e multa, a derrubada de matos ou o ateamento de fogo"[51].

Importante destacar que o Brasil, apesar dessa triste história de desmatamento da Mata Atlântica e de legislações com pouca efetividade, contou, nesse período imperial, ou seja, um século antes do Relatório Brundtland[52], com importantes críticos da degradação do meio ambiente, da má utilização da terra e da contínua destruição da Mata

---

[45] Artigo 66, § 6º.
[46] DEUS, Teresa Cristina de. **Tutela da flora em face do direito ambiental brasileiro**, p.94.
[47] Artigos 178 e 257 da Lei de 16 de dezembro de 1830 (Código Criminal).
[48] Artigo 8º da Lei nº 3.311, de 1886.
[49] PEREIRA, Osny Duarte. **Direito florestal brasileiro**: ensaio. Rio de Janeiro: Borsoi, 1950. p.96.
[50] MIRANDA, Evaristo Eduardo de. **Campeões de desmatamento**.
[51] MEIRA, José de Castro. **Direito ambiental**.
[52] Documento formulado no ano de 1987 e que se denomina "Nosso Futuro Comum" (COMISSÃO BRUNDTLAND. Comissão Mundial sobre Meio Ambiente e Desenvolvimento. **Nosso futuro comum**. 2.ed. Rio de Janeiro: Editora da Fundação Getúlio Vargas, 1991).

Atlântica, dentre eles José Bonifácio de Andrada e Silva, André Rebouças, José Saldanha da Gama. Apesar da singular importância desses primeiros ambientalistas para o direito brasileiro, não houve efetividade em suas propostas, já que o governo imperial atendia à pressão dos setores econômicos e a elite política não via conveniência na adoção de uma agricultura não predatória[53]. Juraci Perez Magalhães, da mesma forma, ressalta a importância de intelectuais como Duarte Coelho, José Bonifácio, Joaquim Nabuco, Euclides da Cunha, Coelho Neto e Alberto Torres na insurgência contra a ocupação predatória das terras brasileiras e na gênese de nosso Direito Ambiental. Chama a atenção, por exemplo, a citação do pensamento inquietante de José Bonifácio sobre a natureza e as atividades econômicas, por volta do ano de 1823, em sua representação à Assembleia Constituinte Legislativa do Império do Brasil Sobre a Escravatura:

> [...] A Natureza fez tudo a nosso favor, nós porém pouco ou nada temos feito a favor da Natureza. Nossas terras estão ermas, e as poucas que temos roteado são mal cultivadas, porque o são por braços indolentes e forçados. Nossas numerosas minas, por falta de trabalhadores ativos e instruídos, estão desconhecidas ou mal aproveitadas. Nossas preciosas matas vão desaparecendo, vitimas do fogo e do machado destruidor da ignorância e do egoísmo. Nossos montes e encostas vão-se escalvando diariamente, e com o andar do tempo faltarão as chuvas fecundantes que favoreçam a vegetação e alimentem nossas fontes e rios, sem o que o nosso belo Brasil, em menos de dois séculos, ficará reduzido aos páramos e desertos áridos da Líbia. Virá então este dia (dia terrível e fatal), em que a ultrajada natureza se ache vingada de tantos erros e crimes cometidos.[54]

1.1.3 *O período republicano*

A primeira Constituição do período da República, em 1891, repetiu as disposições da Carta de 1824 e não fez referência expressa às questões ambientais, com exceção da competência da União para legislar sobre minas e terras[55]. Meira recorda que o Brasil, no ano de 1895, tornou-se

---

[53] FIGUEIREDO, Guilherme José Purvin de. **A propriedade no direito ambiental**, p.158.
[54] PÁDUA, José Augusto. **Dois séculos de crítica ambiental no Brasil**.
[55] Artigo 34, inciso 29.

signatário do convênio das Egretes, em Paris, responsável pela preservação de milhares de garças que povoavam rios e lagos da Amazônia[56].

Outro importante registro da evolução da legislação ambiental brasileira foi colacionado por José Gustavo de Oliveira Franco, qual seja a edição em 1907 do Código Florestal do Estado do Paraná, provavelmente o primeiro Código Florestal no Brasil. Esse Código foi instituído ainda sob a vigência da Constituição Federal de 1891, por iniciativa do deputado João Pernetta, e trouxe, de modo impressionante, a verdadeira gênese da tutela das áreas e florestas de preservação permanente, já que considerava de utilidade pública as florestas protetoras, dentre outras, situadas em montanhas e encostas, ou que pudessem exercer influência sobre a conservação das nascentes e cursos d'água[57].

Merece proeminência, também, um diploma legal brasileiro contendo claro cunho conservacionista e ecológico, o Decreto nº 8.843, de 26 de junho de 1911, editado sob o governo de Hermes da Fonseca, que criou a primeira e maior reserva florestal do Brasil, com extensão superior a cinco milhões de hectares, no então Território do Acre. O citado diploma legal surpreende ao apontar, naquela época, preocupação com as consequências do desmatamento desordenado, inclusive no âmbito do regime de águas e correntes e na constituição climática:

> [...] O Presidente da Republica dos Estados Unidos do Brazil, attendendo a que a devastação desordenada das mattas está produzindo em todo o paiz effeitos sensiveis e desastrosos, salientando-se entre elles alterações na constituição climaterica de varias zonas e no regimen das aguas pluviaes e das correntes que dellas dependem; e reconhecendo que é da maior e mais urgente necessidade impedir que tal estado de cousa se estenda ao Territorio do Acre, mesmo por tratar-se de região onde como igualmente em toda a Amazonia, ha necessidade de proteger e assegurar a navegação fluvial e, consequentemente, de obstar que soffra modificação o regimen hydrographico respectivo.

Interessante observar que o aludido Decreto nº 8.843, em seu artigo 2º, proibia, no perímetro da reserva, a extração de madeiras ou de qual-

---

[56] MEIRA, José de Castro. **Direito ambiental**.

[57] FRANCO, José Gustavo de Oliveira. **Direito ambiental**: matas ciliares. Curitiba: Juruá, 2008. p.61.

quer outro produto florestal, o exercício da caça e da pesca e, até mesmo, a entrada na sua área.

Ainda na seara infraconstitucional, aponta-se a importância do Código Civil de 1916, que embora dispusesse indiretamente da proteção do ambiente, era um dos únicos instrumentos para a sua defesa, especialmente no âmbito dos conflitos de vizinhança e do uso nocivo da propriedade[58]. Em 28 de dezembro de 1921, foi criado o Serviço Florestal do Brasil[59], o qual foi sucedido, posteriormente, pelo Instituto Brasileiro de Desenvolvimento Florestal (IBDF)[60] e o atual Instituto Brasileiro do Meio Ambiente e dos Recursos Renováveis (IBAMA)[61].

As Constituições de 1934[62] e 1937[63] atribuíram, respectivamente, à União e à União e Estados, a competência legislativa sobre florestas e sua exploração. A Constituição de 1934 ainda não trouxe referências à proteção ao meio ambiente, mas avançou ao condicionar o exercício do direito de propriedade ao interesse social ou coletivo[64]. A Constituição de 1937 reproduziu o texto constante da Carta anterior.

Ainda no ano de 1934, editou-se o primeiro Código Florestal brasileiro, por meio do Decreto nº 23.793, que determinou em seu artigo 1º que as florestas existentes no território nacional "constituem bem de interesse comum a todos os habitantes do país, exercendo-se os direitos de propriedade com as limitações que as leis, em geral, e especialmente este Código, estabelecem." O tratamento atribuído às florestas existentes no território nacional já indicava, à época, consoante Sérgio Arhens, "a preocupação do legislador com a crescente dilapidação do patrimô-

---

[58] Podem ser citados o artigo 554, que estatui o direito do proprietário ou possuidor de impedir que o vizinho possa fazer uso de sua propriedade de modo a prejudicar o sossego e a saúde, e o artigo 584, que proibiu "construções capazes de poluir, ou inutilizar para o uso ordinário a água de poço ou fonte alheia".
[59] "Art. 1º Fica creada no Ministerio da Agricultura, Industria e Commercio, uma secção especial, sob a denominação de «Serviço Florestal do Brasil», tendo por objectivo a conservação beneficianto, reconstituição, formação e aproveitamento das florestas". (Decreto nº 4.421, de 28 de dezembro de 1921).
[60] Criado pelo Decreto-Lei nº 289, de 28.02.1967.
[61] Criado pela Lei nº 7.735, de 22.02.1989.
[62] Art. 5º, n. XIX, letra "j".
[63] Art. 16, inciso XIV, e art. 18, item "a".
[64] Artigo 113, inciso 17.

nio florestal do País, enquanto os particulares tivessem poder de livre disposição sobre as florestas"[65].

Já no de 1937, deve ser apontado o importante Decreto-Lei nº 25, em vigência até os presentes dias, que promoveu o expresso amparo aos bens naturais e culturais, possibilitando o tombamento, inclusive, dos monumentos naturais, sítios e paisagens, que importem conservar e proteger pela feição notável com que tenham sido dotados pela natureza[66].

A Constituição de 1946 estabeleceu, pela primeira vez, a incumbência do Poder Público em proteger monumentos naturais, as paisagens e os locais dotados de particular beleza[67]. Além disso, Guilherme Purvin atesta que essa Constituição inovou consideravelmente ao condicionar o uso da propriedade ao bem-estar social em seu artigo 147, sendo a primeira Carta que mais se aproximou da noção de função social da propriedade[68].

Além de diplomas legais relevantes como o Código de Águas em 1934[69], o Código da Pesca em 1938[70], o Código de Mineração em 1940[71], o Estatuto da Terra em 1964[72] e a Lei da Fauna em 1967[73], impõe-se sobrelevar, no ano de 1965, a edição do novo Código Florestal (Lei nº 4.771/65). Essa lei atestou, em seu artigo 1º, que as florestas e demais vegetações são bens de interesse comum a todos os habitantes e constituem limitações ao livre exercício do direito de propriedade. Ressalta-se que o Código Florestal de 1965 patentemente avançou na tutela da flora brasileira em relação ao diploma legal anterior, já que equiparou em grau de importância, de modo expresso, as florestas e as demais formas de vegetação, e manifestou o reconhecimento da utilidade destas às terras que revestem. De modo harmônico com essa disposição do artigo 1º, o referido diploma legal instituiu dois dos mais relevantes espaços

---

[65] ARHENS, Sérgio. O novo código florestal brasileiro: conceitos jurídicos fundamentais. In: CONGRESSO FLORESTAL BRASILEIRO, 8., 2003, São Paulo. **Anais...** São Paulo: SBS; Brasília: SBEF, 2003. 1 CD-ROM. 14p.
[66] Artigo 1º do Decreto-Lei nº 25, de 30 de novembro de 1937.
[67] Art. 175 da Constituição de 18 de setembro de 1946.
[68] FIGUEIREDO, Guilherme José Purvin de. **A propriedade no direito ambiental**, p.168.
[69] Decreto nº 24.643, de 10 de julho de 1934.
[70] Decreto-Lei nº 794, de 19 de outubro de 1938.
[71] Decreto nº 1985, de 19 de janeiro de 1940.
[72] Lei nº 4.504, de 30 de novembro de 1964.
[73] Lei nº 5.197, de 03 de janeiro de 1967.

instrumentais de proteção ambiental, quais sejam as Áreas de Preservação Permanente e as Reservas Florestais Legais[74]. Como bem observa Sérgio Ahrens, ao analisar os propósitos e bens jurídicos do Código Florestal de 1965 por ocasião da sua edição, afirma que este

> [...] tinha como propósito maior proteger outros elementos que não apenas as árvores e as florestas: estas eram apenas um meio para atingir outros fins. Uma leitura interpretativa, e que busque verificar a finalidade das normas contidas no Código Florestal vigente, revela que em sua essência fundamental, o mencionado diploma legal, à época de sua proposição, tinha como objetivos principais proteger: – os solos (contra a erosão); Art 2º, incisos d, e, f, g; Art. 3º; e Art. 10; – as águas, os cursos d'água e os reservatórios d'água, naturais ou artificiais (contra o assoreamento com sedimentos e detritos resultantes da ação dos processos erosivos dos solos); Art. 2º, incisos a, b, c[75].

O Ministro Paulo Medina do Superior Tribunal de Justiça lembrou que, na exposição de motivos nº 29/65, que encaminhou o anteprojeto do Código Florestal ao Presidente da República, o Ministro da Agricultura já havia asseverado que este Código seria

> [...] mais uma tentativa visando a encontrar-se uma solução adequada para o problema florestal brasileiro, cujo progressivo agravamento está a exigir a adoção de medidas capazes de evitar a devastação das nossas reservas florestais, que ameaçam transformar vastas áreas do Território Nacional em verdadeiros desertos[76].

Dois anos depois, a Constituição de 1967, em seus artigos 8º, inciso XV, item "h", e 172, praticamente repetiu as disposições constantes das Constituições anteriores, assim como ocorreu com a Constituição de 1969.

---

[74] A Lei nº 4.771/65, em seu artigo 1º, incisos II e III, conceituava esses espaços territoriais especialmente protegidos, nos artigos 2º a 5º elencava as modalidades de Áreas de Preservação Permanente e o seu regime jurídico, e no artigo 16 dispunha sobre a Reserva Florestal Legal. Assevere-se que a Lei nº 4.771/65 foi revogada pela Lei nº 12.651/2012, que alterou de modo significativo a redação anterior sobre as Áreas de Preservação Permanente e Reserva Florestal Legal (artigos 4º ao 9º e artigos 12 ao 24).
[75] ARHENS, Sérgio. O novo código florestal brasileiro...,
[76] STJ. Recurso Especial nº 237.690- MS (1999/0101680-0). Relator: Ministro Paulo Medina. DJ: 13/05/2002.

A realização em Estocolmo da Conferência das Nações Unidas sobre o Meio Ambiente em 1972 trouxe importantes influências no trato da questão ambiental brasileira, tanto que, já no ano de 1973, criou-se a Secretaria Especial do Meio Ambiente (SEMA), vinculado ao Ministério do Interior[77], e, em 1981, editou-se um dos mais importantes marcos legais de proteção ambiental no país, a Lei nº 6.938/81.

A Lei nº 6.938/81, que instituiu a Política Nacional do Meio Ambiente, fixou objetivos e deveres a serem cumpridos pelo Sistema Nacional do Meio Ambiente (SISNAMA), criou um órgão colegiado com funções normativas para estabelecer padrões ambientais, o Conselho Nacional do Meio Ambiente (CONAMA), assim como fixou importantes noções de proteção ao meio ambiente, tais como as noções de degradação e poluição, e regras estruturantes como a responsabilidade objetiva pelos danos ambientais.

Mas a maior conquista obtida pela Lei nº 6.938/81 foi a previsão dos instrumentos da Política Nacional do Meio Ambiente no seu artigo 9º, dentre eles o licenciamento ambiental, a avaliação dos impactos ambientais, o zoneamento ambiental, o estabelecimento de padrões de qualidade ambiental, a criação de espaços ambientais protegidos, o sistema nacional de informações ambientais e as penalidades disciplinares ou compensatórias ao não cumprimento das medidas necessárias à preservação ou correção da degradação ambiental. A Lei nº 6.938/81 é indubitavelmente a referência obrigatória para a tomada de decisões pelos particulares e pelo Poder Público em todas as suas esferas, inclusive das leis de conteúdo ambiental que a ela sucederam.

Ainda na década de 1980, a Lei nº 7.347/85 viabilizou a proteção ambiental no Poder Judiciário por meio da ação civil pública e, na década de 1990, dentre as diversas leis editadas de significativa importância para a proteção ambiental, deve ser citada a Lei nº 9.605/98, que tratou das infrações administrativas e penais ao meio ambiente e, já no ano 2000, a Lei nº 9.985, que instituiu o Sistema Nacional de Unidades de Conservação da Natureza.

---

[77] Decreto Federal nº 73.030, de 30 de outubro de 1973.

1.2 As características e funções ambientais da Mata Atlântica: a indissociável relação com a proteção da biodiversidade

A Mata Atlântica brasileira, apesar de contar com um saldo remanescente bastante reduzido, caracteriza-se como fonte de extrema riqueza de biodiversidade, o que por si só já evidencia a sua importância. A sua sobrevivência é vital para o respeito à vida das diversas espécies animais e vegetais que nela habitam, além do seu papel socioambiental, já que se apresenta indispensável e fundamental para a vida, saúde e bem-estar de mais de 70%[78] da população brasileira, especialmente em razão de propiciar diversos serviços ambientais.

A biodiversidade, ou diversidade biológica, foi definida pela Convenção sobre Diversidade Biológica, assinada pelo Brasil durante a Conferência das Nações Unidas sobre Meio Ambiente e Desenvolvimento realizada na Cidade do Rio de Janeiro, no período de 5 a 14 de junho de 1992[79], como

[...] a variabilidade de organismos vivos de todas as origens, compreendendo, dentre outros, os ecossistemas terrestres, marinhos e outros ecossistemas aquáticos e os complexos ecológicos de que fazem parte; compreendendo ainda a diversidade dentro de espécies, entre espécies e de ecossistemas.

Verificam-se três linhas de conservação nesta definição de biodiversidade: a) a diversidade de espécies e de ecossistemas; b) a variabilidade genética dentro das espécies e entre elas; c) e as múltiplas relações entre as espécies e os ecossistemas[80]. A essa noção de biodiversidade deve-se adicionar os conhecimentos sobre a diversidade, já que há milhares de populações no mundo dotadas de conhecimentos sobre o local onde

---

[78] Segundo os dados do IBGE e do Ministério do Meio Ambiente, apresentados no ano de 2013, sobre o Mapa da Área de Aplicação da Lei nº 11.428/2006, cerca de 140 milhões de pessoas vivem em 3.410 municípios, na delimitação da Mata Atlântica. Disponível em: < http://www.brasil.gov.br/meio-ambiente/2013/11/area-da-mata-atlantica-e-habitada--por-70-da-populacao-brasileira>.
[79] O Decreto Legislativo nº 2 de 03.02.1994 (Diário Oficial da União 04.02.1994) aprovou o texto da Convenção sobre Diversidade Biológica, e o Decreto nº 2.519 de 16.03.1998 (Diário Oficial da União 17.03.1998) promulgou a aludida Convenção.
[80] MAIA, Margareth Peixoto. Políticas ambientais e a conservação da biodiversidade no Brasil. In: FRANKE, Carlos Roberto; ROCHA, Pedro Luis Bernardo da.; KLEIN, Wilfried; GOMES, Sérgio Luiz (Org.). **Mata Atlântica e biodiversidade**. Salvador: Edufba, 2005. p.379.

vivem, especialmente a respeito dos ecossistemas e dos seres vivos que os integram[81].

A Convenção da Biodiversidade proclamou que "os Estados são responsáveis pela conservação da sua diversidade biológica e utilização sustentável dos seus recursos biológicos", assim como reconheceu que "é vital prever, prevenir e combater na origem as causas da significativa redução ou perda da diversidade biológica"[82]. Para cumprir esse propósito, a referida Convenção declarou que a exigência essencial para a conservação da diversidade biológica é "a conservação *in situ* dos ecossistemas e habitats naturais, e a manutenção e recuperação de populações viáveis de espécies no seu meio natural", o que deve ocorrer por meio dos instrumentos jurídicos de prevenção, precaução e repressão[83].

Benjamin sintetiza os diversos benefícios da biodiversidade, segundo o saber dito convencional, em quatro valores principais[84]: a) valor de uso econômico direto, relativos ao uso de consumo e ao uso produtivo, tais como alimentos, medicamentos, fibras, madeira e combustível; b) valor de uso indireto, expressos por meio de serviços ecológicos prestados pela natureza, como os serviços ecológicos (funções ecológicas reprodutivas, manutenção do ciclo hídrico, regulação das condições macro e microclimáticas formação e proteção do solo, movimentação do ciclo de nutrientes, absorção e tratamento de poluentes e fixação fotossintética da energia solar, dentre outros) e os benefícios estéticos e recreativos; c) valor de opção, que consiste na consciência da necessidade de sua preservação para o futuro; e d) valor existencial, ou seja, a natureza deve ser protegida por uma questão de princípio, pelo simples fato de existir.

---

[81] SANTOS, Boaventura Souza; MENESES, Maria Paula G. de.; NUNES, João Arriscado. Introdução: para ampliar o cânone da ciência: a diversidade epistemológica do mundo. In: SANTOS, Boaventura de Souza (Org.). **Semear outras soluções**: os caminhos da biodiversidade e dos conhecimentos rivais. Rio de Janeiro: Civilização Brasileira, 2005. p.60.

[82] Preâmbulo da Convenção sobre Diversidade Biológica, anexo ao Decreto nº 2.519/98.

[83] A conservação da biodiversidade *ex situ* é que ocorre fora dos seus *habitats* naturais, normalmente em jardins botânicos, zoológicos e aquários. Nessa modalidade de conservação, não é possível garantir a variabilidade genética dentro de espécies e a complexidade ecológica. A conservação *in situ* da biodiversidade, por sua vez, é promovida nos próprios habitats naturais e possui condições de manter e recuperar a diversidade de espécies, a complexidade ecológica e a variabilidade genética.

[84] BENJAMIN, Antônio Herman. O regime brasileiro de unidades de conservação. **Revista de Direito Ambiental**, São Paulo, n.21, p.29-30, 2001.

Sobre a preservação da biodiversidade, José Afonso da Silva adiciona que é um verdadeiro investimento para manter e melhorar diversas atividades econômicas, especialmente para as inovações científicas e industriais, mas antes de tudo é um princípio moral[85]. Ainda sobre o enfoque econômico da biodiversidade, a exploração do potencial dos seus recursos genéticos e dos projetos de ecoturismo, com a identificação de valores estéticos e utilitários, pode ocorrer de modo injusto e com a predominância de impactos negativos.

Nesse particular, Santos, Nunes e Meneses criticam a denominada visão globalocêntrica, que é baseada na monocultura do saber científico e nos interesses de proteção da biodiversidade para propósitos meramente econômicos dos países do Norte, que consiste na apropriação predatória[86] de plantas e conhecimentos dessas populações para a posterior transformação em mercadoria, sem o retorno de qualquer benefício às comunidades ou nações de origem. Sob uma lógica ainda hoje colonial, e com olhares distantes da Organização Mundial do Comércio (OMC), os recursos genéticos chegam ao Norte sem qualquer custo e são devolvidos ao Sul em forma de mercadoria e com preços elevados. Da mesma maneira, a exploração turística das zonas remanescentes da biodiversidade muitas vezes ocorre em prejuízo de populações tradicionais, que frequentemente são excluídas do rateio dos benefícios obtidos[87].

Não obstante a relatada exterminação da maior parte da cobertura florestal do bioma Mata Atlântica no Brasil e da atual existência fragmentada dos seus remanescentes, ainda há um relevante índice de biodiversidade de flora e fauna a se preservar. A então Ministra do Meio Ambiente, Izabella Mônica Vieira Teixeira, afirmou que

[...] as projeções são de que possua cerca de 20.000 espécies de plantas, ou seja, entre 33% e 36% das existentes no País. Em relação à fauna os levanta-

---

[85] SILVA, José Afonso da. **Direito ambiental constitucional**. 4.ed. São Paulo: Malheiros, 2002. p.94.

[86] "[...] as plantas têm vindo a desaparecer a uma velocidade-relâmpago devido ao seu consumo excessivo, assunto que até recentemente pouco interesse suscitava [...]." (SANTOS, Boaventura Souza; MENESES, Maria Paula G. de.; NUNES, João Arriscado. Introdução..., p.65).

[87] "Os 'paraísos' para turistas – como são frequentemente descritas essas zonas, acompanhadas de imagens de paisagens idílicas, nas brochuras de ecoturismo – contrastam com as estratégias de sobrevivência dos que neles habitam, cujo dia-a-dia inclui tarefas nada idílicas [...]" (*Id.*).

mentos indicam que a Mata Atlântica abriga 849 espécies de aves, 370 espécies de anfíbios, 200 espécies de répteis, 270 de mamíferos e cerca de 350 espécies de peixes. Por outro lado, a Mata Atlântica abriga também o maior número de espécies ameaçadas: são 185 espécies de vertebrados ameaçados (69,8 % do total de espécies ameaçadas no Brasil), dos quais 118 aves, 16 anfíbios, 38 mamíferos e 13 répteis. Das 472 espécies da flora brasileira que constam da Lista Oficial de Espécies ameaçadas de Extinção, 276 espécies (mais de 50%) são da Mata Atlântica[88].

Em virtude dessa imensa riqueza de biodiversidade e da forte pressão antrópica sobre esse bioma, que o deixou reduzido a fragmentos, a conceituada organização de proteção ambiental, a *Conservation International*, incluiu a Mata Atlântica como um dos vinte e quatro *hotspots*, ou seja entre os vinte e quatro pontos mais críticos de ameaça à biodiversidade no mundo[89].

Diante desses dados, resta evidente a importância ambiental da Mata Atlântica, já que, embora os seus remanescentes de vegetação nativa constituam apenas aproximados 10% da vegetação originária e ainda haja fragmentação entre esses remanescentes, além da sua distribuição não uniforme ao longo do país, há significativa biodiversidade a ser preservada.

Deve-se lembrar que a composição predominante da Mata Atlântica por formações florestais auxiliam para a preservação da riqueza da biodiversidade vegetal[90] e para a manutenção do equilíbrio da biosfera, pois contribuem para a fixação de parte do carbono atmosférico planetário[91].

---

[88] CAMPANILI, Maura; SCHAFFER, Wigold Bertoldo (Org.). **Mata Atlântica**: patrimônio nacional dos brasileiros. Brasília: MMA, 2010. p.10.

[89] PINTO, Luís Paulo. Programas para identificação de áreas prioritárias para conservação. In: LIMA, André (Org.). **Aspectos jurídicos da proteção da Mata Atlântica**. São Paulo: Instituto Socioambiental, 2001. p.22.

[90] Valdir Sznick, ao comentar sobre as principais funções das florestas e vegetações, afirma que estas "atenuam a erosão das terras pelo fato de constituírem um verdadeiro 'manto protetor' a cobri-las, fato este que impede, em caso de chuva, que as águas carreguem, para os leitos dos rios, elementos minerais necessários à fertilidade do solo. Além disso, as florestas desempenham um fator de estabilização em virtude da proteção do solo pelas raízes e pelas folhas caídas, deslizamentos de terra e alteração da configuração das montanhas". (SZNICK, Valdir. **Direito penal ambiental**. São Paulo: Ícone, 2001. p.330).

[91] "O solo e os seus vegetais armazenam naturalmente entre 3 e 4 gigatoneladas (Gt) desse elemento por ano. Sozinho, o desmatamento causa 1,6 Gt de emissões anuais de carbono."

1. O BIOMA MATA ATLÂNTICA

O equilíbrio ecológico possui relação umbilical com a biodiversidade, pois a diminuição de espécies e de suas relações nos ecossistemas torna-os instáveis e vulneráveis, da mesma forma que se diz que a saúde da terra se mede pela variedade de espécies que nela habitam.

Álvaro Luiz Valery Mirra alerta que "cada organismo tem, pelo menos, informações específicas a dar sobre o sistema biológico do qual participa e pode ajudar a elucidar aspectos variados do ecossistema e do processo evolutivo", e a destruição ou degradação de ecossistemas importa na anulação das possibilidades de sequer conhecê-las. Mirra conclui que a redução da biodiversidade "pode significar a privação das gerações atuais e futuras de potenciais insuspeitados, pois cada espécie extinta leva consigo características únicas, que jamais voltarão a ocorrer"[92].

Paralelamente à apontada importância da Mata Atlântica para a preservação da biodiversidade, não se pode olvidar as suas demais múltiplas funções ambientais. Primeiramente, deve-se lembrar que o fornecimento de água potável, que beneficia não somente o consumo humano, mas também as mais variadas atividades econômicas, depende da preservação da Mata Atlântica existente nos mananciais de abastecimento público e nas nascentes e córregos que contribuem com esses mananciais[93]. A Mata Atlântica também protagoniza o controle da estabilidade do solo, evitando o assoreamento dos rios, as enchentes e o deslizamento de encostas e morros, o que poupa vidas e diversos outros prejuízos ambientais, econômicos e sociais.

Diante da notória crise climática por que passamos, a preservação da Mata Atlântica assume função importante para mitigar as conse-

---

(INSTITUTO PÓLIS. **Atlas do meio ambiente Le Monde Diplomatique Brasil**. Curitiba: Posigraf, 2011. p.36).

[92] MIRRA, Álvaro Luiz Valery. Fundamentos do direito ambiental no Brasil. **Revista dos Tribunais**, São Paulo, n.706, 1994. p.7.

[93] "A Mata Atlântica abriga uma intrincada rede de bacias hidrográficas formadas por grandes rios como o Paraná, o Tietê, o São Francisco, o Doce, o Paraíba do Sul, o Paranapanema, o Uruguai e o Ribeira do Iguape. [...] A floresta auxilia no que se chama de regime hídrico permanente. Com seus vários componentes (folhas, galhos, troncos, raízes e solo), age como uma poderosa esponja que retém a água de chuva e a libera aos poucos, ajudando a filtrá-la e a infiltrá-la no subsolo, alimentando o lençol freático. Com o desmatamento e a retirada da vegetação nativa, surgem problemas como a escassez de água, já enfrentada em muitas das cidades situadas na região da Mata Atlântica". (CAMPANILI, Maura; SCHAFFER, Wigold Bertoldo (Org.). **Mata Atlântica...**, p.18).

quências de temperaturas e precipitações pluviométricas mais extremas, a elevação do nível do mar e de outros eventos catastróficos. Destaca-se, nesse particular, que o desmatamento é uma das principais fontes de emissão de gases de efeito estufa[94]. Ressalta-se, ainda, que a perda da biodiversidade caminha lado a lado com a desertificação[95] e as mudanças climáticas. Letícia Borges da Silva e Patrícia Luciane de Carvalho afirmam que a desertificação "reduz drasticamente a variabilidade de vidas num ecossistema específico, além dos problemas sociais que afetam a população"[96].

No âmbito específico das zonas urbanas, a preservação da Mata Atlântica importa em um relevante instrumento de controle térmico nas cidades, pois diminui o desconforto do calor, por meio da retenção dos raios solares, traz melhoria na qualidade do ar, a redução na velocidade dos ventos e na poluição sonora, o auxílio na retenção e no escoamento de águas pluviais e uma melhoria na estética urbana. Não se pode olvidar, ainda, que a arborização urbana favorece o abrigo à fauna, especialmente das aves, e o seu trânsito entre as zonas urbanas e rurais.

Outra relevante função ambiental do bioma Mata Atlântica é a sua beleza natural, que nos traz o sentimento de que também fazemos parte da natureza, assim como favorecem o bem-estar físico e psíquico, principalmente no âmbito das cidades. A tutela jurídica da paisagem[97] não

---

[94] "O desmatamento e as queimadas são responsáveis por cerca de 20% das emissões globais anuais – no Brasil, representam 75% das emissões." (*Ibid.*, p.26).

[95] Conforme levantamento realizado no ano de 2006 pela UNICAMP, "a desertificação brasileira atinge, portanto, mais de 20 milhões de pessoas, em uma área de 18 mil quilômetros quadrados localizada nas regiões de Gilbués, no Piauí; do Seridó, entre o Rio Grande do Norte e a Paraíba; de Irauçuba, no Ceará; e de Cabrobó, em Pernambuco. Enquanto o Rio Grande do Norte é um dos estados brasileiros mais afetados com o problema: 40% do seu território é desertificado (158 dos 167 dos municípios potiguares são atingidos), Gilbués é o maior núcleo de desertificação da América Latina." (DESERTIFICAÇÃO no Brasil atinge mais de 20 milhões. Terça-feira, 7 de novembro de 2006. Disponível em: <http://www.labjor.unicamp.br/midiaciencia/article.php3? id_article=363>.

[96] SILVA, Letífica Borges da; CARVALHO, Patrícia Luciane de. Desertificação e meio ambiente. In: FREITAS, Vladimir Passos de (Org.). **Direito ambiental em evolução**. Curitiba: Juruá, 2005. v.4. p.259.

[97] A paisagem, para Ana Maria Moreira Marchesan, "é a materialização por excelência da indissociável união entre cultura e natureza [...]". (MARCHESAN, Ana Maria Moreira. Tutela jurídica da paisagem no espaço urbano. **Revista de Direito Ambiental**, São Paulo, n.43, p.7, 2006).

possui fundamento somente na contemplação das belezas naturais ou do aproveitamento do meio ambiente cultural, abrange, ainda, como aduz Marcos Josegrei da Silva, o "direito de se usufruir amplamente da beleza do conjunto estético urbano"[98], isso porque o convívio diário com visões agradáveis e harmoniosas dos espaços urbanos influi diretamente na qualidade de vida e bem-estar de suas populações. Interessante notar que a Lei nº 6.938, que instituiu a Política Nacional do Meio Ambiente, já havia relacionado, em seu artigo 3º[99], a afetação das condições estéticas do meio ambiente com as noções de poluição e qualidade de vida. Assim, no âmbito urbano, a sustentabilidade das cidades depende do equilíbrio urbano-ambiental. Para tanto, deve haver uma adequada gestão da paisagem, de modo a "propiciar que a cidade viabilize satisfatoriamente as suas funções sociais, enquanto *locus* de moradia, de circulação, lazer e trabalho"[100].

Vale destacar também as vantagens da preservação da Mata Atlântica para o lazer e o turismo, sem adentrar no ainda não dimensionado potencial comercial e industrial da diversidade genética neste bioma existente.

Embora muito pouco noticiada, a perda da biodiversidade na Mata Atlântica traz uma significativa consequência funesta à sociedade, a exclusão social e econômica de parcela da população. Isso ocorre a partir de uma relação lógica: quanto maior for a artificialidade dos produtos e serviços em substituição a serviços naturais, maiores serão os seus custos e maior o número de pessoas que não suportam arcá-los, fazendo com que as suas condições de qualidade de vida também piorem. Bensunsan colaciona um exemplo emblemático dessa relação de causa e efeito:

> [...] se os diversos processos ecológicos que garantem a qualidade da água são comprometidos, o tratamento da água passa a ser mais complexo e caro, o que implica em uma conta d'água mais cara. E o que significa uma conta de água mais cara? Na maioria dos países do mundo, inclusive no Brasil,

---

[98] SILVA, Marcos Josegrei da. A proteção da paisagem como elemento do direito ambiental. In: FREITAS, Vladimir Passos de (Org.). **Direito ambiental em evolução** Curitiba: Juruá, 2005. v.4. p.281.
[99] Lei nº 6.938/81.
[100] MARCHESAN, *op. cit.*, p.7.

significa a exclusão de uma parcela significativa da população do acesso à água encanada.[101]

O estudo realizado por Jean Carlos Ramos Silva, por sua vez, aborda a relação entre a biodiversidade e saúde na Mata Atlântica, em que se conclui que o seu desmatamento pode acarretar doenças e morte não somente aos animais silvestres, especialmente em áreas reduzidas ou fragmentadas, mas também aos seres humanos, que vivem em significativo porcentual na delimitação dessas áreas. Silva explica que as "alterações ecológicas nos ecossistemas podem desencadear o aparecimento de zoonoses, doenças emergentes e reemergentes e, em escala maior, mudanças globais na biosfera"[102].

Vale ainda pontuar a interessante percepção de Jussara Maria de Leal de Meirelles no que toca às consequências da degradação do meio ambiente e das inovações tecnológicas, principalmente no âmbito das cidades, à saúde mental.[103] De fato, além da dificuldade de o ser humano acompanhar o ritmo exigido pelas novas tecnologias, a sua convivência com situações de poluição ou com a possibilidade de ter a moradia afetada por deslizamentos ou enchentes são exemplos claros de pressão angustiante que afetam a saúde mental.

Não obstante a importância da biodiversidade e das múltiplas funções ambientais do bioma Mata Atlântica, e embora se mostrem evidentes e significativos os impactos negativos do seu desmatamento e de sua degradação, a Mata Atlântica brasileira se encontra em crescente risco de extinção em razão de um somatório de fatores.

As principais causas que expõem em risco a biodiversidade, inclusive da Mata Atlântica, estão relacionadas às ações humanas. O desmatamento, a poluição, a caça e pesca predatórias, a agropecuária nos moldes

---

[101] BENSUSAN, Nurit. Biodiversidade. In: CAMARGO, Aspásia; CAPOBIANCO, João Paulo Ribeiro; OLIVEIRA, José Antonio Puppim de (Org.). **Meio ambiente Brasil**: avanços e obstáculos pós-Rio-92. São Paulo: Estação Liberdade, 2002. p.243.

[102] SILVA, Jean Carlos Ramos. Biodiversidade e Saúde. In: FRANKE, Carlos Roberto; ROCHA, Pedro Luis Bernardo da.; KLEIN, Wilfried; GOMES, Sérgio Luiz (Org.). **Mata Atlântica e biodiversidade**. Salvador: Edufba, 2005. p.192.

[103] MEIRELLES, Jussara Maria Leal de. Meio ambiente e saúde mental: uma perspectiva jurídica da solidariedade. In: CONGRESSO NACIONAL DO CONPEDI, 16., 2007. Belo Horizonte-MG; CONGRESSO NACIONAL DO CONPEDI, 16., Florianópolis. **Anais**... Florianópolis, SC: Fundação Boiteux, 2007.

competitivos do agronegócio, baseada na sobre-exploração do solo e das águas, com a utilização indiscriminada de fertilizantes e agrotóxicos, a inserção de espécies exóticas e dos organismos geneticamente modificados, a mineração e expansão desordenada das cidades são importantes vetores que vêm minando em progressão geométrica a biodiversidade da Mata Atlântica ainda existente no território brasileiro.

Nas últimas décadas, a par do aumento de população, o mundo tem se submetido a um aumento exorbitante de produção, comércio e consumo, mas de forma a consolidar e potencializar ainda mais a desigualdade entre as nações desenvolvidas e as demais nações, ou seja, "o rendimento total anual de quase um bilhão de pessoas que vivem nos países mais ricos é quase 15 vezes maior do que o de 2,3 milhões de pessoas dos países mais pobres"[104]. E, com o aumento da população, os estudos apontam que a "quantidade de terra per capita é cerca de um quarto do que era há um século e espera-se que até 2050 se reduza para um quinto do que era em 1900"[105]. Essas mudanças, que naturalmente afetam o Brasil, possuem ligação inexorável com a perda da biodiversidade da Mata Atlântica.

Sobre esse tema em particular, Robert Polack já alertava, na década de 1990, que "enquanto cerca de um quarto de milhão de novos seres humanos vem juntar-se aos cinco bilhões de nós que já aqui estão – desaparecem pelo menos cem das cinco bilhões de espécies existentes na Terra"[106].

E, na medida em que 84,35% da população brasileira vive nas cidades[107], conforme indicado no último censo do IBGE, realizado no ano de 2010, o conflito da preservação e recuperação da Mata Atlântica com as pressões oriundas dos espaços urbanos se mostra cada vez mais intenso. De outro giro, é notório que as cidades trazem muitos impactos negativos ao meio ambiente natural, seja porque quase não produzem alimento e exigem intensa produção da agricultura e pecuária nas

---

[104] CAMPANILI, Maura; SCHAFFER, Wigold Bertoldo (Org.). **Mata Atlântica...**, p.18.
[105] *Id.*
[106] POLACK, Robert. **Signos da vida**: a linguagem e os significados do ADN. Tradução de André Carvalho. Rio de Janeiro: Rocco, 1997. p.161.
[107] SOLUÇÕES PARA CIDADE. **População chega a 190,7 mi, diz IBGE**. Disponível em: <http://www.solucoesparacidades.com.br/multiplicidades/populacao-chega-a-1907-mi-diz--ibge)>.

zonas rurais, seja porque poluem o ar, geram resíduos e devolvem a água contaminada ao meio, seja porque consomem muito, especialmente energia. Ademais, zonas urbanas vêm gradativamente avançando sobre as zonas rurais, por meio da substituição de remanescentes de vegetação da Mata Atlântica por novos loteamentos e edificações.

Diante desse preocupante panorama de desmatamento e pressão sobre a Mata Atlântica, nem mesmo a criação de Unidades de Conservação dotados de planos de manejo bem elaborados consegue deter de modo suficiente a diminuição da biodiversidade, já que em razão da fragmentação dos remanescentes florestais e a crescente pressão antrópica sobre estes, criam-se ilhas isoladas sem qualquer conexão entre si. Segundo pontificam Maria Lenise Silva Guedes *et al.*, "a expectativa é de que a extinção inercial possa levar à perda de 50% das espécies aí existentes, tendo como paradigma clássico a 'teoria de biogeografia de ilhas'"[108].

A situação já trágica da Mata Atlântica é potencializada em virtude da sua crescente fragmentação e, da mesma forma, da contínua redução do tamanho desses fragmentos remanescentes. André Lima explica as graves consequências da fragmentação da Mata Atlântica para a sua sobrevivência:

[...] o efeito de borda (ventos, queimadas, alta iluminação, introdução de espécies invasoras), que vai sufocando os fragmentos até a eliminação de boa parte de sua diversidade biológica; a degeneração genética das espécies de fauna e de flora em decorrência da interrupção do fluxo gênico (inexistência de corredores ecológicos); o desaparecimento da fauna responsável pela polinização de certas espécies da flora representativas do bioma (pela caça ou significativa redução do seu habitat pela conversão para outros usos do solo), com o conseqüente desaparecimento destas espécies florísticas[109].

Um dos exemplos mais preocupantes no âmbito da sobrevivência da Mata Atlântica foi exposto em recentes estudos realizados pela Centro Nacional de Pesquisa e Conservação de Mamíferos e Carnívoros

---

[108] GUEDES, Maria Lenise Silva *et al.* Breve incursão sobre a biodiversidade da Mata Atlântica, p.40.

[109] LIMA, André. Tutela jurídica das espécies da flora ameaçadas de extinção na Mata Atlântica. In: _____ (Org.). **Aspectos jurídicos da proteção da Mata Atlântica**. São Paulo: Instituto Socioambiental, 2001. p.76.

(CENAP) e divulgados na revista *Science*[110], os quais deram conta de que a onça pintada, que atua no topo da cadeia alimentar desse bioma, encontra-se em risco extremo de extinção, tanto que, atualmente, existem menos de duzentas e cinquenta dessas espécies animais adultas na área de abrangência da Mata Atlântica brasileira, o que importa em uma diminuição de cerca de oitenta por cento da sua população nos últimos quinze anos. O impacto da extinção da onça pintada na Mata Atlântica é imprevisível, mas os aludidos estudos apontam a probabilidade de significativo desequilíbrio ambiental, a começar pela superpopulação dos animais herbívoros sem um predador natural, e da própria extinção do bioma. Veja-se que as principais causas para o declínio abissal do número de onças pintadas na Mata Atlântica, segundo os estudos do CENAP, são o desmatamento e a fragmentação do bioma e a caça.

Percebe-se, assim, que a manutenção e preservação das áreas remanescentes do bioma Mata Atlântica e a gradual recuperação e proteção de áreas degradadas desse bioma são imprescindíveis não somente para a sua sobrevivência e de todas as suas espécies da fauna e da flora, mas também são indispensáveis para se assegurar um meio ambiente minimamente equilibrado, a dignidade humana de viver com qualidade de vida e a própria existência humana. E para que se efetivem a preservação e a recuperação do bioma Mata Atlântica, dentre as múltiplas políticas, medidas e instrumentos, necessita-se de uma lei que regule adequadamente a exploração e a utilização da Mata Atlântica de modo a atender ao que determina a Constituição Federal de 1988.

1.3 A pressão dos interesses econômicos e da expansão urbana sobre a cobertura remanescente da mata atlântica e o risco de extinção do bioma

Segundo exposto nos itens anteriores, a história da relação do homem com a natureza no Brasil foi marcada por uma relação de dominação e

---

[110] Revista Science, edição nº 342, de 22 de novembro de 2013. O artigo pode ser lido por assinantes da *Science* em: <www.sciencem ag.org/content/342/6161/930.1.full?sid=b8928 fb9-37 60-4f2e-9188-23bc28d2dc2f., ou acessado por meio da notícia emitida pelo Instituto Chico Mendes de Conservação da Biodiversidade em: http://www.icmbio.gov.br/portal/comunicacao/noticias/20-geral/4506-revista-science-destaca-risco-de-extincao-da-onca--pintada.html.>

destruição ambiental[111]. Lamentavelmente, embora tenham ocorridos avanços, a lógica dessa relação persiste nos dias de hoje, o que inclui a Mata Atlântica. São atuais e cada vez mais numerosos os conflitos entre os interesses econômicos e as expansões urbanas com a preservação das áreas remanescentes de vegetação de Mata Atlântica.

Nas zonas rurais, o desmatamento dos remanescentes da Mata Atlântica continua andando a passos largos, em razão do modelo de produção da agropecuária nos moldes competitivos do agronegócio.

Nesse modelo, os empresários do agronegócio procuram realizar as suas produções em propriedades cada vez maiores, muitas vezes avançando sobre remanescentes de vegetação de Mata Atlântica, inclusive sobre Áreas de Preservação Permanente e áreas de Reserva Legal, além de fundar essas produções na exploração intensiva do solo e das águas, com a utilização indiscriminada de fertilizantes e agrotóxicos e, ainda, com plantas e sementes geneticamente modificadas.

Esse modelo, utilizado com a justificativa da necessidade de maior produção e exportação de produtos brasileiros, traz consigo importantes consequências, que se aplicam diretamente ao bioma Mata Atlântica.

Primeiro, os pequenos proprietários rurais são estimulados a vender os seus imóveis e a migrar para as cidades, pois não possuem condições, ou em muitos casos interesse, em produzir no formato do agronegócio, o que faz ampliar as fronteiras agrícolas das grandes propriedades e, consequentemente, a exploração degradadora dos recursos naturais, além de inchar cada vez mais a população das cidades e os seus problemas decorrentes.

Segundo, porque, como dito, a ânsia de produzir e lucrar cada vez mais faz essas produções avançarem e suprimirem, muitas vezes de modo clandestino[112] ou sob os olhos lenientes de órgãos ambientais, a

---

[111] Para Benjamin, "em tal paradigma, a sociedade brasileira, como na maioria dos países, aceitava como um fato da vida que o crescimento econômico passava, necessariamente, pela dominação e exclusão metódica dos outros seres vivos, sobretudo a flora, mesmo que no rastro de destruição ficassem a terra desnuda, a poluição dos rios, os solos empobrecidos e o silêncio dos pássaros." (BENJAMIN, Antônio Herman. Mata Atlântica de todos nós. In: CAMPANILI; SCHAFFER, Wigold Bertoldo (Orgs.). **Mata Atlântica**: patrimônio nacional dos brasileiros. Ministério do Meio Ambiente. Secretaria de Biodiversidade e Florestas. Núcleo Mata Atlântica e Pampa; Brasília: MMA, 2010. p.6).

[112] Isso quando essa supressão, ou a manutenção do estado de degradação, não ocorrer de modo legalizado e institucionalizado, conforme se pretende com a aplicação do novo Código Florestal.

vegetação existente em espaços territoriais especialmente protegidos, tais como as Áreas de Preservação Permanente e Reservas Legais, o que muito contribui para o aniquilamento dos remanescentes da Mata Atlântica.

Terceiro, porque a utilização nesta agricultura, sem a realização de Estudo Prévio de Impacto Ambiental e Relatório de Impacto Ambiental (EPIA/RIMA), de sementes e plantas transgênicas, casadas com a larga utilização de agrotóxicos[113] e ininterrupta exploração do solo, além de causar o esgotamento deste e até mesmo a sua desertificação, também importa em outros riscos ao meio ambiente, à diversidade biológica e à saúde humana[114], tais como a proliferação de pragas resistentes[115], a intoxicação ou eliminação de espécies nativas e a poluição genética[116].

Quarto, porque a produção pecuária no Brasil também não foge de um formato de degradação ambiental e utilização irracional dos recursos naturais, já que é realizada de modo extensivo[117], ou seja, em grandes

---

[113] Paulo Afonso Brum Vaz alerta que "a semente transgênica incentiva o abuso de agrotóxico" e que as "pesquisas com transgenia são feitas pela indústria química, que tem interesse em intensificar a venda de agrotóxicos". (VAZ, Paulo Afonso Brum. **O direito ambiental e os agrotóxicos**: responsabilidade civil, penal e administrativa. Porto Alegre: Livraria do Advogado, 2006. p.56-57).

[114] GAIO, Alexandre. A invasão das unidades de conservação pelos organismos geneticamente modificados. In: GAIO, Alexandre; ALTHAUS, Ingrid Giachini; BERNARDO, Leandro Ferreira (Org.). **Direito ambiental em discussão**. São Paulo: Iglu, 2011. p.113-114.

[115] Conforme exposto no estudo sobre transgênicos e unidades de conservação: "Alguns cientistas, por exemplo, preveem o empobrecimento da biodiversidade com o uso da engenharia genética, uma vez que a mistura (hibridação) das plantas modificada com outras variedades pode criar "super pragas" e plantas "mais selvagens", provocando a eliminação de espécies e insetos benéficos ao equilíbrio ecológico do solo. (*Ibid.*, p.113).

[116] Rubens Nodari e Miguel Guerra esclarecem que "a ameaça à diversidade biológica pode decorrer das propriedades intrínsecas do OGM ou de sua potencial transferência a outras espécies. A adição de novo genótipo em uma comunidade de plantas pode proporcionar efeitos indesejáveis, como o deslocamento ou eliminação de espécies não domesticadas, a exposição de espécies a novos patógenos ou agentes tóxicos, a poluição genética, a erosão da diversidade genética e a interrupção da reciclagem de nutrientes e energia". (NODARI, Rubens Onofre; GUERRA, Miguel Pedro. Plantas transgênicas e seus produtos: impactos, riscos e segurança alimentar (biossegurança de plantas transgênicas). **Revista de Nutrição**, Campinas, v.16, n.1, jan./mar. 2003.

[117] Na medida em que, no Brasil, cada cabeça de gado precisa, no mínimo, de um hectare (10 mil m²) de pasto para engordar, os "nossos rebanhos já contabilizam 200 milhões de cabeças e a pecuária ocupa mais de 250 milhões de hectares, quase um terço do território nacional!" (SOCIEDADE VEGETARIANA BRASILEIRA. **Impactos sobre o meio ambiente do**

áreas desmatadas (inclusive de Mata Atlântica), além de danos ambientais relacionados à corriqueira utilização de fogo, à compactação dos solos por meio do pisoteio dos animais e da afetação dos corpos hídricos e de suas vegetações protetivas (matas ciliares).

Ainda nas zonas rurais, outra atividade econômica também exerce importante papel de pressão sobre os remanescentes de vegetação do bioma Mata Atlântica: a silvicultura, que consiste no plantio de árvores para comercialização. A silvicultura pressupõe a substituição da vegetação nativa e dos seus ecossistemas pela prática de monocultura de espécie exótica, que não somente se limita a suprimir remanescentes de vegetação nativa, com todos os danos à flora e à fauna dela decorrentes, mas também traz consequências negativas nos ciclos hídricos e quanto aos nutrientes do solo[118]. Segundo a Associação Brasileira de Produtores de Florestas Plantadas (ABRAFLOR), o plantio de eucalipto e pinus, duas das principais espécies de produção da silvicultura, atingiu a área de extensão superior a seis milhões e quinhentos mil hectares no ano de 2010[119], equivalente às áreas totais dos Estados do Rio de Janeiro e Alagoas. Ressalta-se que a prática da silvicultura se encontra concentrada basicamente na área de domínio do bioma Mata Atlântica.

Não se pode deixar de apontar, no meio rural, também, a destruição de remanescentes de Mata Atlântica e, consequentemente, de biodiversidade, por meio de inundações de milhares de hectares com o propósito de implantação de centrais de produção hidrelétrica. Dentre os principais impactos desse tipo de atividade, conforme explica Philip M. Fearnside explica os seus principais impactos sociais e ambientais:

> [...] Impactos sociais são devastadores para as pessoas que vivem na área de uma barragem, incluindo não somente aquelas na área inundada, mas também aquelas a jusante e a montante da barragem que perdem recursos vitais, tais como peixes. Povos indígenas e residentes tradicionais (ribeirinhos) são frequentemente vítimas. Impactos ambientais se estende a bacia

---

uso de animais para alimentação. Cartilha da SBV. Disponível em: <http://pt.scribd.com/doc/967852/ CARTILHA-DA-SBV-Impactos-sobre-o-meio-ambiente>.

[118] GUIMARÃES, Rafael Z; OLIVEIRA, Fabiano A. de.; GONÇALVES, Mônica L. Guimarães. Avaliação dos impactos da atividade de sivicultura sobre a qualidade dos recursos hídricos superficiais. **Scientia Florestalis**, Piracicaba, v.38, n.87, p.377-390, 2010.

[119] ABRAF. **Anuário estatístico da Abraf 2011**. Disponível em: <http://www.abraflor.org.br/estatisticas/ABRAF11/ABRAF11-BR.pdf>.

inteira do rio, incluindo alterações de sedimentos e dos fluxos de água, bem como perda de fauna aquática e perda ou perturbação de vastas áreas de florestas, várzeas e outros ecossistemas. Barragens tropicais também emitem quantidades significativas de gases de efeito estufa, muitas vezes superiores aos das emissões cumulativas de geração de combustíveis fósseis durante décadas[120].

Também não se pode olvidar, ao lado de outros fatores, que a equivocada interpretação pelo INCRA (Instituto Nacional de Colonização e Reforma Agrária) da expressão "terra improdutiva" para fins de reforma agrária em áreas preservadas[121] constituiu, por muito tempo e até recentemente[122], uma importante fonte de pressão sobre a cobertura florestal remanescente da Mata Atlântica. Isto porque o INCRA, conforme explica Érika Bechara, considerava que não atendiam à função social as propriedades que ainda abrigavam vegetação e não produziam. Esse posicionamento desestimulava os proprietários que pretendiam preservar a cobertura florestal e importava em fator indutivo para que os proprietários rurais promovessem uma exploração de modo irracional e contrário à legislação ambiental, ou então para que fossem lenientes com a ocupação da propriedade por terceiros[123].

---

[120] FEARNSIDE, Philip. M. 2015. Environmental and social impacts of hydroelectric dams in Brazilian Amazonia: Implications for the aluminum industry. World Development doi: 10.1016/j.worlddev.2015.08.015. Versão traduzida disponível em: < https://www.researchgate.net/profile/Philip_Fearnside/publication/281863095_Impactos_Ambientais_e_Sociais_de_Barragens_Hidreletricas_na_Amazonia_Brasileira_As_Implicacoes_para_a_Industria_de_Aluminio/links/55fc293408aeba1d9f3b7a58/Impactos-Ambientais-e-Sociais-de-Barragens-Hidreletricas-na-Amazonia-Brasileira-As-Implicacoes-para-a-Industria-de-Aluminio.pdf>
[121] "Os desmatamentos dos remanescentes florestais da Mata Atlântica para fins de reforma agrária no Paraná foram o principal indutor de diminuição da cobertura florestal avaliado no monitoramento realizado pela Fundação SOS Mata Atlântica e pelo Instituto Nacional de Pesquisas Espaciais (INPE) no período de 1995-2000." (BECHARA, Érika. Desmatamento da mata atlântica para fins de reforma agrária. **Revista de Direito Ambiental**, São Paulo, n.24, p.275, 2001).
[122] O INCRA alterou o seu posicionamento apenas após o ano 2000, o que foi reforçado diante do teor do artigo 35 da Lei nº 11.428/2006, que declarou ser cumpridor da função social o imóvel rural ou urbano que conserve vegetação de Mata Atlântica em qualquer estágio de regeneração.
[123] BECHARA, Érika. Desmatamento da mata atlântica para fins de reforma agrária, p.275-279.

Nas zonas urbanas, não é menor a pressão sobre os remanescentes da vegetação de Mata Atlântica, embora se manifeste de forma diferente em relação às zonas rurais. Uma das principais manifestações dessa pressão em meio urbano é justamente o crescimento geométrico da população nas cidades, o que por si só, levando em consideração apenas a questão habitacional, força a criação de novos espaços de moradia e a supressão de remanescentes de Mata Atlântica. Esse problema se potencializa a partir da constatação, já exposta, de que 84,35% da população brasileira vive nas cidades e de que a maior parte dessa população urbana se encontra nas áreas de domínio da Mata Atlântica.

Para agravar ainda mais o problema da moradia, sabe-se que significativa parte da população, que não foi suficientemente contemplada pelos "benefícios" do capital, além de não ter acesso aos direitos sociais básicos, tais como os direitos à saúde e saneamento básico, vive em áreas de risco, normalmente consistentes em áreas relevantes para a proteção ambiental e impróprias para ocupação[124]. É o caso das ocupações ditas irregulares em margens de corpos hídricos, em morros e em manguezais, por exemplo. Deve-se perceber que, seja na regularização fundiária dessas áreas, que normalmente contempla uma realocação dessas populações para outros locais, seja na demanda por novas moradias, resultado da expansão urbana, frequentemente se recorre às áreas ainda não ocupadas e que, muitas vezes, são providas de remanescentes de vegetação de Mata Atlântica.

Também concorrem para a supressão dos remanescentes de Mata Atlântica ainda preservados ou em fase de recuperação nas zonas urbanas, a implantação de empreendimentos imobiliários[125] e comer-

---

[124] Alex Fernandes Santiago afirma, em artigo sobre a moradia em áreas protegidas, que "o próprio Estado brasileiro reconheceu junto ao Comitê de Direitos Econômicos, Sociais e Culturais que 'pelo menos 42% das famílias vivem atualmente em moradias inadequadas, sem abastecimento de água suficiente, sem instalações de saneamento nem coleta de lixo' e que '50% da população das principais cidades vive em comunidades urbanas não estruturadas (assentamentos e casas ilegais [...]" (SANTIAGO, Alex Fernandes. O direito à moradia e o direito ao meio ambiente ecologicamente equilibrado: ocupação de áreas protegidas: conflitos entre direitos fundamentais? **Revista de Direito Ambiental**, São Paulo, n.60, p.106, 2010.)

[125] Silva, Ramos e Pigozzo examinaram um exemplo dessa prática na instalação de empreendimentos imobiliários na avenida Paralela, no município de Salvador, local onde há (havia) importantes remanescentes de vegetação de Mata Atlântica. (SILVA, Luciana Menezes da;

ciais[126], principalmente em locais considerados atrativos sob os pontos de vista paisagístico ou turístico (praias, serras e outros), assim como os empreendimentos industriais, que se instalam especialmente na região litorânea, com o propósito de obter acesso facilitado aos portos.

Outras causas que expõem em risco a biodiversidade da Mata Atlântica também estão relacionadas às ações humanas: a mineração, a caça e pesca predatórias, a poluição das indústrias e a poluição veicular, os resíduos sólidos, o esgoto e o alto consumo de energia são importantes vetores que vêm minando a biodiversidade da Mata Atlântica ainda existente no território brasileiro.

Adiciona-se a isso o fato que as zonas urbanas vêm gradativamente avançando sobre as zonas rurais, por meio da substituição de remanescentes de vegetação da Mata Atlântica por novos loteamentos e edificações. João Tonucci e Junia Ferrari explicam que as expansões urbanas sobre as áreas rurais, também denominadas de espraiamentos ou dispersões da mancha urbana, implicam em significativas consequências ambientais, sociais e econômicas:

[...] Conseqüências ambientais: consumo excessivo de solo rural, perda de áreas de relevância ambiental, maior tempo de deslocamento, grande consumo de combustíveis fósseis, aumento da poluição atmosférica.

Conseqüências sociais: segregação e exclusão social, perda do sentido de comunidade, ausência de vida urbana diversificada, enfraquecimento dos espaços públicos e insegurança.

RAMOS, Cláudio de Aragão; PIGOZZO, Camila Magalhães. Empreendimentos imobiliários em remanescentes de Mata Atlântica na região da Paralela, Salvador – BA: uma abordagem socioambiental. **Candombá – Revista Virtual**, Salvador, v.4, n.1, p.36-45, 2008).

[126] Vale citar o brilhante acórdão do Superior Tribunal de Justiça, sob a relatoria do Ministro Herman Benjamin, em que se determinou a reparação integral do dano ambiental promovido por meio do aterro de manguezal por uma empresa para finalidade econômica. Em um trecho do aludido acórdão, assentou-se que: "[...] É dever de todos, proprietários ou não, zelar pela preservação dos manguezais, necessidade cada vez maior, sobretudo em época de mudanças climáticas e aumento do nível do mar. Destruí-los para uso econômico direto, sob o permanente incentivo do lucro fácil e de benefícios de curto prazo, drená-los ou aterrá-los para a especulação imobiliária ou exploração do solo, ou transformá-los em depósito de lixo caracterizam ofensa grave ao meio ambiente ecologicamente equilibrado e ao bem-estar da coletividade, comportamento que deve ser pronta e energicamente coibido e apenado pela Administração e pelo Judiciário [...]". (BRASIL. Superior Tribunal de Justiça. **Recurso Especial** nº 650.728 – SC (2003/0221786-0). Relator: Ministro Herman Benjamin, data do julgamento: 23 de outubro de 2007).

Conseqüências econômicas: alto custo de manutenção da infraestrutura, especialização das funções urbanas, barreiras aos deslocamentos cotidianos, alto custo do transporte coletivo.[127]

Uma das frequentes mazelas da expansão urbana sobre as zonas rurais é a destruição de áreas de Reserva Legal existentes nos imóveis considerados até então rurais ou a abstenção das exigências de sua implementação e averbação no registro de imóveis, nos termos do que estatui o Código Florestal[128]. Essa prática, além de importar em significativo prejuízo ambiental, pode lesar a Lei nº 6.766/79, que proíbe o parcelamento do solo em áreas de preservação ecológica[129], o que abrange as áreas de Reserva Legal[130]. Ademais, não se pode olvidar que o Estatuto da Cidade prevê como uma das diretrizes gerais da política urbana o planejamento das cidades, "de modo a evitar e corrigir as distorções do crescimento urbano e seus efeitos negativos sobre o meio ambiente"[131].

Nesse particular, merecem especial observação as áreas de transição urbano-rural que, normalmente tergiversadas pelo Poder Público no dever de planejamento democrático das cidades[132], concentram diversos

---

[127] TONUCCI FILHO, João B. M.; FERRARI LIMA, J. M.. Curso Eletrônico à Distância (EAD) – Instrumentos do Estatuto da Cidade – Módulo VII – **Urbanização Compacta e Controle da Expansão Urbana**. 2012.

[128] Sob a égide da Lei nº 4.771/65, previa-se o dever de averbação da área de Reserva Legal à margem da inscrição de matrícula do imóvel, no registro de imóveis competente, e a vedação da alteração de sua destinação, nos casos de transmissão, a qualquer título, de desmembramento ou de retificação da área (artigo 16, § 8º). Com a revogação da Lei nº 4.771/65 pela Lei nº 12.651/2012, apresenta-se indispensável a adequada interpretação dos artigos 19 e 25 deste último diploma legal para o fim de transformação da Reserva Legal em Área Verde Urbana.

[129] Artigo 3º, § único, inciso V, da Lei nº 6.766/79.

[130] Paulo Affonso Leme Machado afirma que as áreas de preservação ecológica não somente abrangem as áreas chamadas de interesse especial apontadas no artigo 13, I, da Lei nº 6.766/79, mas também "as florestas de preservação permanente, as reservas de caça, as estações ecológicas e as áreas de proteção ambiental cujos objetivos transcendem os do art. 13, I, da Lei 6.766/79 (...)". (MACHADO, Paulo Affonso Leme. **Direito Ambiental Brasileiro**. p. 396).

[131] Artigo 2º, inciso IV, da Lei nº 10.257/2001.

[132] MIRANDA, Lívia Izabel Bezerra de. Planejamento em áreas de transição rural-urbana: velhas novidades em novos territórios. **Revista Brasileira de Estudos Urbanos e Regionais**, Belém, v.11, n.1, p.26, 2009.

interesses e conflitos, pois nestas zonas de transição é que se encontram, ao mesmo tempo, importantes remanescentes da Mata Atlântica e os recursos naturais indispensáveis para o equilíbrio ambiental e para os sistemas de infraestrutura urbana, e estoques de terras para a expansão habitacional e para a concretização dos mais variados interesses econômicos. Lívia Izabel Bezerra de Miranda também denuncia a prática corriqueira de municípios que promovem, muitas vezes de modo inadequado, a expansão urbana sobre as áreas rurais, comprometendo a produção rural, ou áreas de preservação de mananciais e de cobertura vegetal[133], e acentua a necessidade, nas municipalidades, de uma análise e discussão conjunta sobre o planejamento do rural e do urbano, de modo transparente e democrático, levando em consideração os aspectos socioeconômicos e físico-territoriais, além dos planos normativos estadual e federal[134].

Daniel Gaio alerta para a provável caracterização de inconstitucionalidade da lei municipal que, na pretensão de promover a ampliação das zonas urbanas, atribui "qualificação urbanística intensiva em áreas ambientalmente sensíveis", além de trazer como consequência o estímulo à especulação imobiliária e à criação de extensas áreas vazias à espera de urbanização[135].

Paralelamente a todos esses fatores de pressão sobre a Mata Atlântica, a consciência ambiental da população brasileira e a sua capacidade de assimilar a importância de preservação desse bioma é um agente que indiscutivelmente influencia em sua maior ou menor degradação. Convivemos diariamente, por exemplo, com a prática não somente de "limpar" a propriedade e de deixar o caminho livre para qualquer atividade econômica, como também de naturalmente anunciar a venda desses imóveis com um "plus" comercial: o fato de já ter sido desmatado[136]. Ainda é muito alta a proporção da população que persiste com atitudes

---

[133] MIRANDA, Lívia Izabel Bezerra de. Planejamento em áreas de transição rural-urbana..., p.34.
[134] *Ibid.*, p.25-40.
[135] GAIO, Daniel. **A interpretação do direito de propriedade em face da proteção constitucional do meio ambiente urbano.** Rio de Janeiro: Renovar, 2015. p.172.
[136] Dentre os milhares de exemplos de propaganda comercial, cita-se: "Terreno as margens da BR de Garuva, próprio para Indústria, todo desmatado". (Disponível em: <http://lotes--venda. vivastreet.com.br/terrenos-venda+garuva/terreno-area-industrial-desmatado-e--plano/40137387>. Ou ainda: "8.200 M2 Com Projeto Aprovado Para Construção De 49 Sobrados Com 60 M2 Cada, Totalmente Desmatado E Com A Terraplanagem Já Concluída,

do passado e defendem, ainda que modo velado, a incompatibilidade entre conservação da natureza e desenvolvimento[137]. Benjamin acentua que

> [...] os remédios conservacionistas sugeridos ou postos em prática visam, no geral, levar as pessoas – em lento e difícil processo ético-legal de informação e educação – a um modelo de convivência saudável com o planeta, onde práticas que enfraqueçam sua vitalidade ou empobreçam as oportunidades das gerações futuras sejam consideradas tão deploráveis e condenáveis quanto a mãe que se recusa a alimentar o filho ou o pai que lhe recusa o teto[138].

Nesse contexto, Edson Damas da Silveira acrescenta que a "enorme disparidade social existente entre as mais diversas classes sociais" dificulta a concretização de um "comportamento moral respeitoso à lógica de conservação do meio ambiente", pois a sustentabilidade possui afinidade com o compartilhamento e com a solidariedade com o outro[139].

1.4 A Mata Atlântica no Estado Socioambiental de Direito
1.4.1 *O direito fundamental ao meio ambiente ecologicamente equilibrado e o Estado Socioambiental de Direito*

O direito ao meio ambiente ecologicamente equilibrado foi gradativamente positivado na ordem internacional. Inicialmente, o reconhecimento desse direito se dava de modo indireto, em especial por meio da sua relação com os direitos à vida, à saúde e ao bem-estar[140]. Especificamente na Convenção Americana de Direitos Humanos, firmada em 22 de novembro de 1969, apenas se poderia falar em proteção ao meio ambiente de modo reflexo ao disposto em seus artigos 4º (direito à vida) e 5º (direito à integridade pessoal).

Pronto Para Iniciar A Construção". (Disponível em: <http://cotia.olx.com.br/oportunidade-de-terreno-em-cotia-sp-iid-295196027>.

[137] BENJAMIN, Antônio Herman. Mata Atlântica de todos nós, p.6.

[138] BENJAMIN, Antônio Herman. O regime brasileiro de unidades de conservação, p.32.

[139] SILVEIRA, Edson Damas da. Socioambientalismo amazônico e a propedêutica de uma ética ambiental emancipatória. In: CONGRESSO NACIONAL DO CONPEDI, 15., 2006, Manaus; CONGRESSO NACIONAL DO CONPEDI, 15., 2006, Florianópolis. **Anais**... Florianópolis: Fundação Boiteux, 2006.

[140] Vide artigos 3º, 22 e 25 da Declaração Universal dos Direitos Humanos, artigo 6º do Pacto Internacional dos Direitos Civis e Políticos e artigos 11 e 12 do Pacto Internacional dos Direitos Econômicos.

Na Declaração de Estocolmo sobre o Meio Ambiente em 1972, o meio ambiente foi reconhecido no âmbito internacional como indispensável para a proteção da vida humana digna, assim como se assumiu o seu caráter intergeracional[141]. A partir desta Declaração, seguiram diversos outros tratados e convenções internacionais que trataram da proteção do meio ambiente, merecendo destaque a Declaração sobre o Meio Ambiente e Desenvolvimento de 1992, realizada no Rio de Janeiro, em que se fixou as bases e princípios para a proteção do meio ambiente, dentre eles os princípios do poluidor-pagador, da precaução, da obrigatoriedade da intervenção estatal e do acesso às informações ambientais[142].

Nesta mesma linha se deu a concepção do direito ao ambiente na esfera dos sistemas regionais de proteção aos direitos humanos. O artigo 11 do Protocolo Adicional à Convenção Americana de Direitos Humanos em Matéria de Direitos Econômicos, Sociais e Culturais prevê expressamente o direito de toda a pessoa a um meio ambiente sadio e o dever dos Estados-partes em promover a sua proteção, preservação e melhoramento. Por sua vez, a Carta Africana dos Direitos Humanos e dos Povos, embora de modo mais contido, também estabelece o direito de todos os povos a um meio ambiente geral satisfatório[143].

Além de se perceber a íntima e indissociável relação entre a promoção dos direitos humanos e a proteção do meio ambiente, especialmente ao se referir à melhoria das condições de vida em geral[144], verifica-se que esta relação se dá sob uma concepção universalista, em que se busca garantir a tutela universal dos direitos fundamentais[145].

[141] "El hombre tiene el derecho fundamental a la libertad, la igualdad y el disfrute de condiciones de vida adecuadas en un medio de calidad tal que le permita llevar una vida digna y gozar de bienestar, y tiene la solemne obligación de proteger y mejorar el medio para las generaciones presentes y futuras." (DECLARAÇÃO DE ESTOCOLMO. **Declaración de la Conferencia de las Naciones Unidas sobre el Medio Ambiente Humano**. Primeiro princípio). Disponível em: <http://www.prodiversitas.bioetica.org/doc89.htm>.
[142] DECLARAÇÃO SOBRE MEIO AMBIENTE E DESENVOLVIMENTO. Disponível em: <http://www.direitoshumanos.usp.br/index.php/Direito-ao-Desenvolvimento/declaracao--sobre-meio-ambiente-e-desenvolvimento.html>.
[143] Vide artigo 24 da Carta Africana: "Todos os povos têm direito a um meio ambiente geral satisfatório, propício ao seu desenvolvimento". Disponível em: <http://www.dhnet.org.br/direitos/ sip/africa/banjul.htm>
[144] TRINDADE, Antonio Augusto Cançado. **Direitos humanos e meio ambiente**: paralelo dos sistemas de proteção internacional. Porto Alegre: Sergio Antonio Fabris, 1993. p.24.
[145] PIOVESAN, Flávia. **Direitos humanos e o direito constitucional internacional**. 10.ed. São Paulo: Saraiva, 2009. p.153.

De fato, tanto a proteção dos direitos humanos como a proteção ao meio ambiente passaram por processos de internacionalização e globalização semelhantes e ligados entre si, e embora o direito ao meio ambiente não tenha sido reconhecido como direito humano de forma expressa, é considerado como um prolongamento dos direitos humanos face à sua umbilical relação com dos direitos à vida e à saúde[146]. Antonio Augusto Cançado Trindade assenta essa estreita vinculação ao afirmar que o direito ao meio ambiente sadio representa "o direito às condições de vida que asseguram a saúde física, moral, mental e social"[147].

Ressalta-se que, ao se reportar ao direito humano à vida, invoca-se a vida digna e a dignidade humana como plataforma emancipatória que deve orientar a ordem internacional contemporânea[148]. E é justamente nesse panorama que se insere o direito ao meio ambiente como pressuposto indispensável à proteção do direito humano à vida digna.

No âmbito nacional, é cediço que o artigo 5º da Constituição Federal não é exaustivo e que outros direitos fundamentais estão previstos expressamente na Carta Magna em artigos outros, como no caso do direito ao meio ambiente ecologicamente equilibrado, que é um direito formalmente e materialmente fundamental.

O direito ao meio ambiente ecologicamente equilibrado é materialmente fundamental, já que é uma extensão do direito à vida, conferido a todos os seres humanos e cuja proteção é determinada como dever a toda a sociedade e ao Poder Público e, por óbvio que a ele se estende todas as prerrogativas inerentes a esta fundamentalidade, especialmente a sua aplicabilidade imediata e sua imodificabilidade até mesmo por Emenda Constitucional, já que é cláusula pétrea nos termos do artigo 60, § 4º, da Constituição da República.

O conceito de direito fundamental[149] há muito se distanciou daquele conceito tradicional no qual o Estado tinha somente obrigações nega-

---

[146] Essa interdependência é evidenciada na Declaração e Programa de Ação de Viena de 1993, que realizou a Conferência Mundial sobre Direitos Humanos, em seu item 5: "Todos os direitos humanos são universais, indivisíveis, interdependentes e inter-relacionados. [...]"
[147] TRINDADE, *op. cit.*, p.76.
[148] PIOVESAN, Flávia. **Direitos humanos e justiça internacional**: um estudo comparativo dos sistemas europeu, interamericano e africano. São Paulo: Saraiva, 2006. p.158.
[149] José Afonso da Silva aduz que os direitos fundamentais consistem nas prerrogativas e instituições existentes no âmbito do direito positivo para garantir a convivência digna, livre e

tivas, de abstenção frente às liberdades individuais, sendo que, hodiernamente, até mais frequente do que a figura da abstenção, verifica-se a imposição de obrigações positivas ao Poder Público para a implementação destes direitos, já que constituem a sustentação e a própria razão de existir do Estado Social de Direito[150]. José Afonso da Silva, ao se referir ao termo fundamentalidade, acrescenta que:

> [...] trata de situações jurídicas sem as quais a pessoa humana não se realiza, não convive e, às vezes, nem mesmo sobrevive; fundamentais do homem no sentido de que a todos, por igual, devem ser, não apenas formalmente reconhecidos, mas concreta e materialmente efetivados[151].

Há que se ressaltar que o Supremo Tribunal Federal, já no ano de 1995, proferiu duas decisões reconhecendo a fundamentalidade do direito ao meio ambiente ecologicamente equilibrado, ambas relatadas pelo Ministro Celso de Mello, sendo que, na segunda delas – MS nº 22.164-0/SP –, foi este consagrado como direito de terceira geração, de titularidade difusa e expressão do princípio da solidariedade[152].

Canotilho explicita o caráter de direito fundamental ao meio ambiente, ao ensinar que este se elevou a bem constitucional, razão pela qual devem "os vários decisores (legislador, tribunais, administração) tomar em conta na solução de conflitos constitucionais esta reserva constitucional do bem ambiente"[153]. O direito ao meio ambiente ecologicamente equilibrado dever ser garantido por toda a sociedade, e especialmente pelo Poder Público, o qual deve direcionar todas suas

---

igual das pessoas. (SILVA, José Afonso da. **Curso de direito constitucional positivo**. 22.ed. São Paulo: Malheiros, 2003. p.178)

[150] Melina Girardi Fachin acena a transição do Estado Liberal ao Estado Social como momento histórico de reação à limitação dos direitos de caráter individualista. Segundo a autora, "não se logrou com o uso da fórmula individualista, a consagração prática desses direitos para grande parte da população, e então, a responsabilidade pela sua concretização, e conseqüente realização da justiça social, passa às mãos do Estado." (FACHIN, Melina Girardi. **Fundamentos dos direitos humanos**. Rio de Janeiro: Renovar, 2009. p.53).

[151] SILVA, José Afonso da. **Curso de direito constitucional positivo**, p.178.

[152] Supremo Tribunal Federal, **MS 22164**. Rel. Min. Celso de Mello. Distrito Federal, Distrito Federal, em 17-11-1995.

[153] CANOTILHO, José Joaquim Gomes. Direito constitucional ambiental português e da União Européia. In: CANOTILHO, José Joaquim Gomes; LEITE, José Rubens Morato (Org.). **Direito constitucional ambiental brasileiro**. São Paulo: Saraiva, 2007. p.05.

políticas públicas ambientais à realização progressiva e gradual deste direito fundamental, e nunca a sua regressão e retrocesso, de forma a garantir às presentes e futuras gerações uma sadia qualidade de vida.

A partir da premissa de que o Poder Público se encontra vinculado à Constituição e aos direitos fundamentais, a sua atuação somente se encontra justificada por razões substanciais quando não afeta e não lesiona os direitos fundamentais, dentre eles o direito ao meio ambiente ecologicamente equilibrado, o que implica em dizer, nas palavras de Sarlet e Fensterseifer, "que os deveres de proteção ambiental conferidos ao Estado vinculam os poderes estatais de tal modo a limitar a sua liberdade de conformação na adoção de medidas atinentes à tutela do ambiente"[154].

A Constituição Federal de 1988, nos dizeres de Antonio Herman Benjamin, inaugurou uma verdadeira ordem pública ambiental constitucionalizada, determinando a inversão do primado civilístico e administrativo tradicional regente do Estado liberal, e fixando como parâmetros a serem adotados pela sociedade e pelo Estado: o dever genérico de defesa e preservação do meio ambiente, a observância dos princípios que estatuem a primariedade do meio ambiente e a exploração limitada da propriedade[155].

De fato, o texto constitucional vigente não somente consagrou como direito social fundamental de terceira dimensão o direito a um meio ambiente ecologicamente equilibrado, essencial à sadia qualidade de vida, como também, visando à sua efetividade, e de acordo com um modelo de Estado Socioambiental, atribuiu diversas obrigações positivas ao Poder Público. Assim, o Estado deixa de ocupar a posição de inércia de outrora, típica do Estado liberal, e passa a deter deveres de um Estado intervencionista, ao qual se atribuem ações afirmativas específicas, cujo exercício e estrita observância são imprescindíveis à consagração de uma verdadeira ordem pública ambiental.

---

[154] SARLET, Ingo Wolfgang; FENSTERSEIFER, Tiago. Estado socioambiental e mínimo existencial (ecológico?): algumas aproximações. In: SARLET, Ingo Wolfgang (Org.). **Estado socioambiental e direitos fundamentais**. Porto Alegre: Livraria do Advogado, 2010. p.17.

[155] BENJAMIN, Antônio Herman. Constitucionalização do ambiente e ecologização da constituição brasileira. In: CANOTILHO, José Joaquim Gomes; LEITE, José Rubens Morato (Org.). **Direito constitucional ambiental brasileiro**. São Paulo: Saraiva, 2007p.121-124.

O Estado intervencionista assumiu um modelo jurídico de conformação da vida econômica e social e funcionalização crescente da autonomia privada à vontade do Poder Público. Para Moncada, cria-se um Estado Social de Direito, de natureza positiva, ou seja dotado de um programa normativo de realizações, em que a ação estatal passa de formal, garantística e subsidiária à material e conformadora da economia e vida social[156].

Benjamin, ao se referir ao Estado de Direito Social e à assunção deste da forma de Estado de Direito Ambiental, sustenta que se trata de uma verdadeira submissão da ordem privada a uma ordem pública hierarquicamente superior guiado pelos objetivos e mandamentos estatuídos na Constituição. Nas suas palavras,

[...] a alteração é profunda, pois significa colocar o público-ambiental não como limite externo ao privado-ambiental, mas como pressuposto norteador da própria estrutura, legitimidade e funcionamento da exploração dos recursos naturais, resultado da posição logicamente antecedente e constitucionalmente prevalente do regime público[157].

Sarlet e Fernesterseifer adotam a terminologia de Estado Socioambiental de Direito com o intuito de frisar que o conteúdo da dignidade humana abrange, além da dimensão social, uma dimensão ambiental, e, portanto, dependente de uma necessária harmonização da tutela dos direitos ambientais e dos direitos sociais em um mesmo projeto jurídico-político de desenvolvimento[158].

Com efeito, a desigualdade social e a ausência do acesso da maioria da população aos direitos sociais básicos, tais como os direitos à saúde, ao saneamento básico e à moradia em locais não degradados, contaminados ou integrantes de áreas de risco, integra a problemática ambiental em uma relação de pertinência recíproca. Isto porque, primeiramente, o descumprimento dos referidos direitos sociais básicos se apresenta como fator que contribui para a contínua degradação ambiental e exposição de risco de exterminação de ecossistemas e recursos naturais.

---

[156] MONCADA, Luís S. Cabral de. **Direito econômico**. Coimbra: Coimbra Editora, 2003. p.32.
[157] BENJAMIN, Antônio Herman. Constitucionalização do ambiente e ecologização da constituição brasileira, p.123-124.
[158] SARLET, Ingo Wolfgang; FENSTERSEIFER, Tiago. Estado socioambiental e mínimo existencial (ecológico?)..., p.13.

Por outro lado, a deterioração ecológica e os riscos ambientais, cada vez mais potencializados em uma sociedade tecnológica de risco[159], afetam o bem-estar e a sadia qualidade de vida das pessoas, e, consequentemente, violam a dignidade humana.

Interessante notar que o termo "sadia qualidade de vida" inserido no artigo 225, *caput*, da Constituição Federal, aponta o dever de todos de garantirem condições mínimas para viver com dignidade e bem-estar com possibilidades de atingir um desenvolvimento pleno[160]. A própria Política Nacional do Meio Ambiente possui como objetivo expresso a proteção da dignidade humana por meio da preservação, melhoria e recuperação da qualidade ambiental propícia à vida[161].

No âmbito internacional, segundo o que ditam os Tratados Internacionais a respeito dos compromissos que os Estados signatários assumem em relação às questões ambientais e sociais, as noções de Estados de Direito Ambiental ou Estados Socioambientais de Direito são plenamente aplicáveis, já que a estes foram atribuídas obrigações positivas

---

[159] Ulrich Beck aborda as sociedades e o risco, em uma passagem de uma sociedade de escassez, inclusive de tecnologia, para o surgimento de uma sociedade que cria os riscos a partir da própria modernização da tecnologia. O autor demonstra preocupação com o caráter transfronteiriço dos riscos e a utilização desmedida das novas tecnologias, que contêm riscos novos e de consequências muitas vezes não conhecidas, trazem insegurança aos seres humanos. Para Beck, o problema de não se poder calcular as conseqüências e os danos já indica a falta de responsabilização. As ameaças à natureza significam colocar em risco a propriedade, o capital, o emprego, o poder sindical, o fundamento econômico de setores e regiões inteiras, a estrutura do estado-nação e dos mercados globais. Na sociedade de risco, os conflitos sobre a distribuição dos males que a sociedade produz, se sobrepõem sobre ao conflito da distribuição dos bens sociais. Nesse particular, toda a geração de bens e riquezas está acompanhada de riscos decorrentes da industrialização e do desenvolvimento de novas tecnologias. (BECK, Ulrich. **La sociedad del riesgo global**. España: Siglo Veintiuno, 2002. p.75-141).

[160] Antônio Herman Benjamin afirma que: "o termo é empregado pela Constituição não no seu sentido estritamente antropocêntrico (a qualidade de vida humana), mas com um alcance mais ambicioso, ao se propor – pela ausência da qualificação humana expressa – a preservar a existência e o pleno funcionamento de todas as condições e relações que geram e asseguram a vida, em suas múltiplas dimensões." (BENJAMIN, Antônio Herman. Constitucionalização do ambiente e ecologização da constituição brasileira, p.108)

[161] Lei Federal nº 6.938/81 – "Art. 2º A Política Nacional do Meio Ambiente tem por objetivo a preservação, melhoria e recuperação da qualidade ambiental propícia à vida, visando assegurar, no País, condições ao desenvolvimento sócio-econômico, aos interesses da segurança nacional e à proteção da dignidade da vida humana [...]".

para a efetivação do direito fundamental ao meio ambiente ecologicamente equilibrado e para a promoção da dignidade humana também sob as dimensões social e ambiental.

O que se percebe é que a história de incessantes lutas para o reconhecimento dos direitos humanos se repetiu em relação ao reconhecimento do direito ao meio ambiente ecologicamente equilibrado como direito humano fundamental. A previsão nos Tratados e Declarações Internacionais e nas Constituições nacionais da sujeição, ou ao menos limitação, das atividades econômicas ao dever genérico de defesa e preservação do meio ambiente representa importante conquista para tentar salvar a saúde do planeta para as presentes e futuras gerações.

Nesse particular, as obrigações positivas assumidas pelos Estados para promover o direito humano fundamental ao meio ambiente ecologicamente equilibrado devem contemplar, necessariamente, o atendimento aos direitos sociais básicos de suas populações, já que há uma clara interdependência, de um lado, entre a problemática ambiental e a ausência de condições dignas de serviços de saúde, moradia e saneamento, e de outro lado, entre o incansável avanço da produção, consumo e criação de riscos tecnológicos e a destruição de recursos naturais e afetação do bem-estar e da vida das pessoas.

1.4.2 O direito ao desenvolvimento

No âmbito internacional, o histórico do reconhecimento do direito ao desenvolvimento nos Tratados Internacionais se iniciou com a Carta de Constituição da Organização das Nações Unidas no ano de 1945[162] e recebeu abrangência econômica, social e cultural com a Carta Africana dos Direitos Humanos e dos Direitos dos Povos em 1981[163].

Mas com a Resolução nº 41/128, de 04 de dezembro de 1986, da Assembleia Geral das Nações Unidas é que o desenvolvimento foi ele-

---

[162] "Cap. IX – Cooperação Internacional Econômica e Social – Artigo 55 – Com o fim de criar condições de estabilidade e bem estar, necessárias às relações pacíficas e amistosas entre as Nações, baseadas no respeito ao princípio da igualdade de direitos e da autodeterminação dos povos, as Nações Unidas favorecerão: a) níveis mais altos de vida, trabalho efetivo e condições de progresso e desenvolvimento econômico e social; [...]"

[163] "Artigo 22 – 1. Todos os povos têm direito ao seu desenvolvimento econômico, social e cultural, no estrito respeito da sua liberdade e da sua identidade, e ao gozo igual do patrimônio comum da humanidade".

vado ao patamar de direito humano inalienável, "em virtude do qual toda pessoa e todos os povos estão habilitados a participar do desenvolvimento econômico, social, cultural e político, a ele contribuir e dele desfrutar"[164]. Esta Resolução não somente estabeleceu a responsabilidade de todos os seres humanos pelo desenvolvimento individual e coletivo, como destacou o dever dos Estados quanto à formulação de políticas nacionais adequadas ao desenvolvimento para o "constante aprimoramento do bem-estar de toda a população e de todos os indivíduos"[165], contemplando a distribuição equitativa dos benefícios daí resultantes.

Por fim, o desenvolvimento foi considerado como direito fundamental de vocação comunitária e dotado de preocupação ambiental para as presentes e futuras gerações, com a Declaração e Programa de Ação de Viena em 1993[166], em que se estabeleceu o dever de cooperação entre os Estados para a efetiva realização do desenvolvimento.

---

[164] "Artigo 1º – O direito ao desenvolvimento é um direito humano inalienável, em virtude do qual toda pessoa e todos os povos estão habilitados a participar do desenvolvimento econômico, social, cultural e político, a ele contribuir e dele desfrutar, no qual todos os direitos humanos e liberdades fundamentais possam ser plenamente realizados. [...]"

[165] "Artigo 2º – 1. A pessoa humana é o sujeito central do desenvolvimento e deveria ser participante ativo e beneficiário do direito ao desenvolvimento. 2. Todos os seres humanos têm responsabilidade pelo desenvolvimento, individual e coletivamente, levando-se em conta a necessidade de pleno respeito aos seus direitos humanos e liberdades fundamentais, bem como seus deveres para com a comunidade, que sozinhos podem assegurar a realização livre e completa do ser humano e deveriam por isso promover e proteger uma ordem política, social e econômica apropriada para o desenvolvimento. 3. Os Estados têm o direito e o dever de formular políticas nacionais adequadas para o desenvolvimento, que visem ao constante aprimoramento do bem-estar de toda a população e de todos os indivíduos, com base em sua participação ativa, livre e significativa e no desenvolvimento e na distribuição eqüitativa dos benefícios daí resultantes".

[166] "10. A Conferência Mundial sobre Direitos Humanos reafirma o direito ao desenvolvimento, previsto na Declaração sobre Direito ao Desenvolvimento, como um direito universal e inalienável e parte integral dos direitos humanos fundamentais. [...] Os Estados devem cooperar uns com os outros para garantir o desenvolvimento e eliminar obstáculos ao mesmo. A comunidade internacional deve promover uma cooperação internacional eficaz visando à realização do direito ao desenvolvimento e à eliminação de obstáculos ao desenvolvimento. [...] 11. O direito ao desenvolvimento deve ser realizado de modo a satisfazer eqüitativamente as necessidades ambientais e de desenvolvimento de gerações presentes e futuras."

1. O BIOMA MATA ATLÂNTICA

No Estado brasileiro, a Constituição Federal de 1988 reconheceu, em seu preâmbulo, o desenvolvimento como valor a ser assegurado pelo Estado de Direito Democrático[167], assim como estatuiu como objetivo fundamental da República Federativa do Brasil a garantia do desenvolvimento nacional[168], remetendo à lei o estabelecimento das diretrizes e bases do planejamento do desenvolvimento nacional equilibrado[169].

Desta forma, somando-se os citados dispositivos constitucionais e o *status* do reconhecimento do direito ao desenvolvimento nos Tratados Internacionais, e considerando que o direito ao desenvolvimento diz respeito diretamente à aplicação do princípio da dignidade humana[170], entende-se que a Constituição Federal de 1988 albergou o aludido direito como um direito fundamental.

Nessa quadra, apresenta-se relevante ingressar na seara da noção de desenvolvimento e sua diferenciação com o termo crescimento econômico, pois embora produzam consequências bastante distintas são corriqueiramente confundidos. Ambos os termos denotam a ideia de melhoria e aumento, contudo possuem essências consideravelmente diversas[171].

Carla Abrantkoski Rister, valendo-se de Eros Grau e de Fábio Nusdeo, anota que o crescimento importa na promoção de mudanças de ordem meramente quantitativas, normalmente alavancado de modo cíclico e por fatores exógenos, o que faz com que haja o retorno ao *status quo ante*, enquanto no desenvolvimento essas mudanças seriam qualitativas e estruturais da realidade socioeconômica, dotadas de características de sustentabilidade, ou seja da capacidade de manutenção das condições de melhoria econômica e social e de continuidade do processo[172].

Amartya Sen explicita a sua concepção de desenvolvimento de Estado, atrelando-a à expansão das liberdades reais das pessoas. Para o autor, o

---

[167] Vide Preâmbulo da Constituição da República.
[168] Artigo 3º, II, da Constituição Federal de 1988.
[169] Artigo 174, § 1º, da Constituição Federal de 1988.
[170] Dentre outros dispositivos constitucionais que estabelecem essa relação entre o desenvolvimento e a dignidade humana, sobreleva-se o artigo 170, que dita a finalidade da ordem econômica em assegurar a todos a existência digna, observando-se, dentre outros, os princípios da função social da propriedade e da defesa do meio ambiente.
[171] VEIGA, José Eli da. **Desenvolvimento sustentável**: o desafio do século XXI. Rio de Janeiro: Garamond, 2005. p.32-45.
[172] RISTER, Carla Abrantkoski. **Direito ao desenvolvimento**: antecedentes, significados e consequências. Rio de Janeiro: Renovar, 2007. p.2 e 36.

desenvolvimento depende da atuação do Estado e da sociedade para a remoção das principais fontes de privação de liberdade, dentre elas a miséria e a ausência de acesso aos serviços públicos básicos e à participação da vida social, política e econômica da comunidade. Sen lembra que "a despeito de aumentos sem precedência na opulência global, o mundo atual nega liberdades elementares a um grande número de pessoas – talvez até mesmo à maioria"[173].

Juan Ramón Capella afirma que há, em razão desse panorama, nas suas palavras, um desencantamento ético, pois o crescimento econômico e o progresso científico e tecnológico não têm conseguido sequer minimizar a maioria dos problemas sociais e ambientais. Para Capella, se as pessoas se dizem preocupadas com a ética humanitária, não deixam de consumir excessivamente, deixando de reconhecer que esse modo de vida dionisíaco não pode ser generalizado a toda a humanidade, quando sequer está garantida a satisfação das necessidades básicas para as atuais e vindouras gerações[174].

Nesta mesma linha de raciocínio, Carla Abrantkoski Rister ressalta que o desenvolvimento não pode ser identificado com a industrialização por imitação do padrão de consumo dos países desenvolvidos, denominado por modernização por efeito demonstração, pois uma minoria desfruta de alto padrão de consumo enquanto a maioria não possui condições mínimas de qualidade de vida, assim como não se confunde com a imagem de progresso trazida com o processo caótico de urbanização e destruição dos recursos naturais[175].

Deduz-se, deste modo, que o crescimento econômico não pode ser vislumbrado como um fim em si mesmo, mas apenas como uma das partes de um processo de desenvolvimento, que inclui outros elementos cruciais normalmente olvidados, como a saúde, a educação e a sustentabilidade ambiental.

---

[173] SEN, Amartya. **Desenvolvimento como liberdade**. São Paulo: Companhia das Letras, 2000. p.19.
[174] O autor ainda afirma que as pessoas, nas sociedades opulentas, tendem cada vez mais a atuar com independência de juízos morais sobre seus próprios atos, atentos só à funcionalidade destes a respeito de suas opções egoístas (ações meramente tecnológicas). (CAPELLA, Juan Ramón. **Cidadãos servos**. Porto Alegre: Sérgio Antonio Fabris, 1998. p.62-98).
[175] RISTER, Carla Abrantkoski. **Direito ao desenvolvimento...**, p.37.

De outro lado, diante da evidente discrepância entre os termos desenvolvimento e crescimento, a aferição do efetivo desenvolvimento de um país se expõe de significativa relevância, especialmente para guiar as políticas públicas necessárias e se reclamar o cumprimento dos deveres de cooperação internacional estabelecidos na Declaração e Programa de Ação de Viena.

Assim, parece lógico que a utilização de critérios que levam em consideração apenas a renda *per capita* (Produto Nacional Bruto – PNB) ou o conjunto de bens e serviços e o incremento demográfico (Produto Interno Bruto – PIB) se mostram insuficientes para medir o desenvolvimento de um Estado. Além dos referidos índices não incluírem importantes fatores representativos da realidade, tais como o nível de acesso da população a serviços básicos (saúde, moradia, saneamento, educação, alimentação), a degradação ambiental, o lazer, a desigualdade social e a violência, também omitem intrigantes contradições ao contabilizarem como ganhos econômicos ocorrências desastrosas para a vida humana e para a natureza[176].

É justamente o que Eduardo Galeano ilustrou neste questionamento:
[...] Onde se recebe a *Renda per Capita*? Tem muito morte de fome querendo saber. Em nossas terras os numerinhos têm melhor sorte que as pessoas. Quantos vão bem quando a economia vai bem? Quantos se desenvolvem com o desenvolvimento?[177]

Embora existam outros índices de desenvolvimento que abarcam fatores relevantes, tais como o Índice de Desenvolvimento Humano (IDH), que trata além da renda *per capita*, da saúde e da educação, e o Índice de Desenvolvimento Social (IDS), baseado também nas taxas de mortalidade infantil e de expectativa de vida, ainda não podem ser considerados parâmetros ideais, pois, dentre outros motivos, não contemplam a dimensão ambiental como componente essencial da dignidade humana e da sobrevivência do planeta.

---

[176] Rister faz referência a exemplos paradoxais colacionados por Henrique Rattner: "[...] aumento do PIB em virtude de inclusão de negócios securitários em decorrência do aumento da violência metropolitana, degradação ambiental e poluição também teriam efeito benéfico no incremento do PIB, bem como gastos com remédios e medicamentos, que também aparecem como crescimento do PIB." (*Ibid.*, p.04).

[177] GALEANO, Eduardo. **O livro dos abraços**. 8.ed. Porto Alegre: L&PM, 2000. p.79.

No mais, ainda há a registrar que, no ano de 1987, ou seja há mais de vinte e três anos, a Comissão Mundial sobre Meio Ambiente e Desenvolvimento publicou o documento denominado Nosso Futuro Comum, também conhecido como Relatório Brundtland[178], que reconheceu a impossibilidade de separação das questões ambientais e do desenvolvimento econômico, seja porque este pode dilapidar os recursos naturais nos quais se fundamenta, seja porque a deterioração do meio ambiente prejudica o desenvolvimento, ou ainda porque "a pobreza é uma das principais causas e um dos principais efeitos dos problemas ambientais no mundo"[179]. O referido relatório promove uma crítica ao modelo de desenvolvimento que esgota com os recursos naturais e ainda acentua as desigualdades e problemas sociais, lançando a ideia de desenvolvimento sustentável fundado na existência de um limite mínimo para o bem-estar e um limite máximo de utilização dos recursos naturais[180].

Observe-se, no entanto, que as aludidas preocupações e conclusões extraídas do Relatório Brundland há mais de duas décadas somente vêm aumentando a cada ano. Os modelos jurídico-políticos de desenvolvimento adotados pela maioria dos países, se não continuam a agigantar o abismo de exclusão social e esgotamento e degradação da natureza, ainda se distanciam muito de um processo satisfatório de respeito à dignidade humana e a todas as formas de vida na terra.

Frente a este quadro dramático, Sarlet e Fernesterseifer, socorrendo-se dos precisos ensinamentos de Häberle, destacam que o desenvolvimento precisa ser mais fortalecido com deveres e obrigações

---

[178] O referido nome se deve ao nome da então Presidente da Comissão Mundial sobre Meio Ambiente e Desenvolvimento, Gro Harlem Brundtland.

[179] COMISSÃO BRUNDTLAND. Comissão Mundial sobre Meio Ambiente e Desenvolvimento. **Nosso futuro comum**. 2.ed. Rio de Janeiro: Editora da Fundação Getúlio Vargas, 1991. p.04.

[180] No referido documento, o desenvolvimento sustentável é delimitado como: "Desenvolvimento sustentável é um novo tipo de desenvolvimento capaz de manter o progresso humano não apenas em alguns lugares e por alguns anos, mas em todo o planeta e até um futuro longínquo. O desenvolvimento sustentável é aquele que atende às necessidades do presente sem comprometer a capacidade de as gerações futuras atenderem a suas próprias necessidades. Em essência, o desenvolvimento sustentável é um processo de transformação no qual a exploração dos recursos, a direção dos investimentos, a orientação do desenvolvimento tecnológico e a mudança institucional se harmonizam e reforçam o potencial presente e futuro, a fim de atender às necessidades e aspirações humanas". (*Ibid.*, p.46).

decorrentes da dignidade humana em razão do próprio futuro das presentes gerações, "o que se justifica especialmente nas dimensões comunitária e ecológica da dignidade humana"[181].

Desta forma, não há como se permitir a separação das questões ambientais, sociais e éticas da noção de desenvolvimento, diante da impossibilidade de se atender a dignidade humana sem o respeito aos direitos sociais básicos e a uma vida saudável com qualidade de vida. O direito humano ao desenvolvimento busca, conforme já ressaltado, o constante aprimoramento do bem-estar de toda a população e de todos os indivíduos, o que inviabiliza a sua identificação com o termo crescimento econômico.

O mesmo pensamento é perfilhado por Ignacy Sachs, para quem o desenvolvimento é multidimensional e pluridisciplinar, e, portanto, de forma alguma pode se atrelar exclusivamente à dimensão econômica e do mercado. Para Sachs, o mercado "é por natureza míope e insensível tanto ao social quanto ao ecológico"[182]. Sachs defende que a viabilidade econômica seja um meio, submetido a condicionalidades ecológicas, para se chegar a um desenvolvimento que possui finalidades sociais e éticas. Em suas palavras, cabe aos Estados "regular as economias mistas de forte componente de mercado e mantê-las no caminho do desenvolvimento socialmente inclusivo e benigno do ponto de vista ambiental"[183].

Por isso, assume relevância a realização do confronto entre alguns aspectos indissociáveis e antagônicos da economia e da ecologia e entre a ordem econômica fundada no modo de produção capitalista e o princípio de proteção do meio ambiente, justamente com o desiderato de abordar a resposta constitucional a esta oposição.

---

[181] SARLET, Ingo Wolfgang; FENSTERSEIFER, Tiago. Estado socioambiental e mínimo existencial (ecológico?)..., p.18.
[182] SACHS, Ignacy. **A terceira margem**: em busca do ecodesenvolvimento. São Paulo: Companhia das Letras, 2009. p.345.
[183] *Id.*

1.4.3 *A tensão entre os direitos ao meio ambiente ecologicamente equilibrado e ao desenvolvimento e seus reflexos na proteção da Mata Atlântica*

O desenvolvimento, dotado de noção e abrangência restritas ao âmbito econômico, conflita continuamente com a proteção ambiental, já que do meio ambiente se utiliza dos recursos naturais necessários às suas atividades. Em regra, isto ocorrre de três formas: extração de matéria-prima, descarte de resíduos e ocupação cada vez maior de áreas naturais, sob maior ou menor proteção legal. É exatamente o que se depreende da história de destruição da Mata Atlântica, que se perenizou e continua proporcionando esse conflito de modo cada vez mais intenso nos dias presentes.

De fato, não há como se pensar em produção sem a utilização de recursos naturais[184], contudo, como pontua Michael Löwy[185], é justamente o atual modo de produção e padrão de consumo dos países denominados desenvolvidos, baseados em uma lógica de acumulação ilimitada, de consumo desenfreado e de esgotamento dos recursos naturais, que traz uma crise ecológica sem precedentes. De acordo com o autor,

[...] a continuação do "progresso" capitalista e a expansão da civilização fundada na economia de mercado – mesmo que sob essa forma brutalmente desigualitária – ameaça diretamente, a médio prazo (qualquer previsão seria arriscada), a própria sobrevivência da espécie humana. A preservação do meio ambiente natural é, portanto, um imperativo humanista.

Fritjof Capra lembra que o capitalismo globalizado atual, paralelamente à expansão mundial das empresas e à inovação tecnológica, trouxe o incremento da pobreza, as imposições de padrão não sustentável de consumo e a degradação ambiental. Em adição a isto, Capra observa que o modelo de globalização econômica ignora os custos sociais e ambientais desse sistema, até mesmo porque busca um crescimento contínuo e

---

[184] Cristiane Derani afirma que: "Quanto mais a relação com a natureza se dissocia da compreensão do seu movimento intrínseco, quanto mais o homem se relaciona com o seu meio como um sujeito situado num plano apartado do seu objeto, mais a domesticação da natureza se transforma em pura atividade predatória." (Derani, Cristiane. **Direito ambiental econômico**, p.77).

[185] Löwy, Michael. **Ecologia e socialismo**. São Paulo: Cortez, 2005. p.51.

ilimitado, e, portanto, insustentável[186]. Nessa tarefa, alguns países como o Brasil acabam por retroceder em suas legislações ambientais com o intuito de se submeter aos imperativos da competitividade. É exatamente o que explica Leonardo Boff em sua referência ao objetivo do sistema do capital globalmente articulado, que "é lucrar o mais que pode, no tempo mais curto possível, com a expansão cada vez maior de seu poder, flexibilizando legislações que limitam sua voracidade"[187].

No contexto da exigência da competitividade, o menor custo de produção muitas vezes é alcançado com a minimização (quando não exclusão), das medidas de proteção ambiental, de segurança e da qualidade das condições de trabalho. De outro lado, não se pode olvidar que esse sistema também eleva a destruição dos recursos naturais porque o objetivo do mercado é lançar produtos de curta duração, em claro incentivo ao descarte e ao desperdício.

O discurso que prega que o crescimento econômico e de produção é a solução para a crise social, pobreza e o desemprego, além de não prejudicar o meio ambiente, parece que não vem encontrando ressonância na realidade dos países capitalistas. Hervé Kempf sustenta que o crescimento, além de não criar empregos o bastante, mantém a estrutura desigual de distribuição de riqueza, eleva cada vez mais o patamar de consumo, fazendo com que os mais pobres tentem imitá-lo, bem como importa em crescente degradação ambiental, não obstante a admissão de melhorias pontuais por meio do avanço tecnológico[188].

No Brasil, a Constituição Federal de 1988 claramente disciplinou a ordem econômica sob um sistema capitalista, pois albergou como princípio da ordem econômica a livre iniciativa e como direito fundamen-

---

[186] CAPRA, Fritjof. **A teia da vida**: uma nova compreensão científica dos sistemas vivos. São Paulo: Cultrix, 2001. p.156-157.
[187] BOFF, Leonardo. **Cuidar da terra, proteger a vida**: como evitar o fim do mundo. Rio de Janeiro: Record, 2010. p.52.
[188] Kempf, para exemplificar a relação entre crescimento e meio ambiente, cita estudo, denominado Perspectivas para o meio ambiente, apresentado no ano de 2001 por economistas da OCDE (Organização para a Cooperação e o Desenvolvimento Econômico), organismo que reúne os Estados ocidentais, o Japão e a Coreia: "A deterioração do meio ambiente de modo geral avançou em um ritmo ligeiramente inferior ao do crescimento econômico [...] as pressões exercidas pelo consumo sobre o meio ambiente se intensificaram ao logo da segunda metade do século XX e, durante os próximos vinte anos, devem continuar se acentuando." (KEMPF, Hervé. **Como os ricos destroem o planeta**. Rio de Janeiro: Globo, 2010. p.90).

tal a propriedade privada. Uma vez que o direito de propriedade, a livre iniciativa e o desenvolvimento nacional entram em permanente rota de colisão com a preservação ambiental, a própria Constituição Federal de 1988 apresenta a solução para a compatibilização dos referidos valores sob tensão ao determinar à atividade econômica a obrigatória observância do princípio de defesa do meio ambiente[189] e ao condicionar o exercício do direito de propriedade rural ou urbana ao atendimento da sua função social[190], que é integrada pela dimensão ambiental[191]. É o que se denomina de princípio do desenvolvimento sustentável[192], que se propõe a compatibilizar a proteção ambiental com a necessidade de desenvolvimento[193].

Conclui-se, assim, que a ordem econômica institucionalizada na Constituição Federal e os princípios que a regem, especialmente o princípios estatuídos no seu artigo 170, demonstram uma opção do Estado brasileiro pelo que se pode designar, nas palavras de Sarlet e Fernes-

---

[189] Art. 170. A ordem econômica, fundada na valorização do trabalho humano e na livre iniciativa, tem por fim assegurar a todos existência digna, conforme os ditames da justiça social, observados os seguintes princípios: [...] VI – defesa do meio ambiente, inclusive mediante tratamento diferenciado conforme o impacto ambiental dos produtos e serviços e de seus processos de elaboração e prestação;

[190] Andreas J. Krell, ao tratar da função social da propriedade, esclarece que se trata "de um dever ínsito que possui caráter absoluto e integra o próprio conteúdo do direito de propriedade" e, complementa afirmando que "o exercício do direito de propriedade privada será sempre limitado pela sua função ambiental; ultrapassada a noção da propriedade privada que sofre restrições impostas pelo Direito Ambiental, percebe-se que o seu próprio conteúdo está 'funcionalizado' pelo meio ambiente." (KRELL, Andreas J. A relação entre proteção ambiental e função social da propriedade nos sistemas jurídicos brasileiro e alemão. In: SARLET, Ingo Wolfgang (Org.). **Estado socioambiental e direitos fundamentais**. Porto Alegre: Livraria do Advogado, 2010. p.174-175).

[191] A dimensão ambiental da função social da propriedade exige o aproveitamento racional e adequado desta, a utilização adequada dos recursos naturais disponíveis, a preservação do meio ambiente e o favorecimento do bem-estar. (vide artigos 182, § 2º, e 186 da Constituição Federal).

[192] Ana Camargo aduz que o conceito de desenvolvimento sustentável quer trazer o ideal de harmonização entre a natureza e a humanidade e entre os seres humanos. (CAMARGO, Ana. **Desenvolvimento sustentável**: dimensões e desafios. Campinas: Papirus, 2003. p.65-76).

[193] Ana Camargo considera que a noção de desenvolvimento sustentável possui forte carga antropocêntrica, embora admita que traz à discussão uma crítica da interação entre os seres humanos e as demais formas de vida no planeta, o que possui certa conotação ética com as gerações futuras. (*Id.*).

terseifer, de um "capitalismo socioambiental", ou no dizer de Cristiane Derani de uma "economia ecológica social de mercado"[194], no seio de um Estado Socioambiental de Direito que regula e dirige a atividade econômica, "objetivando o desenvolvimento humano e social de forma ambientalmente sustentável"[195].

Verifica-se que a depender do conceito mais ou menos restrito de desenvolvimento varia também a configuração ou não de conflito entre os direitos ao desenvolvimento e ao meio ambiente ecologicamente equilibrado. Este raciocínio se mostra lógico na medida em que a definição de desenvolvimento limitada aos fatores econômicos e de crescimento certamente se choca com o princípio de preservação ambiental e com o dever de progressiva promoção de medidas em seu favor.

Em racionalidade diametralmente oposta, ou seja, a partir de uma noção de direito ao desenvolvimento desvencilhada de um enfoque puramente econômico e, portanto, atrelada a questões éticas e humanistas, em que o bem-estar, a qualidade de vida e o respeito à natureza a integram ativamente, prepondera a conformidade entre os direitos ao desenvolvimento e ao meio ambiente ecologicamente equilibrado. Nessa lógica, a atividade econômica e o desenvolvimento apartam-se de uma situação de submissão a uma mera restrição ao princípio da preservação ambiental e passam a deter em sua própria essência a proteção do meio ambiente, ou seja o seu âmago se torna funcionalizado[196] pelo meio ambiente.

No entanto, questiona-se se é concretamente possível a realização do desenvolvimento sustentável na sociedade capitalista em que vivemos,

---

[194] Cristiane Derani, ao se referir a esta nova expressão, atesta que: "A integração dos componentes ecológicos na ordem da economia social de mercado apresenta uma maneira de afastar o tratamento de oposição que se pretende muitas vezes dar entre ecologia e economia." (DERANI, Cristiane. **Direito ambiental econômico**, p.246).

[195] SARLET, Ingo Wolfgang; FENSTERSEIFER, Tiago. Estado socioambiental e mínimo existencial (ecológico?)..., p.22.

[196] Antonio Hernan Benjamin argumenta que a preservação do meio ambiente é dever-poder de todo e qualquer cidadão, ou seja trata-se de uma atividade ou missão que se submete a um processo de funcionalização, pois ganha relevância jurídica ao ser exercida no interesse geral. Em havendo função, há um ofício que impõe ao sujeito o dever de cumprir a missão específica e isso se concretiza pelo exercício do poder criado para tal fim. E é justamente a relevância social atribuída ao bem ambiental que cria a obrigatoriedade do exercício da atividade, sendo que esta, direta ou indiretamente, acaba por beneficiar igualmente o titular do *munus*. (BENJAMIN, Antônio Herman. **Função ambiental**, p.83).

em especial se é possível a compatibilização do dever de preservação e recuperação do bioma Mata Atlântica com os objetivos de crescimento e desenvolvimento, pois verificamos na história e presenciamos nas últimas décadas, a proliferação ainda maior da mais variada gama de problemas ambientais e a contínua diminuição qualitativa e quantitativas das áreas remanescentes de vegetação de Mata Atlântica em prol de expansão das atividades econômicas, inclusive impulsionadas por programas governamentais de aceleração de crescimento.

Em nossas sociedades capitalistas, em que "os interesses econômicos determinados pelo sistema global apresentam-se como fator determinante nos destinos da apropriação dos recursos naturais"[197], a resposta ao referido questionamento apenas pode ser positiva, inclusive no que tange à proteção e recuperação do bioma Mata Atlântica, se a força dos Tratados e Convenções Internacionais e se a essência de nossa Constituição Federal de 1988, frutos de conquistas da humanidade, não continuarem a ser reiteradamente sobrepujadas por esses interesses do capital; se as decisões do Poder Público seguirem, diante das opções fáticas e jurídicas de uma determinada realidade, a melhor solução para o atendimento dos direitos fundamentais sem olvidar a reserva constitucional do bem ambiente; e se todos entenderem, conforme alerta Benjamin, que "ninguém está excluído e a ninguém é lícito excluir-se do dever-poder de proteger o meio-ambiente"[198], enfim, se houver uma mudança de civilização e uma revisão da nossa relação com o mundo e com a força e o efeito de nossos comportamentos.

É o que Michael Löwy chama de "necessidade de mudança de uma microrracionalidade do lucro por uma macrorracionalidade social e ecológica"[199], o que somente pode se dar com a reconformação do desenvolvimento tecnológico e transformações profundas no próprio modo de vida e, portanto, no modo de produção e no padrão de consumo, com base nas necessidades reais (e não fabricadas) da população e na preservação ambiental.

---

[197] WOJCIECHOWSKI, Paola Bianchi. Meio ambiente, direito e agricultura: o papel do direito para o desenvolvimento de uma agricultura sustentável. In: GAIO, Alexandre; ALTHAUS, Ingrid Giachini; BERNARDO, Leandro Ferreira (Org.). **Direito ambiental em discussão**. São Paulo: Iglu, 2011. p.71.
[198] BENJAMIN, Antônio Herman. **Função ambiental**. Brasília: BDJUR, 1993. p.83.
[199] LÖWY, Michael. **Ecologia e socialismo**, p.51.

Como bem sintetizam Jelson Oliveira e Wilton Borges,
[...] a escolha é nossa e evoca uma responsabilidade universal que implica o cuidado com as condições da nossa existência no futuro. É preciso que nos sintamos de novo uma "parte", protegendo e restaurando, dando chance para que a casa se regenere em vista da garantia dos direitos humanos e do bem-estar de toda a comunidade de vida que forma Gaia.[200]

1.4.4 *A tutela da Mata Atlântica pela Constituição Federal de 1988 e o alcance da expressão patrimônio nacional*

A Constituição Federal de 1988 tutela a Mata Atlântica em diversos dos seus dispositivos[201]. Segundo já explicitado, o artigo 5º e seus incisos XXII e XXIII inseriram a propriedade que cumpre a função social dentre os direitos e as garantias fundamentais. De modo a explicitar o cumprimento da função social, seja em propriedade rural, seja em propriedade urbana, a Constituição Federal determina, em seus artigos 182 e 186, que esta apenas é cumprida se houver, dentre outras condicionantes, a garantia do bem-estar e da preservação do meio ambiente.

No caso da propriedade rural situada no domínio da Mata Atlântica, por exemplo, a função social somente é cumprida se o seu proprietário ou possuidor utilizar os seus recursos racional e adequadamente, de forma a permitir a sobrevivência de todas as formas de vida que a habitam, e, assim, a permitir a conservação do bioma para as presentes e futuras gerações[202].

Essa proteção é corroborada, na Constituição Federal de 1988, pelo disposto no artigo 170, inciso VI, que condiciona o exercício das atividades econômicas à preservação ambiental. Ressalta-se que esse dispositivo não é isolado, já que a opção constituinte pela sustentabilidade é estampada em vários outros de seus comandos.

Especificamente no tema das florestas, o artigo 24, inciso VI, da Constituição Federal de 1988, estatui a competência legislativa concor-

---

[200] OLIVEIRA, Jelson; BORGES, Wilton. **Ética de Gaia**. São Paulo: Paulus, 2008. p.18.

[201] Analúcia Hartmann lembra que a proteção da Mata Atlântica na Constituição Federal de 1988 também é resultado do momento político mundial às vésperas da Conferência das Nações Unidas sobre o Meio Ambiente (Rio 92), em que se propugnava a manutenção de ecossistemas essenciais e a prevenção de novos danos. (HARTMANN, Analúcia. **A proteção da Mata Atlântica em zona urbana**.

[202] LIMA, André. Tutela jurídica das espécies da flora ameaçadas de extinção na Mata Atlântica, p.78.

rente da União, dos Estados e do Distrito Federal, e, no artigo 23, inciso VII, a competência comum da União, dos Estados, do Distrito Federal e dos Municípios para a preservação das florestas, da fauna e da flora. Relevante a observação de Analúcia Hartmann de que a atribuição de competência pela Constituição Federal denota a imposição de um dever, o que significa dizer que "é dever comum dos entes públicos da federação obrar pela proteção de tais bens, igualmente comuns, pertencentes à sociedade brasileira, à atual e às futuras gerações"[203].

Os dispositivos legais apontados, independentemente do artigo 225 da Constituição Federal de 1988, já definem uma expressa proteção das florestas brasileiras, dentre as quais a Mata Atlântica. Mas o artigo 225 da Constituição Federal de 1988 foi além e estendeu o direito ao meio ambiente ecologicamente equilibrado a todos, determinando à coletividade, e especialmente ao Poder Público, várias obrigações com o intuito de defendê-lo e preservá-lo às presentes e às futuras gerações.

Dentre essas obrigações, aplicáveis à proteção da Mata Atlântica, destacam-se: a) o dever de preservar e restaurar os processos ecológicos essenciais e de prover o manejo ecológico das espécies e ecossistemas; b) o dever de preservar a diversidade e integridade do patrimônio genético do País; c) o dever de exigir estudo de impacto ambiental para implantação de obra ou atividade potencialmente causadora de significativa degradação ambiental; e d) o dever de proteger a fauna e a flora, mantendo-se as suas funções ecológicas[204].

De modo ainda mais evidente, a Mata Atlântica, ao lado da Floresta Amazônica, da Serra do Mar, do Pantanal Matogrossense e da Zona Costeira, foi erigida pelo artigo 225, § 4º, da Constituição Federal de 1988, ao *status* de patrimônio nacional, assim como se dispôs que a sua utilização apenas pode ocorrer, na forma da lei, dentro de condições que assegurem a preservação do meio ambiente, inclusive quanto ao uso dos recursos naturais.

Essa utilização condicionada referida pela Constituição Federal significa dizer, nas palavras de André Lima, "que qualquer exploração, seja de que tipo for, somente poderá ser regulamentada, e portanto considerada legal, caso estejam garantidas as condições de conservação do

---

[203] HARTMANN, Analúcia. **A proteção da Mata Atlântica em zona urbana.**
[204] Vide artigo 225, § 1º, incisos I, II, IV e VII, da Constituição Federal de 1988.

1. O BIOMA MATA ATLÂNTICA

bioma"[205]. Consequência natural desse raciocínio é a limitação ao Poder Público quanto à edição de leis, decretos, resoluções, ou quaisquer outros atos normativos, que possibilitem o decréscimo das condições de sobrevivência do bioma Mata Atlântica, sob pena de flagrante inconstitucionalidade material. Visto de outro ângulo, a interpretação conjunta do § 1º e § 4º do artigo 225 da Constituição Federal de 1988 elucidam um dever de agir do Poder Público na esfera legiferante para atribuir a proteção necessária e suficiente à Mata Atlântica.

Vários Estados da Federação e Municípios, seguindo a orientação da Constituição Federal de 1988, fizeram constar em suas Constituições Estaduais e Leis Orgânicas, respectivamente, proteção especial aos remanescentes florestais e, em algumas delas, a Mata Atlântica foi erigida à condição de Área de Proteção Permanente. No Estado do Paraná, por exemplo, a Constituição Estadual prevê que os remanescentes florestais nativos apenas podem ser explorados na forma de manejo[206], o que implica a vedação de cortes rasos de Mata Atlântica[207]. Já no Estado de Sergipe, a sua Constituição Estadual estabeleceu, em seu artigo 233, que as áreas remanescentes de Mata Atlântica são Áreas de Proteção Permanente. Os Municípios de Paranaguá[208], Morretes[209], Pontal do Paraná[210] todos no Estado do Paraná, dentre vários outros Municípios, estabeleceram em suas Leis Orgânicas Municipais o *status* de Área de Proteção Permanente à Mata Atlântica.

---

[205] LIMA, André. Tutela jurídica das espécies da flora ameaçadas de extinção na Mata Atlântica, p.78.
[206] Essa constatação foi objeto, inclusive, do Parecer nº 196, de 3 de novembro de 2010, da Procuradoria-Geral do Estado do Paraná, que foi emitido por Ana Cláudia Bento Graf, Procuradora-chefe das Procuradoria de Proteção Ambiental e Outros Interesses Difusos e Coletivos, contendo a seguinte ementa: "Direito constitucional e direito ambiental. Constituição do Estado do Paraná de 1989. Artigo 207, § 1º, inciso XIII, que veda o corte raso de remanescentes de florestas nativas. Lei da Mata Atlântica (Lei federal 11.428/2006). Artigos 30 e 31, que autorizam o corte a supressão de vegetação secundária em estágio avançado e médio localizada em áreas urbanas e regiões metropolitanas para fins de loteamento e edificação nas hipóteses lá previstas. Conflito que se resolve pela prevalência da norma constitucional estadual, a qual atende às peculiaridades estaduais, é mais restritiva e garante maior efetividade ao direito fundamental protegido (ao meio ambiente ecologicamente equilibrado)".
[207] Artigo 207, § 1º, inciso XIII, da Constituição do Estado do Paraná.
[208] Artigo 212, inciso I.
[209] Artigo 200, inciso I.
[210] Artigo 240, inciso I.

Conforme já apontado, a Constituição de 1988 atestou que a Mata Atlântica, assim como outras áreas naturais, é patrimônio nacional. Mas quais são o significado e o alcance dessa expressão?

Embora o termo patrimônio, em um sistema econômico capitalista e sob o enfoque de conceito jurídico tradicional e restrito, naturalmente se relacione com o direito de propriedade e com um determinado valor pecuniário, entende-se que não foi esse o sentido pretendido pelo Constituinte em relação ao termo patrimônio nacional atribuído à Mata Atlântica.

Primeiro, verifica-se que o artigo 20 da Constituição de 1988 estabeleceu taxativamente os bens da União, não contemplando na titularidade desta a Mata Atlântica e os demais espaços apontados no artigo 225, § 4º. Demonstração disso é a reiterada Jurisprudência que, na exegese desse último dispositivo no que tange à competência jurisdicional para solucionar conflitos, firma que não houve a conversão em bens públicos da União dos imóveis particulares abrangidos pelas florestas e pelas matas nele referidas (Mata Atlântica, Serra do Mar, Floresta Amazônica)[211].

Segundo, com o advento da Constituição Federal de 1988, a interpretação da noção de patrimônio não pode se desvincular do princípio da dignidade humana e do dever de buscar assegurar a todos uma existência digna. Esse pressuposto já possui o condão de, ao menos, possibilitar a adoção de uma interpretação que afaste a identificação do termo patrimônio com a ideia de propriedade, até mesmo porque o patrimônio de um indivíduo não se restringe aos bens econômicos[212].

---

[211] No Supremo Tribunal Federal, vide o exemplo do RE nº 134.297, Min. Celso de Mello. O referido acórdão foi analisado por Vladimir Passos de Freitas em: FREITAS, Vladimir Passos de. **A Constituição Federal e a efetividade das normas ambientais**. 3.ed. São Paulo: Revista dos Tribunais, 2005. p.162-164. No Superior Tribunal de Justiça, cita-se o Conflito de Competência nº 99294/RO (2008/0220610-5), 3ª Seção do STJ, Rel. Maria Thereza de Assis Moura. j. 12.08.2009, unânime, DJe 21.08.2009.

[212] A propósito da constitucionalização do Direito Civil e da ruptura dos institutos do Direito Privado: "A reflexão sobre o patrimônio pode (e deve) estender-se em dois horizontes complementares: o primeiro, aquele que supere o limite individual da guarida e abrace a coletividade; o segundo, aquele que voe do presente para alcançar o futuro, mesmo que incerta e improvável utopia." (FACHIN, Luiz Edson. **Estatuto jurídico do patrimônio mínimo**. São Paulo: Renovar, 2001. p.308).

Terceiro, o *caput* do artigo 225 da Constituição Federal estabelece o caráter de bem de uso comum do povo do meio ambiente e, portanto, uma noção de meio ambiente relacionada a um patrimônio coletivo, que interessa, ao mesmo tempo, a cada um dos sujeitos e à vida em sociedade com o desiderato de propiciar não somente o bem-estar, mas a preservação da vida. Por consequência, a interpretação do termo patrimônio nacional atribuído à Mata Atlântica não pode ser desatado dessa essência contida no *caput* do artigo 225 da Constituição Federal.

Uma quarta razão, agora de ordem fática, seria a patente inviabilidade financeira do Estado em promover a transmissão de todas as propriedades situadas na Floresta Amazônica, Mata Atlântica, Pantanal Mato-Grossense, Zona Costeira e Serra do Mar à titularidade da União, mediante a necessária indenização dos particulares. Adiciona-se a esse fundamento a previsão constitucional de possibilidade de utilização desses espaços, logicamente que não de modo irrestrito e incondicionado. Essa possibilidade de utilização condicionada desses espaços territoriais especialmente protegidos não implica a inviabilidade absoluta do uso e gozo da propriedade, e, dessa forma, repele, em regra, as ideias de desapropriação e de indenização.

Não se pode olvidar, ainda, o caráter transgeracional incumbido ao termo patrimônio nacional, eis que é um conceito – como afirma Cristiane Derani – "que se revela, tomando-se o hoje, o ontem e o amanhã, como uma herança do passado, a qual, transitando pelo presente, é destinada a dotar os hóspedes futuros do planeta"[213].

Álvaro Luiz Valery Mirra pontua que os espaços indicados como patrimônio nacional se identificam entre si pelo fato de se tratarem de ecossistemas frágeis e complexos, dotados de significativa diversidade biológica, e que se encontram sob ameaça, o que demanda uma especial proteção.[214] Vicente Gomes Silva acrescenta que a noção de patrimônio nacional não pode ser vista em seu sentido estritamente jurídico, mas sim com base em uma interpretação mais ampla, para denotar uma riqueza de toda a nação. Segundo Silva, "o legislador constituinte conferiu àquelas florestas um plus jurídico para significar que representam

---

[213] DERANI, Cristiane. **Direito ambiental econômico**. 2.ed. São Paulo: Max Limonad, 2001. p.261.
[214] MIRRA, Álvaro Luiz Valery. Fundamentos do direito ambiental no Brasil, p.9.

uma riqueza de todo o povo, as quais devem ser utilizadas de forma racional e sustentável"[215].

Muito se discutiu a respeito da possível identificação do termo patrimônio nacional com a noção de soberania brasileira, sob o enfoque de que seria a afirmação da impossibilidade de qualquer ingerência estrangeira nesses espaços territoriais[216]. Nesse ponto, Mirra enfatiza a necessidade de discernimento entre a gestão dessas áreas, que é exclusivamente brasileira, e o interesse de toda a humanidade na sua proteção, até mesmo em virtude do princípio da cooperação internacional para a preservação do meio ambiente, disposto no princípio nº 02 da Eco-1992[217].

Sobre o tema, soma-se também a contribuição de Gilberto D'Àvila Rufino, para quem a expressão patrimônio nacional referida no artigo 225, § 4º, da Constituição de 1988, importou na recepção expressa do dispositivo da Lei nº 6.938/81, que já considerava o meio ambiente como bem público a ser protegido no interesse de todos[218]. Veja-se que essa exegese sistemática é corroborada com a identificação do meio ambiente com o bem de uso comum do povo, conforme disposição do *caput* do artigo 225. Os aludidos significados possuem consequências muito relevantes, pois de pronto relativizam e desmembram o direito de propriedade, especialmente no que tange ao interesse público de proteção do bem ambiental, além de estabelecerem novas relações jurídicas entre os bens, seus proprietários e usuários[219].

---

[215] SILVA, Vicente Gomes. Mata Atlântica e a legislação de regência, p.90.
[216] Dentre outros autores, José Afonso da Silva afirma que "o significado primeiro e político da declaração constitucional de que aqueles ecossistemas florestais constituem patrimônio nacional está em que não se admite qualquer forma de internacionalização da Amazônia ou qualquer outra área." (SILVA, José Afonso da. **Direito ambiental constitucional**, p.263).
[217] MIRRA, Álvaro Luiz Valery. Fundamentos do direito ambiental no Brasil, p.10.
[218] RUFINO, Gilberto D'Ávila. Direito florestal da Amazônia: uma análise do regime florestal e suas implicações fundiárias. **Revista de Direito Ambiental**, São Paulo, n.16, p.74, 1999.
[219] Rufino esclarece que "essas diversas noções de significado próximo ou equivalente, permitem justificar o desmembramento do direito de propriedade, assim como a afetação do bem florestal ao interesse público sem que tal signifique um atentado à propriedade fundiária. [...] Se, como prescreve a lei fundamental do País, todos indivíduos dispõem de um mesmo direito ao uso e gozo do meio ambiente, definido como *res communis omnium*, novas relações jurídicas se estabelecem refletindo a multiplicidade de afetações que esses bens admitem e requerendo uma nova organização dos vínculos entre os usuários." (*Id.*).

Dessa forma, a interpretação a ser atribuída à Mata Atlântica como patrimônio nacional, conforme estatui o § 4º do artigo 225, é de uma área cuja preservação é de interesse de todo o país, das presentes e futuras gerações, a qual deve receber tratamento especial justamente para a proteção dos seus remanescentes e recuperação das áreas degradadas. E esse tratamento especial pressupõe, como expõe com razão José Afonso da Silva, um dever de abstenção dirigido ao Poder Público e aos particulares. A estes, a vedação de exploração ou utilização degradadora da Mata Atlântica, e ao Poder Público, especialmente aos Poderes Executivo e Legislativo, a proibição de administrar e legislar de modo a não assegurar a preservação ambiental na Mata Atlântica[220].

[220] SILVA, José Afonso da. **Direito ambiental constitucional**, p.263.

Capítulo 2
Comentários a Lei nº 11.428, de 22.12.2006

2.1 Título 1 – Das definições, objetivos e princípios do regime jurídico do bioma Mata Atlântica (art. 1º a 7º)

Art. 1º A conservação, a proteção, a regeneração e a utilização do Bioma Mata Atlântica, patrimônio nacional, observarão o que estabelece esta Lei, bem como a legislação ambiental vigente, em especial a Lei nº 4.771, de 15 de setembro de 1965.

A conservação, proteção, regeneração e utilização do bioma Mata Atlântica passaram a ser regidas pela Lei nº 11.428/2006, que revogou o Decreto nº 750/93, que dispunha até então sobre as hipóteses permissíveis excepcionais de corte, exploração e supressão de vegetação primária ou secundária nos estágios avançado e médio de regeneração da Mata Atlântica.

Interessante observar que o artigo 1º da Lei nº 11.428/2006, de modo harmônico ao artigo 225, § 4º, da Constituição da República, repete a expressão patrimônio nacional ao se referir ao bioma Mata Atlântica[221].

Independentemente da proteção legal específica da Mata Atlântica conferida pela Lei nº 11.428/2006, verifica-se, pelo disposto no artigo 1º desta lei, o dever de observância da legislação ambiental vigente

---

[221] Sobre a expressão patrimônio nacional, vide o capítulo 1, em seu item 1.4.4.

quanto à conservação, à proteção, à regeneração e à utilização do bioma Mata Atlântica, e, nesse âmbito, conferiu-se especial destaque à Lei nº 4.771/65 (Código Florestal), revogada pela Lei nº 12.651/2012, que dispõe sobre a proteção da vegetação nativa em âmbito nacional.

Em razão de possíveis discussões sobre a aplicação da legislação sobre o bioma Mata Atlântica no tempo, tal como a verificação da (i)licitude de supressão de vegetação promovida anteriormente ao início da vigência da Lei nº 11.428/2006, apresenta-se relevante a abordagem dos seus precedentes legais específicos e do regime jurídico até então atribuído ao aludido bioma.

De outro lado, além da abordagem dos principais diplomas legais que conferem uma proteção indireta ao bioma Mata Atlântica, a percepção da existência de conflitos normativos entre a Lei nº 11.428/2006 e a Lei nº 12.651/2012 conduz à necessidade de tratarmos da especialidade da Lei da Mata Atlântica e sua relação de complementariedade em relação à legislação ambiental vigente.

i.) **Os precedentes legais específicos da Lei nº 11.428/2006 e a proteção do bioma Mata Atlântica pelos Decretos nº 99.547/90 e nº 750/93.**

Embora a Constituição Federal de 1988 tenha conferido proteção expressa à Mata Atlântica e exigido do Poder Público a edição de legislação que a tutelasse de modo específico, até o ano de 1990 essa providência não havia sido adotada.

O Decreto Presidencial nº 99.547, assinado no dia 25 de setembro de 1990 pelo Presidente da República Itamar Franco, foi a primeira tentativa do Poder Público quanto à regulamentação da Constituição Federal de 1988 no tocante à Mata Atlântica. O texto desse Decreto, engendrado por José Lutzenberger, então Secretário Nacional do Meio Ambiente, previa a proibição de qualquer corte ou utilização da Mata Atlântica.

O aludido Decreto foi duramente criticado não somente em razão de determinar a intocabilidade do bioma Mata Atlântica, mas também em virtude de não ter ocorrido a ouvida dos Estados da Federação e da sociedade civil. Ubiracy Craveiro Araújo recorda outras críticas proferidas ao Decreto, relativas à ausência de definição do que é Mata Atlântica, ao não reconhecimento do papel dos órgãos estaduais de meio ambiente e ao tratamento igualitário dispensado aos latifundiários e comunidades tradicionais[222]. E, por fim, André Lima e João Paulo Capobianco lembram das importantes omissões do Decreto nº 99.547/90 quanto às diretrizes específicas para as áreas urbanas e quanto à previsão de penalidades para as hipóteses de seu descumprimento[223].

A discussão sobre a constitucionalidade do referido Decreto foi buscada pela Confederação Nacional das Indústrias no Supremo Tribunal Federal[224], sob os principais argumentos de aniquilamento do direito de propriedade, de necessidade de lei formal e de excesso do poder regulamentar. Surpreendentemente, apesar da forte pressão de setores econômicos, a medida cautelar pleiteada para suspender os efeitos do Decreto nº 99.547/90 foi indeferida pelo Supremo Tribunal Federal[225], fazendo

---

[222] ARAÚJO, Ubiracy Craveiro. Mata Atlântica: do disciplinamento jurídico acerca da competência legislativa para autorizar a sua supressão. In: LIMA, André (Org.). **Aspectos jurídicos da proteção da Mata Atlântica**. São Paulo: Instituto Socioambiental, 2001. p.32.

[223] CAPOBIANCO, João Paulo R.; LIMA, André R. A evolução da proteção legal da Mata Atlântica. In:_____ (Org.). **Mata Atlântica**: avanços legais e institucionais para a sua conservação. São Paulo: Instituto Socioambiental, 1997. p.09.

[224] STF. ADI 487 MC/DF. Relator: Min. Octavio Gallotti. Julgamento em: 09/05/1991, publicado no DJ de 11-04-1997.

[225] Chama a atenção, no julgamento desta ADI 487, o voto do então ministro Paulo Brossard, que, além de indeferir o pleito de medida cautelar de suspensão do Decreto nº 99.547/90, faz um alerta sobre o ritmo de degradação ambiental no Brasil: "[...] O território nacional foi coberto, em grande parte, por florestas e hoje em grande parte está devastado. No meu Estado, o Rio Grande do Sul, uma terça parte do território era coberto por florestas, especialmente a região norte. Hoje, creio que com otimismo se poderá dizer que a cobertura vegetal está reduzida a 2%. O Estado de Santa Catarina – o oeste catarinense, especialmente –, a metade para dentro do continente era uma floresta só. Hoje, a rarefação vegetal é regra. O oeste do estado do Paraná, não faz muito tempo, era coberto por florestas. Hoje, andei por lá, vi com meus olhos: no oeste do Paraná, Sr. Presidente, se V. Ex.ª precisar de um pinheiro para remédio, talvez tenha dificuldade em conseguir. Em relação ao estado de São Paulo, pode-se dizer a mesma coisa. Creio que, no estado de São Paulo, a área com cobertura vegetal era bem superior à do Rio Grande do Sul. Hoje está reduzida a frações infinitesimais. Temos aí um pedaço do Brasil.[...] Não vou fazer uma digressão geográfica, Sr. Presidente, mas fui até São Paulo, e para não dizer que fico olhando apenas para o sul, gostaria de lembrar que o nordeste brasileiro também teve florestas, e que as suas áreas, hoje desertificadas, foram outrora cobertas por espécies vegetais da maior riqueza. Onde foram feitos os mais famosos móveis do brasil, móveis de jacarandá? Em Pernambuco, na Bahia. Hoje, não se encontram nem por encomenda. Pois bem, era a madeira comum dos móveis. Esse é um dado da realidade. Nós temos devastado esta admirável e impagável riqueza nacional. É um mal que vem de longe, que veio com a colonização. O excesso de riqueza levou-nos a ser perdulários.

prevalecer o interesse coletivo de preservação do meio ambiente[226]. Com a revogação do Decreto nº 99.547/90 pelo Decreto nº 750/93, analisado no item seguinte, a ação de inconstitucionalidade perdeu o seu objeto e foi arquivada.

Apesar de todas as mencionadas críticas dirigidas ao teor do Decreto nº 99.547/90, deve-se ressaltar que o seu propósito foi o de paralisar, ou ao menos diminuir, a avalanche de desmatamentos promovidos na Mata Atlântica e a destruição de uma riqueza natural incalculável[227]. Embora dotado de diversas lacunas, esse Decreto cumpriu uma importante função: chamar a atenção de todos a respeito da proteção constitucional que havia sido conferida à Mata Atlântica e da necessidade de controlar o seu uso e exploração.

A partir do ano de 1991, com a participação de movimentos e entidades sociais e ambientais, o Conselho Nacional do Meio Ambiente (CONAMA), órgão de caráter normativo[228] no Sistema Nacional do Meio Ambiente (SISNAMA), capitaneou a discussão sobre as propostas alternativas ao Decreto nº 99.547/90, além de emitir Resoluções a respeito da delimitação do domínio da Mata Atlântica, sobre os seus estágios de regeneração de acordo com as configurações naturais de cada Estado da Federação, e sobre os ecossistemas denominados "associados"

Não custava colocar fogo, para fazer uma roça queimar era menos trabalhoso que derrubar o mato. Desgraçadamente, o fogo foi utilizado como um instrumento de civilização.[...]".

[226] Sobre os argumentos utilizados pelos Ministros do Supremo Tribunal Federal no julgamento desta ADI, vide a monografia de Beatriz Machado Granziera apresentada na Escola de Formação da Sociedade Brasileira de Direito Público. (GRANZIERA, Beatriz Machado. **O STF no conflito entre a preservação do meio ambiente e o desenvolvimento econômico**).

[227] Lembre-se que, mesmo com a edição do Decreto nº 99.547/90, o desmatamento da Mata Atlântica persistiu em altos índices. Capobianco assinala que, no período compreendido entre os anos de 1990 e 1995, em relação a nove Estados da Federação (RS, SC, PR, MS, GO, SP, MG, RJ e ES), houve o desmatamento total de 500.317 hectares, o que significa uma perda de 5,76% do que havia em 90 e um ritmo de destruição quase três vezes superior ao verificado na Amazônia no mesmo período. (CAPOBIANCO, João Paulo R. A situação atual e perspectivas para a conservação da Mata Atlântica..., p.15).

[228] A Lei que instituiu a Política Nacional do Meio Ambiente (Lei nº 6.938/81) reza, em seu artigo 8º, inciso VII, que compete ao CONAMA "estabelecer normas, critérios e padrões relativos ao controle e à manutenção da qualidade do meio ambiente com vistas ao uso racional dos recursos ambientais, principalmente os hídricos".

à Mata Atlântica, em referência aos brejos interioranos da região nordeste do país, aos campos de altitude, aos manguezais e às restingas[229].

No mês de setembro de 1992, o então Deputado Fábio Feldmann, utilizando-se de uma minuta de um texto redigido pelo Conselho Nacional do Meio Ambiente (CONAMA), a qual contou com a participação da Fundação SOS Mata Atlântica, apresentou o Projeto de Lei nº 3.285/92, dispondo sobre a utilização e a proteção da Mata Atlântica[230]. Contudo, o trâmite desse projeto iniciava o percurso de um longo caminho no Poder Legislativo, ao passo que o Decreto nº 99.547/90 permanecia, na prática, sem aplicação e sob a mira de diversos questionamentos. Diante dessas circunstâncias, o Governo Federal novamente se viu obrigado a se antecipar ao Poder Legislativo e editou o Decreto nº 750, em 10 de fevereiro de 1993.

O Decreto nº 750/93 revogou o Decreto nº 99.547/90 e dispôs especificamente sobre as hipóteses permissíveis excepcionais de corte, exploração e supressão de vegetação primária ou secundária nos estágios avançado e médio de regeneração da Mata Atlântica.

Inicialmente, o Decreto nº 750/93 estabeleceu a regra de proibição de corte, de exploração e de supressão de Mata Atlântica que apresentasse: a) vegetação primária ou secundária nos estágios avançado e médio de regeneração[231]; b) vegetação secundária no estágio inicial de regeneração caso o Estado da Federação possuísse em seu limite territorial vegetação remanescente da Mata Atlântica em quantia inferior a cinco por cento da área original[232]; c) qualquer vegetação que tivesse a função de proteger espécies da flora e fauna silvestres ameaçadas de extinção, que formasse corredores entre remanescentes de vegetação primária ou em estágio avançado e médio de regeneração, que protegesse o entorno de Unidades de Conservação, ou, ainda, que tivesse a condição de Áreas de Preservação Permanente, de que tratavam os artigos 2º e 3º da Lei nº 4.771, de 15 de setembro de 1965[233].

---

[229] HARTMANN, Analúcia. **A proteção da Mata Atlântica em zona urbana.**

[230] MERCADANTE, Maurício. Histórico do trâmite do Projeto de Lei da Mata Atlântica na Câmara dos Deputados. In: LIMA, André (Org.). **Aspectos jurídicos da proteção da Mata Atlântica.** São Paulo: Instituto Socioambiental, 2001. p.285.

[231] Artigo 1º, *caput*, do Decreto nº 750/93.

[232] Artigo 4º, § único, do Decreto nº 750/93.

[233] Artigo 7º, do Decreto nº 750/93. Veja-se que a Lei nº 4.771/65 foi revogada pela Lei nº 12.651/2012.

Excepcionalmente, a supressão, diga-se o corte raso, da vegetação primária ou em estágio avançado e médio de regeneração da Mata Atlântica poderia ser autorizada se houvesse o atendimento cumulativo das seguintes condições: a) que a obra, plano, atividade ou projeto a ser implantado fosse de utilidade pública ou interesse social a) a prévia realização e aprovação de EIA/RIMA (Estudo de Impacto Ambiental e Relatório de Impacto Ambiental); b) anuência prévia do Instituto Brasileiro do Meio Ambiente e dos Recursos Naturais Renováveis – IBAMA; c) decisão motivada do órgão estadual competente; d) ciência ao Conselho Nacional do Meio Ambiente – CONAMA[234].

Conforme já ventilado, essas mesmas regras se aplicavam para a vegetação secundária de Mata Atlântica em estágio inicial de regeneração, na hipótese em que o Estado da Federação possuísse vegetação remanescente da Mata Atlântica em quantia inferior a cinco por cento da área original. Contudo, se esse percentual se apresentasse superior a cinco por cento, a supressão e exploração dependeriam de prévia regulamentação do IBAMA, ouvidos o órgão estadual competente e o Conselho Estadual do Meio Ambiente, além da óbvia obtenção de autorização do órgão ambiental competente[235].

Já no caso da explotação[236] seletiva de espécies nativas nas áreas cobertas por vegetação primária ou nos estágios avançado e médio de regeneração da Mata Atlântica, que seria uma extração de proveito econômico dos seus recursos naturais sem a supressão (corte raso) desta e com a adoção de critérios sustentáveis, seria permissível desde que ocorresse o atendimento dos seguintes requisitos[237]: a) a obtenção de prévia autorização do órgão estadual competente, de acordo com as diretrizes e os critérios técnicos por ele estabelecidos, contemplando-se, no mínimo, a demonstração técnico-científica da existência de estoques e de garantia de capacidade de manutenção da espécie a ser explotada, e a definição de área e de retiradas máximas anuais; b) a abstenção da

---

[234] Artigo 1º, § único, do Decreto nº 750/93.
[235] Artigo 4º, do Decreto nº 750/93.
[236] Explotar: "[...] extrair proveito econômico de (área, terra, etc.), esp. quanto aos recursos naturais. [...]" (HOUAISS, Antonio, VILLAR, Mauro de Salles, FRACO, Francisco Manoel de Mello. **Dicionário Houaiss da língua portuguesa**. Rio de Janeiro: Objetiva, 2001. p.1289).
[237] Artigo 2º, do Decreto nº 750/93.

supressão de espécies distintas das autorizadas por meio da prática de roçadas, bosqueamento[238] e similares.

O mesmo dispositivo legal que trata da explotação seletiva de espécies nativas da Mata Atlântica promoveu uma diferença de tratamento quanto ao atendimento desses requisitos aos requerentes de populações tradicionais, desde que a pretensão se referisse à explotação eventual de espécies da flora para consumo próprio e que se obtivesse a autorização do órgão estadual competente.

Em relação às áreas urbanas, o texto do Decreto nº 750/93, mais especificamente do seu artigo 5º, atestou ser admissível a supressão de Mata Atlântica com vegetação secundária nos estágios médio e avançado de regeneração para os parcelamentos do solo ou edificações com finalidades urbanas, desde que, como pressupostos, essa vegetação não fosse abrigo de espécies da flora e fauna silvestres ameaçadas de extinção, não exercesse função de proteção de mananciais ou de prevenção e controle de erosão e não tivesse excepcional valor paisagístico. Além disso, essa admissibilidade dependeria da observância ao plano diretor do Município correspondente e às demais leis ambientais, assim como de prévia autorização do órgão estadual competente.

No cômputo geral, são vários os fatores que indicam que o Decreto nº 750/93 significou um passo largo para a luta de proteção da Mata Atlântica:

Primeiro, em superação a uma das críticas dirigidas ao Decreto anterior, adotou formalmente uma definição de Mata Atlântica, integrando as formações florestais e os ecossistemas associados, com as respectivas delimitações estabelecidas no Mapa de Vegetação do Brasil pelo IBGE no ano de 1988. Dessa forma, reconheceu uma abrangência mais estendida do domínio da Mata Atlântica e ampliou o espectro de proteção da biodiversidade de modo a abranger diferentes fisionomias vegetais.

Segundo, o Decreto nº 750/93 contou com dispositivo legal de importante salvaguarda da Mata Atlântica (artigo 7º), que vedava a sua supressão em áreas e em circunstâncias dotadas de especial necessidade de proteção, tais como nas hipóteses que a vegetação tivesse a função de

---

[238] O bosqueamento é denominado pelo órgão ambiental estadual paulista (CETESB) como "retirada da vegetação do sub-bosque da floresta". (CETESB. **Supressão de vegetação nativa**).

proteger espécies da flora e fauna silvestres ameaçadas de extinção ou formasse corredores entre remanescentes de vegetação primária ou em estágio avançado e médio de regeneração, o que se coadunava perfeitamente com o comando previsto no artigo 225 da Constituição da República.

Terceiro, considerando que significativa parcela da população brasileira vive no domínio da Mata Atlântica, o Decreto nº 750/93 não se limitou a explicitar as proibições em relação ao seu uso e exploração, mas estabeleceu orientação do que poderia ser feito[239]. Nesse particular, ganhou relevância a exigência de Estudo de Impacto Ambiental e de Relatório de Impacto Ambiental (EIA/RIMA) no âmbito do licenciamento ambiental relativo à pretensão de supressão de vegetação em imóvel urbano, e de decisão motivada do órgão público ambiental, inclusive sobre a existência ou não de utilidade pública ou interesse social na obra ou atividade pretendida. A aludida previsão igualmente constituiu um avanço, já que possibilitava maior controle da sociedade, seja em relação à decisão motivada do órgão público ambiental, seja em relação à publicidade do Estudo de Impacto Ambiental e Relatório de Impacto Ambiental.

Quarto, ao tratar da exploração seletiva de espécies da vegetação nativa (artigo 2º), o Decreto nº 750/93 também promoveu o avanço do combate à exploração clandestina e predatória dos recursos naturais da Mata Atlântica, pois fez depender essa exploração seletiva de projeto de manejo previamente aprovado pelo órgão ambiental competente, com a necessária análise das características, diâmetro e capacidade de regeneração das espécies exploradas. Em outras palavras, instituiu-se à época certo controle à exploração. Entretanto, na prática, vários problemas dificultaram a sua plena aplicação, dentre eles a clara insuficiência de recursos humanos e de aparato estrutural dos órgãos públicos ambientais para a análise dos planos de manejo e dos pleitos de autorização e licenciamento ambiental, assim como para a fiscalização do cumprimento dessas autorizações e licenças ambientais e da observância da legislação ambiental. Esses problemas estimularam os proprietários ou possui-

---

[239] CAPOBIANCO, João Paulo R.; LIMA, André R. A evolução da proteção legal da Mata Atlântica, p.10.

dores de terras cobertas com vegetação de Mata Atlântica a explorarem--na de modo degradador[240].

Quinto, o Decreto nº 750/93 previu a distinção de tratamento em relação às populações tradicionais que utilizam os recursos da flora para a sua subsistência no âmbito de abrangência do bioma Mata Atlântica, o que se coadunou com o comando do artigo 216 da Constituição da República e consequentemente com a proteção constitucional ao patrimônio cultural e aos modos de criar, fazer e viver dos diferentes grupos formadores da sociedade brasileira[241].

E sexto, o Decreto nº 750/93 trouxe uma disposição expressa de que a "floresta primária ou em estágio avançado e médio de regeneração não perderá esta classificação nos casos de incêndio e/ou desmatamento não licenciados a partir da vigência deste Decreto"[242]. A discussão sobre o artigo 8º do Decreto nº 750/93 assume alta relevância ao tratarmos de ilícitos relacionados à supressão de vegetação promovidos anteriormente ao início da vigência da Lei nº 11.428/2006.

Em contrapartida, também foram constatados problemas e lacunas no Decreto nº 750/93.

Um dos problemas encontrados foi a impossibilidade de fixação de penalidades específicas para infrações em face da Mata Atlântica, diante da necessidade de lei formal para essa finalidade, o que fez com que se aplicassem as penalidades genéricas então previstas no Código Florestal de 1965[243].

Destaca-se, ainda, a sua omissão em estabelecer de modo expresso as medidas compensatórias e mitigatórias nas hipóteses de supressão ou exploração autorizadas da Mata Atlântica. Também deve ser citada a omissão quanto ao delineamento das noções de utilidade pública e interesse social, como um dos condicionantes para se obter a autorização de supressão de Mata Atlântica, a qual abriu espaço para interpretações distorcidas desses conceitos em prol de interesses exclusivamente particulares e com consequências desastrosas para esse bioma.

---

[240] CAPOBIANCO, João Paulo R.; LIMA, André R. A evolução da proteção legal da Mata Atlântica, p.10.
[241] *Ibid.*, p.13.
[242] Artigo 8º do Decreto nº 750/93.
[243] CAPOBIANCO; LIMA, *op. cit.*, p.15.

Em relação às áreas urbanas, o artigo 5º do Decreto nº 750/93 foi muito aquém do necessário em relação ao enfrentamento do conflito entre a expansão urbana e os remanescentes da Mata Atlântica, seja porque não exigiu expressamente, por exemplo, a realização de Estudo Prévio de Impacto Ambiental e Relatório de Impacto Ambiental (EPIA/RIMA) para o parcelamento do solo ou edificação em vegetação secundárias nos estágios médio e avançado de regeneração, seja porque foi leniente no que toca às possibilidades de corte raso de Mata Atlântica nas zonas urbanas.

Ademais, da mesma forma que ocorreu em relação ao Decreto nº 99.547/90, o Decreto nº 750/93 foi alvo de questionamento no Poder Judiciário, sob o argumento de que um Decreto não poderia regulamentar diretamente o artigo 225 da Constituição Federal de 1988, função esta que seria atendida apenas por uma Lei. Contudo, os Tribunais decidiram que o aludido Decreto regulamentou a Lei nº 4.771/65 (Código Florestal então em vigência), que tratava das vegetações e florestas em todo o território nacional, mantendo plena a aplicação dos seus dispositivos[244].

Independentemente dessas discussões, o próprio Decreto nº 750/93 indicou, dentre outras providências, a necessidade de regulamentação de alguns termos e conceitos referidos em seu texto, com o intuito de propiciar o seu integral cumprimento. Foi por isso que o Decreto nº 750/93, em seu artigo 6º, incumbiu ao Instituto Brasileiro do Meio Ambiente e dos Recursos Naturais Renováveis (IBAMA) e ao Conselho Nacional do Meio Ambiente (CONAMA) a definição de vegetação primária e secundária nos estágios avançado, médio e inicial de regeneração da Mata Atlântica. E essa regulamentação foi editada no mesmo ano de 1993 na Resolução CONAMA nº 10, em vigência até a presente

---

[244] "[...] Não foi rejeitada a tese da imprescindibilidade de regulamentação para utilização da MATA ATLÂNTICA. Ao contrário, houve a aplicação do PAR-4 do ART-225 da CF-88, interpretando e conciliando do DEC-750/93 com o Código Florestal. [...]" (TRF 4ª Região. Terceira Turma. Processo: 95.04.22034-7. Data da Decisão: 13.03.1997 (DJ em 21.05.1997). No mesmo sentido: "[...] O Decreto presidencial nº 99.547/90, que regulou a Lei 4.771/65, foi revogado pelo Dec. 750/93, que, visando regulamentar a Lei 4.771/65 e o art. 225, § 4º, da Constituição Federal, disciplinou de forma mais rigorosa o corte e a exploração de florestas no território nacional. (TRF 1ª Região. Segunda Turma. Processo: 1993.01.21357-5. Apelação em Mandado de Segurança – 01213575. Data da Decisão: 14.12.1998 (Publicação no DJ em 29.04.1999).

data[245], que trouxe as importantes definições de vegetação primária, vegetação secundária e seus estágios de regeneração, dos ecossistemas associados à Mata Atlântica (manguezal, restinga, campo de altitude, brejo interiorano e encrave florestal do nordeste), e dos termos flora e fauna silvestres ameaçadas de extinção, vegetação de excepcional valor paisagístico, corredor entre remanescentes e entorno de Unidades de Conservação[246].

De modo adicional, o Conselho Nacional do Meio Ambiente editou Resoluções para detalhar os parâmetros da vegetação primária e secundária da Mata Atlântica nos Estados da Federação, conforme melhor explicitado nos comentários ao artigo 4º da Lei nº 11.428/2006.

Interessante anotar que, de modo paralelo, o citado Projeto de Lei nº 2.245 de autoria do Deputado Fábio Feldmann, que foi apresentado à Câmara dos Deputados no ano de 1992, e que continha basicamente o texto do Decreto nº 750/93 com algumas alterações, continuou tramitando no Poder Legislativo até o ano de 1998, quando foi arquivado e substituído, no ano seguinte, pelo Projeto 285/99 de autoria do Deputado Jaques Wagner, que dispunha sobre a utilização e a proteção do Patrimônio Nacional da Mata Atlântica e da Serra do Mar. Este último projeto, por sua vez, também percorreu longo caminho e tramitou até o mês de novembro de 2006, quando foi aprovado e, no dia 22 de dezembro do mesmo ano, sancionado pelo Presidente da República. Com isso, revogou-se o Decreto nº 750/93 após uma vigência de treze anos e se editou a Lei nº 11.428/2006, que foi regulamentada pelo Decreto nº 6.660/2008.

ii.) **Da especialidade da Lei nº 11.428/2006 e sua relação de complementariedade em relação à legislação ambiental vigente.**

A redação do artigo 1º da Lei nº 11.428/2006, ao destacar que a tutela do bioma Mata Atlântica deve observar "o que estabelece essa Lei, bem como a legislação ambiental vigente, em especial a Lei nº 4.771, de 15 de setembro de 1965", evidencia por si só o caráter de especialidade da Lei da Mata Atlântica e da sua relação de complementariedade quanto

---

[245] Convalidada pela Resolução CONAMA nº 388/2007.
[246] Resolução CONAMA nº 10, de 1º de outubro de 1993.

à legislação ambiental aplicável direta ou indiretamente no âmbito de abrangência do aludido bioma.

No entanto, é justamente a partir da revogação da Lei nº 4.771/65 pela Lei nº 12.651/2012 e da alteração do regime jurídico das Áreas de Preservação Permanente e de Reserva Legal, para o fim de diminuir e flexibilizar os seus patamares protetivos, que o exame da especialidade da Lei da Mata Atlântica assumiu ainda maior importância.

De fato, há aparentes conflitos normativos entre os dois referidos diplomas legais em relação às previsões, na área de abrangência do bioma Mata Atlântica, de consolidação de ocupação de Áreas de Preservação Permanente e de Reserva Legal em imóveis rurais (artigos 61-A, 61-B e 67 da Lei nº 12.651/2012), de definição distinta das hipóteses de utilidade pública e interesse social (artigo 3º, incisos VIII e IX, da Lei nº 12.651/2012) e de manejo florestal e inserção de espécies florestais exóticas nas Reservas Legais (artigos 22, 54 e 66 da Lei nº 12.651/2012).

Chama-se a atenção de que o artigo 1º da Lei nº 12.651/2012 aponta claramente o seu cunho generalista ao prever expressamente que "esta Lei estabelece normas gerais sobre a proteção da vegetação, áreas de Preservação Permanente e as áreas de Reserva Legal; a exploração florestal" e outros.

A Lei nº 11.428/2006, por outro lado, define de modo especial e diferenciado a conservação, a proteção, a regeneração e a utilização de área específica de abrangência do bioma Mata Atlântica, correspondente a cerca de 13% do território nacional, em atendimento a comando específico da Constituição da República, qual seja o artigo 225, parágrafo 4º, que declara a Mata Atlântica como patrimônio nacional e determina que sua utilização e proteção se devem dar na forma prevista em lei.

A especialidade da Lei da Mata Atlântica também se demonstra a partir da própria inserção pela Lei nº 11.428/2006 do tipo penal do artigo 38-A na Lei de Crimes Ambientais (Lei nº 9.605/98)[247], que prevê a pena de detenção de um a três anos para quem "destruir ou danificar vegetação primária ou secundária, em estágio avançado ou médio de regeneração, do Bioma Mata Atlântica, ou utilizá-la com infringência das normas de proteção". Deveras, dentre as múltiplas situações de agressões à vegetação nativa em âmbito nacional, a Lei nº 11.428/2006 criou um tipo penal específico para a tutela criminal da Mata Atlântica.

[247] Sobre o referido crime, vide comentários ao artigo 43 da Lei nº 11.428/2006.

2. COMENTÁRIOS À LEI Nº 11.428, DE 22.12.2006

Não se olvida que embora a Lei nº 12.651/2012 seja posterior, não revogou a Lei nº 11.428/2006. Ao contrário, a única alteração promovida por aquela Lei, por meio do artigo 81, foi a alteração da redação do artigo 35 da Lei nº 11.428/2006[248]. Nunca é demais lembrar que a Lei Complementar nº 95/98, que dispõe sobre a elaboração, a redação, a alteração e a consolidação das leis, estatui em seu artigo 9º que a "cláusula de revogação deverá enumerar, expressamente, as leis ou disposições legais revogadas", o que patentemente não ocorreu em relação à Lei da Mata Atlântica.

Diante de um conflito normativo entre duas Leis Federais ordinárias, sendo uma delas cronologicamente anterior, mas dotada de especialidade (aplica-se somente no âmbito da abrangência do bioma Mata Atlântica, qual seja 13% do território nacional), e outra delas cronologicamente posterior e dotada de caráter geral (aplicação em todo o território nacional), impõe-se o cumprimento do princípio *lex posteriori generalis non derogat priori specialli*, segundo o qual Norberto Bobbio afirma que "a lei geral sucessiva não tira do caminho a lei especial precedente[249]."

A Lei de Introdução às Normas do Direito Brasileiro[250] estatui em seu artigo 2º, parágrafos 1º e 2º, que a lei geral, ainda que posteriormente editada, não prevalece sobre a lei especial se esta não foi expressamente revogada:

[...] Art. 2º Não se destinando à vigência temporária, a lei terá vigor até que outra a modifique ou revogue. § 1º A lei posterior revoga a anterior quando expressamente o declare, quando seja com ela incompatível ou quando regule inteiramente a matéria de que tratava a lei anterior. § 2º A lei nova, que estabeleça disposições gerais ou especiais a par das já existentes, não revoga nem modifica a lei anterior.

Conforme já salientado, a Lei nº 11.428/2006 não foi revogada pela Lei nº 12.651/2012, mas sim apenas teve alteração de um único dispositivo legal, o que torna claro que a Lei posterior não trouxe nova regulação à temática do bioma Mata Atlântica. Em a adição a isso, é relevante

---

[248] Vide comentários ao artigo 35 da Lei nº 11.428/2006.
[249] BOBBIO, Norberto. **Teoria do Ordenamento Jurídico**. Tradução: Maria Celeste Cordeiro Leite dos Santos. 6ª ed. Brasília: Ed. Universidade de Brasília, 1995. p. 108.
[250] Instituída pelo Decreto-Lei nº 4.657/42, mas com redação dada pela Lei nº 12.376/2010.

assinalar que, independentemente da aplicação do mencionado princípio do Direito e dispositivo da Lei de Introdução às Normas do Direito Brasileiro, há substanciais razões para a aplicação de um regime especial ao bioma Mata Atlântica em virtude do grau de importância de sua proteção para a biodiversidade e para a vida de mais de setenta por cento da população brasileira que vive em sua área de abrangência, ao mesmo tempo em que são claros o risco de extinção de vários dos seus compartimentos e o progressivo e ininterrupto processo de desmatamento, conforme já explicitado no capítulo 1. Nessa toada, Herman Benjamin lembra que

> [...] Se não bastante, como toda legislação ambiental, do intérprete se reclama diligência hermenêutica que não negue, nem enfraqueça, apenas afirme o inafastável fundamento de toda a legislação ambiental, isto é, a já aludida preservação e restauração dos processos ecológicos essenciais (art. 225, § 1º, I)[251].

Frisa-se que não se está a propor a negativa de vigência à Lei nº 12.651//2012, mas ocorre que a Lei nº 11.428/2006, por ser norma especial a regular a proteção da vegetação remanescente do bioma Mata Atlântica, deve prevalecer sobre aquela legislação nas questões de conflito aparente de normas mencionadas.

Importante perceber que nossos Tribunais têm firmado diversos precedentes sobre a aplicação do critério da especialidade frente ao conflito aparente de normas envolvendo o Código Florestal. A título de exemplo, o Superior Tribunal de Justiça destacou a relação de coexistência e complementariedade da Lei da Mata Atlântica em relação aos demais microssistemas-irmãos que compõem a ordem jurídica florestal[252] e o Tribunal Regional Federal da 4ª Região determinou a aplicação

---

[251] Trecho de decisão monocrática emitida pelo Ministro Herman Benjamin no Superior Tribunal de Justiça em pedido de reconsideração em Recurso Especial 1240122/PR, Segunda Turma, DJe 19/12/2012.

[252] "[...]A ordem jurídica florestal, no cotejo com a ordem jurídica ambiental, é tão só uma entre várias que no corpo desta se alojam, prisioneira aquela de inescapável vocação de unidade e coexistência harmônica com os microssistemas-irmãos elementares e temáticos (faunístico, hídrico, climático, de Unidades de Conservação, da Mata Atlântica), tudo em posição de subserviência aos domínios da norma constitucional e da nave-mãe legislativa ambiental – a Lei da Política Nacional do Meio Ambiente –, que a eles todos se sobrepõem e contra eles todos prevalecem. Dispensável, nesse diapasão, advertir que a possibilida-

da Lei da Mata Atlântica em detrimento do Código Florestal e da Resolução CONAMA 369/2006, no que tange à configuração das hipóteses de utilidade pública e interesse social, com base no princípio da especialidade[253].

Mesmo em relação a outros atos normativos que possam estabelecer conflito aparente com o disposto na Lei nº 12.651/2012, também há julgados que determinam a aplicação do princípio da especialidade, tal como foi o caso do acórdão emitido pelo Tribunal Regional Federal da 3ª Região que decidiu pela especialidade da Resolução CONAMA 303/2002 em detrimento da referida Lei Federal para o fim de proteção adequada das restingas[254].

Consoante já apontado anteriormente, um dos exemplos de aparente conflito entre a Lei nº 11.428/2006 e a Lei nº 12.651/2012 se evidencia a

---

de de conflito somente se coloca entre duas normas que se encontrem, hierarquicamente, em pé de igualdade". (STJ, PET no REsp 1240122/PR, Rel. Ministro HERMAN BENJAMIN, SEGUNDA TURMA, julgado em 02/10/2012, DJe 19/12/2012).

[253] "[...] Ocorre que esta Resolução foi editada antes da Lei n. 11.428, de 22 de dezembro de 2006, que dispõe sobre a utilização e proteção da vegetação nativa do Bioma Mata Atlântica, cuja Lei, por ser especial, elenca taxativamente os casos de utilidade pública ou interesse social autorizativos da supressão dessa vegetação específica, e, dentre eles, não se enquadra a atividade minerária. Esse artigo da Resolução, portanto, não tem eficácia ou validade perante a Lei 11.428/2006". (TRF4, Agravo de Instrumento 2009.04.00.038102-3/SC. Des. Relatora Maria Lúcia Luz Leiria. Unanimidade. Julgamento em 20.04.2010).

[254] "[...] Em que pese o Código Florestal apenas estabelecer área de preservação permanente quando seja fixadora de dunas ou estabilizadoras de mangues, entende-se que a Resolução CONAMA nº 303/02 continua plenamente válida, conforme entendimento do E. Superior Tribunal de Justiça". (TRF3, Agravo de Instrumento nº 0022587-35.2016.4.03.0000/SP. Relator Desembargador Federal Antonio Cedenho. 3ª Turma. Publicação em 26.07.2017) "(...) No caso, muito embora a Resolução CONAMA nº 303/02 tenha sido editada quando vigente a Lei nº 4.771/65, posteriormente revogada pela Lei nº 12.651/12, conhecida como novo Código Florestal, verifica-se que não houve a revogação tácita daquele ato normativo, haja vista que não houve alteração quanto à disciplina relativa às áreas de preservação permanente situadas em restingas". (TRF3, Embargos de Declaração em Agravo de Instrumento nº 0022587-35.2016.4.03.0000/SP. Relator Desembargador Federal Antonio Cedenho. 3ª Turma. Publicação em 22.01.2018)

partir da permissão contida nos artigos 61-A[255] e 61-B[256] desta última lei para a permanência de ocupações consolidadas até 22 de julho de 2008 em Áreas de Preservação Permanente situadas em imóveis rurais com atividades agrossilvipastoris, ou de ecoturismo e de turismo rural, além de residências e infraestrutura associada a essas atividades, assim como para a dispensa da recomposição integral das vegetações ciliares de seus corpos hídricos[257].

De modo semelhante, outro exemplo do aludido conflito normativo se origina do estatuído no artigo 67 da Lei nº 12.651/2012[258], que prevê a dispensa da recomposição da integralidade do porcentual de Reserva Legal em imóveis rurais com área de até quatro módulos fiscais e que tiveram demonstrada a consolidação de ocupação desse espaço até a data de 22 de julho de 2008.

Todavia, na área de abrangência específica do bioma Mata Atlântica, entende-se que se a consolidação de ocupação das Áreas de Preser-

---

[255] O artigo 61-A da Lei nº 12.651/2012 prevê, em seu *caput*, que "Nas Áreas de Preservação Permanente, é autorizada, exclusivamente, a continuidade das atividades agrossilvipastoris, de ecoturismo e de turismo rural em áreas rurais consolidadas até 22 de julho de 2008" e, em seu § 12, que "Será admitida a manutenção de residências e da infraestrutura associada às atividades agrossilvipastoris, de ecoturismo e de turismo rural, inclusive o acesso a essas atividades, independentemente das determinações contidas no caput e nos §§ 1º a 7º, desde que não estejam em área que ofereça risco à vida ou à integridade física das pessoas".

[256] "Art. 61-B. Aos proprietários e possuidores dos imóveis rurais que, em 22 de julho de 2008, detinham até 10 (dez) módulos fiscais e desenvolviam atividades agrossilvipastoris nas áreas consolidadas em Áreas de Preservação Permanente é garantido que a exigência de recomposição, nos termos desta Lei, somadas todas as Áreas de Preservação Permanente do imóvel, não ultrapassará: I – 10% (dez por cento) da área total do imóvel, para imóveis rurais com área de até 2 (dois) módulos fiscais; II – 20% (vinte por cento) da área total do imóvel, para imóveis rurais com área superior a 2 (dois) e de até 4 (quatro) módulos fiscais";

[257] Os §§ 1º a 7º do artigo 61-A da Lei nº 12.651/2012 preveem, de acordo com o tamanho do imóvel rural e com os tipos de corpos hídricos (curso d'água, nascente, lago), diferentes metragens de recomposição parcial de vegetações ciliares das Áreas de Preservação Permanente. O artigo 61-B prevê limites de extensão máximo que podem ser exigidos para recomposição da vegetação nativa das Áreas de Preservação Permanente, dependendo do tamanho do imóvel.

[258] "Art. 67. Nos imóveis rurais que detinham, em 22 de julho de 2008, área de até 4 (quatro) módulos fiscais e que possuam remanescente de vegetação nativa em percentuais inferiores ao previsto no art. 12, a Reserva Legal será constituída com a área ocupada com a vegetação nativa existente em 22 de julho de 2008, vedadas novas conversões para uso alternativo do solo".

2. COMENTÁRIOS À LEI Nº 11.428, DE 22.12.2006

vação Permanente ou das Reservas Legais for proveniente de corte ou supressão não autorizados de vegetação nativa, a pretensa aplicação do disposto nos artigos 61-A, 61-B e 67 da Lei nº 12.651/2012 conflitaria diretamente com o artigo 5º da Lei nº 11.428/2006, o qual prevê que a

> [...] vegetação primária ou a vegetação secundária em qualquer estágio de regeneração do bioma mata atlântica não perderão esta classificação nos casos de incêndio, desmatamento ou qualquer outro tipo de intervenção não autorizada ou não licenciada[259].

Veja-se que, independentemente da obrigatoriedade da reparação integral dos danos ambientais nos termos do que determinam o artigo 225, parágrafo 3º, da Constituição da República[260], o artigo 14, parágrafo 1º, da Lei nº 6.938/81[261] e o artigo 143, parágrafo 2º, do Decreto nº 6.514/2008[262], o que inclui a prioritária recomposição da vegetação suprimida ao status quo ante, a consequência da inteligência do artigo 5º da Lei nº 11.428/2006 é a manutenção do tratamento legal conferido ao estágio de sucessão de regeneração da vegetação anteriormente à promoção do seu corte ou supressão não autorizados, o que torna patente a incompatibilidade de qualquer pretensão de consolidação de ocupação desses espaços.

Neste ponto, é possível a realização de um questionamento: persiste a aludida incompatibilidade da pretensão de consolidação de Áreas de Preservação Permanente e Reserva Legal se o corte ou supressão não autorizados da vegetação do bioma Mata Atlântica ocorreu anteriormente à entrada em vigência da Lei nº 11.428/2006? A resposta é positiva se o corte ou supressão não autorizados de vegetação do bioma Mata Atlântica ocorreu a partir da data de 26 de setembro de 1990. Para

---

[259] Vide comentários ao artigo 5º da Lei nº 11.428/2006.
[260] "Artigo 225 (...) § 3º – As condutas e atividades consideradas lesivas ao meio ambiente sujeitarão os infratores, pessoas físicas ou jurídicas, a sanções penais e administrativas, independentemente da obrigação de reparar os danos causados".
[261] Art 14. (...) § 1º – Sem obstar a aplicação das penalidades previstas neste artigo, é o poluidor obrigado, independentemente da existência de culpa, a indenizar ou reparar os danos causados ao meio ambiente e a terceiros, afetados por sua atividade. O Ministério Público da União e dos Estados terá legitimidade para propor ação de responsabilidade civil e criminal, por danos causados ao meio ambiente".
[262] Art. 143. (...) § 2º Independentemente do valor da multa aplicada, fica o autuado obrigado a reparar integralmente o dano que tenha causado. (...)

esclarecer tal conclusão, relembremos a proteção legal do referido bioma no tempo e suas implicações:
a) no lapso temporal compreendido entre as datas de 26 de setembro de 1990 e 10 de fevereiro de 1993, o Decreto nº 99.547/90 proibiu o corte, supressão ou exploração de vegetação nativa do bioma Mata Atlântica por tempo indeterminado;
b) no lapso temporal compreendido entre as datas de 25 de setembro de 1993 e 26 de dezembro de 2006, o Decreto nº 750/93 estabeleceu vedações e diversas exigências legais para eventual corte ou supressão de vegetação da Mata Atlântica, assim como instituiu em seu artigo 8º que a "floresta primária ou em estágio avançado e médio de regeneração não perderá esta classificação nos casos de incêndio e/ou desmatamento não licenciados a partir da vigência deste Decreto";
c) a partir da data de 26 de dezembro de 2006, a Lei nº 11.428/2006 dispõe sobre a proteção da vegetação nativa do bioma Mata Atlântica e sobre as hipóteses vedadas e excepcionalmente permissíveis para corte ou supressão, assim como prevê em seu artigo 5º, que nos casos de desmatamentos não autorizados "a vegetação primária ou a vegetação secundária em qualquer estágio de regeneração do bioma mata atlântica não perderão esta classificação".

Com efeito, na medida em que o bioma Mata Atlântica recebeu tratamento legal especializado em atendimento ao comando do artigo 225, parágrafo 4º, da Constituição da República, e que durante a vigência dos diplomas legais citados, proibiu-se qualquer corte ou supressão de sua vegetação nativa, ou se estabeleceu regra expressa de que se mantém a classificação da vegetação objeto de incêndio, desmatamento ou outra intervenção não devidamente autorizada pelo órgão público ambiental competente, entende-se que os artigos 61-A, 61-B e 67 da Lei nº 12.651/2012 não possuem aplicação em relação a imóveis rurais situados na área de abrangência do bioma Mata Atlântica, se a consolidação de ocupação de Área de Preservação Permanente ou de Reserva Legal decorreu de corte ou supressão não autorizados de vegetação nativa promovidos a partir da data de 26 de setembro de 1990.

Poder-se-ia ainda formular um novo questionamento: diante do contido no artigo 5º da Lei nº 11.428/2006, seria possível manter a referida

2. COMENTÁRIOS À LEI Nº 11.428, DE 22.12.2006

consolidação da ocupação das Áreas de Preservação Permanente e Reservas Legais proveniente de desmatamento não autorizado, ocorrido a partir de 26 de setembro de 1990, com base em proposta de compensação ambiental na forma de destinação ou reposição florestal em área equivalente à extensão da área desmatada? O artigo 17 da Lei nº 11.428/2006 revela a resposta negativa ao dispor que a compensação ambiental em área distinta da desmatada não se aplica aos casos de corte ou supressão ilegais. Confira-se:

> [...] Art. 17. O corte ou a supressão de vegetação primária ou secundária nos estágios médio ou avançado de regeneração do Bioma Mata Atlântica, autorizados por esta Lei, ficam condicionados à compensação ambiental, na forma da destinação de área equivalente à extensão da área desmatada, com as mesmas características ecológicas, na mesma bacia hidrográfica, sempre que possível na mesma microbacia hidrográfica, e, nos casos previstos nos arts. 30 e 31, ambos desta Lei, em áreas localizadas no mesmo Município ou região metropolitana.
>
> § 1º Verificada pelo órgão ambiental a impossibilidade da compensação ambiental prevista no caput deste artigo, será exigida a reposição florestal, com espécies nativas, em área equivalente à desmatada, na mesma bacia hidrográfica, sempre que possível na mesma microbacia hidrográfica.
>
> § 2º A compensação ambiental a que se refere este artigo não se aplica aos casos previstos no inciso III do art. 23 desta Lei ou de corte ou supressão ilegais.

A discussão sobre a pretensa consolidação de ocupação das Áreas de Preservação Permanente também tramitou junto à sede nacional do IBAMA, que em parecer emitido pela sua Procuradoria Federal Especializada, concluiu que:

> [...] Trata-se, indubitavelmente, de uma legislação especial, que rege exclusivamente a vegetação pertencente ao Bioma Mata Atlântica, aplicando-se apenas subsidiariamente as demais normativas ambientais gerais, tal como o Código Florestal (atualmente Lei 12.651/2012). (...) Vislumbra-se, destarte, nos presentes autos, a indevida aplicabilidade à vegetação pertencente ao Bioma Mata Atlântica desses benefícios de redução da área a ser recomposta, em razão da ocupação antrópica de Área de Preservação Permanente, até determinada data[263].

---

[263] Parecer nº 013/2015/CONEP/PFE-IBAMA-SEDE/PGF/AGU, datado de 16 de janeiro de 2015 e subscrito pela Procuradora Federal Karla Virgínia Bezerra Caribé. Ressalta-se que,

Resultado lógico dessa conclusão é a impossibilidade legal de homologação pelo órgão público ambiental dos Cadastros Ambientais Rurais[264] dos imóveis localizados no bioma Mata Atlântica, se houver a conjunção dos seguintes fatores: a) a previsão de dispensa de recomposição integral da vegetação nativa em Áreas de Preservação Permanente e em Reservas Legais com base na pretensa aplicação do disposto nos artigos 61-A, 61-B e 67 da Lei nº 12.651/2012 e na alegação de consolidação de ocupação desses espaços até a data de 22 de julho de 2008; e b) que essa consolidação da ocupação desses espaços seja proveniente de corte ou desmatamento não autorizados ocorridos a partir de 26 de setembro de 1990.

Outro exemplo importante de aparente conflito entre a Lei nº 11.428/ /2006 e a Lei nº 12.651/2012 se mostra a partir da definição distinta das hipóteses de utilidade pública e interesse social, conforme demonstra o quadro comparativo abaixo:

Hipóteses de utilidade pública e de interesse social – Lei nº 11.428/2006 (artigo 3º, incisos VII e VIII)	Hipóteses de utilidade pública e de interesse social – Lei nº 12.651/2012 (artigo 3º, incisos VIII e IX)
Utilidade Pública: a) atividades de segurança nacional e proteção sanitária; b) as obras essenciais de infra-estrutura de interesse nacional destinadas aos serviços públicos de transporte, saneamento e energia, declaradas pelo poder público federal ou dos Estados;	Utilidade Pública: a) as atividades de segurança nacional e proteção sanitária; b) as obras de infraestrutura destinadas às concessões e aos serviços públicos de transporte, sistema viário, inclusive aquele necessário aos parcelamentos de solo urbano aprovados pelos Municípios, saneamento, gestão de resíduos, energia, telecomunicações, radiodifusão, instalações necessárias à realização de competições esportivas estaduais, nacionais ou internacionais, bem como mineração, exceto, neste último caso, a extração de areia, argila, saibro e cascalho; c) atividades e obras de defesa civil; d) atividades que comprovadamente proporcionem melhorias na proteção das funções ambientais referidas no inciso II deste artigo; e) outras atividades similares devidamente caracterizadas e motivadas em procedimento administrativo próprio, quando inexistir alternativa técnica e locacional ao empreendimento proposto, definidas em ato do Chefe do Poder Executivo federal;

na data de 06 de novembro de 2017, o Ministro de Estado do Meio Ambiente, por meio do Despacho nº 64773/2017-MMA novamente chancelou o conteúdo do aludido parecer, reafirmando o entendimento da aplicação especial da Lei da Mata Atlântica.

[264] Vide artigos 29 e seguintes da Lei nº 12.651/2012.

2. COMENTÁRIOS À LEI Nº 11.428, DE 22.12.2006

Interesse Social: a) as atividades imprescindíveis à proteção da integridade da vegetação nativa, tais como: prevenção, combate e controle do fogo, controle da erosão, erradicação de invasoras e proteção de plantios com espécies nativas, conforme resolução do Conselho Nacional do Meio Ambiente – CONAMA; b) as atividades de manejo agroflorestal sustentável praticadas na pequena propriedade ou posse rural familiar que não descaracterizem a cobertura vegetal e não prejudiquem a função ambiental da área; c) demais obras, planos, atividades ou projetos definidos em resolução do Conselho Nacional do Meio Ambiente.	Interesse Social: a) as atividades imprescindíveis à proteção da integridade da vegetação nativa, tais como prevenção, combate e controle do fogo, controle da erosão, erradicação de invasoras e proteção de plantios com espécies nativas; b) a exploração agroflorestal sustentável praticada na pequena propriedade ou posse rural familiar ou por povos e comunidades tradicionais, desde que não descaracterize a cobertura vegetal existente e não prejudique a função ambiental da área; c) a implantação de infraestrutura pública destinada a esportes, lazer e atividades educacionais e culturais ao ar livre em áreas urbanas e rurais consolidadas, observadas as condições estabelecidas nesta Lei; d) a regularização fundiária de assentamentos humanos ocupados predominantemente por população de baixa renda em áreas urbanas consolidadas, observadas as condições estabelecidas na Lei nº 11.977, de 7 de julho de 2009; e) implantação de instalações necessárias à captação e condução de água e de efluentes tratados para projetos cujos recursos hídricos são partes integrantes e essenciais da atividade; f) as atividades de pesquisa e extração de areia, argila, saibro e cascalho, outorgadas pela autoridade competente; g) outras atividades similares devidamente caracterizadas e motivadas em procedimento administrativo próprio, quando inexistir alternativa técnica e locacional à atividade proposta, definidas em ato do Chefe do Poder Executivo federal;

Fonte: O autor.

É fácil notar que a Lei nº 12.651/2012 alargou significativamente as hipóteses de utilidade pública e interesse social, seja em comparação com o Código Florestal revogado de 1965, seja em comparação com a Lei nº 11.428/2006.

Veja-se que as referidas hipóteses de utilidade pública e interesse social são previstas nos referidos diplomas legais para o fim justificar, respectivamente, situações excepcionalmente autorizadoras de supressão ou corte de vegetação nativa do bioma Mata Atlântica[265] ou de intervenção ou supressão de vegetação nativa em Área de Preservação Permanente[266].

---

[265] Vide comentários aos artigos que dispõe sobre o regime geral e especial do bioma Mata Atlântica.
[266] Vide artigo 8º da Lei nº 12.651/2012.

Embora a Lei nº 11.428/2006 preveja hipóteses reduzidas de utilidade pública e interesse social no âmbito de abrangência do bioma Mata Atlântica[267], assim como competências diferenciadas para a sua declaração, a Lei nº 12.651/2012 não alterou aquela legislação nesse aspecto, razão pela qual o conflito de normas é apenas aparente. Daí se extrai, com base nos fundamentos que apontam o caráter de especialidade da Lei nº 11.428/2006, a conclusão lógica da inaplicabilidade das hipóteses de utilidade pública e interesse social previstas no artigo 3º, incisos VIII e IX, da Lei nº 12.651/2012 para os casos de pretensão de supressão ou corte de vegetação do bioma Mata Atlântica.

Além do precedente jurisprudencial já citado (Agravo de Instrumento 2009.04.00.038102-3 julgado pelo Tribunal Regional Federal da 4ª Região), que determinou a aplicação especial da Lei da Mata Atlântica em detrimento do Código Florestal e da Resolução CONAMA 369/2006, para afastar a configuração da atividade minerária como hipótese de utilidade pública ou interesse social, o tema também foi abordado no âmbito doutrinário.

Arnaldo Sampaio de Moraes Godoy, em estudo específico sobre a competência para declaração de interesse social para fins de obtenção de licença para supressão de vegetação de bioma Mata Atlântica, também concluiu pela aplicação especial da Lei da Mata Atlântica em detrimento da Lei nº 12.651/2012 ao afirmar que:

> [...] para efeitos de supressão de vegetação nativa do Bioma Mata Atlântica deve-se aplicar a Lei da Mata Atlântica, que é lei especial, e não o Novo Código Florestal, que se trata de lei geral. (...) Permanecem em plena vigência as regras da Lei da Mata Atlântica relativas às declarações de utilidade pública e de interesse social, para os efeitos de supressão de vegetação nativa do Bioma Mata Atlântica. No caso presente, é a Lei da Mata Atlântica que deve ser aplicada [...][268]

Ainda pode ser apontado como exemplo de aparente conflito entre a Lei nº 11.428/2006 e a Lei nº 12.651/2012 a previsão de tratamento

---

[267] Vide comentários ao artigo 3º da Lei nº 11.428/2006.
[268] GODOY, Arnaldo Sampaio de Moraes. A competência para declaração de interesse social de empreendimento para fins de obtenção de licença para supressão de vegetação de bioma Mata Atlântica. **Nomos: Revista do Programa de Pós-Graduação em Direito – UFC**, Fortaleza, v. 35, p. 61-63, 2015.

2. COMENTÁRIOS À LEI Nº 11.428, DE 22.12.2006

legal diferenciado quanto ao manejo florestal e inserção de espécies exóticas em Reserva Legal. Isto porque embora esta útlima Lei preveja no âmbito nacional a ampla possibilidade de manejo florestal com enfoque comercial e utilização de espécies exóticas nas Reservas Legais, a Lei nº 11.428/2006, que possui aplicação somente no âmbito de abrangência do bioma Mata Atlântica, estabelece um regime mais rigoroso de proteção da vegetação nativa e hipóteses excepcionais para a realização do manejo florestal.

Realmente, a Lei nº 12.651/2012 prevê expressamente a possibilidade de manejo florestal[269] da vegetação da Reserva Legal no seu artigo 17[270] com o propósito de consumo na propriedade ou propósito comercial, conforme modalidades descritas no seu artigo 20[271]. O manejo florestal com propósito comercial pode inclusive incluir espécies florestais exóticas (frutíferas, ornamentais ou industriais) de modo intercalado ou consorciado com espécies florestais nativas em até cinquenta por cento da área, na forma dos artigos 22, 54 e 66 da Lei 12.651/2012[272], o que rei-

---

[269] "Manejo Florestal Sustentável é a administração da floresta para obtenção de benefícios econômicos, sociais e ambientais, respeitando-se os mecanismos de sustentação do ecossistema objeto do manejo e considerando-se, cumulativa ou alternativamente, a utilização de múltiplas espécies madeireiras, de múltiplos produtos e subprodutos não-madeireiros, bem como a utilização de outros bens e serviços florestais". Disponível em:<http://www.mma.gov.br/florestas/manejo-florestal-sustentável>.

[270] Art. 17. A Reserva Legal deve ser conservada com cobertura de vegetação nativa pelo proprietário do imóvel rural, possuidor ou ocupante a qualquer título, pessoa física ou jurídica, de direito público ou privado. § 1º Admite-se a exploração econômica da Reserva Legal mediante manejo sustentável, previamente aprovado pelo órgão competente do Sisnama, de acordo com as modalidades previstas no art. 20.

[271] Art. 20. No manejo sustentável da vegetação florestal da Reserva Legal, serão adotadas práticas de exploração seletiva nas modalidades de manejo sustentável sem propósito comercial para consumo na propriedade e manejo sustentável para exploração florestal com propósito comercial.

[272] Art. 22. O manejo florestal sustentável da vegetação da Reserva Legal com propósito comercial depende de autorização do órgão competente e deverá atender as seguintes diretrizes e orientações: I – não descaracterizar a cobertura vegetal e não prejudicar a conservação da vegetação nativa da área; II – assegurar a manutenção da diversidade das espécies; III – conduzir o manejo de espécies exóticas com a adoção de medidas que favoreçam a regeneração de espécies nativas. (...) Art. 54. Para cumprimento da manutenção da área de reserva legal nos imóveis a que se refere o inciso V do art. 3º, poderão ser computados os plantios de árvores frutíferas, ornamentais ou industriais, compostos por espécies exóticas, cultivadas em sistema intercalar ou em consórcio com espécies nativas da região em sistemas agro-

tera e amplia a possibilidade anteriormente prevista na Lei nº 4.771/65 para a prática de exploração comercial sem a manutenção do mínimo de biodiversidade e para a descaracterização da essência da Reserva Legal.

Entretanto, a Lei nº 11.428/2006 prevê vedações e restrições à prática do manejo florestal no âmbito de abrangência do bioma Mata Atlântica. Na prática, as hipóteses vedadas e permissíveis tanto do manejo florestal quanto de corte ou supressão de vegetação do bioma Mata Atlântica são tratadas de modo diferenciado pela Lei nº 11.428/2006 consoante o tipo de vegetação e seus estágios de sucessão e regeneração e a finalidade da intervenção, dentre outros fatores.

No tocante à discussão do manejo florestal no bioma Mata Atlântica tendo como traço diferenciador os estágios de sucessão, não se vislumbra possibilidade de controvérsia quanto à impossibilidade desta prática em vegetação primária e em vegetação secundária em estágio avançado de regeneração[273], nos termos dos artigos 14[274], 20[275] e 21[276] da Lei nº 11.428/2006.

Já no que tange à (in)viabilidade de manejo florestal nos remanescentes de vegetação secundária nos estágios médio e inicial de rege-

---

florestais. (...) Art. 66. (...) § 3º A recomposição de que trata o inciso I do caput poderá ser realizada mediante o plantio intercalado de espécies nativas com exóticas ou frutíferas, em sistema agroflorestal, observados os seguintes parâmetros: I – o plantio de espécies exóticas deverá ser combinado com as espécies nativas de ocorrência regional; II – a área recomposta com espécies exóticas não poderá exceder a 50% (cinquenta por cento) da área total a ser recuperada.

[273] Sobre a definição de vegetação primária e secundária e estágios sucessionais de regeneração, vide comentários ao artigo 4º da Lei nº 11.428/2006.

[274] Art. 14. A supressão de vegetação primária e secundária no estágio avançado de regeneração somente poderá ser autorizada em caso de utilidade pública, sendo que a vegetação secundária em estágio médio de regeneração poderá ser suprimida nos casos de utilidade pública e interesse social, em todos os casos devidamente caracterizados e motivados em procedimento administrativo próprio, quando inexistir alternativa técnica e locacional ao empreendimento proposto, ressalvado o disposto no inciso I do art. 30 e nos §§ 1º e 2º do art. 31 desta Lei.

[275] Art. 20. O corte e a supressão da vegetação primária do Bioma Mata Atlântica somente serão autorizados em caráter excepcional, quando necessários à realização de obras, projetos ou atividades de utilidade pública, pesquisas científicas e práticas preservacionistas.

[276] Art. 21. O corte, a supressão e a exploração da vegetação secundária em estágio avançado de regeneração do Bioma Mata Atlântica somente serão autorizados: I – em caráter excepcional, quando necessários à execução de obras, atividades ou projetos de utilidade pública, pesquisa científica e II – (VETADO) III – nos casos previstos no inciso I do art. 30 desta Lei.

neração do bioma Mata Atlântica, a Lei nº 11.428/2006 prevê em seus artigos 23 e 25 a possibilidade do órgão público ambiental competente emitir autorização para a exploração destes remanescentes florestais em formato de manejo. De fato, o referido artigo 23 prevê a possibilidade de exploração da vegetação secundária em estágio médio de regeneração que não abranja Áreas de Preservação Permanente, "quando necessários ao pequeno produtor rural e populações tradicionais para o exercício de atividades ou usos agrícolas, pecuários ou silviculturais imprescindíveis à sua subsistência e de sua família", assim como o artigo 25 da mesma lei permite essa prática, de modo mais amplo e sem as restrições apontadas, em vegetação secundária em estágio inicial de regeneração.

No entanto, a própria Lei nº 11.428/2006 determina, em seu artigo 11, inciso I, alínea "a", a vedação do corte de vegetação secundária em estágio médio de regeneração quando a vegetação abrigar espécies da flora e da fauna silvestres ameaçadas de extinção, e a intervenção puser em risco a sobrevivência dessas espécies, assim como o Decreto Federal 6.660/2008[277] que a regulamenta também prevê possibilidade de permissão para a prática do manejo florestal somente às hipóteses em que não há a incidência das referidas espécies.

Em adição a isso, a Portaria nº 443 do Ministério do Meio Ambiente (MMA), de 17 de dezembro de 2014, proibiu, sem exceções[278], o manejo de diversas espécies da flora ameaçadas no bioma Mata Atlântica em remanescentes florestais. Desta forma, ainda que de modo não absoluto, a referida Portaria corrobora a inviabilidade da prática de manejo florestal na Mata Atlântica, ou, no mínimo, conduz à interpretação de que qualquer pretenso manejo florestal, ainda que não envolva o corte de qualquer espécie florestal ameaçada ou vulnerável no bioma Mata Atlântica, teria que demonstrar a ausência de impactos negativos ao ecossistema do qual dependem as espécies ameaçadas, relembrando-se que estas têm as suas sobrevivências dependentes da interação complexa com as demais espécies que habitam os remanescentes florestais.

---

[277] Vide artigo 2º, parágrafo 5º; artigo 6º, inciso I; artigo 13, parágrafo 2º, inciso I e artigo 36, inciso IV, do Decreto nº 6.660/2008.

[278] Entende-se que não se aplica a exceção dos §§ 1º e 2º do artigo 2º da referida Portaria aos remanescentes florestais, mas tão somente aos plantios comerciais licenciados em áreas degradadas.

Sob outro ângulo, as disposições da Lei nº 12.651/2012 que permitem a inserção e exploração de espécies florestais exóticas (frutíferas, ornamentais ou industriais) em até cinquenta por cento da área da Reserva Legal do imóvel rural também discrepam do regime protetivo especial do bioma Mata Atlântica assentado na Lei nº 11.428/2006, a qual evidencia a necessidade de controle e combate às espécies exóticas, tanto que prevê como prática preservacionista a "atividade técnica e cientificamente fundamentada, imprescindível à proteção da integridade da vegetação nativa, tal como controle de fogo, erosão, espécies exóticas e invasoras"[279]. Essa preocupação se repete na Lei da Mata Atlântica, pois ao tratar da coleta de subprodutos florestais e uso indireto do aludido bioma[280], o artigo 29, inciso V, do Decreto nº 6.660/2008, veda a introdução de espécies vegetais exóticas[281].

Se em qualquer remanescente de vegetação do bioma Mata Atlântica já há clara preocupação quanto aos impactos negativos da inserção de espécies exóticas, com ainda mais razão esse cuidado deve ser adotado no âmbito da Reserva Legal situada neste bioma. Não é por acaso que a Lei nº 11.428/2006 prescreve em seu artigo 35, cuja redação foi alterada justamente pela Lei nº 12.651/2012, que a conservação de remanescente de vegetação do bioma Mata Atlântica, em qualquer estágio sucessional,

> cumpre função social e é de interesse público, podendo, a critério do proprietário, as áreas sujeitas à restrição de que trata esta Lei ser computadas para efeito da Reserva Legal e seu excedente utilizado para fins de compensação ambiental ou instituição de Cota de Reserva Ambiental – CRA.

---

[279] Artigo 3º, inciso IV, da Lei nº 11.428/2006.

[280] "Art. 18. No Bioma Mata Atlântica, é livre a coleta de subprodutos florestais tais como frutos, folhas ou sementes, bem como as atividades de uso indireto, desde que não coloquem em risco as espécies da fauna e flora, observando-se as limitações legais específicas e em particular as relativas ao acesso ao patrimônio genético, à proteção e ao acesso ao conhecimento tradicional associado e de biossegurança".

[281] "Art. 29. Para os fins do disposto no **art. 18 da Lei nº 11.428, de 2006**, ressalvadas as áreas de preservação permanente, consideram-se de uso indireto, não necessitando de autorização dos órgãos ambientais competentes, as seguintes atividades: (...) V- pastoreio extensivo tradicional em remanescentes de campos de altitude, nos estágios secundários de regeneração, desde que não promova a supressão da vegetação nativa ou a introdução de espécies vegetais exóticas".

A interpretação ao contrário senso deste dispositivo legal conduz à impossibilidade em regra de que a Reserva Legal no âmbito de abrangência do bioma Mata Atlântica seja também integrada por espécies florestais exóticas.

Desta forma, a aplicação das normas sobre a Reserva Legal e a técnica de manejo florestal no âmbito do bioma Mata Atlântica possuem contornos próprios e especiais conferidos pela Lei nº 11.428/2006, os quais são dotados de critérios de proteção mais rígidos do que aqueles propugnados pela Lei nº 12.651/2012[282].

iii.) Os principais diplomas legais que conferem proteção indireta ao bioma Mata Atlântica.

Segundo já salientado, o artigo 1º da Lei nº 11.428/2006 prescreve que a proteção, a regeneração e a utilização do bioma Mata Atlântica devem observar especialmente o que estabelece esta Lei, mas sem descurar da legislação ambiental vigente, que proporciona de modo paralelo e indireto um relativo amparo a este bioma.

Dentre estes diplomas legais ambientais, o próprio artigo 1º destacou a Lei nº 4.771/65 (revogada pela Lei nº 12.651/2012), mas também se pode citar, no âmbito nacional e de modo não exauriente, a Lei do Sistema Nacional das Unidades de Conservação e a Lei do Plano Nacional do Gerenciamento Costeiro.

A Lei nº 12.651/2012 promoveu considerável mitigação das normas protetivas então previstas na Lei nº 4.771/65 e importou em patente retrocesso ambiental para a concretização do direito fundamental ao meio ambiente ecologicamente equilibrado, o qual foi questionado pelo Ministério Público e pelo Partido Socialismo e Liberdade (PSOL) junto ao Supremo Tribunal Federal por meio das ações diretas de inconstitucionalidade nº 4901, 4902, 4903 e 4937, de modo paralelo à ação declaratória de constitucionalidade nº 42 ajuizada pelo Partido Progressista.[283]

---

[282] GAIO, Alexandre. A Reserva Legal na Mata Atlântica e a in(sustentabilidade) da prática do manejo florestal. In: XXII Congresso Nacional do Ministério Público, 2017, Belo Horizonte. Três décadas da Constituição Federal de 1988: os novos desafios do Ministério Público. Belo Horizonte, 2017. p. 227-234.

[283] Vide www.stf.jus.br.

No entanto, o plenário do pretório excelso concluiu na data de 28 de fevereiro de 2018 o julgamento ainda não transitado em julgado[284] das referidas ações e, em apertado resumo, reconheceu a inconstitucionalidade apenas da exclusão da proteção das nascentes e olhos d'água intermitentes, assim como promoveu a interpretação conforme a Constituição em relação às hipóteses de utilidade pública e interesse social a justificarem a supressão ou intervenção em Área de Preservação Permanente para o fim de condicioná-las à demonstração da inexistência de alternativa técnica ou locacional à atividade proposta. O quadro resumido a seguir explicita o resultado do julgamento do Supremo Tribunal Federal:

Principais temas discutidos nas ADIs 4901, 4902, 4903, 4937, e na ADC 42	Dispositivos da Lei nº 12.651/ /2012 analisados	Síntese do resultado do julgamento pelo STF
Hipóteses de utilidade pública e interesse social para intervenção em APP	Art. 3º, VIII e IX	– Inconstitucional, por maioria, na parte que amplia as referidas hipóteses para gestão de resíduos e instalações para competições; – Interpretação conforme, por maioria, para exigir comprovação de inexistência de alternativa técnica/locacional para intervenção em APP;
Extinção de APP	Art. 3º, XVII Art. 4º, III, IV, parágrafos 1º, 4º, Art. 62	– Interpretação conforme, por maioria, para considerar como APP os olhos d'água e nascentes intermitentes; – Constitucional, por maioria, a extinção da APP para os entornos de reservatórios artificiais que não decorram de barramento ou represamento de cursos d'água naturais, assim como dos reservatórios naturais com superfície inferior a um hectare;
Redução da faixa de APP	Art. 3º, XIX Art. 5º	– Constitucional, por maioria, a redução da faixa de APP em razão da medição a partir do leito regular dos cursos d'água;

---

[284] Ainda há possibilidade de alterações no julgamento em virtude de prováveis embargos declaratórios.

		– Constitucional, por maioria, a redução da faixa de APP em reservatórios artificiais para abastecimento e geração de energia elétrica (de 100 para 30 metros em área rural e de 30 para 15 metros em área urbana);
Cômputo da APP na Reserva Legal	Art. 15	– Constitucional, por maioria, o cômputo da APP no cálculo da Reserva Legal;
Consolidação de atividades em APP e em Reserva Legal	Arts. 61-A, 61-B e 61-C Art. 11	– Constitucional, por maioria, para permitir a recomposição apenas parcial das faixas de APP com intervenção até 22.07.2008 de acordo com o tamanho da propriedade; – Constitucional, por maioria, para consolidar atividades agrossilvipastoris já existentes até 22.07.2008 em APPs de encostas com declividade entre 25º e 45º;
Consolidação de atividades em Reserva Legal	Art. 17, parágrafo 3º Art. 67 Art. 68	– Constitucional, por maioria, para apenas exigir a suspensão de atividades em Reserva Legal se o desmatamento irregular foi efetuado após 22.07.2008; – Constitucional, por maioria para consolidação de atividades em Reserva Legal desmatada até 22.07.2008 para imóveis de até 4 módulos fiscais; – Constitucional, por maioria, para dispensar a recomposição ambiental em imóveis que respeitaram os percentuais de Reserva Legal previstos na legislação em vigor na época do desmatamento;
Suspensão/anistia de multas, da punibilidade e da prescrição	Art. 59, parágrafos 4º e 5º Art. 60	– Constitucional, por maioria, para suspender as multas e impedir a autuação quanto a desmatamentos de APP e Reserva Legal efetuados antes de 22.07.2008, se houve a adesão ao PRA e assinatura de termo de compromisso de recuperação ambiental; – Interpretação conforme, por maioria, para não incidir prescrição em relação aos desmatamentos efetuados até 22.07.2008 no decurso do cumprimento dos termos de compromisso de recuperação ambiental;

		– Constitucional, por maioria, para suspender a punibilidade dos crimes previstos nos arts. 38, 39 e 48 enquanto houver o cumprimento do termo de compromisso para regularização ambiental do imóvel;
Compensação da Reserva Legal	Art. 48, parágrafo 2º Art. 66, parágrafos 5º e 6º	– Constitucional, por maioria, para permitir a compensação por meio de doação de área no interior de Unidade de Conservação de proteção integral, ou por meio do cadastramento de outra área equivalente situada no mesmo bioma; – Interpretação conforme, por maioria, para compensação da Reserva Legal por meio da Cota de Reserva Ambiental (CRA) apenas com a utilização de áreas com identidade ecológica.

Fonte: o autor[285].

Veja-se que, a despeito dos apontados retrocessos e das disposições que conflitam com a Lei nº 11.428/2006, a Lei nº 12.651/2012 ainda pode ser considerada uma fonte de instrumentos para a proteção do bioma Mata Atlântica. Isso porque a manutenção pela Lei nº 12.651/2012 de relevantes espaços instrumentais de proteção ambiental, quais sejam as Áreas de Preservação Permanente e as áreas de Reserva Legal, apesar da grave flexibilização de seu regime jurídico, somada à criação do Cadastro Ambiental Rural[286] e do Programa de Regularização Ambiental[287], que possibilitam um certo controle e monitoramento do cumprimento da referida Lei, ainda possuem o condão de trazer alguma limitação à livre exploração da propriedade em todo o território nacional e, por consequência, também à área de abrangência do bioma Mata Atlântica.

Destaca-se, nesse particular, a importância à proteção da Mata Atlântica do *status* de Área de Preservação Permanente mantido às vegetações dos manguezais e de restingas, como fixadoras de dunas ou estabilizadoras

---

[285] Tabela semelhante inserida no capítulo denominado Tutela do Meio Ambiente: (GAIO, Alexandre; ABI-EÇAB, Pedro C. Tutela do Meio Ambiente. in: VITORELLI, Edilson (org). **Manual de Direitos Difusos.** Salvador: Editora JusPodivm, 2018. No prelo).

[286] Vide artigos 29 e 30 da Lei nº 12.651/2012.

[287] Vide Decreto nº 7.830/2012.

de mangues[288], pois a sua localização no litoral brasileiro é abrangida pelo domínio territorial do referido bioma, ressalvada a necessidade de aplicação dos dispositivos mais protetivos da Lei nº 11.428/2006.

Outra importante previsão da Lei nº 12.651/2012 para fins de proteção e recuperação dos remanescentes do bioma Mata Atlântica, e que merece atenção e interpretação adequada, é a da transformação da Reserva Legal em Área Verde Urbana[289] nos casos de imóveis rurais incorporados aos perímetros urbanos. Isso porque se entende que os artigos 19 e 25 da Lei nº 12.651/2012, ao disporem sobre o tratamento conferido à Reserva Legal de imóvel rural que foi incorporado ao perímetro urbano, preveem a continuidade da obrigação de proteção desse espaço com uma nova terminologia, qual seja "Área Verde Urbana":

[...] Art. 19. A inserção do imóvel rural em perímetro urbano definido mediante lei municipal não desobriga o proprietário ou posseiro da manutenção da área de Reserva Legal, que só será extinta concomitantemente ao registro do parcelamento do solo para fins urbanos aprovado segundo a legislação específica e consoante as diretrizes do plano diretor de que trata o § 1º do art. 182 da Constituição Federal. [...]

Art. 25. O poder público municipal contará, para o estabelecimento de áreas verdes urbanas, com os seguintes instrumentos: [...] II – a transformação das Reservas Legais em áreas verdes nas expansões urbanas [...]

Veja-se que se deve proceder somente à alteração da denominação de Reserva Legal para Área Verde Urbana, contudo são mantidos os fundamentos que caracterizam um espaço ambiental protegido, agora com o traço especializante de servir à função de garantir o desenvolvimento urbano e sustentável das cidades[290], conforme previsão dada

---

[288] Vide artigo 4º, incisos VI e VII, da Lei nº 12.651/2012.

[289] "Art. 3º. Para os efeitos desta Lei, entende-se por: (...) XX – área verde urbana: espaços, públicos ou privados, com predomínio de vegetação, preferencialmente nativa, natural ou recuperada, previstos no Plano Diretor, nas Leis de Zoneamento Urbano e Uso do Solo do Município, indisponíveis para construção de moradias, destinados aos propósitos de recreação, lazer, melhoria da qualidade ambiental urbana, proteção dos recursos hídricos, manutenção ou melhoria paisagística, proteção de bens e manifestações culturais".

[290] A transformação da área de Reserva Legal em Área Verde Urbana dá efetividade ao disposto no artigo 2º do Estatuto da Cidade (Lei nº 10.257/2001), na medida em que evita a "utilização inadequada dos imóveis urbanos" e garante a função socioambiental das cidades.

pelo artigo 182 da Constituição da República[291], e pelo artigo 2º, inciso XII, da Lei nº 10.257/2001 (que instituiu o Estatuto da Cidade), que determinou, dentre as diretrizes gerais da política urbana, a "proteção, preservação e recuperação do meio ambiente natural e construído, do patrimônio cultural, histórico, artístico, paisagístico e arqueológico", com reflexo direto de proteção às Áreas Verdes Urbanas[292].

Nessa toada, Luis Eduardo Couto de Oliveira Souto já defendia anteriormente à revogação do Código Florestal de 1965 a perpetuidade das Reservas Legais e o exercício, já em zonas urbanas, do relevante papel de composição das áreas verdes dos municípios[293].

Não se pode olvidar ainda que o artigo 3º, inciso V, da Lei nº 6.766/79, veda o parcelamento do solo para fins urbanos em zonas urbanas, de expansão urbana ou de urbanização específica, assim definidas pelo Plano Diretor ou aprovadas por Lei Municipal, em áreas de preservação ecológica, tais como as Reservas Legais. De outro lado, ainda sob a ótica das diretrizes legais do parcelamento do solo urbano, é importante perceber que a Área Verde Urbana decorrente da conversão da Reserva Legal

---

[291] "Art. 182. A política de desenvolvimento urbano, executada pelo Poder Público municipal, conforme diretrizes gerais fixadas em lei, tem por objetivo ordenar o pleno desenvolvimento das funções sociais da cidade e garantir o bem-estar de seus habitantes".

[292] Ainda sobre a função da Área Verde Urbana, José Afonso da Silva esclarece que: "Daí a grande preocupação do Direito Urbanístico com a criação e preservação das áreas verdes urbanas, que se tornaram elementos urbanísticos vitais. Assim, elas vão adquirindo regime jurídico especial, que as distinguem dos demais espaços livres e de outras áreas "non aedificandi", até porque se admitem certos tipos de construção nelas, em proporção reduzidíssima, porquanto o que caracteriza as áreas verdes é a existência de vegetação contínua, amplamente livre de edificações, ainda que recortada de caminhos, vielas, brinquedos infantis e outros meios de passeios e divertimentos leves, quando tais áreas se destinem ao uso público. O regime jurídico de áreas verdes pode incidir sobre espaços públicos ou privados. Realmente, a legislação urbanística poderá impor aos particulares a obrigação de preservar áreas verdes existentes em seus terrenos, ou mesmo impor a formação, neles, dessas áreas, ainda que permaneçam com sua destinação ao uso dos próprios proprietários. É que, como visto, as áreas verdes não têm função apenas recreativa, mas importam em equilíbrio do meio ambiente urbano, finalidade a que tanto se prestam as públicas como as privadas". (SILVA, José Afonso. Direito Urbanístico Brasileiro. 2ª ed. São Paulo: Malheiros Editora, 1995. p. 247).

[293] SOUTO, Luis Eduardo Couto de Oliveira. A perpetuidade da reserva legal em vista da expansão urbana dos municípios. In: Congresso Nacional do Ministério Público: O Ministério Público como fator de redução de conflitos e construção da paz social, 18., 2009, Porto Alegre. **Anais**... Porto Alegre: Magister, 2009. p.43-44.

2. COMENTÁRIOS À LEI Nº 11.428, DE 22.12.2006

não deve ser confundida com os espaços mínimos exigidos pelo artigo 4º da Lei nº 6.766/79.

Seguramente, a legislação que confere maior proteção ao bioma Mata Atlântica, além de sua Lei específica, é a Lei nº 9.985/2000, que instituiu o Sistema Nacional de Proteção de Unidades de Conservação (SNUC) e estabeleceu a estrutura normativa necessária à criação e gestão das Unidades de Conservação como espaços territoriais e seus recursos ambientais, legalmente instituídos pelo Poder Público com o objetivo de conservação e uso sustentável da biodiversidade[294].

Deveras, a criação de Unidades de Conservação[295] pelo Poder Público, especialmente aquelas de proteção integral, dotadas do propósito central de preservação da natureza e com permissão apenas para o uso indireto de seus recursos naturais (domínio público), salvo as exceções previstas expressamente em lei, tem servido como uma das principais soluções para proteger as porções mais representativas do bioma Mata Atlântica, não obstante as imensas dificuldades para a sua efetiva implementação.

As Unidades de Conservação de proteção integral são criadas justamente com o objetivo de conservação da diversidade biológica e de ecossistemas que possuem características naturais relevantes, tais como paisagens de notável beleza cênica e espécies ameaçadas de extinção.

---

[294] "Art. 2º (...) I – espaço territorial e seus recursos ambientais, incluindo as águas jurisdicionais, com características naturais relevantes, legalmente instituído pelo Poder Público, com objetivos de conservação e limites definidos, sob regime especial de administração, ao qual se aplicam garantias adequadas de proteção. [...] III: "a variabilidade de organismos vivos de todas as origens, compreendendo, entre outros, os ecossistemas terrestres, marinhos e outros ecossistemas aquáticos e os complexos ecológicos de que fazem parte, compreendendo ainda a diversidade dentro de espécies, entre espécies e de ecossistemas."

[295] As Unidades de Conservação dividem-se em unidades de proteção integral e unidades de uso sustentável. As primeiras permitem somente o uso indireto de seus recursos naturais, salvo as exceções previstas expressamente em lei, já que objetivam a preservação da natureza, enquanto as segundas já compatibilizam o uso racional e sustentável dos recursos naturais que possuem com a conservação da natureza. De acordo com a lei do SNUC, o grupo das Unidades de Conservação de proteção integral é composto pelas seguintes categorias de unidade de conservação: Estação Ecológica, Reserva Biológica, Parque Nacional, Monumento Natural e Refúgio de Vida Silvestre (artigo 8º). O grupo das Unidades de Conservação de uso sustentável abarca as seguintes categorias: Área de Proteção Ambiental, Área de Relevante Interesse Ecológico, Floresta Nacional, Reserva Extrativista, Reserva de Fauna, Reserva de Desenvolvimento Sustentável e Reserva Particular do Patrimônio Natural (artigo 14).

São exemplos de criação de Unidades de Conservação de proteção integral criadas, dentre outros motivos, para a proteção dos remanescentes da Mata Atlântica, a Estação Ecológica de Carijós (Santa Catarina), a Reserva Biológica de Una (Bahia), o Parque Nacional da Serra da Bocaina (Rio de Janeiro e São Paulo), o Monumento Natural Federal dos Pontões Capixabas (Espírito Santo) e o Refúgio de Vida Silvestre Mata dos Muriquis (Bahia e Minas Gerais). Os fundamentos apontados no projeto de lei de criação do Parque Nacional Saint Hilaire Lange, situado no litoral do Estado do Paraná, ilustram a importância da instituição dessa modalidade de Unidade de Conservação para a proteção do bioma Mata Atlântica. Confira-se:

> [...] esta uma área contínua e não fragmentada como em outros Estados. Esta característica favorece a conservação de algumas espécies de animais e aves que encontram nesta porção de Floresta Atlântica refúgio para resistirem à extinção. Recentemente (1990), no Paraná, descobriu-se uma nova espécie de primata, o Mico-Leão-Cara-Preta chamado pelos nativos de sagui e catalogado com o nome científico de Leontophtecus caissara. Espécies como esta precisam da conservação do seu habitat para que continuem o seu processo de reprodução e preservação da espécie.[296]

No entanto, em significativa parte das Unidades de Conservação de proteção integral, ainda não houve a completa realização pelo Poder Público da regularização fundiária dos imóveis que as integram, com a desapropriação e indenização dos proprietários e a incorporação dos imóveis ao domínio do órgão gestor da Unidade de Conservação. Da mesma forma, são várias as Unidades de Conservação criadas no Brasil e que até hoje não tiveram os seus planos de manejo[297] formulados, embora haja a fixação de um prazo de cinco anos para esse desiderato[298].

---

[296] Conforme exposição de motivos do Projeto de Lei nº 4.751/1994, em que se propôs a criação do Parque Nacional Saint Hilaire Lange. Disponível em: <http://imagem.camara.gov.br/dc_20.asp?selCodColecaoCsv=D&Datain=02/11/ 1994&txpagina=13436&altura=650&largura=800>.

[297] Os planos de manejo das Unidades de Conservação constituem uma espécie de regulamento que prevê condutas permitidas e proibidas de acordo com a sua modalidade, devendo abranger, nos termos do artigo 27, § 1º, da Lei nº 9.985/2000, "a área da unidade de conservação, sua zona de amortecimento e os corredores ecológicos, incluindo medidas com o fim de promover sua integração à vida econômica e social das comunidades vizinhas".

[298] Artigo 27, § 3º, da Lei nº 9.985/2000.

2. COMENTÁRIOS À LEI Nº 11.428, DE 22.12.2006

Piora ainda mais esse panorama a notória desestruturação e insuficiência dos recursos humanos dos órgãos públicos ambientais para a gestão e fiscalização das aludidas Unidades de Conservação.

Essas graves omissões do Poder Público propiciam a continuidade de utilização e de exploração indevidas de áreas que integram Unidades de Conservação e muito enfraquecem o propósito de conservação de espaços territoriais e recursos ambientais com características naturais relevantes. Por óbvio que o resultado dessa omissão também afeta a proteção da Mata Atlântica naquelas Unidades de Conservação situadas sob o seu domínio.

Não há como se olvidar, ainda, que o Brasil se encontra muito longe de cumprir os seus compromissos referentes à Convenção para a Diversidade Biológica (CDB), especialmente quanto à meta 11 de Aichi, a qual prevê a nossa obrigação em instituir "Áreas Protegidas" em ao menos 17% de cada um dos nossos biomas na área continental. Ocorre que o bioma Mata Atlântica, até o ano de 2017, possuía apenas 10,3% de cobertura por Unidades de Conservação, sendo que se excluirmos a contabilização das Áreas de Proteção Ambiental, que admitem ocupação e o exercício de atividades econômicas, o bioma detém o inexpressivo percentual de 2,8% de cobertura por Unidades de Conservação[299].

Também merece destaque na seara de proteção indireta do bioma Mata Atlântica a Lei do Plano Nacional de Gerenciamento Costeiro – Lei nº 7.661/88 – que possui aplicação em expressiva porção da área de domínio da Mata Atlântica, uma vez que há uma justaposição de ecossistemas desta (especialmente as restingas e os manguezais) com a denominada Zona Costeira. A Lei nº 7.661/88 prevê que a Zona Costeira é "o espaço geográfico de interação do ar, do mar e da terra, incluindo seus recursos renováveis ou não, abrangendo uma faixa marítima e outra terrestre", que é definido no Plano Nacional de Gerenciamento Costeiro[300].

O Decreto nº 5.300/2004, que regulamenta a Lei nº 7.661/88, explicita que a referida faixa marítima[301] é o "espaço que se estende por doze

---

[299] PACHECO, André Aroeira. Brasil burla meta de Áreas Protegidas e põe em risco seu patrimônio ambiental. **O Eco colunas**. Publicado em 14.03.2018. Disponível em: < http://www.oeco.org.br/colunas/colunistas-convidados/brasil-burla-meta-de-areas-protegidas-e-poe-em-risco-seu-patrimonio-ambiental/>
[300] Artigo 2º, § único, da Lei nº 7.661/88.
[301] Artigo 3º, inciso I, Decreto nº 5.300/2004.

milhas náuticas, medido a partir das linhas de base, compreendendo, dessa forma, a totalidade do mar territorial" e que a faixa terrestre[302] é o "espaço compreendido pelos limites dos Municípios que sofrem influência direta dos fenômenos ocorrentes na zona costeira"[303].

Os referidos diplomas legais trouxeram avanços para a proteção da Mata Atlântica. Dentre eles, pode-se citar a expressa obrigação positiva atribuída ao Poder Público de implementação dos Planos Nacional, Estadual e Municipal de Gerenciamento Costeiro com a indispensável previsão de zoneamento de usos e atividades na Zona Costeira, dando-se prioridade à conservação e à proteção, dentre outros, das restingas, dunas, florestas litorâneas e manguezais[304].

Outro importante instrumento colacionado pela Lei nº 7.661/88 para a proteção da Mata Atlântica é a previsão de exigência de Estudo Prévio de Impacto Ambiental e Relatório de Impacto Ambiental (EPIA//RIMA) nos licenciamentos ambientais relativos a parcelamento e remembramento do solo, construção, instalação, funcionamento e ampliação de atividades, com alterações das características naturais da Zona Costeira[305]. Também merece indicação o dispositivo legal da Lei nº 7.661/88, que determina a prevalência, entre os Planos Nacional, Estadual e Municipal de Gerenciamento Costeiro, das normas mais restritivas para a proteção ambiental na Zona Costeira[306].

Não se pode deixar de fazer referência ainda ao disposto no artigo 5º, incisos VI e IX, do Decreto nº 5.300/2004, que eleva à condição de princípios fundamentais da gestão da Zona Costeira, "a não-fragmentação, na faixa terrestre, da unidade natural dos ecossistemas costeiros, de forma a permitir a regulamentação do uso de seus recursos, respeitando sua integridade", e a "preservação, conservação e controle de áreas que sejam representativas dos ecossistemas da zona costeira, com recuperação e reabilitação das áreas degradadas ou descaracterizadas". O primeiro princípio fundamental citado possui clara correspondência com um dos principais riscos de extinção do bioma Mata Atlântica já

---

[302] Artigo 3º, inciso II, Decreto nº 5.300/2004.
[303] O Decreto nº 5.300/2004, em seu artigo 4º, estabelece critérios objetivos para que o município seja ou considerado abrangido pela faixa terrestre da Zona Costeira.
[304] Artigo 3º, inciso I.
[305] Artigo 6º, Lei nº 7.661/88.
[306] Artigo 5º, § 2º, Lei nº 7.661/88.

2. COMENTÁRIOS À LEI Nº 11.428, DE 22.12.2006

expostos, a continuidade de fragmentação dos seus remanescentes. O segundo princípio fundamental apontado, por sua vez, vai ao encontro do dever de manter os remanescentes de Mata Atlântica e de recuperar as áreas desmatadas[307].

Nas regiões de interseção entre as áreas de abrangência da Zona Costeira e do bioma Mata Atlântica, os referidos princípios fundamentais da gestão da Zona Costeira devem reger, em conjunto com as disposições da Lei nº 11.428/2006, as decisões a serem adotadas no licenciamento ambiental relativo à pretensão de desmatamento de vegetação nativa para a implantação ou ampliação de empreendimentos, sem prejuízo da necessidade prévia de planejamento estratégico socioambiental para definir uma gestão territorial mais adequada da Zona Costeira.

Com efeito, no âmbito de análise da aludida pretensão de corte ou supressão de vegetação nativa em face do que dispõe os artigos 11, 12 e 14 da Lei Federal 11.428/2006[308], em especial no que tange à exigência de alternativas locacionais e de opções de áreas já substancialmente alteradas ou degradadas, deve-se levar necessariamente em conta o princípio da não-fragmentação da unidade natural dos ecossistemas costeiros na faixa terrestre e a preservação e conservação de áreas que sejam representativas dos ecossistemas da Zona Costeira.

Questão interessante a ser abordada é a forma prevista no artigo 17 do Decreto nº 5.300/2004 para a compensação ambiental decorrente do desmatamento de vegetação nativa em Zona Costeira, assim como a sua comparação com as regras da Lei nº 11.428/2006, que dispõem sobre as condições e pressupostos para o desmatamento de vegetação do bioma Mata Atlântica e sobre o modo de sua compensação.

O artigo 17 do Decreto nº 5.300/2004 estabelece que se o desmatamento de vegetação nativa para a implantação de empreendimento ou atividade na Zona Costeira for permitido em lei, a área a ser desmatada "será compensada por averbação de, no mínimo, uma área equivalente,

---

[307] Sobre a zona costeira e seus aspectos ambientais, vide a dissertação de Mestrado elaborada por Mariana Almeida Passos de Freitas na Pontifícia Universidade Católica do Paraná. (FREITAS, Mariana Almeida Passos de. **Zona costeira e meio ambiente**: aspectos jurídicos. 2004. Dissertação (Mestrado em Ciências Jurídicas e Sociais) – Pontifícia Universidade Católica do Paraná, Curitiba, 2004. Disponível em: <http://www.biblioteca.pucpr.br/tede//tde_busca/arquivo.php?codArquivo=186>.

[308] Vide comentários aos referidos dispositivos legais.

na mesma zona afetada"[309], desde que situada na mesma unidade geoambiental[310].

Já na seara da aplicação da Lei nº 11.428/2006, conforme explicitado mais à frente, as regras constantes do regime jurídico especial do bioma Mata Atlântica, constantes dos artigos 20 a 32 da mesma Lei, definem, dentre outras condições, a porcentagem do imóvel que deve ser mantido com vegetação[311] e as medidas de compensação ambiental[312]. No tocante a essas medidas de compensação ambiental, o artigo 17 da Lei da Mata Atlântica fixa a compensação ambiental para o corte ou supressão de vegetação primária ou secundária nos estágios médio ou avançado de regeneração por meio da destinação de área com as mesmas características ecológicas, localizada na mesma microbacia hidrográfica ou no mesmo município ou região metropolitana, em extensão equivalente à área desmatada, ou, no caso de impossibilidade, por meio da reposição florestal com espécies nativas em área equivalente à desmatada.

Veja-se que, sob a concepção da complementaridade das diferentes normas ambientais com o intuito de melhor conferir proteção ao direito fundamental ao meio ambiente, o artigo 17 do Decreto nº 5.300/2004, ao não fazer distinção quanto à classificação da vegetação e seus estágios de sucessão e regeneração, acaba por exigir compensação de área equivalente à desmatada nos casos de corte ou supressão de vegetação secundária em estágio inicial de regeneração, suprindo positivamente uma importante omissão da Lei nº 11.428/2006 nas áreas de convergência da Zona Costeira com o bioma Mata Atlântica.

Outro aspecto benéfico previsto no artigo 17 do Decreto nº 5.300//2004 é a necessidade de averbação da compensação ambiental à mar-

---

[309] "Art. 17. A área a ser desmatada para instalação, ampliação ou realocação de empreendimentos ou atividades na zona costeira que implicar a supressão de vegetação nativa, quando permitido em lei, será compensada por averbação de, no mínimo, uma área equivalente, na mesma zona afetada. § 1º A área escolhida para efeito de compensação poderá se situar em zona diferente da afetada, desde que na mesma unidade geoambiental, mediante aprovação do órgão ambiental".

[310] "Art. 2º Para os efeitos deste Decreto são estabelecidas as seguintes definições: (...) XV - unidade geoambiental: porção do território com elevado grau de similaridade entre as características físicas e bióticas, podendo abranger diversos tipos de ecossistemas com interações funcionais e forte interdependência".

[311] Vide comentários aos artigos 30, I, 31, §§ 1º e § 2º.

[312] Vide comentários ao artigo 17 da Lei Federal 11.428/2006.

2. COMENTÁRIOS À LEI Nº 11.428, DE 22.12.2006

gem da matrícula do imóvel que possui a área equivalente, medida essa não prevista expressamente no artigo 17 da Lei nº 11.428/2006 e no seu Decreto regulamentador.

De outro lado, mas ainda em relação ao tema da compensação ambiental, a Lei nº 11.428/2006 e o seu Decreto regulamentador abrem mais opções para a sua consecução em comparação com o Decreto nº 5.300/2004, como por exemplo a restauração florestal com espécies nativas em área equivalente à desmatada e a doação ao Poder Público de área equivalente no interior de Unidade de Conservação de proteção integral para fins de sua regularização fundiária[313], além de preverem a possibilidade do constituição de Reserva Particular do Patrimônio Natural (RPPN) ou de servidão florestal[314] na área equivalente destinada[315].

Em adição a isso, entende-se que as disposições da Lei da Mata Atlântica devem ser conjugadas com aquelas do Decreto nº 5.300/2004 no que tange à localização da área equivalente à desmatada para fins de compensação ambiental. Isso porque a restrição para que esta se situe na mesma bacia hidrográfica (e preferencialmente na mesma microbacia hidrográfica) é mais favorável para a manutenção da higidez ambiental da região do desmatamento. Sob outro vértice, o critério da unidade geoambiental, embora tenha em regra uma abrangência territorial mais alargada, apresenta-se interessante para exigir a identificação de características geológicas, geomorfológicas e pedológicas com o intuito de se buscar como resultado uma tipologia de vegetação semelhante àquela da área desmatada.

Art. 2º Para os efeitos desta Lei, consideram-se integrantes do Bioma Mata Atlântica as seguintes formações florestais nativas e ecossistemas associados, com as respectivas delimitações estabelecidas em mapa do Instituto Brasileiro de Geografia e Estatística – IBGE, conforme regulamento: Floresta Ombrófila Densa; Floresta Ombrófila Mista, também denominada de Mata de Araucárias; Floresta Ombrófila Aberta; Floresta Estacional Semidecidual; e Floresta Estacional Decidual, bem como os manguezais, as

---

[313] Vide artigo 26 do Decreto nº 6.660/2008.
[314] A Lei nº 12.651/2012, ao alterar o artigo 9º-A da Lei nº 6.938/81, passou a denominar "servidão florestal" como "servidão ambiental".
[315] Vide artigo 27 do Decreto nº 6.660/2008.

vegetações de restingas, campos de altitude, brejos interioranos e encraves florestais do Nordeste.

Parágrafo único. *Somente os remanescentes de vegetação nativa no estágio primário e nos estágios secundário inicial, médio e avançado de regeneração na área de abrangência definida no caput deste artigo terão seu uso e conservação regulados por esta Lei.*

i.) Origem, definição e abrangência do bioma Mata Atlântica.

De modo preliminar, importante se faz a abordagem da origem e da gênese da definição do termo Mata Atlântica, assim como seu histórico até o advento da Lei nº 11.428/2006. A origem propriamente dita da Mata Atlântica se deu há cerca de 150 milhões de anos, quando houve a separação da África e da América do Sul e o surgimento do oceano Atlântico. Conforme Maria Lenise Silva Guedes *et al.*,

> [...] Na margem continental, numerosas e profundas bacias foram preenchidas com sedimentos do Cretáceo e do Cenozóico, surgindo na franja leste da América do Sul as condições para o que hoje se denomina Mata Atlântica.
> [...] Distribuído por uma ampla faixa latudinal, o enorme complexo de florestas tropicais que cobre a costa oriental brasileira foi exposto a uma longa história de eventos geomorfológicos, climáticos e ecológicos que, em conjunto, promoveram a diversificação biológica e a repartição de formações vegetais que hoje se interpenetram e, ao mesmo tempo, mantêm a identidade dinâmica no espaço e no tempo, avançando ou recuando umas sobre as outras, oferecendo condições de sobrevivência para diferentes conjuntos de espécies e, portanto, para manutenção de altíssimos níveis de biodiversidade regional[316].

Já a gênese da definição da Mata Atlântica se deve a inventário realizado entre os anos de 1817 e 1820 no Brasil pelo naturalista Carl Friederich Philipp Von Martius e pelo herpetólogo J.B.Spix. Com base neste estudo, Martius publicou o primeiro mapa fitogeográfico do Brasil, separado por províncias, umas das quais, ocupante de uma faixa ao longo da costa do oceano Atlântico, denominou Dríades, fazendo

---

[316] GUEDES, Maria Lenise Silva *et al.* Breve incursão sobre a biodiversidade da Mata Atlântica. In: FRANKE, Carlos Roberto; ROCHA, Pedro Luis Bernardo da.; KLEIN, Wilfried; GOMES, Sérgio Luiz (Org.). **Mata Atlântica e biodiversidade**. Salvador: Edufba, 2005. p.43 e 46.

referência à ninfa grega dos bosques[317]. Essa faixa corresponde, de modo aproximado, à atual área de delimitação da Mata Atlântica.

Embora a Mata Atlântica tenha recebido diversas denominações, essa definição foi adotada inicialmente com base na simples constatação de sofrer influências do oceano Atlântico, principalmente da umidade do ar e das precipitações pluviométricas[318].

A Constituição Federal de 1988 conferiu especial proteção à Mata Atlântica em seu artigo 225, § 4º, considerando-a um espaço territorial especialmente protegido. Mas qual é esse espaço? Quais são os limites geográficos e territoriais da Mata Atlântica? Esses questionamentos foram respondidos pelo Decreto Federal nº 750 de 1993, que estabeleceu regramentos à exploração, ao corte e à supressão de florestas inseridas no domínio Mata Atlântica e, no seu artigo 3º, definiu os limites desta da seguinte forma:

> [...] considera-se Mata Atlântica as formações florestais e ecossistemas associados inseridos no domínio Mata Atlântica, com as respectivas delimitações estabelecidas pelo Mapa de Vegetação do Brasil, IBGE 1988: Floresta Ambrófila Densa Atlântica, Floresta Ambrófila Mista, Floresta Ambrófila Aberta, Floresta Estacional Semidecidual, Floresta Estacional Decidual, manguezais, restingas, campos de altitude, brejos interioranos e encraves florestais do Nordeste.

Verifica-se que o apontado dispositivo legal, para a definição de Mata Atlântica, adotou as delimitações estabelecidas pelo Mapa de Vegetação do Brasil formulado pelo Instituto Brasileiro de Geografia e Estatística (IBGE) no ano de 1988, abrangendo todas as citadas tipologias florestais: Floresta Ambrófila Densa Atlântica, Floresta Ambrófila Mista, Floresta Ambrófila Aberta, Floresta Estacional Semidecidual, Floresta Estacional Decidual, manguezais, restingas, campos de altitude, brejos interioranos e encraves florestais do Nordeste[319].

---

[317] *Ibid.*, p.41.
[318] *Ibid.*, p.42.
[319] Capobianco explica as diferentes tipologias florestais existentes no Brasil: "Das cinco tipologias florestais presentes no Brasil, três compõem o grupo das ombrófilas, que se caracterizam por serem úmidas e sempre verdes, pois suas árvores não perdem folhas nas épocas secas do ano. As duas restantes são do grupo das estacionais que, como diz o próprio nome, variam de acordo com as estações do ano. As florestas ombrófilas são assim classificadas:

No entanto, desde a edição do Decreto Federal nº 750, houve reiteradas discussões técnicas e jurídicas quanto aos limites da Mata Atlântica, contrapondo-se uma corrente de defesa dos limites estabelecidos no referido Decreto e uma outra que propugnava a substancial restrição dos limites da Mata Atlântica.

O Conselho Nacional do Meio Ambiente (CONAMA) defendeu a correção dos limites da Mata Atlântica explicitados no Decreto Federal nº 750/93, tanto que editou a Resolução nº 10/93, que, além de estabelecer os parâmetros para a definição de vegetação primária e secundária (e seus estágios de sucessão) da Mata Atlântica, também fixou a definição das diferentes formações vegetais, inclusive dos ecossistemas associados, referidos no artigo 4º do Decreto nº 750/93.

De outro lado, alguns setores ligados à economia questionaram a precisão dos limites definidos no Decreto nº 750, sob os argumentos de que o Mapa do Instituto Brasileiro de Geografia e Estatística (IBGE) diferenciaria claramente os ecossistemas apontados, de modo a impossibilitar o seu tratamento uniforme como Mata Atlântica, e de que não haveria segurança na aplicação do artigo 3º do referido Decreto. Capobianco, nesse particular, lembra que a diminuição drástica das formações florestais sob proteção constitucional interessa a alguns setores, principalmente os que representam os ruralistas[320].

Dentre as principais críticas dirigidas à delimitação da Mata Atlântica fixada pelo artigo 3º do Decreto nº 750, Vicente Gomes Silva, em

---

densa, que ocorre em grandes quantidades na região amazônica e na Mata Atlântica; aberta, que também ocorre em grandes quantidades na Amazônia e em algumas áreas restritas da Mata Atlântica, no Nordeste e um pouco em Minas Gerais e Espírito Santo; e mista, que é exclusiva da Mata Atlântica, ocorrendo nos estados do Rio Grande do Sul, Santa Catarina, Paraná e alguns trechos de São Paulo, Rio de Janeiro e sul de Minas Gerais, na Serra da Mantiqueira. Entre as florestas estacionais, temos a semi-descidual, que ocorre em grande quantidade na área de abrangência da Mata Atlântica e pelas regiões Centro-Oeste e sul da região Norte, e a descidual, com ampla ocorrência no Nordeste, na região Sul, principalmente em Santa Catarina e Rio Grande do Sul e no Mato Grosso do Sul. Essas cinco tipologias florestais, com características bastante diferenciadas, formam o mosaico florestal que se espalha por vastas regiões do Brasil." (CAPOBIANCO, João Paulo R. A situação atual e perspectivas para a conservação da Mata Atlântica (incluindo os mapas do domínio da Mata Atlântica: remanescentes florestais em 1990 e Fitofisionomias). In: LIMA, André (Org.). **Aspectos jurídicos da proteção da Mata Atlântica**. São Paulo: Instituto Socioambiental, 2001. p.9).
[320] CAPOBIANCO, João Paulo R. A situação atual e perspectivas para a conservação da Mata Atlântica..., p.11.

artigo específico sobre o assunto[321], sustenta que este dispositivo legal seria contraditório e de questionável amplitude, pois ao mesmo tempo em que remete à delimitação da Mata Atlântica ao Mapa de Vegetação do Brasil formulado pelo IBGE, inclui nesta delimitação diversas tipologias florestais existentes em locais muito distantes do litoral brasileiro, tais como a floresta ambrófila densa, típica da região amazônica, que possui proteção destacada da Mata Atlântica na Constituição Federal. Vicente Gomes Silva utiliza como argumento para reforçar esse entendimento, ainda, o raciocínio de que a Mata Atlântica recebeu essa denominação em função dos ventos e das influências do oceano Atlântico e que a própria exposição de motivos formulada pelo Ministro do Meio Ambiente[322], e que acabou contribuindo para a edição do Decreto nº 750, referia-se à Mata Atlântica como a faixa de florestas existente na região da costa leste brasileira.

Jorge Sato acrescenta a crítica de que o critério utilizado pelo referido Mapa de Vegetação do Brasil deveria ter sido o florístico e não o fisionômico e que, em razão disso, houve confusão na área de abrangência da Floresta Ombrófila Aberta, de modo a abranger indevidamente parte da região amazônica[323].

De outro lado, Capobianco explica que houve uma dificuldade de assimilação da área de abrangência da Mata Atlântica em virtude do seu processo de desmatamento e fragmentação, o que já não ocorre ao se falar da Amazônia, pois nesta região há uma continuidade e interligação entre as diferentes fitofisionomias que a compõe[324]. Mas, de fato,

---

[321] SILVA, Vicente Gomes. Mata Atlântica e a legislação de regência. **Revista de Direito Ambiental**, São Paulo, n.15, p.89, 1999.
[322] "[...] Admitindo-se que a Mata Atlântica corresponde a uma estreita faixa de florestas ao longo da costa leste do Brasil, estendendo-se do Ceará e Rio Grande do Norte ao Rio Grande do Sul, sua área original é estimada em 1.1 milhão de quilômetros quadrados...", e ainda que "...As regiões de domínio da Mata Atlântica são as áreas de maior pressão de desmatamento, por conta da densidade e da atividade econômica instalada na faixa leste do território brasileiro [...]". (EXPOSIÇÃO de Motivos nº 3/93-MMA, de 01.02.1993, do Excelentíssimo Senhor Ministro do Meio Ambiente e da Amazônia Legal, encaminhada ao Excelentíssimo Senhor Presidente da República). Disponível em: <www2.camara.gov.br>.
[323] SATO, Jorge. **Mata Atlântica**: direito ambiental e a legislação. São Paulo: Hemus, 1995. p.46.
[324] CAPOBIANCO, João Paulo R. A situação atual e perspectivas para a conservação da Mata Atlântica..., p.11.

o que prevaleceu no mapeamento feito pelo IBGE foi a utilização do fundamento da composição e da abrangência originais da Mata Atlântica antes do seu desmatamento quase integral. Sob esse fundamento, a Mata Atlântica penetrava no interior do país, cobrindo quase a totalidade dos estados do Espírito Santo, Rio de Janeiro, São Paulo, Paraná e Santa Catarina, além de partes dos estados de Minas Gerais, Rio Grande do Sul e Mato Grosso do Sul.

No ano de 2004, o IBGE, a partir de um termo de cooperação com o Ministério do Meio Ambiente, atualizou o mapa de 1994 com a utilização das tecnologias de mapeamento e geoprocessamento, e editou um Mapa de Biomas, em que se atribuiu ao bioma[325] Mata Atlântica uma área aproximada de 1.110.182 km², equivalente a 13,04% da área total do território brasileiro, ocupando inteiramente a faixa continental atlântica leste brasileira e se estendendo para o interior nas regiões do Sudeste e Sul[326].

---

[325] Bioma é conceituado neste mapa de 2004 como um conjunto de vida (vegetal e animal) constituído pelo agrupamento de tipos de vegetação contíguos e identificáveis em escala regional, com condições geoclimáticas similares e história compartilhada de mudanças, o que resulta em uma diversidade biológica própria.

[326] O IBGE, por ocasião do lançamento do Mapa de Biomas do Brasil e o Mapa de Vegetação do Brasil, em comemoração ao Dia Mundial da Biodiversidade, esclareceu que: "As florestas extra-amazônicas coincidem com as formações florestais que compõem a Mata Atlântica, onde predominam as florestas estacionais semideciduais (em que 20 a 50 % das árvores perdem as folhas no período seco do ano), e as florestas ombrófilas densas e mistas (com araucária). Em ambos os conjuntos florestais ocorrem, em menor proporção, as florestas estacionais deciduais (em que mais de 50% das árvores perdem folhas no período seco)." (INSTITUTO BRASILEIRA DE GEOGRAFIA E ESTATÍSTICA – IBGE. **IBGE lança o Mapa de Biomas do Brasil e o Mapa de Vegetação do Brasil, em comemoração ao Dia Mundial da Biodiversidade.** Disponível em: <http://www.ibge.gov.br/home/presidencia/noticias/noticia_visualiza.php?id_noticia=169&id_pagina=1&titulo=IBGE-lanca-o-Mapa-de-Biomas-do-Brasil-e-o-Mapa-de-Vegetacao-do-Brasil,-em-comemoracao-ao-Dia-Mundial-da-Biodiversidade>)

2. COMENTÁRIOS À LEI Nº 11.428, DE 22.12.2006

Figura 1: Mapa de Biomas do IBGE/MMA – 2004
Fonte: Disponível em: <http://www.ibge.gov.br/home/presidencia/noticias/ noticia_visualiza.php?id_noticia=169>.

A Lei nº 11.428/2006 e o Decreto nº 6.660/2008 consolidaram, então, a definição e área de abrangência do bioma Mata Atlântica[327], de modo a contemplar as seguintes configurações de formações florestais nativas e ecossistemas associados: Floresta Ombrófila Densa; Floresta Ombrófila Mista, também denominada de Mata de Araucárias; Floresta

---

[327] No entanto, quando esse tema parece estar pacificado, novos questionamentos surgem para tentar excluir áreas do domínio do bioma da Mata Atlântica, tendo como pano de fundo o argumento de que essas áreas são importantes para o crescimento econômico e para a redução da pobreza. É o caso, por exemplo, do recente pleito formulado pelo Estado do Piauí ao Ministério do Meio Ambiente para que literalmente seja excluído do mapa oficial que delimita a Mata Atlântica. (CABEÇA DE CUIA. **Piauí quer mudar mapa para ocupar áreas da Mata Atlântica**. Disponível em: <http://www.cabecadecuia.com/noticias/101353/piaui-quer-mudar-mapa-para-ocupar-areas-da-mata-atlantica-.html>.)

Ombrófila Aberta; Floresta Estacional Semidecidual; Floresta Estacional Decidual; campos de altitude; áreas das formações pioneiras, conhecidas como manguezais, restingas, campos salinos e áreas aluviais; refúgios vegetacionais; áreas de tensão ecológica; brejos interioranos e encraves florestais, representados por disjunções de Floresta Ombrófila Densa, Floresta Ombrófila Aberta, Floresta Estacional Semidecidual e Floresta Estacional Decidual; áreas de estepe, savana e savana-estépica; e vegetação nativa das ilhas costeiras e oceânicas[328].

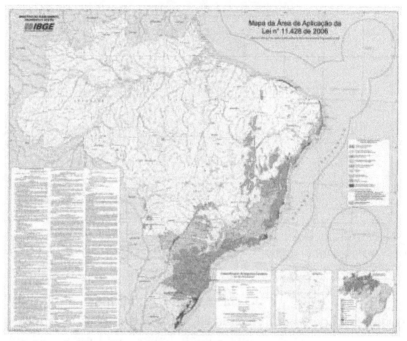

Figura 2: Mapa do Bioma Mata Atlântica do IBGE- 2008
Fonte: Disponível em: <http://www.funbio.org.br/Portals/0/Documentos/ mapa_IBGE.pdf>.

---

[328] Além do glossário existente ao final desta obra, definições e explicações sobre as formações florestais nativas e ecossistemas associados que integram o Bioma Mata Atlântica também podem ser encontradas no Manual Técnico da Vegetação Brasileira (<http://biblioteca.ibge.gov.br/visualizacao/monografias/GEBIS%20-%20RJ/ManuaisdeGeociencias/Manual%20Tecnico%20da%20Vegetacao%20Brasileira%20n.1.pdf>) e no Vocabulário Básico de Recursos Naturais e Meio Ambiente (<www.ibge.gov.br/home/presidencia/noticias/vocabulario.pdf>), ambos do IBGE (Instituto Brasileiro de Geografia e Estatística).

2. COMENTÁRIOS À LEI Nº 11.428, DE 22.12.2006

Indispensável esclarecer que o IBGE lançou uma nota explicativa anexa ao referido Mapa a respeito da abrangência da aplicação da Lei nº 11.428/2006, especialmente em virtude da baixa resolução de sua escala (1:5.000.000), da existência de disjunções vegetais em várias regiões, as quais são previstas nas Resoluções CONAMA de cada Estado da Federação, e da percepção de que algumas tipologias de vegetação foram incorporadas em outras tipologias em razão de antropismos. Confira-se:

[...] Assim sendo, as tipologias de vegetação às quais se aplica a Lei 11.428, de 2006, são aquelas que ocorrem integralmente no Bioma Mata Atlântica, bem como as disjunções vegetais existentes no Nordeste brasileiro ou em outras regiões, quando abrangidas em resoluções do CONAMA específicas para cada estado.

I – No Bioma Mata Atlântica as seguintes formações florestais nativas e ecossistemas associados: Floresta Ombrófila Densa, Floresta Ombrófila Mista, também denominada de Mata de Araucárias, Floresta Ombrófila Aberta, Floresta Estacional Semidecidual, Floresta Estacional Decidual, Savana (Cerrado), Savana Estépica (Caatinga), Estepe, Áreas das Formações Pioneiras (Mangues, Restingas e Áreas Aluviais), Refúgios Vegetacionais, assim como as áreas constituídas por estas tipologias, presentes nos Contatos entre Tipos de Vegetação.

II – No Bioma Caatinga as seguintes formações florestais nativas (disjunções): Floresta Ombrófila Densa, Floresta Ombrófila Aberta, Floresta Estacional Semidecidual e Floresta Estacional Decidual, referidas na Lei como brejos interioranos e encraves florestais do Nordeste, Refúgios Vegetacionais Áreas das Formações Pioneiras (Mangues e Restingas), referidos na Lei como ecossistemas associados, assim como as áreas constituídas por estas tipologias, presentes nos Contatos entre Tipos de Vegetação.

III – No Bioma Cerrado as seguintes formações florestais nativas (disjunções): Floresta Estacional Semidecidual e Floresta Estacional Decidual.

IV – No Bioma Pantanal as seguintes formações florestais nativas (disjunções): Floresta Estacional Semidecidual e Floresta Estacional Decidual.

V – No Bioma Pampa as seguintes formações florestais nativas (disjunções): Floresta Estacional Semidecidual, Floresta Estacional Decidual e Áreas das Formações Pioneiras (Restingas e áreas aluviais).

O mapa mostra a cobertura vegetal conforme sua configuração original, não estando representados os antropismos atuais de cada tipologia de vegetação.

A escala adotada para elaboração do mapa (1:5.000.000) apresenta um nível de agregação onde pequenas manchas de uma determinada tipologia foram incorporadas em outras tipologias, o que não caracteriza sua inexistência. [...][329]

Verifica-se assim que o próprio IBGE, instituição incumbida expressamente pelo artigo 2º da Lei nº 11.428/2006 para delimitar em mapa uma referência da abrangência do bioma Mata Atlântica, esclarece que, seja em razão da sua escala, seja em razão de se tratar de instrumento indicativo que por vezes não consegue precisar algumas disjunções florestais ou "antropismos atuais de cada tipologia de vegetação", não se pode deixar caracterizar a existência e configuração da Mata Atlântica.

A nosso aviso, com base na interpretação do artigo 2º da Lei nº 11.428/ /2006, do mapa do bioma Mata Atlântica do IBGE (2008) e de sua nota explicativa, entende-se que devem receber tratamento jurídico desta Lei:

a) dentro dos limites do mapa do IBGE, as tipologias de vegetação e ecossistemas associados elencados no artigo 2º da Lei nº 11.428/2006 e no artigo 1º do Decreto nº 6.660/2008;
b) mesmo fora dos limites do mapa do IBGE, as referidas disjunções vegetais existentes no Nordeste brasileiro ou em outras regiões, quando abrangidas em Resoluções do CONAMA específicas para cada Estado da Federação;
c) mesmo fora dos limites do mapa do IBGE e nas áreas de abrangência de outros biomas, as fitofisionomias típicas do bioma Mata Atlântica e ecossistemas associados;
d) dentro dos limites de aplicação do mapa do IBGE, fitofisionomias diversas.

Não se pode deixar de considerar ainda que há uma interligação das diferentes fitofisionomias e que parte das imprecisões do aludido mapa ou da localização distinta das diferentes formas de vegetação também se deve ao processo de desmatamento e fragmentação da Mata Atlântica.

---

[329] Disponível em: < ftp://geoftp.ibge.gov.br/informacoes_ambientais/vegetacao/mapas/brasil/leil1428_mata_atlantica.pdf>

2. COMENTÁRIOS À LEI Nº 11.428, DE 22.12.2006

Apesar dos esclarecimentos a respeito das tipologias e fitofisionomias que devem receber tratamento jurídico da Lei nº 11.428/2006, é indiscutível o fato do aludido mapa ter sido confeccionado com base em escala de baixa precisão, qual seja escala 1:5.000.000, o que pode eventualmente gerar incertezas em relação à indicação de sua delimitação, especialmente nas regiões de transição e contato com outros biomas, além das notícias de problemas de deslocamento do "shape" do referido mapa. Desta forma, tornou-se relevante que o IBGE, no prazo mais breve possível, revise o aludido mapa a partir da utilização de escala dotada de melhor precisão e com a perspectiva de já abranger as disjunções florestais e as fitofisionomias típicas do bioma Mata Atlântica e ecossistemas associados que eventualmente estejam fora do atual mapa.[330]

ii.) Os remanescentes de vegetação e os limites da aplicação da Lei nº 11.428/2006.

Importante observar que o parágrafo único do dispositivo legal comentado restringe a aplicação da Lei nº 11.428/2006 somente aos remanescentes de vegetação nativa no estágio primário e nos estágios secundário inicial, médio e avançado de regeneração. O Decreto nº 6.660/2008, em seu artigo 1º, § 1º, esclarece que não há a aplicação da Lei nº 11.428//2006 em "áreas já ocupadas com agricultura, cidades, pastagens e florestas plantadas ou outras áreas desprovidas de vegetação nativa".

De início, fica claro que as manifestações de vegetação exótica[331] não são abrangidas pela Lei nº 11.428/2006, mas tão somente os remanescentes de vegetação nativa[332] primária ou secundária, em seus estágios inicial, médio e avançado de regeneração[333].

---

[330] Independentemente disso, ressalta-se que, no ano de 2014, a Fundação SOS Mata Atlântica e o Instituto Nacional de Pesquisas Espaciais (INPE) produziram um mapa da área de aplicação da Lei nº 11.428, utilizando como referência o mapa de fisionomias vegetacionais na escala 1:1.000.000, o que auxilia na melhor identificação da abrangência do bioma Mata Atlântica. As informações se encontram disponíveis em:< http://www.sosma.org.br/wp-content/uploads/2014/05/atlas_2012-2013_relatorio_tecnico_20141.pdf.>

[331] Vegetação estranha a uma determinada área geográfica (vide glossário).

[332] Vegetação originária e própria de uma determinada área geográfica, que no caso é a área do bioma Mata Atlântica (vide glossário).

[333] Sobre a definição de vegetação primária e de vegetação secundária nos estágios avançado, médio e inicial de regeneração do bioma Mata Atlântica, vide artigo 4º desta Lei.

Outra constatação extraída do § único do dispositivo legal comentado é de que estão fora do alcance da Lei nº 11.428/2006 as áreas que não mais possuem cobertura vegetal nativa. No que tange a esse segundo ponto, surge um questionamento: todas as supressões de vegetações do bioma Mata Atlântica realizadas anteriormente ao advento da Lei nº 11.428/2006 e a ocupação dos seus espaços com atividades diversas estariam anistiadas? Em outras palavras, somente a porção sobrevivente do bioma Mata Atlântica, tendo como marco temporal a data de 26 de dezembro de 2006, teria amparo legal?

A resposta é claramente negativa. A partir do início da vigência da Constituição Federal de 1988, ou seja, 5 de outubro de 1988, a Mata Atlântica recebeu ampla proteção legal específica[334], de aplicação imediata[335], independentemente de outros diplomas legais que já lhe conferiam proteção indireta, para condicionar a sua utilização ao atendimento de condições que assegurem a preservação do meio ambiente, inclusive quanto ao uso dos recursos naturais. E essa proteção legal, consoante já mencionado, recebeu complementação ainda mais expressa com a edição do Decreto nº 99.547, que vigeu do dia 25 de setembro de 1990 ao dia 11 de fevereiro de 1993, e com a edição do Decreto nº 750/93, que vigeu entre o dia 11 de fevereiro de 1993 ao dia 26 de dezembro de 2006.

Veja-se que o Decreto nº 99.547/90 determinou a proibição de qualquer corte ou utilização da Mata Atlântica, e o Decreto nº 750/93, por sua vez, dispôs sobre as hipóteses permissíveis excepcionais de corte, exploração e supressão de vegetação primária ou secundária nos estágios avançado e médio de regeneração da Mata Atlântica e ainda estabeleceu em seu artigo 8º, conforme já mencionado, que a "floresta primária ou em estágio avançado e médio de regeneração não perderá esta classificação nos casos de incêndio e/ou desmatamento não licenciados a partir da vigência deste Decreto".

Interessante perceber que a Lei nº 11.428/2006 repetiu, em seu artigo 5º, a previsão de impossibilidade de descaracterização da classificação da vegetação do bioma Mata Atlântica nos casos de incêndio,

---

[334] A proteção constitucional do bioma Mata Atlântica foi exposta no capítulo 1, em seu item 1.4.4.

[335] Vide artigo 5º, § 1º, da Constituição Federal de 1988.

desmatamento ou qualquer outro tipo de intervenção não autorizada ou não licenciada.

Dessa forma, seja em razão da aplicação dos aludidos dispositivos dos diplomas legais de proteção direta do bioma Mata Atlântica, seja em virtude da obrigação constitucional e infraconstitucional de reparação integral dos danos ambientais, é necessário esclarecer que as intervenções, ocupações e supressões ilegais de vegetação do bioma Mata Atlântica ocorridas anteriormente ao advento da Lei nº 11.428/2006 podem ser questionadas por qualquer cidadão, por meio da ação popular, ou pelos órgãos legitimados pela Lei nº 7.347/85.

Art. 3º Consideram-se para os efeitos desta Lei:
I – pequeno produtor rural: aquele que, residindo na zona rural, detenha a posse de gleba rural não superior a 50 (cinqüenta) hectares, explorando--a mediante o trabalho pessoal e de sua família, admitida a ajuda eventual de terceiros, bem como as posses coletivas de terra considerando-se a fração individual não superior a 50 (cinqüenta) hectares, cuja renda bruta seja proveniente de atividades ou usos agrícolas, pecuários ou silviculturais ou do extrativismo rural em 80% (oitenta por cento) no mínimo;
II – população tradicional: população vivendo em estreita relação com o ambiente natural, dependendo de seus recursos naturais para a sua reprodução sociocultural, por meio de atividades de baixo impacto ambiental;
III – pousio: prática que prevê a interrupção de atividades ou usos agrícolas, pecuários ou silviculturais do solo por até 10 (dez) anos para possibilitar a recuperação de sua fertilidade;
IV – prática preservacionista: atividade técnica e cientificamente fundamentada, imprescindível à proteção da integridade da vegetação nativa, tal como controle de fogo, erosão, espécies exóticas e invasoras;
V – exploração sustentável: exploração do ambiente de maneira a garantir a perenidade dos recursos ambientais renováveis e dos processos ecológicos, mantendo a biodiversidade e os demais atributos ecológicos, de forma socialmente justa e economicamente viável;
VI – enriquecimento ecológico: atividade técnica e cientificamente fundamentada que vise à recuperação da diversidade biológica em áreas de vegetação nativa, por meio da reintrodução de espécies nativas;
VII – utilidade pública:
a) atividades de segurança nacional e proteção sanitária;

b) as obras essenciais de infra-estrutura de interesse nacional destinadas aos serviços públicos de transporte, saneamento e energia, declaradas pelo poder público federal ou dos Estados;
VIII – interesse social:
a) as atividades imprescindíveis à proteção da integridade da vegetação nativa, tais como: prevenção, combate e controle do fogo, controle da erosão, erradicação de invasoras e proteção de plantios com espécies nativas, conforme resolução do Conselho Nacional do Meio Ambiente – CONAMA;
b) as atividades de manejo agroflorestal sustentável praticadas na pequena propriedade ou posse rural familiar que não descaracterizem a cobertura vegetal e não prejudiquem a função ambiental da área;
c) demais obras, planos, atividades ou projetos definidos em resolução do Conselho Nacional do Meio Ambiente.

A Lei nº 11.428/2006 foi editada de modo acentuadamente analítico, contendo em seus dispositivos iniciais importantes definições de termos utilizados no corpo da lei, tais como utilidade pública, interesse social, pequeno produtor rural e população tradicional, e que possuem direta interferência na aplicação dos dispositivos que tratam do regime jurídico de proteção e exploração do bioma Mata Atlântica.

i.) Pequeno produtor rural.

Para a definição de pequeno produtor rural, a Lei nº 11.428/2006 conjugou o fator do tamanho da propriedade[336], qual seja, uma extensão não superior a cinquenta hectares[337], aos seguintes requisitos: a) a sua residência deve se localizar no próprio imóvel rural; b) a exploração desse imóvel rural deve ocorrer mediante o trabalho pessoal do proprietário ou posseiro e de sua família; c) admite-se a eventual ajuda de terceiros, o que não se coaduna, por exemplo, com funcionários contratados para

---

[336] A título ilustrativo, a Lei nº 8.629/93, que dispõe sobre a regulamentação dos dispositivos constitucionais relativos à reforma agrária, prevê que a pequena propriedade rural é a que possui de 1 (um) a 4 (quatro) módulos fiscais (artigo 4º, II, "a"), sendo que a definição da extensão do módulo fiscal cabe a cada Município e varia, em média, de cinco a cem hectares. O Superior Tribunal de Justiça vem entendendo que, para a definição do que é pequena, média ou grande propriedade, deve-se partir do tamanho de sua área aproveitável, e não de toda a extensão do imóvel. (STJ. REsp 1161624. 2ª Turma. Unânime. Rel. Min. Humberto Martins. Julgado em 15 jun. 2010. Publicado em 22 jun.2010).

[337] Equivalente a cinquenta mil metros quadrados (50.000m²).

trabalho fixo; d) a renda bruta deve ser originária, em ao menos 80% (oitenta por cento), de atividades ou usos agrícolas, pecuários ou silviculturais ou do extrativismo rural. Na mencionada definição de pequeno produtor rural ainda se enquadram as posses coletivas de terra[338] considerando-se a fração individual não superior a cinquenta hectares.

Em adição a isso, o artigo 47, constante das disposições finais da Lei nº 11.428/2006, impõe mais uma condição no fator tamanho da propriedade, qual seja: "somente serão consideradas as propriedades rurais com área de até cinquenta hectares, registradas em cartório até a data de início de vigência desta Lei, ressalvados os casos de fracionamento por transmissão causa mortis".

Vale ressaltar que é diferente o conceito de pequeno produtor rural colacionado no artigo 3º, inciso I, da Lei nº 11.428/2006, em relação à noção de propriedade ou posse rural familiar apontada no artigo 3º, inciso V, da Lei nº 12.651/2012, a qual adotou como limite de tamanho do imóvel rural a área correspondente a quatro módulos fiscais[339].

Assim, é em favor do pequeno produtor rural, apenas segundo a noção estampada na Lei da Mata Atlântica, que se aplica, por exemplo, a atribuição de gratuidade, celeridade e simplificação dos procedimentos administrativos referentes à autorização para a utilização da vegetação do bioma, ou ainda prioridade para a concessão de crédito agrícola, nos

---

[338] Para uma melhor compreensão de posse coletiva de terra, vide o seguinte estudo desenvolvido por José Heder Benatti: "Posse Coletiva da Terra: um estudo jurídico sobre o apossamento de seringueiros e quilombolas".

[339] Veja-se que, na abrangência do domínio da Mata Atlântica, a noção de pequeno produtor rural adotada pelos Tribunais, inclusive no que tange à aplicabilidade do Código de Defesa do Consumidor, é aquela prevista no artigo 3º, inciso I, da Lei nº 11.428/2006. A título de exemplo, confira-se a ementa do seguinte aresto: "AGRAVO DE INSTRUMENTO. APLICAÇÃO DO CÓDIGO DE DEFESA DO CONSUMIDOR. INAPLICABILIDADE A GRANDES PRODUTORES RURAIS. ENTENDIMENTO DO SUPERIOR TRIBUNAL DE JUSTIÇA. CONCEITO DE PEQUENO PRODUTOR RURAL. LEI 11.428/06. ÁREA DE CULTIVO NÃO SUPERIOR A 50 HECTARES. ANÁLISE DOS CONTRATOS. ÁREA CULTIVADA SUPERIOR AO PATAMAR LEGAL. QUANTIDADE DE SEMENTES ADQUIRIDA. QUANTIDADE ELEVADA. ADEQUAÇÃO AO CONCEITO DE GRANDE PRODUTOR RURAL. INAPLICABILIDADE DO CÓDIGO DE DEFESA DO CONSUMIDOR. RECURSO CONHECIDO E PROVIDO". (TJ-PR – AI: 13900035 PR 1390003-5 (Acórdão), Relator: Astrid Maranhão de Carvalho Ruthes, Data de Julgamento: 11/11/2015, 16ª Câmara Cível, Data de Publicação: DJ: 1705 07/12/2015).

termos respectivamente dos artigos 13, inciso II, e 41, inciso I, da Lei nº 11.428/2006.

ii.) População tradicional.

No tocante à população tradicional, ressalta-se que o conceito trazido no inciso II reúne características comuns às diversas manifestações de populações tradicionais existentes no Brasil, as quais variam de acordo com o sistema de produção, o meio onde vivem, a interação com outros grupos, dentre outros fatores. De outro lado, acrescenta-se que as populações tradicionais não são estáticas e que esse dinamismo não as descaracteriza, desde que se preservem a essência de sua identidade cultural e a sua íntima relação com a natureza, com uma utilização racional e sustentável dos recursos naturais. O conceito de população tradicional aqui indicado deve ser harmonizado com a noção de povos e comunidades tradicionais prevista no artigo 3º, inciso I, do Decreto nº 6.040/2007, que institui a Política Nacional de Desenvolvimento Sustentável dos Povos e Comunidades Tradicionais:

> [...] I - Povos e Comunidades Tradicionais: grupos culturalmente diferenciados e que se reconhecem como tais, que possuem formas próprias de organização social, que ocupam e usam territórios e recursos naturais como condição para sua reprodução cultural, social, religiosa, ancestral e econômica, utilizando conhecimentos, inovações e práticas gerados e transmitidos pela tradição;

Às populações tradicionais a Lei nº 11.428/2006 confere, por exemplo, regras diferenciadas sobre a exploração eventual e sem propósito comercial de espécies da flora nativa e o direito de acesso facilitado à autoridade administrativa quanto aos pedidos de autorização para exploração e manejo florestal na Mata Atlântica, nos termos respectivamente dos seus artigos 9º, *caput*, e 13, inciso I. Tais disposições legais, dentre outras, coadunam-se com um dos objetivos específicos da Política Nacional de Desenvolvimento Sustentável dos Povos e Comunidades Tradicionais (PNPC), qual seja o de "garantir aos povos e comunidades tradicionais seus territórios, e o acesso aos recursos naturais que tradicionalmente utilizam para sua reprodução física, cultural e econômica"[340].

---

[340] Artigo 3º, inciso I, do Anexo ao Decreto nº 6.040/2007.

iii.) Pousio.

A definição de pousio inserida no inciso III, que repete o conceito tradicional dessa prática, assume importância quando da análise do artigo 26 e de sua regulamentação, que trata da supressão, exploração e corte de vegetação secundária em estágio inicial de regeneração em áreas onde houve a interrupção de atividades ou usos agrícolas, pecuários ou silviculturais do solo por um determinado lapso temporal para possibilitar a recuperação de sua fertilidade.

O artigo 3º, inciso III, da Lei nº 11.428/2006, estabeleceu o prazo máximo de dez anos para esse referido lapso temporal, até mesmo porque a ausência dessa definição temporal para o pousio dificultaria a fiscalização do cumprimento da função social da propriedade, e por consequência, não seria benéfico para a proteção ambiental e menos ainda para a execução da política nacional da reforma agrária[341]. O Decreto nº 6.660/2008 também utiliza a noção de sistema integrado de pousio como "o uso intercalado de diferentes módulos ou áreas de cultivo nos limites da respectiva propriedade ou posse"[342].

iv.) Prática preservacionista.

O conceito de prática preservacionista repete a contraposição largamente discutida na seara doutrinária entre os termos da preservação e da conservação dos recursos naturais. Em síntese, enquanto a visão preservacionista busca assegurar uma proteção integral dos recursos naturais e da biodiversidade, a visão conservacionista prevê uma utilização racional e sustentável desses recursos pelo ser humano. A noção de prática preservacionista no âmbito da Lei nº 11.428/2006 possui relevância para a definição de hipótese excepcional autorizadora de corte eventual ou supressão de vegetação do bioma Mata Atlântica[343].

O inciso IV deste artigo 3º define a prática preservacionista como a atividade imprescindível à proteção da integridade da vegetação nativa e aponta alguns exemplos dessa prática, quais sejam o controle do fogo, da erosão e das espécies exóticas e invasoras. Para ser aceita como prá-

---

[341] Sobre o tema vide: CIRNE, Mariana Barbosa; SOUZA, Ana Gloria Santos Moreira de. Pousio: o que é e quais são seus possíveis reflexos nas questões ambientais. **Veredas do Direito**, Belo Horizonte, v.11, n. 21, p.75-106, janeiro/junho de 2014.
[342] Artigo 24, parágrafo 1º, do Decreto nº 6.660/2008.
[343] Vide artigos 19 a 23 da Lei nº 11.428/2006.

tica preservacionista, o referido inciso indica que essas atividades necessitam ter comprovado fundamento técnico e científico. Mas além disso, para que as referidas atividades fundamentem autorização do órgão público ambiental competente para intervenção no bioma Mata Atlântica, é preciso que sejam regulamentadas pelo Conselho Nacional de Meio Ambiente (CONAMA).

É o que se depreende do disposto no artigo 3º, inciso VIII, alínea "a", da Lei nº 11.428/2006, que, ao mesmo tempo em que identifica a prática preservacionista com hipótese configuradora de interesse social, também remete à necessidade de regulamentação do tema pelo CONAMA. De modo semelhante, o artigo 19 da Lei nº 11.428/2006 prevê que os casos de pretenso corte eventual de vegetação do bioma Mata Atlântica para fins de práticas preservacionistas e de pesquisa científica serão devidamente regulamentados pelo Conselho Nacional do Meio Ambiente.

v.) **Exploração sustentável.**
O conceito apontado no inciso V fixa como condição indispensável para que uma exploração no bioma Mata Atlântica seja considerada sustentável a garantia de manutenção da biodiversidade e dos atributos ecológicos do seu remanescente, assim como a perenidade dos recursos ambientais renováveis e dos processos ecológicos, o que não se concilia, por exemplo, com a prática de supressão ou corte raso, com o manejo de espécies florestais ameaçadas de extinção ou com a inserção de espécies florestais exóticas nos seus remanescentes florestais.

Ainda quanto à definição de exploração sustentável prevista no inciso V, vemos que há um importante condicionante adicional à garantia de perenidade dos recursos naturais e processos ecológicos, qual seja: que essa exploração ocorra de forma socialmente justa, ou seja, deve haver uma distribuição justa e equitativa dos seus benefícios[344], especialmente em favor das comunidades tradicionais e dos agricultores familiares[345].

---

[344] A Lei nº 13.123/2015, que dispõe sobre o acesso ao patrimônio genético, sobre a proteção e o acesso ao conhecimento tradicional associado e sobre a repartição de benefícios para conservação e uso sustentável da biodiversidade, estabelece em seu artigo 17 que: "Art. 17. Os benefícios resultantes da exploração econômica de produto acabado ou de material reprodutivo oriundo de acesso ao patrimônio genético de espécies encontradas em condições **in situ** ou ao conhecimento tradicional associado, ainda que produzido fora do País, serão repartidos, de forma justa e equitativa, sendo que no caso do produto acabado o compo-

vi.) Enriquecimento ecológico.

A noção de enriquecimento ecológico apontada no inciso VI deixa claro que ela apenas se justifica se o objetivo consistir na recuperação da diversidade biológica em áreas de vegetação nativa por meio da reinserção de espécies nativas, conforme estudo científico fundamentado que ateste a viabilidade dessa prática. Em outras palavras, entendemos que essa noção conduz à conclusão de que não se admite o enriquecimento ecológico com a finalidade de exploração econômica das áreas em que foi implementada essa prática, assim como se deve comprovar que efetivamente haverá incremento na diversidade biológica.

A prática do enriquecimento ecológico é regulamentada nos artigos 4º ao 11 do Decreto nº 6.660/2008, os quais preveem para a sua implementação a necessidade excepcional de corte ou supressão de espécies nativas[346]. No entanto, o próprio artigo 6º do aludido Decreto declara que não há a configuração da prática do enriquecimento ecológico a atividade que importe a supressão ou corte de:

I – espécies nativas que integram a lista oficial de espécies da flora brasileira ameaçadas de extinção ou constantes de listas dos estados;

II – espécies heliófilas que, mesmo apresentando comportamento pioneiro, caracterizam formações climácicas;

III – vegetação primária; e

IV – espécies florestais arbóreas em vegetação secundária no estágio avançado de regeneração, ressalvado o disposto no § 2º do art. 2º[347].

vii.) Utilidade pública e interesse social.

Já as definições de utilidade pública e interesse social assumem papel central para a análise das hipóteses excepcionais de autorização de corte

---

nente do patrimônio genético ou do conhecimento tradicional associado deve ser um dos elementos principais de agregação de valor, em conformidade ao que estabelece esta Lei".

[345] Sobre esse tema, interessante consultar a Portaria Interministerial MDA e MDS e MMA Nº 239, de 21 de julho de 2009, que, dentre outras providências, define o termo "cadeia produtiva da sociobiodiversidade".

[346] Ainda sobre a prática do enriquecimento ecológico, vide os comentários ao artigo 10 da Lei nº 11.428/2006.

[347] Espécies heliófilas, segundo do Dicionário de Termos Florestais da Fundação de Pesquisas Florestais do Paraná, são "plantas que apresentam bom crescimento sob condições de completa insolação". (Dicionário de termos florestais/ organizado por Paulo de Tarso de Lara Pires...[et. al.] – Curitiba; FUPEF, 2018).

e supressão de vegetação primária ou secundária em estágio avançado de regeneração do bioma Mata Atlântica previstas nos artigos 14 e 20 a 24 da Lei nº 11.428/2006, posteriormente abordados.

Anteriormente à análise das situações apontadas pela Lei nº 11.428//2006 como de utilidade pública e de interesse social, é importante tratarmos de duas questões preliminares.

A primeira questão é que os conceitos de utilidade pública e interesse social são utilizados para configurar situações excepcionais de corte ou supressão de vegetação do bioma Mata Atlântica e por isso não podem admitir interpretação extensiva, justamente pelo seu patente caráter excepcional.

Nunca é demais lembrar que o artigo 6º da Lei de Introdução às Normas do Direito Brasileiro (LINDB) traz esta diretriz hermenêutica prevendo expressamente que "a lei que abre exceção a regras gerais, ou restringe direitos, só abrange os casos que especifica". Ressalta-se que este postulado clássico do Direito é aplicado de modo ostensivo pela jurisprudência pátria no âmbito cível e administrativo[348].

---

[348] A título de exemplo, confira-se o seguinte precedente: PROCESSUAL CIVIL. REGRA DE EXCEÇÃO. PRAZO EM DOBRO PARA ATUAR EM JUÍZO. DEFENSORIA PÚBLICA. LC Nº 80/94. INTERPRETAÇÃO RESTRITIVA. NORMA DE EXCEÇÃO. ESTENDÍVEL À ESFERA ADMINISTRATIVA. IMPOSSIBILIDADE. 1. Hipótese em que a controvérsia a ser dirimida nos presentes autos cinge-se em definir se o benefício do prazo em dobro concedido à Defensoria Pública da União, no art. 44, I, da LC nº 80/94, estende-se aos procedimentos administrativos ou se refere, tão-somente, aos processos judiciais. 2. O art. 44, da Lei Complementar nº 80/94, que organiza a Defensoria Pública da União, preceitua, verbis: Art. 44. São prerrogativas dos membros da Defensoria Pública da União: I – receber intimação pessoal em qualquer processo e grau de jurisdição, contando-se-lhe em dobro todos os prazos;(...)." 3. As prerrogativas processuais, exatamente porque se constituem em regras de exceção, são interpretadas restritivamente. 4. "O Código Civil explicitamente consolidou o preceito clássico – 'Exceptiones sunt strictissimoe interpretationis' ("interpretam-se as exceções estritissimamente', no art. 6º da antiga Introdução, assim concebido: "A lei que abre exceção a regras gerais, ou restringe direitos, só abrange os casos que especifica" (...) As disposições excepcionais são estabelecidas por motivos ou considerações particulares, contra outras normas jurídicas, ou contra o Direito comum; por isso não se estendem além dos casos e tempos que designam expressamente. Os contemporâneos preferem encontrar o fundamento desse preceito no fato de se acharem preponderantemente do lado do princípio geral as forças sociais que influem na aplicação de toda regra positiva, como sejam os fatores sociológicos, a Werturteil dos tedescos, e outras. (...)" (Carlos Maximiliano, in "Hermenêutica e Aplicação do Direito", Forense, p. 184/193) 5. Aliás, a jurisprudência do E. STJ, encontra-se em sintonia com o entendimento de que as normas legais que instituem regras

2. COMENTÁRIOS À LEI Nº 11.428, DE 22.12.2006

A segunda questão preliminar remete à abordagem, já realizada anteriormente, sobre a impossibilidade de aplicação das hipóteses configuradoras de utilidade pública e de interesse social previstas no artigo 3º, incisos VIII e IX, da Lei nº 12.651/2012 na área de abrangência do bioma Mata Atlântica. Com efeito, é importante lembrar que se impõe a aplicação da Lei da Mata Atlântica em detrimento da Lei nº 12.651/2012, seja porque há maior especificidade daquele diploma normativo, seja porque as normas deste último diploma legal preveem o significativo alargamento das hipóteses de utilidade pública e interesse social e, nessa medida, são mais prejudiciais ao meio ambiente e ao bioma Mata Atlântica em particular.

Nota-se que são consideradas de utilidade pública as atividades de segurança nacional e proteção sanitária, embora a Lei nº 11.428/2006 e o Decreto nº 6.660/2008 não conceituem essas atividades.

As atividades de segurança nacional no Brasil referem-se à defesa da integridade territorial, da soberania nacional, do regime representativo e democrático, assim como da Federação e do Estado de Direito, tanto que a Lei nº 7.170/83 prevê os crimes que lesam, ou expõem a perigo de lesão, os citados bens jurídicos. Paulo Affonso Leme Machado considera que as atividades de segurança nacional correspondem às:

> [...] funções de um Estado que visem assegurar, em todos os lugares, em todo o tempo e em todas as circunstâncias, a integridade do território, a proteção da população e a preservação dos interesses nacionais contra todos os tipos de ameaça e de agressões[349].

---

de exceção não admitem interpretação extensiva. (REsp 806027 / PE ; Rel. Min. FRANCISCO PEÇANHA MARTINS, DJ de 09.05.2006; REsp 728753 / RJ, Rel. Min. JOÃO OTÁVIO DE NORONHA, DJ de 20.03.2006; REsp 734450 / RJ, deste relator, DJ de 13.02.2006; REsp 644733 / SC; Rel. Min. FRANCISCO FALCÃO, Rel. p/ acórdão, este relator, DJ de 28.11.2005) 6. Os prazos processuais são prorrogáveis, por força de lei, por isso que afronta à legalidade instituir-se prazo em dobro sequer previsto na Lei Orgânica da instituição, máxime quando a norma, ao pretender fazê-lo, o fez seguindo a regra lex dixit quam voluit. 7. Voto para, divergindo do e. relator, dar provimento ao recurso especial da Fazenda Nacional. (REsp 829.726/PR, Rel. Ministro FRANCISCO FALCÃO, Rel. p/ Acórdão Ministro LUIZ FUX, PRIMEIRA TURMA, julgado em 29/06/2006, DJ 27/11/2006, p. 254)

[349] MACHADO, Paulo Affonso Leme. Mata Atlântica e patrimônio nacional: aspectos jurídicos. In: MARQUES, José Roberto (Org.). **Sustentabilidade e temas fundamentais de direito ambiental**. Campinas: Millennium, 2009. p.371.

Já as atividades de proteção sanitária se identificam com as práticas desenvolvidas pelos órgãos integrantes do Sistema Único de Saúde (SUS) para a eliminação, redução e prevenção do risco de doenças, e com os serviços para a promoção, proteção e recuperação da saúde[350]. O estabelecimento de área geográfica de ações em torno dos focos de febre aftosa, conforme definição trazida pelo Anexo I à Instrução Normativa nº 44/2007 do Ministério de Estado da Agricultura, Pecuária e Abastecimento, ou ainda a instituição de perímetros cercados em volta dos poços e outras captações de água para resguardar a entrada ou infiltração de poluentes, nos termos da Lei nº 6.925/2000 do Estado do Espírito Santo, são exemplos da eventual aplicação da noção de atividades de proteção sanitária no âmbito da Lei nº 11.428/2006.

O artigo 3º, inciso VII, alínea "b", ainda considera como de utilidade pública as obras essenciais de infraestrutura de interesse nacional destinadas aos serviços públicos de transporte, saneamento e energia, declaradas pelo Poder Público federal ou dos Estados. Contudo, é de se perceber que esse dispositivo legal exige que a obra, para ser considerada de utilidade pública, deve ser *essencial* e de *interesse nacional*. E, em nosso sentir, a declaração das obras como "essenciais" e como de "interesse nacional" são de atribuição exclusiva da União, e, portanto, não podem ser objeto de previsão em Decretos Estaduais.

Aqui, entende-se que houve um equívoco do legislador, pois a incumbência de emitir declaração de que uma determinada obra de infraestrutura é de interesse nacional apenas pode ser da União e não de algum dos Estados da Federação. Desta forma, não há como se vislumbrar a possibilidade de o Estado-membro declarar, sem que a União interfira, que uma obra seja ou não essencial e de interesse nacional.

Ressalta-se que a Lei nº 10.233/2001, a partir das alterações efetuadas pela Lei nº 13.448/2017, passou a fixar em seu artigo 24, inciso IX, a competência para a emissão de declaração de utilidade pública para obras essenciais de infraestrutura de interesse nacional destinadas aos serviços públicos de transporte terrestre diretamente à Agência Nacional de Transportes Terrestres (ANTT).

---

[350] Vide Lei nº 8.080/90, que dispõe sobre as condições para a promoção, proteção e recuperação da saúde, a organização e o funcionamento dos serviços correspondentes e dá outras providências.

2. COMENTÁRIOS À LEI Nº 11.428, DE 22.12.2006

No que tange à emissão de declaração de utilidade pública para obras essenciais de infraestrutura de interesse nacional destinadas aos serviços públicos de transporte aquaviário, a Lei nº 10.233/2001, em seu artigo 27, inciso XVII, atribui à Agência Nacional de Transportes Aquaviários (ANTAQ) a incumbência de "autorizar projetos e investimentos no âmbito das outorgas estabelecidas", assim como de encaminhar "ao Ministro de Estado dos Transportes ou ao Secretário Especial de Portos, conforme o caso, propostas de declaração de utilidade pública". Vê-se neste caso, assim, que a competência para a emissão da declaração de utilidade pública é do Ministério de Estado dos Transportes ou Secretaria Especial de Portos.

No campo das obras essenciais de infraestrutura de interesse nacional destinadas aos serviços públicos de energia, por sua vez, a competência para a declaração de utilidade pública é da Agência Nacional de Energia Elétrica, nos termos do artigo 10 da Lei nº 9.074/95.

A própria Advocacia-Geral da União corrobora o entendimento de que, na seara de aplicação da Lei da Mata Atlântica, apenas o Poder Público federal é que pode declarar que uma obra é essencial e de interesse nacional:

> [...] obras essenciais de infraestrutura de interesse nacional em área portuária destinadas a serviços públicos de transporte somente podem ser assim reconhecidas, para os fins da Lei da Mata Atlântica, pelo poder público federal que planeja e controla a infraestrutura portuária, bem como pode declarar tanto a utilidade pública quanto o interesse nacional da obra[351].

Além disso, é preciso destacar que as citadas obras essenciais de infraestrutura de interesse nacional devem ser destinadas a serviços públicos e, portanto, não a serviços de cunho privado. Nesta toada, é importante notar que as hipóteses previstas na alínea "b" do inciso VII se referem à utilidade pública dos serviços públicos de transporte, saneamento e energia no sentido estrito, definidos nos termos do artigo 175 da Constituição da República: serviços diretamente prestados pelo Estado ou por particulares após expressa delegação ou concessão[352].

---

[351] Vide Parecer nº 24/2014/DEPCONSU/PGF/AGU, disponível em: <http://www.agu.gov.br/page/download/index/id/26072319.>

[352] Tanto é assim que, a título de exemplo, a Lei nº 10.233/2001 estabelece na área dos transportes que: "Art. 35. O contrato de concessão deverá refletir fielmente as condições do edital

Não se pode imaginar que atividades privadas que extrapolam a atividade-fim do Estado (serviços de transporte, saneamento e energia), realizadas por particulares sem qualquer vínculo com o Poder Público, possam beneficiar-se de declaração de utilidade pública para pleitearem supressões e cortes de vegetação nativa do bioma Mata Atlântica com o fim de abrigar empreendimentos de natureza privada. A título de exemplo, não há como se considerar como de utilidade pública as atividades de postos de combustíveis, centrais logísticas para armazenagem e distribuição de cargas em geral e contêineres e estacionamentos de veículos e armazenagem e/ou mistura de fertilizantes.

A definição de interesse social, por sua vez, abrange três hipóteses expostas nas alíneas do inciso VIII.

A primeira hipótese de interesse social, que deve ser regulamentada por Resolução do Conselho Nacional do Meio Ambiente (CONAMA), diz respeito às atividades preservacionistas do bioma Mata Atlântica, ou seja, aquelas atividades que são indispensáveis para a defesa e a proteção da sua integridade. O legislador traz um rol meramente exemplificativo do que configura essa atividade preservacionista e cita a prevenção, o combate e controle do fogo, o controle da erosão e a erradicação de invasoras[353] e a proteção de plantios com espécies nativas.

Interessante notar que essa primeira hipótese de interesse social se identifica com o conceito de prática preservacionista estampado no artigo 3º, inciso IV, da Lei nº 11.428/2006, e possui aplicação prática direta frente à eventual configuração de justificativa apta a sustentar autorização emitida pelo órgão público ambiental competente para o corte de vegetação do bioma Mata Atlântica[354].

A segunda hipótese de interesse social se refere à prática do manejo agroflorestal sustentável na pequena propriedade rural, definida esta

---

e da proposta vencedora e terá como cláusulas essenciais, ressalvado o disposto em legislação específica, as relativas a: (...) XII – procedimentos e responsabilidades relativos à declaração de utilidade pública, para fins de desapropriação ou instituição de servidão, de bens imóveis necessários à prestação do serviço ou execução de obra pública;"

[353] Consoante já abordado no primeiro capítulo, as espécies exóticas invasoras constituem o segundo maior fator de perda da biodiversidade, causando graves prejuízos ao meio ambiente. Sobre o tema, importante a análise das regulamentações efetuadas pela Comissão Nacional de Biodiversidade (CONABIO), tal como a Resolução CONABIO nº 5/2009, que dispõe sobre a estratégia nacional de espécies exóticas invasoras.

[354] Vide comentários aos artigos 19 a 24 da Lei nº 11.428/2006.

2. COMENTÁRIOS À LEI Nº 11.428, DE 22.12.2006

conforme disposto no inciso I deste artigo, e desde que não haja descaracterização da cobertura vegetal e prejuízo à função ambiental da área.

Há, portanto, dois pressupostos para que não se exclua a configuração do manejo agroflorestal sustentável na pequena propriedade rural como hipótese de interesse social, quais sejam a manutenção da completude da cobertura vegetal e da integridade das funções ambientais da área.

O primeiro pressuposto (manutenção da completude da cobertura vegetal) se apresenta incompatível com a pretensão de supressão de vegetação do bioma Mata Atlântica por meio de corte raso, já que essa prática importaria na descaracterização da vegetação.

O segundo pressuposto (manutenção da integridade das funções ambientais da área) se apresenta incompatível com a pretensão de exploração do bioma Mata Atlântica, ainda que não envolva o seu corte raso, nas seguintes situações hipotéticas:

a) vegetação primária ou secundária em estágio avançado de regeneração do bioma Mata Atlântica, com base nas vedações previstas nos artigos 14, 20 e 21 da Lei nº 11.428/2006;

b) vegetação secundária em estágio médio de regeneração do bioma Mata Atlântica nas hipóteses previstas no artigo 11 da Lei nº 11.428//2006, dentre elas quando exercer a função de proteção de mananciais ou de prevenção e controle de erosão, quando localizada no entorno de unidade de conservação ou como corredor entre remanescentes de vegetação primária ou secundária em estágio avançado de regeneração, ou ainda quando a pretensão de exploração implicar na afetação direta ou indireta de espécies ameaçadas de extinção, a partir da conjunção do aludido dispositivo legal com o teor da Portaria nº 443/2014 do Ministério de Estado do Meio Ambiente;

c) a pretensão de exploração envolver a inserção de espécies exóticas, em virtude do conflito com o que dispõe o artigo 3º, inciso IV, da Lei nº 11.428/2006, e o artigo 29, inciso V, do Decreto nº 6.660/2008;

d) a vegetação constituir também Área de Preservação Permanente, em razão da restrição prevista no artigo 23 da Lei nº 11.428/2006.

A terceira hipótese de interesse social faz referência às "demais obras, planos, atividades ou projetos definidos em resolução do Conselho Nacional do Meio Ambiente". De fato, o Conselho Nacional do Meio Ambiente (CONAMA), nas Resoluções n.º 369/2006[355], n.º 412/2009[356], n.º 425/2010[357], dentre outras, vem definindo ou esclarecendo hipóteses de atividades consideradas de interesse social.

É importante frisar que a eventual pretensão de aplicação dessas definições de utilidade pública e de interesse social no âmbito do pleito administrativo de autorização e licenciamento ambiental para a supressão ou utilização de Mata Atlântica deve se submeter ao Estudo Prévio de Impacto Ambiental e Relatório de Impacto Ambiental (EPIA/ / RIMA), os quais devem contemplar, dentre vários outros aspectos, a demonstração de efetiva identificação da obra ou atividade com aquelas definições. Esse raciocínio é corroborado pela análise do artigo 14, § 3º, que determina a incumbência ao proponente, na proposta de declaração de utilidade pública, a indicação de forma detalhada a alta relevância e o interesse nacional.

Art. 4º A definição de vegetação primária e de vegetação secundária nos estágios avançado, médio e inicial de regeneração do Bioma Mata Atlântica, nas hipóteses de vegetação nativa localizada, será de iniciativa do Conselho Nacional do Meio Ambiente.

§ 1º O Conselho Nacional do Meio Ambiente terá prazo de 180 (cento e oitenta) dias para estabelecer o que dispõe o caput deste artigo, sendo que qualquer intervenção na vegetação primária ou secundária nos estágios avançado e médio de regeneração somente poderá ocorrer após atendido o disposto neste artigo.

§ 2º Na definição referida no caput deste artigo, serão observados os seguintes parâmetros básicos:
I – fisionomia;
II – estratos predominantes;

---

[355] Dispõe sobre os casos excepcionais, de utilidade pública, interesse social ou baixo impacto ambiental, que possibilitam a intervenção ou supressão de vegetação em Área de Preservação Permanente- APP.

[356] Estabelece critérios e diretrizes para o licenciamento ambiental de novos empreendimentos destinados à construção de habitações de Interesse Social.

[357] Dispõe sobre critérios para a caracterização de atividades e empreendimentos agropecuários sustentáveis do agricultor familiar, empreendedor rural familiar, e dos povos e comunidades tradicionais como de interesse social para fins de produção, intervenção e recuperação de Áreas de Preservação Permanente e outras de uso limitado.

III – distribuição diamétrica e altura;
IV – existência, diversidade e quantidade de epífitas;
V – existência, diversidade e quantidade de trepadeiras;
VI – presença, ausência e características da serapilheira;
VII – sub-bosque;
VIII – diversidade e dominância de espécies;
IX – espécies vegetais indicadoras.

Apresenta-se clara a importância da definição de vegetação primária e de vegetação secundária nos estágios avançado, médio e inicial de regeneração do bioma Mata Atlântica, pois, consoante disposto no artigo 2º, § único, da Lei nº 11.428/2006, somente os remanescentes dessa vegetação nativa terão seu uso e conservação regulados por esta Lei.

A definição de vegetação primária e de vegetação secundária nos estágios avançado, médio e inicial de regeneração do bioma Mata Atlântica assume relevância ainda maior em razão de constituir um dos principais critérios para a análise da incidência das hipóteses vedadas ou permissíveis de corte, supressão ou exploração da sua vegetação remanescente, nos termos dos artigos 8º a 32 da Lei nº 11.428/2006.

O Conselho Nacional do Meio Ambiente (CONAMA), por meio da sua Resolução nº 10, de 1º de outubro de 1993, trouxe em seu artigo 3º importantes definições da vegetação secundária e seus estágios de regeneração, com base em parâmetros técnicos diferenciados para cada configuração de vegetação.

Desta forma, para a configuração de vegetação secundária em estágio inicial de regeneração, foram estabelecidos os seguintes parâmetros:

[...] a) fisionomia herbáceo/arbustiva de porte baixo, com cobertura vegetal variando de fechada a aberta;

b) espécies lenhosas com distribuição diamétrica de pequena amplitude;

c) epífitas, se existentes, são representadas principalmente por líquenes, briófitas e pteridófitas, com baixa diversidade;

d) trepadeiras, se presentes, são geralmente herbáceas;

e) serapilheira, quando existente, forma uma camada na pouco decomposta, contínua ou não;

f) diversidade biológica variável com poucas espécies arbóreas ou arborescentes, podendo apresentar plântulas de espécies características de outros estágios;

g) espécies pioneiras abundantes;
h) ausência de sobosque. [...][358]

Já para a configuração de vegetação secundária em estágio médio de regeneração, foram estabelecidos os seguintes parâmetros:

[...] a) fisionomia arbórea e/ou arbustiva, predominando sobre a herbácea, podendo constituir estratos diferenciados;
b) cobertura arbórea, variando de aberta a fechada, com a ocorrência eventual de indivíduos emergentes;
c) distribuição diamétrica apresentando amplitude moderada, com predomínio de pequenos diâmetros;
d) epífitas aparecendo com maior número de indivíduos e espécies em relação ao estágio inicial, sendo mais abundantes na floresta ombrófila;
e) trepadeiras, quando presentes são predominantemente lenhosas;
f) serapilheira presente, variando de espessura de acordo com as estações do ano e a localização;
g) diversidade biológica significativa;
h) subosque presente. [...][359]

E, finalmente, para a configuração de vegetação secundária em estágio avançado de regeneração, foram estabelecidos os seguintes parâmetros:

[...] a) fisionomia arbórea, dominante sobre as demais, formando um dossel fechado e relativamente uniforme no porte, podendo apresentar árvores emergentes;
b) espécies emergentes, ocorrendo com diferentes graus de intensidade;
c) copas superiores, horizontalmente amplas;
d) distribuição diamétrica de grande amplitude;
e) epífitas, presentes em grande número de espécies e com grande abundância, prin- cipalmente na floresta ombrófila;
f) trepadeiras, geralmente lenhosas, sendo mais abundantes e ricas em espécies na floresta estacional;
g) serapilheira abundante;
h) diversidade biológica muito grande devido à complexidade estrutural;

---

[358] Vide artigo 3º, inciso I, da Resolução CONAMA nº 10/93.
[359] Vide artigo 3º, inciso II, da Resolução CONAMA nº 10/93.

2. COMENTÁRIOS À LEI Nº 11.428, DE 22.12.2006

i) estratos herbáceo, arbustivo e um notadamente arbóreo;
j) florestas neste estágio podem apresentar fisionomia semelhante à vegetação primária;
l) subosque normalmente menos expressivo do que no estágio médio;
m) dependendo da formação florestal, pode haver espécies dominantes. [...][360]

Veja-se que na redação do artigo 4º, parágrafo 2º, da Lei nº 11.428//2006, foram indicados quais os parâmetros técnicos mínimos a serem observados pelo CONAMA para a definição de vegetação primária e de vegetação secundária nos estágios avançado, médio e inicial de regeneração do bioma Mata Atlântica. Nesse particular, a Resolução CONAMA nº 12/94, que aprovou glossário de termos técnicos para assuntos da Mata Atlântica, esclarece a maior parte dos significados de cada um dos referidos parâmetros, consoante se verifica do quadro explicativo abaixo:

Parâmetros técnicos mínimos	Definição ou conceito dos referidos parâmetros técnicos mínimos	Referência da definição
fisionomia	"feições características no aspecto de uma comunidade vegetal"	Resolução CONAMA nº 12/94
estrato	"determinada camada de vegetação em uma comunidade vegetal. Ex.: estratos herbáceo, arbustivo e arbóreo"	Resolução CONAMA nº 12/94
distribuição diamétrica	"maneira como se apresentam os diâmetros dos troncos medidos a 1,30 m do solo (DAP)"	Resolução CONAMA nº 12/94
epífita	"planta que cresce sobre a outra planta sem retirar alimento ou tecido vivo do hospedeiro";	Resolução CONAMA nº 12/94
trepadeira	pode ser herbácea e lenhosa (lianas ou cipó). Sobe utilizando outras plantas como apoio.	Francis E. Putz[361]
serapilheira	"camadas de folhas, galhos e matéria orgânica morta que cobre o solo das matas"	Resolução CONAMA nº 12/94
sub-bosque	"estratos inferiores de uma floresta. Vegetação que cresce sob as árvores"	Resolução CONAMA nº 12/94
diversidade	"variedade de indivíduos, comunidades, populações, espécies e ecossistemas existentes em uma determinada região"	Resolução CONAMA nº 12/94

[360] Vide artigo 3º, inciso III, da Resolução CONAMA nº 10/93.
[361] PUTZ, Francis E. Ecologia das trepadeiras. ECOLOGIA.INFO 24, 2011. Disponível em: < http://ecologia.info/trepadeiras.htm>

dominância de espécies	"grau em que determinadas espécies dominam em uma comunidade, devido ao tamanho, abundância ou cobertura, e que afeta as potencialidades das demais espécies"	Resolução CONAMA nº 12/94
espécie indicadora	"aquela cuja presença indica a existência de determinadas condições no ambiente em que ocorre"	Resolução CONAMA nº 12/94

Fonte: O autor.

Além da instituição da Resolução nº 10/93 para a definição da vegetação secundária e seus estágios de sucessão em toda a abrangência territorial do bioma Mata Atlântica, o CONAMA também editou Resoluções para detalhar os parâmetros da vegetação primária e secundária nos Estados da Federação abrangidos pelo bioma Mata Atlântica[362], já que cada um destes Estados possui peculiaridades, "reflexo dos gradientes longitudinais, altitudinais, pluviométricos, que resulta nas diferenças encontradas em cada região do país"[363].

Em razão do disposto no artigo 4º, § 1º, da Lei nº 11.428/2006, o Conselho Nacional do Meio Ambiente (CONAMA), por meio da Resolução nº 388, de 23 de fevereiro de 2007, convalidou todas as citadas Resoluções que definem os aludidos conceitos e os parâmetros para a caracterização de vegetação primária e secundária, assim como os estágios de regeneração desta[364].

Deve-se asseverar, no entanto, que essas definições da vegetação secundária e seus estágios de regeneração não se aplicam à vegetação dos ecossistemas associados do bioma Mata Atlântica, como é o caso das Restingas e dos Campos de Altitude, consoante disposição do artigo 4º da Resolução CONAMA nº 10/93.

No que concerne à vegetação de Restinga, ecossistema associado ao bioma Mata Atlântica, na medida em que possui singularidades na sua fisionomia e é distribuída em porções geográficas restritas, e con-

---

[362] Resoluções do CONAMA nº 01/94 (São Paulo), 02/94 (Paraná), 04/94 (Santa Catarina), 05/94 (Bahia), 06/94 (Rio de Janeiro), 25/94 (Ceará), 26/94 (Piauí), 28/94 (Alagoas), 29/94 (Espírito Santo), 30/94 (Mato Grosso do Sul), 31/94 (Pernambuco), 32/94 (Rio Grande do Norte), 33/94 (Rio Grande do Sul), 34/94 (Sergipe), 391/2007 (Paraíba), 392/2007 (Minas Gerais).

[363] CAPOBIANCO, João Paulo R.; LIMA, André R. A evolução da proteção legal da Mata Atlântica, p.13.

[364] Sobre algumas dessas definições, vide o glossário ao final da obra.

2. COMENTÁRIOS À LEI Nº 11.428, DE 22.12.2006

siderando a sua importância biológica e o elevado grau de ameaça que está submetida, o Conselho Nacional do Meio Ambiente (CONAMA), por meio da Resolução nº 417/2009, dispôs, no âmbito nacional, sobre parâmetros básicos para definição de vegetação primária e dos estágios sucessionais secundários da sua vegetação na Mata Atlântica.

Para tanto, considerando que a vegetação da Restinga pode se apresentar por meio de diferentes estratos (herbáceo, arbustivo e arbóreo) a depender da fitofisionomia predominante, a Resolução CONAMA nº 417/2009 conceituou cada uma dessas vegetações em seu artigo 2º, assim como apresentou os parâmetros técnicos para a caracterização dos estágios dessas vegetações (primário e secundário nos estágios inicial, médio e avançado de regeneração) em seu artigo 3º, destacando-se as diferenças dos aludidos parâmetros na vegetação arbustiva, na vegetação arbórea e na transição Floresta de Restinga – Floresta Ombrófila Densa. Ressalta-se que a citada Resolução CONAMA consignou nos artigos 2º, inciso IV, e 3º, inciso I, que as vegetações herbáceas e subarbustivas da Restinga, em razão de suas características e localização, mantêm-se "sempre como vegetação pioneira de sucessão primária (clímax edáfico), inexistindo estágios sucessionais secundários".

No ano de 2012, o CONAMA editou Resoluções que aprovam a lista de espécies indicadoras dos estágios sucessionais de vegetação de Restinga em cada um dos Estados da Federação que possuem esse ecossistema associado da Mata Atlântica[365].

Os Campos de Altitude sob a abrangência do bioma Mata Atlântica também foram objeto de regulamentação pelo CONAMA quanto à definição dos parâmetros básicos para a identificação e a análise da vegetação situada nos ambientes montano e alto-montano e para a caracterização da vegetação primária e dos estágios sucessionais da vegetação secundária. De fato, os Campos de Altitude são igualmente considerados como ecossistema associado do bioma Mata Atlântica nos termos do artigo 2º, *caput*, da Lei nº 11.428/2006, e possuem relevante importância biológica para a proteção de espécies endêmicas e ameaçadas de extinção,

---

[365] Resoluções do CONAMA nº 437/2012 (Bahia), 438/2012 (Espírito Santo), 439/2012 (Paraíba), 440/2012 (Pernambuco), 441/2012 (Rio Grande do Sul), 442/2012 (Ceará), 443/2012 (Sergipe), 444/2012 (Alagoas), 445/2012 (Piauí), 446/2012 (Rio Grande do Norte), 447/2012 (Paraná) e 453/2012 (Rio de Janeiro).

assim como para a manutenção de corredores ecológicos e proteção das áreas de recarga dos aquíferos[366].

O artigo 1º da Resolução CONAMA nº 423/2010, desta forma, estipula como parâmetros básicos para a análise e identificação da vegetação dos Campos de Altitude, o histórico de uso, a cobertura vegetal viva do solo, a diversidade e dominância de espécies, a presença de fitofisionomias características e as espécies vegetais indicadoras. O Anexo da referida Resolução CONAMA traz uma lista de espécies associadas aos Campos de Altitude por região do país na área de abrangência do bioma Mata Atlântica para auxiliar a caracterização do estágio sucessional da vegetação.

Art. 5º A vegetação primária ou a vegetação secundária em qualquer estágio de regeneração do Bioma Mata Atlântica não perderão esta classificação nos casos de incêndio, desmatamento ou qualquer outro tipo de intervenção não autorizada ou não licenciada.

Entende-se que o presente dispositivo legal é de fundamental importância para a consecução dos árduos objetivos de manter a já ínfima porção dos remanescentes de vegetação do bioma Mata Atlântica e de de propiciar a exigência de recuperação das áreas degradadas por meio de desmatamento não autorizados.

De fato, o artigo 5º da Lei nº 11.428/2006 propicia que a vegetação da Mata Atlântica, em seu estado primário ou secundário, em qualquer estágio de regeneração, continue a manter a sua classificação ainda que tenha sido objeto de incêndio, desmatamento ou outra intervenção não devidamente autorizada ou licenciada pelo órgão público ambiental competente. Veja-se que é irrelevante, para fins de aplicação do artigo 5º da Lei nº 11.428/2006, a existência de dolo ou culpa do proprietário ou possuidor do imóvel onde houve incêndio, desmatamento ou outra intervenção não autorizada.

Isso significa dizer, por exemplo, que em um determinado imóvel onde houve um desmatamento não autorizado pelo órgão público ambiental competente de vegetação secundária em estágio avançado de regeneração, independentemente da apuração de responsabilidades

---

[366] Resolução CONAMA nº 423/2010.

nas esferas administrativa e criminal e da exigência de reparação integral dos danos ambientais, não é permitida qualquer utilização ou intervenção na área onde houve os danos ambientais, com exceção das medidas de recuperação ambiental para que aquela vegetação alcance novamente o estágio avançado de regeneração, ou de atividades permitidas pela Lei nº 11.428/2006, mediante prévia autorização emitida pelo órgão público ambiental competente.

Eventual pretensão de obtenção de licenciamento ambiental para obra, atividade ou empreendimento no imóvel citado no exemplo pode encontrar óbice na previsão de ato normativo estadual que vede qualquer licenciamento ambiental sem a prévia resolução do passivo ambiental relativo ao imóvel, ao proprietário do imóvel ou do empreendimento, a exemplo do que estatui o artigo 17, inciso V, da Resolução nº 65/2008 da CEMA/PR (Conselho Estadual do Meio Ambiente do Paraná)[367].

No entanto, independentemente desse possível óbice legal estadual, a aplicação do artigo 5º da Lei nº 11.428/2006 implica em afirmar que no âmbito da eventual pretensão de licenciamento ambiental para obra, atividade ou empreendimento em imóvel onde houve um desmatamento não autorizado pelo órgão público ambiental competente, este deve analisar o requerimento de licenciamento com base na vegetação e seu estágio sucessional então existente e nas vedações e restrições contidas no regime jurídico previsto na Lei nº 11.428/2006.

Em outras palavras, sob o foco do exemplo anteriormente citado, ainda que no referido imóvel não mais existisse qualquer vegetação em razão do mencionado desmatamento não autorizado, o órgão público ambiental competente deveria realizar a análise dos artigos 11, 12, 14, 21 e 22 da Lei nº 11.428/2006, como se presente a vegetação secundária de Mata Atlântica em estágio avançado de regeneração.

---

[367] "Art. 17. Nos procedimentos relativos ao licenciamento e/ou autorização, em qualquer de suas modalidades, o IAP: (...) V – condicionará a emissão das licenças/autorizações à inexistência de passivos ambientais relativos ao imóvel, ao proprietário do imóvel ou ao empreendimento, atividade ou obra, tais como débitos ambientais, descumprimento de termos de compromisso ou ajustamento de conduta, descumprimento de medidas de proteção ambiental previstas em licenciamento, ausência de remediação, descontaminação, recuperação e desativação da fonte geradora de resíduos sólidos; (...)" (Resolução CEMA/PR nº 65/2008).

Além disso, conforme abordado nos comentários ao artigo 1º da Lei nº 11.428/2006 – item 2 (da especialidade da Lei nº 11.428/2006 e sua relação de complementariedade em relação à legislação ambiental vigente), o disposto no artigo 5º da Lei da Mata Atlântica, ao manter o tratamento legal conferido ao estágio de sucessão de regeneração da vegetação anteriormente à promoção do seu corte ou supressão não autorizados, também traz como resultado tornar incompatível qualquer pretensão de consolidação de ocupação desses espaços.

Veja-se que o artigo 5º da Lei nº 11.428/2006 basicamente repetiu o que já tinha sido estatuído no artigo 8º do Decreto nº 750/93, que previa que a "floresta primária ou em estágio avançado e médio de regeneração não perderá esta classificação nos casos de incêndio e/ou desmatamento não licenciados a partir da vigência deste Decreto". Nesse particular, é pertinente lembrar os períodos de vigência do Decreto nº 99.547/90 (que proibiu o corte, supressão ou exploração de vegetação nativa do bioma Mata Atlântica por tempo indeterminado entre as datas de 26 de setembro de 1990 e 10 de fevereiro de 1993) e do Decreto nº 750/93 (que estabeleceu vedações e diversas exigências legais para eventual corte ou supressão de vegetação da Mata Atlântica, além da importante previsão constante do seu artigo 8º no lapso temporal compreendido entre as datas de 25 de setembro de 1993 e 26 de dezembro de 2006), até a entrada em vigência da Lei nº 11.428/2006.

Ressalta-se que o artigo 5º da Lei nº 11.428/2006 também detém aplicação prática no que concerne à identificação de remanescentes de vegetação do bioma Mata Atlântica. Isso porque o referido dispositivo legal constitui fator central para excepcionar os casos de descaracterização de remanescentes de vegetação em virtude, por exemplo, da existência de espécies exóticas e áreas já ocupadas com agricultura. Ilustra esse raciocínio o teor do artigo 5º da Resolução CONAMA nº 423/2010, que dispõe sobre a identificação da vegetação nos Campos de Altitude situados no bioma Mata Atlântica:

> [...] Art. 5º Não se caracteriza como remanescente de vegetação de Campos de Altitude a existência de espécies ruderais nativas ou exóticas em áreas já ocupadas com agricultura, cidades, pastagens e florestas plantadas ou outras áreas desprovidas de vegetação nativa, ressalvado o disposto no art. 5º da Lei nº 11.428, de 2006[368].

---

[368] Disposição legal semelhante se encontra no artigo 6º da Resolução CONAMA nº 417/2009, que dispõe sobre a definição da vegetação de Restinga no bioma Mata Atlântica.

2. COMENTÁRIOS À LEI Nº 11.428, DE 22.12.2006

Sob outra ótica, o disposto no artigo 5º da Lei nº 11.428/2006 acaba por refletir a incidência do princípio denominado *nemo auditur propriam turpitudinem allegans*, que significa que ninguém pode ser beneficiar da própria torpeza. Deveras, o referido dispositivo legal visa repelir pretensões e estratégias dotadas de malícia, pois na hipótese de uma empresa ter efetuado ou permitido a realização de um desmatamento não autorizado de vegetação remanescente do bioma Mata Atlântica em imóvel de sua propriedade, não pode a mesma empresa obter proveito da situação e buscar o licenciamento ambiental da ampliação da sua atividade justamente sobre o imóvel anteriormente desmatado clandestinamente sem expor o passivo deste, ou pior, afirmar que os impactos serão menores por se tratar de imóvel desprovido de cobertura vegetal.

Consigne-se, ainda, a relevância da existência de banco de dados e plataforma de acesso ao público, sem prejuízo da averbação na margem das matrículas de imóveis, contendo a relação de todos os imóveis e seus respectivos polígonos com o registro de infrações, débitos e passivos ambientais no âmbito de abrangência do bioma Mata Atlântica, com o intuito de facilitar o respeito ao artigo 5º da Lei nº 11.428/2006 e, inclusive, evitar prejuízos aos adquirentes desavisados desses imóveis.

Art. 6º A proteção e a utilização do Bioma Mata Atlântica têm por objetivo geral o desenvolvimento sustentável e, por objetivos específicos, a salvaguarda da biodiversidade, da saúde humana, dos valores paisagísticos, estéticos e turísticos, do regime hídrico e da estabilidade social.

Parágrafo único. Na proteção e na utilização do Bioma Mata Atlântica, serão observados os princípios da função socioambiental da propriedade, da eqüidade intergeracional, da prevenção, da precaução, do usuário-pagador, da transparência das informações e atos, da gestão democrática, da celeridade procedimental, da gratuidade dos serviços administrativos prestados ao pequeno produtor rural e às populações tradicionais e do respeito ao direito de propriedade.

Art. 7º A proteção e a utilização do Bioma Mata Atlântica far-se-ão dentro de condições que assegurem:
I – a manutenção e a recuperação da biodiversidade, vegetação, fauna e regime hídrico do Bioma Mata Atlântica para as presentes e futuras gerações;

II - o estímulo à pesquisa, à difusão de tecnologias de manejo sustentável da vegetação e à formação de uma consciência pública sobre a necessidade de recuperação e manutenção dos ecossistemas;

III - o fomento de atividades públicas e privadas compatíveis com a manutenção do equilíbrio ecológico;

IV - o disciplinamento da ocupação rural e urbana, de forma a harmonizar o crescimento econômico com a manutenção do equilíbrio ecológico.

Além de definições, a Lei nº 11.428/2006 colacionou princípios e objetivos em relação ao regime jurídico do bioma Mata Atlântica. Tais princípios e objetivos assumem relevante importância, na medida em que funcionam não somente como verdadeiros vetores para as políticas de sua preservação e conservação da Mata Atlântica, mas também como normas jurídicas, além de exercerem o papel de verdadeiras referências às demais normas em sua aplicação e interpretação[369].

Vê-se que o objetivo geral da Lei da Mata Atlântica é o desenvolvimento sustentável, que se propõe basicamente a compatibilizar a proteção ambiental com a necessidade de desenvolvimento. Com base nesse princípio, expecta-se que o desenvolvimento tenha as suas bases não restritas ao âmbito econômico, mas sim constituído pelo cumprimento de deveres de proteção ao meio ambiente e pelo respeito às suas finalidades éticas e sociais para salvaguardar a dignidade humana. O desenvolvimento somente pode ser sustentável se colocado em foco o futuro das presentes gerações.

Reitera-se que a própria Constituição Federal de 1988 apresenta a solução para a compatibilização dos referidos valores sob tensão ao determinar à atividade econômica a obrigatória observância do princípio de defesa do meio ambiente e ao condicionar o exercício do direito de propriedade rural ou urbana ao atendimento da sua função social, que é integrada pela dimensão ambiental[370]. E para o cumprimento dessa

---

[369] Consoante explica Celso Antônio Bandeira de Mello, princípios são "mandamento nuclear de um sistema, verdadeiro alicerce dele, disposição fundamental que se irradia sobre diferentes normas compondo-lhes o espírito e servindo de critério para a sua exata compreensão e inteligência exatamente por definir a lógica e a racionalidade do sistema normativo, no que lhe confere a tônica e lhe dá sentido harmônico". (MELLO, Celso Antônio Bandeira de. **Curso de Direito Administrativo**. 14ª ed., São Paulo: Malheiros, 2002, p. 545).

[370] Vide, dentre outros, os artigos 170, inciso VI, 182, parágrafo 2º, 186 e 225, da Constituição da República.

compatibilização, ou da funcionalização das atividades econômicas à essência de proteção ao meio ambiente, são indispensáveis ações positivas de um Estado Socioambiental de Direito.

Nessa toada, não há como se vislumbrar desenvolvimento sustentável a partir da ininterrupta diminuição de remanescentes de um bioma que já se encontra em risco de extinção e que, além de abrigar impressionante índice de biodiversidade, exerce funções indispensáveis à vida de mais de cento e quarenta milhões de brasileiros.

O *caput* do artigo 6º ainda define como objetivos específicos da proteção e da utilização do bioma Mata Atlântica, e portanto da Lei nº 11.428/2006, a salvaguarda da biodiversidade, da saúde humana, dos valores paisagísticos, estéticos e turísticos, do regime hídrico e da estabilidade social.

De fato, conforme abordado no capítulo 1 (item 1.3), o bioma Mata Atlântica, apesar da relatada exterminação da maior parte da sua cobertura florestal, ainda possui um relevante índice de biodiversidade de flora e fauna a se preservar[371]. Repise-se que a biodiversidade possui relação umbilical com o equilíbrio ecológico, pois a diminuição de espécies e de suas relações nos ecossistemas torna-os instáveis e vulneráveis, da mesma forma que se diz que a saúde da terra se mede pela variedade de espécies que nela habitam.

Paralelamente à apontada importância da Mata Atlântica para a preservação da biodiversidade, não se pode olvidar as suas demais múltiplas funções ambientais, dentre elas o controle do regime hídrico e o fornecimento de água potável, que beneficiam não somente o consumo humano, mas também as mais variadas atividades econômicas[372].

---

[371] "[...] as projeções são de que possua cerca de 20.000 espécies de plantas, ou seja, entre 33% e 36% das existentes no País. Em relação à fauna os levantamentos indicam que a Mata Atlântica abriga 849 espécies de aves, 370 espécies de anfíbios, 200 espécies de répteis, 270 de mamíferos e cerca de 350 espécies de peixes. Por outro lado, a Mata Atlântica abriga também o maior número de espécies ameaçadas: são 185 espécies de vertebrados ameaçados (69,8 % do total de espécies ameaçadas no Brasil), dos quais 118 aves, 16 anfíbios, 38 mamíferos e 13 répteis. Das 472 espécies da flora brasileira que constam da Lista Oficial de Espécies ameaçadas de Extinção, 276 espécies (mais de 50%) são da Mata Atlântica." (CAMPANILI, Maura; SCHAFFER, Wigold Bertoldo (Org.). **Mata Atlântica...**, p.10).

[372] "A Mata Atlântica abriga uma intrincada rede de bacias hidrográficas formadas por grandes rios como o Paraná, o Tietê, o São Francisco, o Doce, o Paraíba do Sul, o Paranapanema, o Uruguai e o Ribeira do Iguape. [...] A floresta auxilia no que se chama de regime hídrico

Os valores paisagísticos, estéticos e turísticos do bioma Mata Atlântica se relacionam com outra das suas relevantes funções ambientais, que é a beleza natural. Esta nos traz o sentimento de que também fazemos parte da natureza, assim como favorece o bem-estar físico e psíquico, principalmente no âmbito das cidades, e por consequência influi diretamente na qualidade de vida e bem-estar de suas populações[373]. Vale destacar também as vantagens da preservação da Mata Atlântica para o lazer e o turismo, sem adentrar no ainda não dimensionado potencial comercial e industrial da diversidade genética neste bioma existente.

A saúde humana, por sua vez, também é efetivamente salvaguardada pelo bioma Mata Atlântica. A título de exemplo, em estudo sobre a biodiversidade e saúde na Mata Atlântica, Jean Carlos Ramos Silva concluiu que o seu desmatamento pode acarretar doenças e morte não somente aos animais silvestres, especialmente em áreas reduzidas ou fragmentadas, mas também aos seres humanos, que vivem em significativo porcentual na delimitação dessas áreas. Silva explica que as "alterações ecológicas nos ecossistemas podem desencadear o aparecimento de zoonoses, doenças emergentes e reemergentes e, em escala maior, mudanças globais na biosfera"[374].

A estabilidade social também encontra diversas imbricações com a proteção da Mata Atlântica, dentre elas o liame entre a perda da biodiversidade e a exclusão social e econômica de parcela da população. Isso ocorre a partir de uma relação lógica: quanto maior for a artificialidade dos produtos e serviços em substituição a serviços naturais, maiores serão os seus custos e maior o número de pessoas que não suportam

---

permanente. Com seus vários componentes (folhas, galhos, troncos, raízes e solo), age como uma poderosa esponja que retém a água de chuva e a libera aos poucos, ajudando a filtrá-la e a infiltrá-la no subsolo, alimentando o lençol freático. Com o desmatamento e a retirada da vegetação nativa, surgem problemas como a escassez de água, já enfrentada em muitas das cidades situadas na região da Mata Atlântica". (CAMPANILI, Maura; SCHAFFER, Wigold Bertoldo (Org.). **Mata Atlântica...**, p.18.)

[373] Interessante notar que a Lei nº 6.938/81, que instituiu a Política Nacional do Meio Ambiente, já havia relacionado, em seu artigo 3º a afetação das condições estéticas do meio ambiente com as noções de poluição e qualidade de vida.

[374] SILVA, Jean Carlos Ramos. Biodiversidade e Saúde. In: FRANKE, Carlos Roberto; ROCHA, Pedro Luis Bernardo da.; KLEIN, Wilfried; GOMES, Sérgio Luiz (Org.). **Mata Atlântica e biodiversidade.** Salvador: Edufba, 2005. p.192.

arcá-los, fazendo com que as suas condições de qualidade de vida também piorem.

O artigo 6º, parágrafo único, da Lei nº 11.428/2006, estatui que, na proteção e na utilização do bioma Mata Atlântica, deverão ser observados os seguintes princípios: função socioambiental da propriedade, equidade intergeracional, prevenção e precaução, usuário-pagador, transparência das informações e atos, gestão democrática, celeridade procedimental, gratuidade dos serviços administrativos prestados ao pequeno produtor rural e às populações tradicionais e direito de propriedade.

O princípio da função socioambiental da propriedade importa no condicionamento do exercício do direito de propriedade ao atendimento e observância de determinadas obrigações de interesse da sociedade. No caso da propriedade rural, o artigo 186 da Constituição Federal dispõe que a função social é atendida se há o seu aproveitamento racional e adequado; preservação do meio ambiente e utilização adequada dos recursos naturais disponíveis; utilização que favoreça o bem-estar dos trabalhadores e proprietários; e respeito à dignidade das relações de trabalho. A propriedade urbana, por sua vez, cumpre a função social se respeitar as diretrizes fundamentais de ordenação da cidade estabelecidas no Plano Diretor (artigo 182, parágrafo 2º, da Constituição Federal). No caso da propriedade situada no domínio da Mata Atlântica, a função social é cumprida se o seu proprietário ou possuidor proteger os seus remanescentes de vegetação e recuperar aqueles que foram desmatados sem autorização.

O princípio da equidade intergeracional no âmbito do bioma Mata Atlântica explicita a finitude de sua biodiversidade e funções ambientais, assim como o risco de extinção de espécies e de vários dos seus compartimentos, para o fim de se pugnar pela aplicação de uma ética de solidariedade intergeracional[375]. Em outras palavras, propugna o objetivo de no mínimo conferirmos às futuras gerações iguais condições de preservação da Mata Atlântica, o que se coaduna com o princípio da vedação do retrocesso ambiental.

O princípio da prevenção implica em operacionalizar mecanismos antecipatórios de gestão de riscos e impactos ambientais e socioam-

---

[375] Vide princípio 5 da Declaração de Estocolmo – 1972: "Os recursos não renováveis do Globo devem ser explorados de tal modo que não haja risco de serem exauridos e que as vantagens extraídas de sua utilização sejam partilhadas a toda a humanidade."

bientais, concretos ou potenciais, e que sejam visíveis e previsíveis pelo conhecimento humano. Na seara do bioma Mata Atlântica, são exemplos de sua aplicação prática a obtenção de formas menos lesivas de intervenção em seus remanescentes por meio da busca de alternativas locacionais de áreas já antropizadas, ou da adoção de alternativas tecnológicas que retiram a necessidade de ocupação de áreas de remanescente de vegetação.

Já o princípio da precaução pressupõe ausência de certeza do conhecimento humano quanto à suficiência de medidas para prevenir e controlar a degradação do meio ambiente[376]. A sua aplicação na seara do bioma Mata Atlântica importa, por exemplo, na adoção de cautela antecipada para não permitir a implantação de empreendimento ou atividade em região que abriga espécies já ameaçadas de extinção ou que possa ameaçar a higidez de manancial de abastecimento público.

O princípio do usuário-pagador traduz a necessidade de um pagamento ou compensação a partir de um uso autorizado de recurso ambiental, para que esse custo não seja suportado pelo Poder Público ou por terceiros. Ilustra a aplicação do princípio do usuário-pagador na Mata Atlântica a necessária cobrança contínua por compensações ambientais ao empreendimento de mineração situado em sua área de abrangência, sem prejuízo da obrigatória reparação dos danos ambientais[377].

O princípio da transparência das informações e atos relacionados à proteção e utilização do bioma Mata Atlântica nada mais é do que a garantia de seu amplo acesso à sociedade para viabilizar a sua participação e, por consequência, uma gestão democrática. É relevante lembrar que a Política Nacional do Meio Ambiente fixa como um dos seus objetivos a "divulgação de dados e informações ambientais e à formação de uma

---

[376] Consoante previsto no Princípio 15 da Conferência das Nações Unidas sobre Meio Ambiente (Rio-92): "Em caso de risco de danos graves ou irreversíveis, a ausência de certeza científica absoluta não deve servir de pretexto para procrastinar a adoção de medidas visando prevenir a degradação do meio ambiente".

[377] Outro exemplo que pode ser citado é a cobrança pelo uso de recursos hídricos, segundo previsão do artigo 19 da Lei nº 9.433/97: "Art. 19. A cobrança pelo uso de recursos hídricos objetiva: I – reconhecer a água como bem econômico e dar ao usuário uma indicação de seu real valor; II – incentivar a racionalização do uso da água; III – obter recursos financeiros para o financiamento dos programas e intervenções contemplados nos planos de recursos hídricos".

consciência pública sobre a necessidade de preservação da qualidade ambiental e do equilíbrio ecológico"[378].

Exemplo da aplicação prática desse princípio no bioma Mata Atlântica é o cumprimento pelos órgãos públicos ambientais da obrigação de publicar em Diário Oficial e ficar disponíveis nesses órgãos, em local de fácil acesso ao público, as listagens e relações contendo os dados referentes aos pedidos de licenças para supressão de vegetação, conforme determinação contida nos artigos 1º e 4º da Lei nº 10.650/2003[379]. Veja-se que o cumprimento dessa obrigação possibilita o controle da sociedade previamente à decisão administrativa que autorizará ou não o corte ou supressão da Mata Atlântica.

O princípio da gestão democrática deduz a necessária participação da sociedade nos processos decisórios que afetem ou possam afetar a higidez ambiental, assim como na definição e implementação de políticas públicas ambientais. Exemplificam a aplicação desse princípio na Mata Atlântica, a realização de audiências públicas de apresentação de Estudo de Impacto Ambiental e Relatório de Impacto Ambiental (EIA//RIMA) sobre a pretensão de implantação de uma rodovia que importe na supressão de importante remanescente de vegetação, ou ainda a participação nos Conselhos Municipais do Meio Ambiente que aprovarão o Plano Municipal de Conservação e Recuperação da Mata Atlântica, nos termos do artigo 43, parágrafo único, do Decreto nº 6.660/2008.

No que toca aos princípios da celeridade procedimental e da gratuidade dos serviços administrativos prestados ao pequeno produtor rural e às populações tradicionais, busca-se conferir a eles atendimento especializado e facilitado nos processos de licenciamento ambiental, de concessão de créditos rurais e de orientação para manejo sustentável. O tratamento diferenciado se fundamenta nas especificidades do pequeno produtor rural e das populações tradicionais e na importância do acesso aos recursos naturais que tradicionalmente utilizam para a manutenção dos seus modos de vida.

---

[378] Artigo 4º, inciso V, da Lei nº 6.938/81.

[379] Art. 1º Esta Lei dispõe sobre o acesso público aos dados e informações ambientais existentes nos órgãos e entidades integrantes do Sistema Nacional do Meio Ambiente – Sisnama, instituído pela Lei nº 6.938, de 31 de agosto de 1981. [...] Art. 4º Deverão ser publicados em Diário Oficial e ficar disponíveis, no respectivo órgão, em local de fácil acesso ao público, listagens e relações contendo os dados referentes aos seguintes assuntos: [...] II – pedidos e licenças para supressão de vegetação.

O artigo 6º, parágrafo único, da Lei nº 11.428/2006, ainda estatui que, na proteção e na utilização do bioma Mata Atlântica, deverá ser observado o direito de propriedade. Com efeito, a propriedade assumiu sob a égide da Constituição da República o status de direito fundamental (artigo 5º, inciso XXIII), assim como foi constituída como um dos princípios da ordem econômica (artigo 170, inciso II). Nessa medida, na hipótese de existência de conflito com outros direitos, o direito de propriedade deve ingressar na seara de ponderação e aplicação dos critérios de proporcionalidade. No entanto, reitera-se que o exercício do direito de propriedade apenas se faz legítimo se há o cumprimento da sua função social e se há a observância das normas de proteção ao meio ambiente.

Esses princípios arrolados repetem basicamente as normas e os princípios constantes na Constituição Federal de 1988 no tocante ao respeito do meio ambiente como condição para o exercício do direito de propriedade e de atividades econômicas e a aplicação da prevenção e da precaução de danos ambientais, tudo para reafirmar o caráter transgeracional do direito ao meio ambiente ecologicamente equilibrado[380].

Percebe-se facilmente que o propósito principiológico da Lei nº 11.428/2006 é de conseguir, no mínimo, manter o estado de vida da Mata Atlântica atualmente existente às futuras gerações. Em outras palavras, o que os aludidos princípios querem dizer é que não deve admitir de forma alguma é a diminuição qualitativa e quantitativa dos remanescentes atuais de Mata Atlântica existentes, com o intuito de garantir a vida e sobrevivência dos milhares de seres vivos que resistiram a séculos de degradação no território brasileiro, e, como consequência, assegurar o gozo de todos os seus múltiplos benefícios pelas gerações vindouras.

Essa conclusão é confirmada integralmente no primeiro objetivo estampado no artigo 7º, inciso I, da Lei nº 11.428/2006, qual seja o de que a proteção e utilização da Mata Atlântica deve ser realizada do modo a garantir "a manutenção e a recuperação da biodiversidade, vegetação, fauna e regime hídrico do Bioma Mata Atlântica para as presentes e futuras gerações".

Importante notar que o objetivo dessa lei não se restringe à manutenção da biodiversidade, vegetação, fauna e regime hídrico da Mata

---

[380] Artigos 170, incisos III e VI, 182, § 2º, 186 e 225 da Constituição Federal de 1988.

Atlântica, mas também à sua "recuperação", o que evidencia um dever de avanço e melhoria da condição ambiental desse bioma e não de retrocesso.

Lamentavelmente, em vários dos dispositivos legais a seguir comentados, esses princípios e objetivos foram negligenciados pelo legislador, ou ao menos mitigados, pois em alguns aspectos foram abertos caminhos que permitem a continuidade da destruição gradativa dos remanescentes de Mata Atlântica ou que dificultam a sua recuperação.

Outros objetivos previstos na Lei nº 11.428/2006 são o de estímulo às práticas de manejo sustentável e de "formação de uma consciência pública sobre a necessidade de recuperação e manutenção dos ecossistemas"[381]. O objetivo de estímulo ao manejo sustentável demonstra a que intenção da Lei é evitar que ocorram as supressões e cortes rasos da Mata Atlântica e que a utilização desse bioma ocorra de modo sustentável. E quanto à formação de uma consciência pública para a proteção da Mata Atlântica, coaduna-se com o imperativo constitucional dirigido ao Poder Público de promover a educação ambiental e a conscientização pública para a preservação do meio ambiente em todos os âmbitos[382].

Por fim, merece citação o objetivo previsto no artigo 7º, inciso IV, da Lei nº 11.428/2006: "o disciplinamento da ocupação rural e urbana, de forma a harmonizar o crescimento econômico com a manutenção do equilíbrio ecológico". Esse objetivo é um dos maiores desafios atuais e futuros do Brasil, justamente porque se de um lado se apresenta indispensável a manutenção dos principais remanescentes de vegetação do bioma Mata Atlântica localizados nas zonas rurais e o desenvolvimento e valorização de uma agricultura sustentável, de outro lado se mostra essencial preservar as Áreas Verdes Urbanas e controlar e impedir expansões urbanas desnecessárias que invariavelmente impactam a preservação da Mata Atlântica.

---

[381] Artigo 7º, inciso II, da Lei nº 11.428/2006.
[382] Constituição Federal de 1988, "Art. 225 – Todos têm direito ao meio ambiente ecologicamente equilibrado, bem de uso comum do povo e essencial à sadia qualidade de vida, impondo-se ao Poder Público e à coletividade o dever de defendê-lo e preservá-lo para as presentes e futuras gerações. [...] Parágrafo único – Para assegurar a efetividade desse direito, incumbe ao Poder Público: [...] VI – promover a educação ambiental em todos os níveis de ensino e a conscientização pública para a preservação do meio ambiente;"

2.2 Título 2 – Do regime jurídico geral do bioma Mata Atlântica (art. 8º a 19)

A Lei nº 11.428/2006, nos seus artigos 8º a 19, institui o regime jurídico geral do bioma Mata Atlântica, que possui como função servir de base fundante para a aplicação das normas relativas à proteção e utilização do referido bioma.

Importante destacar que, em relação à qualquer análise de pretensão de corte, exploração ou supressão de vegetação do bioma Mata Atlântica, anteriormente à verificação de eventual adequação às regras constantes do seu regime jurídico especial, é indispensável a realização de preliminar confronto da aludida pretensão com o que dispõe o regime jurídico geral do bioma Mata Atlântica, em especial com o que estatuem os artigos 11, 12 e 14 da Lei nº 11.428/2006, que devem ser encarados como verdadeiros pressupostos para iniciar a eventual análise dos demais requisitos legais.

Art. 8º   O corte, a supressão e a exploração da vegetação do Bioma Mata Atlântica far-se-ão de maneira diferenciada, conforme se trate de vegetação primária ou secundária, nesta última levando-se em conta o estágio de regeneração.

O artigo 8º da Lei nº 11.428/2006 destaca que a caracterização da vegetação remanescente do bioma Mata Atlântica e seu estágio sucessional determina tratamentos jurídicos distintos quanto às pretensões de corte, supressão ou exploração.

Nesse particular, importante fazer referência aos comentários realizados ao artigo 4º da Lei nº 11.428/2006, que tratou dos parâmetros técnicos utilizados nas Resoluções do CONAMA para a definição da vegetação primária e secundária e seus estágios de sucessão.

No entanto, esta é apenas uma das regras que definem a aplicação do regime jurídico do bioma Mata Atlântica. Deveras, a Lei nº 11.428/2006, em seus artigos 8º a 32, interpretada em conjunto com as já abordadas Resoluções do CONAMA[383], preveem, de um modo geral, diferenças de

---

[383] Vide as Resoluções do CONAMA mencionadas nos comentários ao artigo 4º da Lei nº 11.428/2006.

tratamento para corte, supressão ou exploração da Mata Atlântica de acordo com os seguintes critérios:
a) caracterização da vegetação e seu estado de conservação – se a vegetação é primária ou secundária, e, neste último caso, qual o estágio de regeneração (inicial, médio ou avançado);
b) caracterização da vegetação entre as formações florestais e os ecossistemas associados – na medida em que os ecossistemas associados Restinga e Campos de Altitude possuem Resoluções do CONAMA específicas quanto aos estágios sucessionais;
c) Estado da Federação onde se localiza a vegetação – uma vez que o CONAMA editou Resoluções que detalham os parâmetros da vegetação primária e secundária em cada um dos Estados da Federação, levando-se em consideração as suas peculiaridades;
d) modo de intervenção na vegetação – varia o tratamento a depender se é corte, supressão, exploração eventual de espécies ou coleta e uso indireto;
e) titular da pretensão – distinguindo-se as populações tradicionais e pequenos produtores rurais daqueles requerentes que não preencham esses requisitos;
f) finalidade da intervenção – se a intervenção possui propósito comercial ou industrial ou atividades minerárias; ou ainda se é com o intuito de subsistência ou se a intervenção se propõe a práticas preservacionistas ou de pesquisa científica;
g) localização da vegetação – o tratamento jurídico se apresenta distinto se a vegetação está situada em zona rural, em zona urbana ou em espaços territoriais especialmente protegidos e em suas áreas de entorno.

A abordagem de cada um desses diferentes tratamentos será realizada nos comentários dos próximos dispositivos legais.

Art. 9º A exploração eventual, sem propósito comercial direto ou indireto, de espécies da flora nativa, para consumo nas propriedades ou posses das populações tradicionais ou de pequenos produtores rurais, independe de autorização dos órgãos competentes, conforme regulamento.

Parágrafo único. Os órgãos competentes, sem prejuízo do disposto no caput deste artigo, deverão assistir as populações tradicionais e os pequenos produtores no manejo e exploração sustentáveis das espécies da flora nativa.

O dispositivo legal em tela permite que as populações tradicionais e os pequenos produtores rurais realizem exploração da Mata Atlântica independentemente de autorização do órgão público ambiental competente. No entanto, o artigo 9º, *caput*, da Lei nº 11.428/2006 e o artigo 2º do Decreto nº 6.660/2008 firmam os seguintes requisitos, em síntese, para essa exploração:

a) a exploração seja eventual, e, portanto, não constante e contínua (artigo 9º, *caput*, da Lei nº 11.428/2006);

b) a exploração seja apenas de espécies da flora nativa, o que implica em dizer que há vedação de que essa exploração inclua espécies da fauna (artigo 9º, *caput*, da Lei nº 11.428/2006);

c) a exploração não tenha qualquer propósito comercial direto ou indireto, ou seja o resultado da exploração das espécies da flora apenas pode ter como destino o consumo próprio (artigo 9º, *caput*, da Lei nº 11.428/2006);

d) o consumo próprio dos produtos da exploração implica em dizer que apenas pode ocorrer nas propriedades ou posses das populações tradicionais ou de pequenos produtores rurais (artigo 9º, *caput*, da Lei nº 11.428/2006);

e) é vedada a exploração de espécies da flora ameaçadas de extinção, sejam aquelas incluídas na Lista Oficial de Espécies da Flora Brasileira Ameaçadas de Extinção, sejam aquelas constantes de listas dos Estados ou de listas de proibição de corte objeto de proteção por atos normativos dos entes federativos (artigo 2º, parágrafo 5º, do Decreto nº 6.660/2008);

f) na hipótese em que exploração tiver como propósito a extração de lenha para o uso doméstico nas propriedades ou posses das populações tradicionais ou de pequenos produtores rurais, a retirada de espécies da flora não poderá ser superior a quinze metros cúbicos ao ano por imóvel rural (artigo 2º, parágrafo 1º, inciso I, alínea "a", do Decreto nº 6.660/2008);

g) ainda na hipótese em que exploração tiver como propósito a extração de lenha para o uso doméstico nas propriedades ou posses das populações tradicionais ou de pequenos produtores rurais, respeitados os requisitos anteriores, esta apenas poderá ocorrer em vegetação secundária em estágio médio de regeneração se houver a priorização das espécies pioneiras, as quais devem ser

2. COMENTÁRIOS À LEI Nº 11.428, DE 22.12.2006

definidas por Portaria do Ministério do Meio Ambiente[384] (artigos 2º, parágrafo 1º, inciso I, alínea "b", e 35, *caput*, e parágrafo 2º, do Decreto nº 6.660/2008);

h) na hipótese em que exploração tiver como propósito a extração de madeira para a construção de benfeitorias e utensílios nas propriedades ou posses das populações tradicionais ou de pequenos produtores rurais, a retirada de espécies da flora não poderá ser superior a vinte metros cúbicos por imóvel rural a cada três anos (artigo 2º, parágrafo 1º, inciso II, alínea "a", do Decreto nº 6.660/2008);

i) ainda na hipótese em que exploração tiver como propósito a extração de madeira para a construção de benfeitorias e utensílios nas propriedades ou posses das populações tradicionais ou de pequenos produtores rurais, a retirada da madeira não poderá incluir "exemplares da flora nativa, vivos ou mortos, que tenham função relevante na alimentação, reprodução e abrigo da fauna silvestre" (artigo 2º, parágrafo 1º, inciso II, alínea "a", do Decreto nº 6.660/2008).

Primeiramente, vê-se com preocupação a extensão de aplicação do artigo 9º da Lei nº 11.428/2006 aos pequenos produtores rurais, em uma verdadeira equiparação com as populações tradicionais, que possuem características e fundamentos de proteção constitucional que lhe são próprios.

Sem prejuízo da clara inadequação da referida equiparação, a simples leitura dos requisitos para a exploração eventual da flora do bioma Mata Atlântica já indicam a impossibilidade prática de sua ocorrência com um mínimo de correção se não houver a atuação de controle dos órgãos públicos ambientais. Isso porque não é possível presumir que haja informação e conhecimento de todos os possíveis interessados nessa exploração eventual quanto aos seus requisitos, quanto às listas nacionais e locais de espécies ameaçadas de extinção, quanto à lista de espécies pioneiras ou ainda sobre os exemplares da flora nativa, vivos ou mortos,

---

[384] A Portaria nº 51/2009 do Ministério do Meio Ambiente definiu em seu artigo 1º vinte e sete espécies arbóreas pioneiras nativas para efeito do artigo 35, parágrafo 2º, do Decreto nº 6.660/2008.

que tenham função relevante na alimentação, reprodução e abrigo da fauna silvestre.

Veja-se que a verificação de observância destes requisitos depende de uma análise técnica que exige a participação e regular atuação fiscalizatória dos órgãos públicos ambientais. Dito em outras palavras, qualquer exploração do bioma Mata Atlântica não pode ter tergiversada a necessidade de avaliação técnica fundamentada e monitoramento e fiscalização constantes. Roberto Varjabedian lembra que as intervenções de manejo sustentável na Mata Atlântica "devem ser tecnicamente comprovadas em relação à sua eficácia [...], cabendo esclarecer, entre outros aspectos, quais os resultados para esse manejo para fins de conservação da biodiversidade"[385].

De fato, a situação se torna temerária se houver a exploração da vegetação remanescente do bioma Mata Atlântica sem qualquer conhecimento ou fiscalização do órgão público ambiental competente.

A nosso aviso, os dispositivos legais em análise contrariam os próprios princípios da celeridade procedimental e da gratuidade dos serviços administrativos prestados ao pequeno produtor rural e às populações tradicionais previstos no artigo 6º, parágrafo único, da Lei nº 11.428/2006, uma vez que não se pode confundir atendimento célere, prioritário e gratuito com total ausência de controle do Poder Público quanto à exploração da Mata Atlântica.

Desta forma, com o intuito de evitar que a aplicação dos referidos dispositivos legais propiciem impactantes utilizações e explorações do bioma Mata Atlântica sem as devidas avaliações técnicas e, portanto, sem o devido controle e acompanhamento pelos órgãos públicos ambientais, o que importaria, em nosso sentir, em lesão ao disposto no artigo 225, *caput*, e § 1º, incisos I, II, III e VII, da Constituição Federal de 1988, entende-se que em todas as referidas hipóteses deve haver a aplicação do artigo 9º, parágrafo único, da Lei nº 11.428/2006, que determina aos órgãos competentes o dever de "assistir as populações tradicionais e os pequenos produtores no manejo e exploração sustentáveis das espécies da flora nativa". E essa assistência deve se realizar por meio de procedimentos administrativos de autorização florestal com tramitação célere, prioritária e gratuita para os aludidos destinatários.

---

[385] VARJABEDIAN, Roberto. Lei da Mata Atlântica..., p.157.

2. COMENTÁRIOS À LEI Nº 11.428, DE 22.12.2006

Frente às complexidades e peculiaridades das populações tradicionais, aliado a sua proteção constitucional diferenciada com base na tutela do patrimônio cultural, o ideal é que cada um dos Estados da Federação abrangidos pelo domínio do bioma Mata Atlântica promova, de acordo com a sua realidade regional, e após consulta prévia, livre e informada às populações tradicionais[386], regulamentação sobre o uso e exploração eventual de vegetação por essas populações.

Outra incongruência da regulamentação do artigo 9º da Lei nº 11.428/ /2006 pelo Decreto nº 6.660/2008 se refere à previsão do artigo 2º, parágrafo 2º deste Decreto que, embora vede a exploração eventual de vegetação primária do bioma Mata Atlântica, possibilita, em tese, essa exploração em vegetação secundária em estágio avançado de regeneração. Ocorre que a exploração de espécies florestais pioneiras prevista no artigo 2º, parágrafo 1º, inciso II, do Decreto nº 6.660/2008, é condicionada pelo cumprimento das regras estatuídas nos artigos 35, parágrafo 2º, e 36 do mesmo diploma legal, as quais restringem a aludida exploração às vegetações secundárias em estágio médio de regeneração e desde que as espécies arbóreas pioneiras estejam contidas na Portaria nº 51/2009 do Ministério do Meio Ambiente, além do dever de observância aos requisitos previstos nos artigos 35 a 38 do Decreto nº 6.660/2008. E nem poderia ser diferente, na medida em que o artigo 21 da Lei nº 11.428/2006 não abre qualquer dúvida quanto à inviabilidade legal da prática do manejo florestal ou exploração florestal na vegetação secundária em estágio avançado de regeneração do bioma Mata Atlântica.[387]

Desta forma, entende-se que o artigo 2º, parágrafo 1º, inciso II, do Decreto nº 6.660/2008, na parte que prevê exploração eventual de vegetação secundária em estágio avançado de regeneração, é inaplicável.

Ainda com relação a esse assunto, entende-se que o artigo 2º do Decreto nº 6.660/2008[388] não atribuiu a todas as propriedades rurais essa

---

[386] Vide artigo 6º da Convenção 169 da Organização Internacional do Trabalho.

[387] Art. 21. O corte, a supressão e a exploração da vegetação secundária em estágio avançado de regeneração do Bioma Mata Atlântica somente serão autorizados: I – em caráter excepcional, quando necessários à execução de obras, atividades ou projetos de utilidade pública, pesquisa científica e II – (VETADO)III – nos casos previstos no inciso I do art. 30 desta Lei.

[388] Art. 2º A exploração eventual, sem propósito comercial direto ou indireto, de espécies da flora nativa provenientes de formações naturais, para consumo nas propriedades rurais, pos-

possibilidade de exploração de produtos florestais para consumo sem a prévia autorização do órgão ambiental competente[389], embora a sua redação possa ter aberto essa opção de interpretação. Até mesmo no âmbito de interpretação literal, vê-se que o termo "posses das populações tradicionais ou de pequenos produtores rurais" é um aposto explicativo em relação ao termo geral "propriedades rurais", para dizer que dentre todas as propriedades rurais, apenas as populações tradicionais e os pequenos produtores rurais são contemplados. Essa interpretação é corroborada pela conjugação do termo "propriedades rurais" com a parte final do artigo 2º, ou seja: propriedades rurais de que trata o artigo 9º da Lei nº 11.428/2006.

Art. 10. O poder público fomentará o enriquecimento ecológico da vegetação do Bioma Mata Atlântica, bem como o plantio e o reflorestamento com espécies nativas, em especial as iniciativas voluntárias de proprietários rurais.

§ 1º Nos casos em que o enriquecimento ecológico exigir a supressão de espécies nativas que gerem produtos ou subprodutos comercializáveis, será exigida a autorização do órgão estadual ou federal competente, mediante procedimento simplificado.

§ 2º Visando a controlar o efeito de borda nas áreas de entorno de fragmentos de vegetação nativa, o poder público fomentará o plantio de espécies florestais, nativas ou exóticas.

Conforme já foi abordado nos comentários ao artigo 3º, inciso VI, da Lei nº 11.428/2006, o enriquecimento ecológico deve ter como função somente a recuperação da diversidade biológica em áreas de vegetação nativa por meio da reinserção de espécies nativas, conforme estudo científico fundamentado que ateste a viabilidade dessa prática, e desde que não haja qualquer propósito de exploração econômica.

---

ses das populações tradicionais ou de pequenos produtores rurais, de que trata o art. 9º da Lei nº 11.428, de 2006, independe de autorização dos órgãos competentes.

[389] Roberto Varjabedian frisou a estranheza do Decreto nº 6.660/2008 inovar a Lei nº 11.428/2006 e ampliar a concessão da "benesse" a todas as propriedades rurais. (VARJABEDIAN, *op. cit.*, p.157).

Dentro dessa óptica, mostra-se positiva a imposição de dever ao Poder Público para o fomento dessa prática, embora não haja qualquer previsão concreta de fomento no Decreto nº 6.660/2008.

O artigo 4º do Decreto nº 6.660/2008 estabelece que o enriquecimento ecológico apenas se dá em vegetação secundária do bioma Mata Atlântica por meio do plantio e semeadura de espécies nativas. A referida prática não depende de autorização do órgão ambiental competente se não houver a necessidade de corte ou supressão de espécies nativas existentes[390].

Na hipótese da aludida prática prever a necessidade excepcional de corte ou supressão de espécies nativas, o artigo 6º do aludido Decreto declara que não constitui enriquecimento ecológico a atividade que importe a supressão ou corte de espécies da flora ameaçadas de extinção ou constantes nas listas dos estados, de espécies heliófilas, de espécies arbóreas em vegetação secundária em estágio avançado de regeneração, ou de qualquer espécie da flora em vegetação primária.

Caso não haja a incidência das vedações constantes do artigo 6º do Decreto nº 6.660/2008 e se verifique a necessidade excepcional de corte ou supressão de espécies nativas no âmbito da prática do enriquecimento ecológico, o aludido Decreto dispensa a autorização do órgão público ambiental se tal prática apenas ocorrer em remanescentes florestais nos estágios inicial e médio de regeneração em áreas de até dois hectares por ano e não houver geração de produtos ou subprodutos comercializáveis, direta ou indiretamente.[391]

No entanto, da mesma forma como foi consignado em relação à exploração eventual da Mata Atlântica, a mera leitura dos requisitos e vedações para a implementação do enriquecimento ecológico envolvendo o corte ou supressão de espécies da flora nativa, ainda que dele não decorra comercialização de produtos ou sub-produtos, já evidencia a inviabilidade prática de sua ocorrência com um mínimo de correção se não houver a atuação de controle dos órgãos públicos ambientais. Tanto é assim que alguns Estados da Federação regulamentaram a prática do enriquecimento ecológico e apenas dispensaram a necessidade de auto-

---

[390] Vide artigo 4º, inciso I, do Decreto nº 6.660/2008.
[391] Vide o artigo 4º, inciso II, e seu parágrafo 1º, do Decreto nº 6.660/2008.

rização do órgão público ambiental competente nas hipóteses em que não haja qualquer corte ou supressão de espécies nativas existentes[392].

O artigo 10, parágrafo 1º, da Lei nº 11.428/2006, por sua vez, aponta a exigência de autorização do órgão público ambiental competente mediante procedimento simplificado nos casos em que o enriquecimento ecológico exigir a supressão de espécies nativas que gerem produtos ou subprodutos comercializáveis. O referido procedimento simplificado e as informações mínimas a serem apresentadas pelo requerente da autorização para enriquecimento ecológico envolvendo o corte ou supressão de espécies da flora constam do artigo 7º do Decreto nº 6.660/2008, destacando-se a necessidade de laudo técnico assinado por profissional habilitado e respectiva Anotação de Responsabilidade Técnica (ART) e de prévia vistoria *in loco* pelo órgão ambiental competente.

O artigo 10, parágrafo 2º, da Lei nº 11.428/2006 afirma que o Poder Público deve fomentar o plantio de espécies florestais nas áreas de entorno de fragmentos de vegetação nativa visando controlar o efeito borda. Deveras, a fragmentação dos remanescentes florestais da Mata Atlântica e a crescente pressão antrópica sobre estes, normalmente materializada pela iluminação excessiva, ventos, introdução de transgênicos e de espécies invasoras, queimadas e aplicação de agrotóxicos, constituem o efeito borda que propicia a gradativa diminuição da biodiversidade, desaparecimento da fauna e degeneração de espécies[393].

Entretanto, é patente a existência de clara inconformidade do § 2º deste dispositivo legal em relação ao *caput*, na medida em que inclui a ideia de fomento de plantio de espécies florestais exóticas[394] nas áreas de entorno de fragmentos de vegetação nativa, com o intuito de con-

---

[392] É o caso, por exemplo, do artigo 22 da Resolução INEA nº 124/2015 do Estado do Rio de Janeiro, ou do artigo 5º, parágrafo único, da Resolução SEMA nº 19/2010 do Estado do Paraná.

[393] LIMA, André. Tutela jurídica das espécies da flora ameaçadas de extinção na Mata Atlântica. p.76.

[394] Consoante a enciclopédia Wikipedia: "Planta exótica é aquela dada como proveniente de fora da flora original local. Ou seja, uma planta exótica, não é autóctone do ambiente nativo. Também diz-se que uma planta exótica é estrangeira, não é indígena. Em muitos lugares do mundo as plantas exóticas causam desequilíbrios no ecossistema local e são consideradas como espécies invasoras. Em casos extremos, chegam a provocar a extinção de espécies animais e vegetais nativos da região aonde estas prosperam". Disponível em: <http://pt.wikipedia.org/wiki/Planta _ex%C3%B3tica>

trolar o efeito de borda. Veja-se que o *caput* do artigo 10, assim como a própria definição da expressão enriquecimento ecológico existente no artigo 3º, inciso VI, fazem referência específica à reinserção de espécies tão somente nativas. Frise-se que, na regulamentação do tema pelo Decreto nº 6.660/2008, não foi feita qualquer referência ao plantio de espécies exóticas no entorno de fragmentos de remanescentes florestais do bioma Mata Atlântica.

Ademais, é corrente que a invasão biológica por espécies exóticas é uma das principais causas de afetação da biodiversidade da Mata Atlântica, tanto que, há alguns anos, apenas de modo exemplificativo, noticiou-se a necessidade do que se denominou "desinfecção biológica", que consiste no corte de árvores das espécies florestais exóticas chamadas de "Pinus" e Uva do Japão no Parque Estadual Vila Velha, que estavam tomando o lugar das espécies florestais nativas[395].

Corroborando esse risco, a título de exemplo, a Lei Estadual nº 16.790//2011 do Paraná estabelece a proibição de utilização de espécies exóticas invasoras nas áreas de Reserva Legal, assim como a utilização de qualquer espécie exótica em remanescentes de vegetação secundária em estágio avançado de regeneração[396]. Outro exemplo a ser citado é a tramitação na Assembleia Legislativa do Rio de Janeiro do projeto de Lei nº 356/11, que regula o plantio de espécies florestais exóticas e contém a proibição do seu plantio próximo a áreas da Mata Atlântica.

De qualquer forma, o dispositivo legal em comento deve ser interpretado em conformidade com a Constituição da República[397] e com a

---

[395] Espécies exóticas ameaçam biodiversidade no sul do país, diz engenheira florestal. (Disponível em: <http://ecoviagem.uol.com.br/fique-por-dentro/colunistas/animais/vininha-carvalho/especies-exoticas-ameacam-biodiversidade-no-sul-do-pais-diz-engenheira--florestal-960.asp>)

[396] Vide artigo 3º, *caput*, e parágrafo 3º, da Lei Estadual 16.790/2011 (Paraná).

[397] Art. 225. Todos têm direito ao meio ambiente ecologicamente equilibrado, bem de uso comum do povo e essencial à sadia qualidade de vida, impondo-se ao Poder Público e à coletividade o dever de defendê-lo e preservá- lo para as presentes e futuras gerações. § 1º Para assegurar a efetividade desse direito, incumbe ao Poder Público: (...) II – preservar a diversidade e a integridade do patrimônio genético do País e fiscalizar as entidades dedicadas à pesquisa e manipulação de material genético; (...) VII – proteger a fauna e a flora, vedadas, na forma da lei, as práticas que coloquem em risco sua função ecológica, provoquem a extinção de espécies ou submetam os animais a crueldade. (...)"

Convenção sobre Diversidade Biológica[398], que estabelece a responsabilidade de cada um dos Estados em promover a proteção da biodiversidade preferencialmente *in situ* e, ainda, impõe a adoção de medidas de combate às espécies exóticas.

Art. 11. O corte e a supressão de vegetação primária ou nos estágios avançado e médio de regeneração do Bioma Mata Atlântica ficam vedados quando:

I – a vegetação:

a) abrigar espécies da flora e da fauna silvestres ameaçadas de extinção, em território nacional ou em âmbito estadual, assim declaradas pela União ou pelos Estados, e a intervenção ou o parcelamento puserem em risco a sobrevivência dessas espécies;

b) exercer a função de proteção de mananciais ou de prevenção e controle de erosão;

c) formar corredores entre remanescentes de vegetação primária ou secundária em estágio avançado de regeneração;

d) proteger o entorno das unidades de conservação; ou

e) possuir excepcional valor paisagístico, reconhecido pelos órgãos executivos competentes do Sistema Nacional do Meio Ambiente – SISNAMA;

II – o proprietário ou posseiro não cumprir os dispositivos da legislação ambiental, em especial as exigências da Lei nº 4.771, de 15 de setembro de 1965, no que respeita às Áreas de Preservação Permanente e à Reserva Legal.

Parágrafo único. Verificada a ocorrência do previsto na alínea a do inciso I deste artigo, os órgãos competentes do Poder Executivo adotarão as medidas necessárias para proteger as espécies da flora e da fauna silvestres ameaçadas de extinção caso existam fatores que o exijam, ou fomentarão e apoiarão as ações e os proprietários de áreas que estejam mantendo ou sustentando a sobrevivência dessas espécies.

---

[398] Artigo 8 – Conservação In situ – Cada Parte Contratante deve, na medida do possível e conforme o caso: a) Estabelecer um sistema de áreas protegidas ou áreas onde medidas especiais precisem ser tomadas para conservar a diversidade biológica, (...)

d) Promover a proteção de ecossistemas, habitats naturais e manutenção de populações viáveis de espécies em seu meio natural, (...)

h) Impedir que se introduzam, controlar ou erradicar espécies exóticas que ameacem os ecossistemas, habitats ou espécies, (...)"

2. COMENTÁRIOS À LEI Nº 11.428, DE 22.12.2006

O artigo 11 da Lei nº 11.428/2006 apresenta hipóteses gerais de proibição de corte ou supressão de vegetação primária ou secundária nos estágios médio ou avançado de regeneração do bioma Mata Atlântica.

Importante destacar que este dispositivo legal se constitui, juntamente com outros artigos a seguir analisados do regime geral do bioma Mata Atlântica, um verdadeiro pressuposto para iniciar a eventual análise dos demais requisitos legais em relação a qualquer pretensão de corte, exploração ou supressão de vegetação remanescente em seu estado primário ou secundário nos estágios médio e avançado de regeneração. Em outras palavras, se a pretensão de supressão ou corte de vegetação primária, ou de vegetação secundária nos estágios médio e avançado de regeneração, encontrar óbice em quaisquer das hipóteses de vedação do artigo 11 da Lei nº 11.428/2006, em regra sequer se deve dar continuidade à análise dos demais requisitos legais constantes dos regimes geral e especial do bioma Mata Atlântica.

Interessante observar que as hipóteses de vedação colacionadas pelo artigo 11 da Lei nº 11.428/2006 também constituem em importantes vetores dos critérios prioritários, em especial no âmbito geográfico-espacial, para a recuperação do bioma Mata Atlântica e restauração dos processos ecológicos essenciais.

A primeira hipótese da referida vedação de corte ou supressão, prevista no artigo 11, inciso I, alínea "a", é se a vegetação primária ou secundária nos estágios avançado e médio de regeneração do bioma Mata Atlântica abrigar espécies da flora e da fauna silvestres ameaçadas de extinção, em território nacional ou em âmbito estadual, assim declaradas pela União ou pelos Estados e a intervenção ou o parcelamento puserem em risco a sobrevivência dessas espécies.

Em âmbito nacional, o Ministério do Meio Ambiente regularmente atualiza as listas nacionais de espécies ameaçadas de extinção. Atualmente, a Portaria MMA nº 443/2014 colaciona a "Lista Nacional Oficial de Espécies da Flora Ameaçadas de Extinção", enquanto a Portaria MMA nº 444/2014 aponta a "Lista Nacional Oficial de Espécies da Fauna Ameaçadas de Extinção", e a Portaria MMA nº 445/2014[399] indica a "Lista Nacional Oficial de Espécies da Fauna Ameaçadas de Extinção – Peixes e Invertebrados Aquáticos".

---

[399] A Portaria MMA nº 445/2014 foi alterada pelas Portarias MMA nº 98/2015 e 163/2015.

A maioria dos Estados da Federação abrangidos pelo bioma Mata Atlântica também possuem listas de espécies da flora e fauna ameaçados de extinção, a exemplo dos Estados do Espírito Santo[400], de Minas Gerais[401] e da Bahia[402].

A parte final do dispositivo legal comentado atesta que a vedação para o corte ou supressão de vegetação em razão da presença de espécie da flora ou da fauna ameaçada de extinção apenas subsiste se a intervenção ou o parcelamento puserem em risco a sobrevivência dessa espécie. O Decreto nº 6.660/2008, em seu artigo 39, parágrafo único, regulamenta o artigo 11, inciso I, alínea "a", da Lei nº 11.428/2006, ao definir que é vedada a autorização para a referida pretensão de corte ou supressão

[...] nos casos em que a intervenção, parcelamento ou empreendimento puserem em risco a sobrevivência **in situ** de espécies da flora ou fauna ameaçadas de extinção, tais como:

I – corte ou supressão de espécie ameaçada de extinção de ocorrência restrita à área de abrangência direta da intervenção, parcelamento ou empreendimento; ou

II – corte ou supressão de população vegetal com variabilidade genética exclusiva na área de abrangência direta da intervenção, parcelamento ou empreendimento.

A nosso aviso, a única interpretação adequada para este dispositivo legal é a de que a aludida vedação apenas pode deixar de subsistir quando houver comprovação técnica devidamente fundamentada de que a espécie da flora ou da fauna em questão não deveria mais constar em lista nacional ou estadual como ameaçada de extinção, em razão da sua recuperação no bioma e na desatualização das listas. Isto porque fazer depender a aplicação da vedação à demonstração de que a supressão, o corte ou a exploração daquele remanescente da Mata Atlântica possa

---

[400] A Lista de Espécies Ameaçadas de Extinção no Espírito Santo foi homologada pelo Decreto Estadual nº 1.499-R/2005.

[401] As Deliberações Normativas COPAM nº 367/2008 e 147/2010 aprovam, respectivamente, a Lista das Espécies Ameaçadas de Extinção da Flora e da Fauna do Estado de Minas Gerais.

[402] A Portaria SEMA nº 37/2017 torna pública a Lista Oficial das Espécies da Fauna Ameaçadas de Extinção, enquanto a Portaria SEMA nº 40/2017 torna pública a Lista Oficial das Espécies Endêmicas da Flora Ameaçadas de Extinção do Estado da Bahia.

2. COMENTÁRIOS À LEI Nº 11.428, DE 22.12.2006

colocar em risco a sobrevivência da espécie ameaçada de extinção seria o mesmo que tornar letra morta os próprios atos normativos emanados pela União ou pelos Estados, que declararam, com base em estudos técnicos fundamentados, que os exemplares daquela espécie se encontram em vias de extinção, além de tergiversar novamente o objetivo da Lei nº 11.428 de salvaguarda da biodiversidade. Mais do que isso, significaria permitir, por exemplo, de modo hipotético, uma interpretação desastrada do órgão ambiental licenciador de autorização de supressão de remanescentes desde que haja a manutenção de apenas um remanescente de Mata Atlântica que contenha a espécie ameaçada de extinção, o que seria um disparate.

Consoante explica o biólogo Roberto Varjabedian,

[...] não há fundamento técnico para justificar a supressão de remanescentes em um bioma ameaçado de extinção, notadamente em situações em que persistem e lutam pela sobrevivência várias espécies ameaçadas que deles dependem. Ainda que se alegue que supressões pontuais de vegetação em um dado caso não representem ameaça à sobrevivência da espécie em extinção, o somatório de intervenções, cumulativamente, poderá se tornar altamente lesivo[403].

O bioma Mata Atlântica, embora como um todo se encontre em risco de extinção, pois reduzido a um percentual próximo a dez por cento de remanescentes e ainda em estado fragmentado, continua a se submeter a novas supressões e degradações. O que se pode dizer, então, da possibilidade de supressão dos poucos remanescentes que ainda existem e que contêm em sua área de abrangência espécies que lutam pela sobrevivência?

Importante lembrar que a Lei nº 11.428/2006 estatui como um dos seus objetivos específicos a salvaguarda da biodiversidade (artigo 6º, *caput*), assim como definiu entre os seus princípios a equidade intergeracional e a precaução[404] (artigo 6º, parágrafo único), ao passo que a

---

[403] VARJABEDIAN, Roberto. Lei da Mata Atlântica: retrocesso ambiental. **Revista Estudos Avançados**, São Paulo, v.24, n.68, p.154, jan./abr. 2010.

[404] Conforme consignado na Convenção sobre a Diversidade Biológica: [...]quando exista ameaça de sensível redução ou perda de diversidade biológica, a falta de plena certeza científica não deve ser usada como razão para postergar medidas para evitar ou minimizar essa ameaça, Observando igualmente que a exigência fundamental para a conservação da diversi-

mesma lei, em seu artigo 7º, inciso I, fixa como objetivo central que a proteção e utilização da Mata Atlântica devem ser realizadas do modo a garantir "a manutenção e a recuperação da biodiversidade, vegetação, fauna e regime hídrico do Bioma Mata Atlântica para as presentes e futuras gerações". Assim, na medida em que os referidos objetivos e princípios funcionam também como normas jurídicas e verdadeiras referências às demais normas em sua aplicação e interpretação, o artigo 11, inciso I, alínea "a", da Lei nº 11.428/2006, deve ser interpretado de modo a manter a vedação de corte ou supressão de vegetação primária, ou vegetação secundária em estágio médio ou avançado de regeneração, que abrigue espécie da flora ou fauna ameaçada de extinção, salvo se houver comprovada demonstração de desatualização das listas de espécies ameaçadas de extinção.

Qualquer interpretação que descaracterize a vedação desse dispositivo legal afrontaria:

a) a Convenção sobre Diversidade Biológica, da qual o Brasil é signatário e possui status supralegal, e que estabelece a responsabilidade de cada um dos Estados em promover a proteção da biodiversidade preferencialmente *in situ*, de promover a recuperação e restauração de ecossistemas degradados e recuperação de espécies ameaçadas e de manter legislações necessárias e disposições regulamentares para a proteção de espécies e populações ameaçadas[405];

b) a Constituição da República que, para assegurar a efetividade do direito ao meio ambiente ecologicamente equilibrado, incumbiu ao Poder Público a preservação da diversidade e integridade do patrimônio genético do país e a proteção da fauna e da flora, vedando-se as práticas que provoquem a extinção de espécies ou que coloquem em risco a sua função ecológica.[406]

dade biológica é a conservação in situ dos ecossistemas e dos habitats naturais e a manutenção e recuperação de populações viáveis de espécies no seu meio natural;

[405] Artigo 8 – Conservação In situ – Convenção sobre Diversidade Biológica.

[406] Art. 225. Todos têm direito ao meio ambiente ecologicamente equilibrado, bem de uso comum do povo e essencial à sadia qualidade de vida, impondo-se ao Poder Público e à coletividade o dever de defendê-lo e preservá- lo para as presentes e futuras gerações. § 1º Para assegurar a efetividade desse direito, incumbe ao Poder Público: (...) II – preservar a diversidade e a integridade do patrimônio genético do País e fiscalizar as entidades dedicadas à pesquisa e manipulação de material genético; (...) VII – proteger a fauna e a flora, vedadas,

No tocante ao disposto no artigo 11, inciso I, alínea "b", a Lei nº 11.428/2006 instituiu outra vedação para o corte ou supressão de vegetação primária ou secundária nos estágios médio e avançado de regeneração, se esta "exercer a função de proteção de mananciais ou de prevenção e controle de erosão".

Primeiramente, deve-se esclarecer que bacia manancial de abastecimento público é um espaço territorial de uma determinada bacia hidrográfica que se situa a montante da atual ou futura barragem destinada a ponto de captação de água para abastecimento público[407]. De acordo com essa noção, entende-se que para exercer a função de proteção de mananciais, a aludida vegetação do bioma Mata Atlântica deve estar localizada na bacia hidrográfica situada a montante dos locais onde existam ou se prevejam futuramente pontos destinados à captação de água para abastecimento público, consoante estabelecido nas normas de cada Estado da Federação[408]. Isso porque a referida vegetação possui indispensável função de proteção da qualidade e quantidade dos recursos hídricos, inclusive por meio do seu potencial de impedir que os cursos hídricos situados a montante conduzam focos de contaminação aos pontos de captação de água para consumo público.

Deve-se lembrar ainda que a maioria dos Estados da Federação possui sistema de compensação do ICMS ecológico aos municípios que possuem parte do seu território abrangido por bacia manancial de abastecimento público, o que reforça a necessidade de fiscalização do cumprimento do disposto no artigo 11, inciso, alínea "b".

A função da vegetação de Mata Atlântica para a prevenção e o controle de erosão, por sua vez, deve ser verificada pelo órgão público ambiental em cada caso concreto em que se formaliza um pleito de

---

na forma da lei, as práticas que coloquem em risco sua função ecológica, provoquem a extinção de espécies ou submetam os animais a crueldade. (...)"

[407] A título de exemplo, no Estado do Paraná, a Lei nº 8.935/89 define em seu artigo 1º, § único, que bacia manancial de abastecimento público é "a área da bacia hidrográfica situada a montante do local onde exista ou se preveja futuramente construir uma barragem destinada à captação de água para abastecimento público".

[408] Exemplificam a delimitação desses espaços: a) a Lei nº 10.793/92 que dispõe sobre a proteção de mananciais destinados ao abastecimento público no Estado de Minas Gerais; b) o Decreto nº 3.411/2008 que declara as Áreas de Interesse de Mananciais de Abastecimento Público para a Região Metropolitana de Curitiba; c) a Lei nº 16.568/2017 que dispõe sobre a Área de Proteção e Recuperação dos Mananciais do Alto Cotia no Estado de São Paulo;

supressão ou corte de vegetação da Mata Atlântica, por meio da exigência ao interessado de apresentação de análise sobre o potencial de erosão daquela área pretendida no bojo dos estudos ambientais preliminares.

Nesse particular, interessante citar recomendação emitida, na data de 28 de maio de 1997, pelo Conselho Estadual do Meio Ambiente de São Paulo ao então Secretário Estadual de Meio Ambiente, para que aprovasse uma minuta de regulamentação do artigo 5º do Decreto nº 750/93, em que, dentre outras deliberações, dispunha-se que o interessado em promover a supressão ou corte de vegetação de Mata Atlântica deveria apresentar ao órgão público ambiental estudo técnico específico, que contivesse, dentre outros conteúdos mínimos, o estudo sobre o potencial de erosão do solo, com informações sobre a localização, a caracterização detalhada do meio físico, dos processos erosivos e das intervenções antrópicas já existentes na área e em seu entorno, dos impactos associados e das eventuais obras a serem executadas[409].

Tal providência deve se constituir em praxe da atuação do órgão público ambiental, preferencialmente materializada por meio de termo de referência para interessados no pretenso corte ou supressão de vegetação primária ou secundária em estágio médio ou avançado de regeneração do bioma Mata Atlântica.

Outra vedação de corte ou supressão de vegetação primária ou secundária (nos estágios médio ou avançado de regeneração) do bioma Mata Atlântica, prevista no artigo 11, inciso I, alínea "c", ocorre se essa vegetação formar corredores entre remanescentes de vegetação primária ou secundária em estágio avançado de regeneração. Deveras, a formação de corredores de remanescentes de Mata Atlântica é um dos modos mais eficazes para a proteção da biodiversidade em razão da restauração da conectividade entre remanescentes florestais e facilitação do fluxo genético entre as populações da flora e da fauna. Dito de outra forma, a fragmentação dos remanescentes de Mata Atlântica é um dos principais fatores que expõe em risco a sobrevivência do bioma. Maria Lenise Silva Guedes *et. al.* ressaltam, nessa temática, que

[409] Deliberação Consema nº 18, de 28 de maio de 1997 (120ª Reunião Ordinária do Plenário do Consema). In: CAPOBIANCO, João Paulo R.; LIMA, André R. (Org.). **Mata Atlântica**: avanços legais e institucionais para a sua conservação. São Paulo: Instituto Socioambiental, 1997. p.95-98.

[...] o sucesso da preservação da biodiversidade na Mata Atlântica está estreitamente vinculado ao sucesso do restabelecimento da conectividade. Isto implica no deslocamento do foco das Unidades de Conservação para a gestão integrada da paisagem em mosaico, envolvendo desde fragmentos naturais de florestas até centros urbanos.[410]

Veja-se que cabe ao órgão público ambiental, ao receber requerimento de corte ou supressão de vegetação primária ou secundária (nos estágios médio ou avançado de regeneração), caso já não se tenha essa informação pré-constituída, exigir do interessado a realização de inventário florestal e estudos que demonstrem se o remanescente em questão constitui ou não a função de conectividade entre outros remanescentes de vegetação primária ou secundária em estágio avançado de regeneração, principalmente entre Unidades de Conservação.

A Resolução CONAMA nº 9/1996 afirma em seu artigo 1º, parágrafo único, que os corredores de vegetação entre remanescentes são constituídos "pelas faixas de cobertura vegetal existentes nas quais seja possível a interligação de remanescentes, em especial, às unidades de conservação e áreas de preservação permanente" e pelas "matas ciliares em toda sua extensão e pelas faixas marginais definidas por lei".[411]

Paralelamente a isso, o Ministério do Meio Ambiente e os órgãos públicos ambientais dos Estados da Federação têm formalizado o reconhecimento de corredores ecológicos, tal como ocorreu em relação ao Corredor Central da Mata Atlântica[412].

Outro exemplo de corredor ecológico é o da Costa Esmeralda, situado no litoral norte do Estado de Santa Catarina, com abrangência de parte dos municípios de Bombinhas, Porto Belo e Itapema, incluindo o

---

[410] GUEDES, Maria Lenise Silva et al. Breve incursão sobre a biodiversidade da Mata Atlântica, p.40.

[411] A Resolução CONAMA nº 9/96 ainda estabelece em seu artigo 3º e parágrafo único que a "largura dos corredores será fixada previamente em 10% (dez por cento) do seu comprimento total, sendo que a largura mínima será de 100 m"e que, "quando em faixas marginais a largura mínima estabelecida se fará em ambas as margens do rio".

[412] No referido corredor ecológico foram instituídos comitês de gestão, atualmente com vinte e dois membros, sendo onze representantes governamentais e onze não-governamentais, em cada um dos Estados (Bahia e Espírito Santo). Informação disponível em: < http://www.meioambiente.ba.gov.br/arquivos/File/Publicacoes/Cadernos/CorredorCentraldaMataAtlantica.pdf>.

arquipélago de Arvoredo e ilhas adjacentes, que possui restingas, manguezais, floresta ombrófila densa e outros ecossistemas, além de Unidades de Conservação como a Área de Proteção Ambiental Federal de Anhatomirim e a Reserva Biológica Federal do Arvoredo[413]. No Estado do Paraná, a Resolução Conjunta SEMA/IAP 05/2009 definiu as Áreas Estratégicas para a Conservação e Restauração da Biodiversidade no Paraná, inclusive com a sua espacialização em mapa, com a previsão de formação de corredores ecológicos ao longo dos rios[414].

Contudo, um questionamento que se faz necessário em relação ao disposto no artigo 11, inciso I, alínea "c", é o porquê da não inclusão da referida vedação para corredores ecológicos entre remanescentes de vegetação secundária em estágio médio de regeneração. Entende-se que, nesse particular, houve inconstitucionalidade por omissão frente aos comandos constitucionais constantes do artigo 225, *caput*, e § 1º, incisos I, II, III e VII, que vedam expressamente a utilização da Mata Atlântica que comprometa a integridade dos atributos que justifiquem sua proteção e as práticas que coloquem em risco a função ecológica da fauna e da flora, assim como impõem o dever de preservar e restaurar os processos ecológicos essenciais e a integridade do patrimônio genético, inclusive às futuras gerações.

Independentemente disso, assume relevância para uma atuação preventiva e com maior efetividade dos órgãos públicos ambientais no que concerne à observância do artigo 11, inciso I, alínea "c", da Lei nº 11.428/2006, o levantamento pela União e pelos Estados, sem prejuízo da colaboração de Fundações e entidades do terceiro setor, dos remanescentes de vegetação primária e secundária em estágio avançado de de regeneração para a identificação de remanescentes que funcionam como corredor ecológico, alimentando-se plataforma ou banco público dessas informações.

---

[413] ARRUDA, Moacir Bueno. Corredores ecológicos no Brasil: Gestão integrada de ecossistemas. In: Moacir Bueno Arruda; Luis Fernando Nogueira. (Org.). **Corredores ecológicos: Uma abordagem integradora de ecossistemas no Brasil**. 1ª. ed. Brasília: Edições Ibama, 2004, v. 1, p. 11-46.

[414] Disponível em: < http://www.iap.pr.gov.br/arquivos/File/Legislacao_ambiental/Legislacao_estadual/RESOLUCOES/RESOLUCAO_SEMA_IAP_05_2009_AREAS_PRIORITARAS.pdf>

2. COMENTÁRIOS À LEI Nº 11.428, DE 22.12.2006

O artigo 11, inciso I, da Lei nº 11.428/2006 também institui em sua alínea "d" a vedação do corte ou supressão de vegetação primária, ou secundária em estágio médio ou avançado de regeneração, no caso dessa vegetação proteger o entorno das Unidades de Conservação.

Para fins de aplicação da alínea "d", do inciso I, importante esclarecer a definição e a extensão da área de entorno das Unidades de Conservação. A zona de amortecimento ou de entorno foi definida pelo artigo 2º, inciso XVIII da Lei nº 9.985/2000 como o "entorno de uma unidade de conservação, onde as atividades humanas estão sujeitas a normas e restrições específicas, com o propósito de minimizar os impactos negativos sobre a unidade".

A Resolução CONAMA nº 428, de 17 de dezembro de 2010, revogou a Resolução nº 13/90, e reduziu a extensão da área mínima de entorno das Unidades de Conservação de 10 km para 3 km, salvo se o plano de manejo da Unidade de Conservação estabelecer uma extensão superior. No entanto, independentemente da discussão sobre a constitucionalidade dessa redução do perímetro de entorno, deve-se asseverar que os Estados da Federação podem estabelecer, em suas respectivas legislações, extensões superiores para as áreas de entorno das Unidades de Conservação, tal como ocorre no Estado do Rio Grande do Sul, por meio do Código Estadual do Meio Ambiente instituído pela Lei Estadual nº 11.520/2000[415]. Da mesma forma do que foi apontado em relação aos corredores de biodiversidade, mostra-se importante a instituição de banco público de dados e informações em cada Estado da Federação sobre as áreas de entorno de todas as Unidades de Conservação existentes em seus territórios para facilitar a observância dessa vedação legal.

Outra vedação estabelecida pela Lei nº 11.428/2006 para o corte ou supressão de vegetação primária, ou secundária em estágio médio ou avançado de regeneração, prevista no inciso I, alínea "e", do dispositivo legal em comento, refere-se à hipótese desta vegetação da Mata Atlântica possuir reconhecimento de excepcional valor paisagístico pelos órgãos executivos competentes do Sistema Nacional do Meio Ambiente

---

[415] Sobre o tema, vide a nota de esclarecimento sobre o entorno (raio de 10 km) das Unidades de Conservação no Rio Grande do Sul, emitida pela Secretaria Estadual do Meio Ambiente daquele Estado da Federação na data de 6 de janeiro de 2011. Disponível em: <http://www.sema.rs.gov.br/upload/Esclarecimento%20RAIO%2010KM%281%29.pdf>.

– SISNAMA[416], quais sejam o Instituto Brasileiro do Meio Ambiente e dos Recursos Naturais Renováveis (IBAMA)[417], o Instituto Chico Mendes de Conservação da Biodiversidade (ICMBio)[418], ou os órgãos públicos ambientais estaduais e municipais.

O modo mais comum de reconhecimento de excepcional valor paisagístico da vegetação do bioma Mata Atlântica é por meio de previsão normativa, já que a Resolução CONAMA nº 10/93, em seu artigo 6º, inciso II, define vegetação de excepcional valor paisagístico como "vegetação existente nos sítios considerados de excepcional valor paisagístico em legislação do Poder Público Federal, Estadual ou Municipal"[419]. No entanto, esse reconhecimento também pode ocorrer com base em processo de tombamento[420] ou em sentença judicial[421].

---

[416] Vide artigo 6º da Lei nº 6.938/81.

[417] Criado pela Lei 7.735/1989, é autarquia federal que tem por atribuição central o exercício do poder de polícia ambiental.

[418] Criado pela Lei 11.516/2007, é autarquia federal que tem por atribuições a proposição, implantação, gestão, proteção, fiscalização (poder de polícia) e monitoramento das unidades de conservação da natureza federais, bem como fomentar e executar programas de pesquisa, proteção, preservação e conservação da biodiversidade e de educação ambiental.

[419] Cita-se como exemplo de legislação que reconhece o excepcional valor paisagístico de vegetação do bioma Mata Atlântica o Decreto nº 6.073/77, que declara que a "orla do Rio Guaíba e os topos de morros do Município de Porto Alegre são consideradas áreas de excepcional valor paisagístico".

[420] Importante lembrar que o artigo 1º, parágrafo 2º, do Decreto-Lei nº 25/37, estatui que "equiparam-se aos bens a que se refere o presente artigo e são também sujeitos a tombamento os monumentos naturais, bem como os sítios e paisagens que importe conservar e proteger pela feição notável com que tenham sido dotados pela natureza ou agenciados pela indústria humana".

[421] A título de exemplo, faz-se referência à seguinte ementa: "APELAÇÃO CÍVEL. DIREITO PÚBLICO. AÇÃO CIVIL PÚBLICA. AMBIENTAL. MEIO AMBIENTE CULTURAL. TOMBAMENTO. CACHOEIRINHA. – A Constituição Federal prevê serem patrimônio cultural os bens "portadores de referência à identidade, à ação, à memória dos diferentes grupos formadores da sociedade brasileira" (art. 216, caput), o que pode se dar em caráter nacional, regional ou local. – Não se configura ofensa à separação de Poderes quando o Judiciário, diante de ação ou omissão inconstitucional ou ilegal do Executivo ou do Legislativo, exerce jurisdição para proteção de direitos fundamentais, como o é o direito ao meio ambiente equilibrado – conceito no qual está inserido o meio ambiente cultural. – Caso em que, realizada perícia sobre imóveis situados no Município de Cachoeirinha, manifestando-se o IPHAN, bem como analisado o conjunto probatório dos autos, constatou-se a presença de substancial valor cultural passível de proteção, consistente em imóvel representativo da origem do Município. APELO PARCIALMENTE PROVIDO". (TJ-RS – AC: 70068917293 RS,

2. COMENTÁRIOS À LEI Nº 11.428, DE 22.12.2006

Por fim, o artigo 11, inciso II, da Lei nº 11.428/2006, prescreve a vedação de corte ou supressão de vegetação primária ou de vegetação secundária, em estágio médio ou avançado de regeneração, se "o proprietário ou posseiro não cumprir os dispositivos da legislação ambiental, em especial as exigências da Lei nº 4.771, de 15 de setembro de 1965, no que respeita às Áreas de Preservação Permanente e à Reserva Legal".

Veja-se que a primeira parte do referido inciso II traz uma vedação de cunho mais genérico ao proibir a referida supressão ou corte de vegetação se houver o descumprimento de qualquer dispositivo da legislação ambiental pelo proprietário ou possuidor. Isso quer dizer que se houver qualquer infração ambiental ou passivo ambiental em relação ao imóvel onde se localiza o remanescente da vegetação do bioma Mata Atlântica, ou se houver passivo ambiental que envolva o seu proprietário ou possuidor, qualquer pretensão de corte ou supressão de vegetação primária ou secundária (nos estágio médio e avançado de regeneração) deve ser de plano indeferida e sequer iniciada a análise dos demais pressupostos constantes do regime jurídico geral e dos requisitos previstos no regime jurídico especial do bioma Mata Atlântica.

O referido dispositivo legal, a exemplo do artigo 5º da Lei nº 11.428//2006, evidencia a importância da existência de banco de dados e plataforma de acesso ao público contendo todas as relações de pessoas físicas e jurídicas e de imóveis e seus respectivos polígonos com registro de infrações, débitos e passivos ambientais.

O teor da primeira parte do inciso II do artigo 11 da Lei nº 11.428//2006 se assemelha com algumas legislações estaduais, que vedam a concessão de qualquer licença ou autorização ambiental sem a prévia resolução do passivo ambiental relativo ao imóvel, ao seu proprietário/possuidor ou ao empreendimento[422].

Relator: Marilene Bonzanini, Data de Julgamento: 09/06/2016, Vigésima Segunda Câmara Cível, Data de Publicação: Diário da Justiça do dia 14/06/2016).

[422] Exemplo disso é a Resolução nº 65/2008 da CEMA/PR (Conselho Estadual do Meio Ambiente do Paraná), que determina, em seu artigo 17, inciso V, o seguinte: "Art. 17. Nos procedimentos relativos ao licenciamento e/ou autorização, em qualquer de suas modalidades, o IAP: (...) V – condicionará a emissão das licenças/autorizações à inexistência de passivos ambientais relativos ao imóvel, ao proprietário do imóvel ou ao empreendimento, atividade ou obra, tais como débitos ambientais, descumprimento de termos de compromisso ou ajustamento de conduta, descumprimento de medidas de proteção ambiental previstas em

Já a parte final deste inciso II conferiu especial destaque à necessidade de respeito às exigências da Lei nº 4.771, de 15 de setembro de 1965, no que respeita às Áreas de Preservação Permanente e à Reserva Legal. A partir da revogação da Lei nº 4.771/65 pela Lei nº 12.651/2012, é em regra a observância desta última Lei que deve ser verificada em relação às Áreas de Preservação Permanente e de Reserva Florestal Legal, tendo em vista a sua extrema relevância para assegurar o piso mínimo de sustentabilidade em cada imóvel. Nesse particular, constitui desrespeito a justificar a incidência da vedação prevista no artigo 11, inciso II, da Lei nº 11.428/2006, por exemplo, o descumprimento do termo de compromisso firmado junto ao órgão público ambiental no âmbito do Programa de Regularização Ambiental (PRA) ou do Termo de Ajustamento de Conduta celebrado sob a égide da Lei nº 4.771/65 para a manutenção, proteção e recuperação das Áreas de Preservação Permanente e de Reserva Legal[423].

Assim, frente à pretensão de corte ou supressão de Mata Atlântica com vegetação primária, ou secundária nos estágios médio ou avançado de regeneração, cabe ao órgão público ambiental, perquirir ao interessado sobre todas as hipóteses de incidência do artigo 11 da Lei Federal 11.428/2006, exigindo-se a realização dos estudos ambientais e inventários florestais pertinentes, assim como a realização de confronto das informações do imóvel em referência com os bancos de dados e informações ambientais, e a realização de vistoria *in loco* para verificar se há correspondência com as vedações legais em comento.

licenciamento, ausência de remediação, descontaminação, recuperação e desativação da fonte geradora de resíduos sólidos; (...)".

[423] Consoante abordado em outro espaço: "Ao analisar os reflexos e os contornos jurídicos relacionados à discussão da pretensa revisão de Termos de Ajustamento de Conduta ou Termos de Compromisso de manutenção e recuperação das Áreas de Preservação Permanente e de Reserva Legal frente ao advento da Lei Federal 12.651/2012 e da diminuição dos patamares protetivos do meio ambiente, restou clara a consolidação jurisprudencial no Superior Tribunal de Justiça, em relação ao qual se fez referência inclusive a acórdão julgado e publicado em data recente, assim como nos Tribunais de Justiça dos Estados da Federação, para definir que o ingresso de nova lei no ordenamento jurídico deve respeitar o ato jurídico perfeito e os direitos ambientais adquiridos e para que se obedeça à lei em vigor quando da ocorrência do fato em matéria ambiental em aplicação do princípio *tempus regit actum*". (GAIO, Alexandre. Os Termos de Ajustamento de Conduta para a proteção do meio ambiente como atos jurídicos perfeitos e a consolidação da jurisprudência do Superior Tribunal de Justiça. Revista Jurídica do Ministério Público do Estado do Paraná, v. 7, p. 29-48, 2017).

O artigo 11 da Lei nº 11.428/2006, em uma visão geral, mantém algumas conquistas obtidas com o Decreto nº 750/93 para a tutela do bioma Mata Atlântica, priorizando a proteção de remanescentes que detenham situações que justificam a existência de restrições mais densas, tais como os entornos de Unidades de Conservação e os mananciais de abastecimento público. No entanto, merece críticas, além daquelas já pontuadas, em razão de excluir das hipóteses de vedação a vegetação de Mata Atlântica em estágio inicial de regeneração, ainda que essa vegetação seja dotada dessas circunstâncias especiais, o que contradiz com o objetivo de recuperação do bioma explicitado nos seus artigos 6º e 7º.

Art. 12. Os novos empreendimentos que impliquem o corte ou a supressão de vegetação do Bioma Mata Atlântica deverão ser implantados preferencialmente em áreas já substancialmente alteradas ou degradadas.

Segundo já destacado, os artigos 11, 12 e 14 da Lei nº 11.428/2006 se constituem em efetivos pressupostos para o início de eventual análise dos demais requisitos legais previstos no regime jurídico especial da Mata Atlântica quanto à pretensão de corte, exploração ou supressão de sua vegetação remanescente.

No caso de pretensão de corte ou supressão de vegetação primária ou secundária (nos estágios médio ou avançado de regeneração) há necessidade de confronto preliminar dessa pretensão com os pressupostos (hipóteses de vedação) constantes do artigo 11 da Lei nº 11.428/2008 e, caso não haja a incidência de algum dos óbices do aludido dispositivo legal, parte-se para a análise do artigo 14 da mesma Lei[424], que prevê as hipóteses excepcionais de autorização para corte ou supressão dessa vegetação. Somente se ultrapassados os pressupostos previstos nos artigos 11 e 14 da Lei nº 11.428/2006 é que se deve passar à análise do pressuposto previsto no artigo 12 da mesma Lei. Por sua vez, somente no caso de devido atendimento ao previsto no citado artigo 12, credencia-se o início da análise dos requisitos previstos no regime jurídico especial da Mata Atlântica.

Desta forma, independentemente das hipóteses vedadas e permissíveis de exploração, corte e supressão de vegetação do bioma Mata

[424] Vide comentários ao artigo 14 da Lei nº 11.428/2006.

Atlântica, a regra geral constante do artigo 12 da Lei nº 11.428/2006 fixa o dever de implantação preferencial de novos empreendimentos, que impliquem o corte ou a supressão de Mata Atlântica, em áreas já substancialmente alteradas ou degradadas. A exegese desse dispositivo legal de modo harmônico com os princípios e objetivos da Lei nº 11.428/2006 e, em especial com a Constituição Federal de 1988, é fundamental para a proteção e recuperação dos remanescentes do bioma Mata Atlântica e para a tutela do direito fundamental ao meio ambiente ecologicamente equilibrado.

A primeira necessária observação é de que a expressão "deverão ser" prevista no artigo 12 demonstra claramente que se trata de regra cogente a que se devem submeter todos os empreendimentos, sem exceção, posteriores à data da publicação da Lei nº 11.428, qual seja a data de 26 de dezembro de 2006, que, para a sua implantação, necessitem do corte ou da supressão de vegetação do bioma Mata Atlântica. Importante observar que os "novos empreendimentos" abrangem as hipóteses de ampliação de empreendimentos instalados anteriormente à égide da Lei nº 11.428/2006.

A segunda observação é de que a locução "todos os empreendimentos" incluem os empreendimentos privados e públicos, independentemente da caracterização destes como detentores de utilidade pública ou interesse social, nos termos do artigo 3º, incisos VII e VIII, da Lei nº 11.428/2006. Assim, a título de exemplo, tanto uma indústria de produção de fertilizantes, como uma escola pública, se estiverem situados na área de abrangência do bioma Mata Atlântica, devem ser implantados preferencialmente em áreas já substancialmente alteradas ou degradadas.

A terceira observação decorre de um possível questionamento: se a regra do artigo 12 da Lei nº 11.428/2006 é cogente e submete todos os empreendimentos ao comando "deverão ser implantados", qual é a razão para a inserção do termo "preferencialmente" em áreas substancialmente alteradas ou degradadas?

De início, o termo "preferencialmente" pressupõe o raciocínio de que a região pretendida pelo empreendimento possui áreas preservadas e degradadas, com a primazia destas para a implantação do empreendimento. Contudo, o termo "preferencialmente" também denota a preocupação do legislador em não tornar a regra do artigo 12 da Lei

2. COMENTÁRIOS À LEI Nº 11.428, DE 22.12.2006

nº 11.428/2006 absolutamente inflexível frente a situações de extrema excepcionalidade, como, por exemplo, a necessidade de implantação estratégica de uma base operacional das Forças Armadas em um determinado e específico local do bioma Mata Atlântica, ao passo que a indicação de outro local tornaria inútil tal pretensão. Por óbvio que, em uma hipótese específica e singular como essa, o órgão público ambiental pode, de modo fundamentado, deixar de atribuir primazia a uma área substancialmente alterada ou degradada. Da mesma forma, haveria razoabilidade na mitigação da preferência da escolha pela área substancialmente alterada ou degradada se esta, por exemplo, localizar-se em área de entorno de Unidade de Conservação de proteção integral ou em local importante para o (re)estabelecimento de corredores de biodiversidade.

A quarta necessária observação é de que a regra do artigo 12 da Lei nº 11.428/2006 se aplica à vegetação do bioma Mata Atlântica, independentemente da vegetação ser primária ou secundária, e nesse caso, o estágio de sua regeneração (inicial, médio ou avançado). Essa conclusão é clara, na medida em que não houve, no dispositivo legal em comento, a restrição de sua aplicação a apenas determinadas manifestações ou estágios de regeneração da vegetação do bioma Mata Atlântica.

A quinta observação deve partir de um questionamento: o que são áreas substancialmente alteradas ou degradadas do bioma Mata Atlântica? Para possibilitar uma adequada resposta a esse questionamento, é preciso fazer alusão às definições de vegetação primária, vegetação secundária e seus estágios de regeneração trazidos pela Resolução nº 10, de 1º de outubro de 1993, do Conselho Nacional do Meio Ambiente (CONAMA)[425]. De modo resumido, pode-se apontar as seguintes definições de vegetação do bioma Mata Atlântica:

a) vegetação primária: vegetação de máxima expressão local, com grande diversidade biológica, sendo os efeitos das ações antró-

---

[425] O CONAMA também editou Resoluções para detalhar os parâmetros da vegetação primária e secundária da Mata Atlântica em cada um dos Estados da Federação, já que cada um destes Estados possui peculiaridades. Em razão do disposto no artigo 4º, § 1º, da Lei nº 11.428/2006, o CONAMA, por meio da Resolução nº 388, de 23 de fevereiro de 2007, convalidou todas as citadas Resoluções que definem os aludidos conceitos e os parâmetros para a caracterização de vegetação primária e secundária, assim como os estágios de regeneração desta.

picas (humanas) mínimos, a ponto de não afetar significativamente suas características originais de estrutura e de espécies[426].
b) vegetação secundária (ou em regeneração): vegetação resultante dos processos naturais de sucessão, após supressão total ou parcial da vegetação primária por ações antrópicas (humanas) ou causas naturais, podendo ocorrer árvores remanescentes da vegetação primária[427].
c) vegetação secundária em estágio avançado de regeneração: vegetação com elevado índice de diversidade biológica e complexidade estrutural, onde predominam as manifestações mais altas (altura média superior a doze metros e diâmetro médio superior a quatorze centímetros), com copas horizontalmente amplas e relativamente uniformes. Essa vegetação normalmente alcança esse estágio depois de quinze anos de regeneração natural da vegetação, podendo levar de 60 a 200 anos para alcançar novamente o estágio semelhante à floresta primária.
d) vegetação secundária em estágio médio de regeneração: vegetação com índice de diversidade biológica e altura maior (altura média de doze metros e diâmetro médio de quinze centímetros) que aquela encontrada no estágio inicial de regeneração. As árvores e arbustos já predominam sobre as ervas e é possível visualizar camadas diferenciadas de vegetação e subosque (uma camada de arbustos que se forma abaixo da copa das árvores mais altas).
e) vegetação secundária em estágio inicial de regeneração: vegetação com índice mais baixo de diversidade biológica, que contém árvores menores (normalmente até quatro metros de altura e oito centímetros de diâmetro) e onde predominam ervas e arbustos. O estágio inicial, para alcançar o estágio médio de regeneração, pode demorar geralmente de cinco a dez anos.

Expostas essas definições de vegetação primária e secundária, há condições de se afirmar que áreas *"substancialmente"* alteradas ou degradadas são aquelas que mais se distanciam das características originais de estrutura e de espécies, justamente porque se submeteram a um

[426] Resolução CONAMA nº 10/1993.
[427] Resolução CONAMA nº 10/1993.

2. COMENTÁRIOS À LEI Nº 11.428, DE 22.12.2006

processo de larga antropização e descaracterização de seus atributos naturais, ou seja, aquelas que não possuem qualquer vegetação ou, se possuem vegetação, essa detém um nível mais baixo de diversidade biológica.

Dessa forma, a consequência lógica da aplicação do artigo 12 da Lei nº 11.428/2006 é de que a pretensão de corte ou de supressão de vegetação secundária em estágio médio ou avançado de regeneração do bioma Mata Atlântica, mesmo que se enquadre nas hipóteses permissíveis do aludido diploma legal, é considerada ilegal e indevida se o interessado não demonstrar, no trâmite do processo administrativo de licenciamento ambiental, a inexistência, no município ou região onde se pretende implantar o empreendimento, de áreas já substancialmente alteradas ou degradadas que comportem esse empreendimento, tais como áreas desprovidas de vegetação ou, em último caso, áreas providas de vegetação secundária em estágio inicial de regeneração.

Nessa mesma linha de raciocínio, se houver a pretensão de supressão de vegetação secundária do bioma Mata Atlântica no estágio inicial de regeneração, o artigo 12 da Lei nº 11.428/2006 determina que se atribua preferência às áreas desprovidas de qualquer vegetação.

Ressalta-se que é bastante comum a tendência do proponente de um empreendimento, privado ou público, em "escolher", para a sua implantação, áreas consideradas preservadas do bioma Mata Atlântica, geralmente providas de vegetação secundária em estágio médio ou avançado de regeneração, em razão do seu menor valor comercial. Nesse contexto, a aplicação do artigo 12 da Lei nº 11.428/2006 impõe ao proponente de um empreendimento lançar mão da opção que lhe é mais conveniente sob o ponto de vista pecuniário e apresentar ao órgão público ambiental alternativas locacionais de áreas já substancialmente alteradas ou degradadas, ainda que o custo destas seja consideravelmente maior.

De outro lado, cumpre atentar à hipótese em que tenha ocorrido, de modo prévio, a proposital degradação ambiental de uma área do bioma Mata Atlântica para possibilitar a aplicação do artigo 12 da Lei nº 11.428/2006 em comparação com outras áreas mais preservadas. Essa prática ilícita não pode prosperar, seja porque essa situação hipotética traduz a formação de um passivo ambiental e o dever de responsabilização administrativa, criminal e civil do seu proponente, seja porque o artigo 5º da Lei nº 11.428/2006 estatui que "a vegetação primária ou a vegetação secundária em qualquer estágio de regeneração do Bioma Mata Atlântica não perderão esta classificação nos casos de incêndio, desmatamento ou qualquer outro tipo de intervenção não autorizada ou não licenciada". Ademais, vale a máxima de que "ninguém deve lucrar com a própria torpeza", o que, por si só, já justificaria a negativa do órgão público ambiental quanto ao pleito de autorização para corte ou supressão de vegetação com fundamento na moralidade administrativa[428].

Dessa forma, o artigo 12 da Lei nº 11.428/2006 impõe um dever inescusável tanto ao proponente do novo empreendimento que implique o corte ou a supressão de vegetação do bioma Mata Atlântica, como ao órgão público ambiental que avaliará o pleito de licenciamento ambiental de obra, atividade ou empreendimento na área de abrangência desse bioma.

Ao proponente do novo empreendimento incumbe o categórico ônus de demonstrar a ausência de áreas já substancialmente alteradas ou degradadas, em especial áreas desprovidas de vegetação nativa, na região em que pretende implantar o seu empreendimento, sem prejuízo do dever, explicitado no artigo 14 dessa lei, de apresentar alternativas técnicas e locacionais no caso de pretensa supressão de vegetação primária e secundária nos estágios avançado e médio de regeneração.

Ao órgão público ambiental, por sua vez, incumbe, no pleito de licenciamento ambiental de obra, atividade ou empreendimento em área coberta por vegetação do bioma Mata Atlântica, exigir do interessado, ao lado do atendimento dos demais requisitos e condicionantes legais, a demonstração de que não existem imóveis na região desprovidos de vegetação nativa ou com essa vegetação já substancialmente alterada ou degradada, sob pena de seu indeferimento. De qualquer forma, cabe ao órgão público ambiental, ao analisar o levantamento apresentado pelo interessado sobre as áreas existentes na região e sobre as alternativas locacionais, considerar todas essas circunstâncias e motivar a sua decisão administrativa.

Nesse passo, deve ser considerado nulo o procedimento administrativo de autorização ou licenciamento ambiental para o corte ou supressão de vegetação do bioma Mata Atlântica em que não tenha sido atendido

---

[428] MACHADO, Paulo Affonso Leme. Mata Atlântica e patrimônio nacional: aspectos jurídicos. In: MARQUES, José Roberto (Org.). **Sustentabilidade e temas fundamentais de direito ambiental.** Campinas: Millennium, 2009. p.373.

2. COMENTÁRIOS À LEI Nº 11.428, DE 22.12.2006

o comando desse dispositivo legal, independentemente da caracterização da prática, em tese, dos crimes previstos nos artigos 67 e 69-A da Lei nº 9.605/98 pelos servidores públicos responsáveis pelo licenciamento ambiental do empreendimento.

No caso da vegetação remanescente do bioma Mata Atlântica se situar na Zona Costeira[429], relevante recordar a previsão do artigo 5º, incisos VI e IX, do Decreto nº 5.300/2004, que eleva à condição de princípios fundamentais da gestão da Zona Costeira, "a não-fragmentação, na faixa terrestre, da unidade natural dos ecossistemas costeiros, de forma a permitir a regulamentação do uso de seus recursos, respeitando sua integridade", e a "preservação, conservação e controle de áreas que sejam representativas dos ecossistemas da zona costeira, com recuperação e reabilitação das áreas degradadas ou descaracterizadas". Com efeito, no âmbito de análise de pretensão de corte ou supressão de vegetação nativa em face do que dispõe os artigos 12 e 14 da Lei Federal 11.428/2006, em especial no que tange à exigência de alternativas locacionais e de opções de áreas já substancialmente alteradas ou degradadas, deve-se levar necessariamente em conta o princípio da não-fragmentação da unidade natural dos ecossistemas costeiros na faixa terrestre e a preservação e conservação de áreas que sejam representativas dos ecossistemas da Zona Costeira.

Questão interessante resulta da aplicação do artigo 12 da Lei nº 11.428/2006 às atividades minerárias, especialmente diante da frequente alegação de que há uma rigidez locacional nas jazidas minerais e nas correspondentes lavras, ou seja que não seria dado ao empreendedor a opção de escolher livremente o local de exercício das atividades minerárias porque "determinados bens minerais se formam exclusivamente em determinados locais da crosta terrestre"[430]. Tal alegação de rigidez locacional costuma ser apresentada para justificar a implantação de atividades minerárias em locais dotados da significativa importância ou fragilidade ambiental, muitas vezes em regiões sem estrutura adequada para dar suporte ao empreendimento.

---

[429] Vide comentários ao item 3 dos comentários ao artigo 1º da Lei nº 11.428/2006.

[430] ARAÚJO, L.O.S.; MORAIS, C.S. de. Rigidez locacional e os impactos socioeconômicos e ambientais da Mina do Brucutu no Município de Barão de Cocais-MG. **Revista Engenharia de Interesse Social.** Vol. 1. nº 1, 2016, p. 1-15.

Primeiramente, deve-se assentar que a pretensão de corte ou supressão de vegetação secundária (no estágio médio ou avançado de regeneração) para fins de atividades minerárias, além de se submeter previamente ao regime jurídico geral do bioma Mata Atlântica, que inclui a aplicação do artigo 12 da Lei nº 11.428/2006, também deve observar a obrigatoriedade de realização prévia de Estudo de Impacto Ambiental e Relatório de Impacto Ambiental (EIA/RIMA), nos termos do que exige expressamente o artigo 32 do mesmo diploma legal. O EIA//RIMA deve contemplar, dentre diversos aspectos, a análise dos impactos socioambientais do projeto e de suas alternativas locacionais e tecnológicas, confrontando-as com a hipótese de não execução do projeto (opção zero).

Indubitavelmente, em relação à significativa parcela dos minérios que possuem diversas opções de localização, e que representam o maior volume de exploração mineral existente no país, tais como a areia para construção, brita, cascalho e cimento, não há dificuldade para se cumprir o disposto no artigo 12 da Lei nº 11.428/2006.

De outro lado, mesmo nas hipóteses de alguns tipos de minérios terem comprovadamente localização muito restrita, tal fator também não é impeditivo para que a exigência de estudos sobre as alternativas locacionais seja colocada em prática. Tal providência pode e deve ser operacionalizada de diversos modos para fins de cumprimento do artigo 12 da Lei nº 11.428/2006:

a) exigência de levantamento de possíveis locais com jazidas não dotados de superfície com vegetação de alto grau de biodiversidade;

b) na hipótese de comprovada inexistência de locais com as características apontadas no item anterior, a exigência de estudos sobre as opções de exploração dentro da delimitação do polígono apontado no Alvará de Pesquisa Minerária, para minimizar a área diretamente afetada e, por consequência, optar pela menor extensão possível de desmatamento de vegetação do bioma Mata Atlântica, priorizando aquela vegetação já substancialmente antropizada ou degradada;

c) além do esgotamento do estudo e análise das alternativas locacionais referidas nos itens anteriores, o artigo 12 da Lei nº 11.428/2006 impõe pressupor que, no caso de exploração minerária, o *layout* do empreendimento deve ser projetado de modo a implantar instalações administrativas, usina de beneficiamento, barragem de rejeitos[431], pilhas de estéreis[432] e vias de acesso fora da área coberta com vegetação nativa, ou na pior das hipóteses em áreas substancialmente alteradas ou degradadas, sem prejuízo da indispensável e progressiva destinação ambiental adequada dos rejeitos e estéreis, de preferência por meio de sua reintrodução na cadeia produtiva[433].

Sem prejuízo dessas providências, conforme adiante analisado nos comentários ao artigo 32 da Lei nº 11.428/2006, o pretenso empreendedor de exploração minerária deverá providenciar Estudo de Impacto Ambiental e Relatório de Impacto Ambiental (EIA/RIMA) que contemplem, dentre outros aspectos, as suas justificativas técnicas, econômicas e sociais, o seu custo-benefício considerando inclusive se a extração do minério será para exportação *in natura* com baixo retorno econômico e altos prejuízos socioambientais decorrentes das suas externalidades, a análise de todos os impactos previstos e as alternativas tecnológicas e locacionais que envolvam a opção de não realização do empreendimento.

Por fim, deve-se ressaltar que a ideia de obrigar a implantação de novos empreendimentos em áreas desprovidas de vegetação nativa, ou já substancialmente alteradas ou degradadas, independentemente do

---

[431] Rejeito de mineração é o "material inaproveitável retirado durante a extração de um minério. Pode tratar-se de minério pobre, sem interesse econômico, resíduos de tratamento, etc". Conceito disponível em: < http://www.mineropar.pr.gov.br/modules/glossario/conteudo.php?conteudo=R>

[432] Estéril "refere-se a minérios com pouco ou nenhum mineral útil. Refere-se também aos minerais acompanhantes de minério, que não tem aplicação econômica". Conceito disponível em: <http://www.mineropar.pr.gov.br/modules/glossario/conteudo.php?conteudo=R> A Norma Reguladora de Mineração (NRM-19), instituída por meio da Portaria DNPM nº 237/2001, trata das regras para a disposição de estéril, rejeitos e produtos decorrentes da exploração mineral.

[433] Nesse temática, vide notícia de Recomendação Administrativa expedida pelo Ministério Público Federal ao Departamento Nacional de Produção Mineral (DNPM) para que este se abstenha de aprovar qualquer Plano de Aproveitamento Econômico (PAE) de lavra de minério de ferro que não contemple a destinação ambientalmente adequada dos resíduos da mineração, com a sua devida introdução em outra cadeia econômica. Disponível em: <http://www.mpf.mp.br/mg/sala-de-imprensa/noticias-mg/mpf-recomenda-que-dnmp-so--aprove-plano-de-mineracao-com-destinacao-ecologica-de-residuos>

artigo 12 da Lei nº 11.428/2006, exprime a aplicação dos princípios da razoabilidade e proporcionalidade[434], potencializados diante da constatação do atual estado de sobrevivência do bioma Mata Atlântica no território nacional, já que cerca de noventa por cento da extensão da área originalmente coberta pelo bioma Mata Atlântica se encontra desprovida de qualquer vegetação.

Isso porque, na hipótese de suposição da necessidade de sopesamento de direitos em colisão, verifica-se que a implantação de novo empreendimento em remanescente preservado de vegetação do bioma Mata Atlântica, em região que possui áreas alteradas ou degradadas, não observaria os componentes da proporcionalidade em sentido estrito e da necessidade no critério da proporcionalidade, pois não seria justificável atenderem aos direitos de propriedade, de livre iniciativa econômica e de moradia[435] em detrimento da gravosa afetação do direito ao meio ambiente e proteção constitucional da Mata Atlântica, se aqueles direitos poderiam ser satisfeitos sem a necessidade afetação gravosa desta, e se os prejuízos causados, inclusive às gerações futuras, com a perda de significativa dos remanescentes de Mata Atlântica e de sua biodiversidade e funções ambientais, são muito maiores que os benefícios da ampliação das atividades econômicas[436]. Deve-se lembrar que o princípio

---

[434] Odoné Serrano Junior, ao tratar da solução de conflitos normativos aparentes envolvendo direitos fundamentais, afirma que a aplicação do critério da proporcionalidade deve ocorrer com a análise dos seus componentes de adequação, necessidade (proibição do excesso) e proporcionalidade em sentido estrito, com o intuito de propiciar a resposta às seguintes perguntas: "o meio promove o fim?", "dentre os meios disponíveis e igualmente adequados para promover o fim, não há outro meio menos restritivo aos direitos fundamentais afetados?" e, ainda, "o grau de importância da realização do fim justifica o grau de restrição causada aos direitos fundamentais?" (SERRANO JUNIOR, Odoné. **Introdução à contemporânea teoria dos direitos fundamentais**, p.53).

[435] No que tange ao direito de moradia, Alex Fernandes Santiago afirma que, "não pode, em princípio, ser considerado como absoluto e imune a restrições, sendo exemplo de consequência de restrição válida a desocupação de áreas de proteção ambiental" (SANTIAGO, Alex Fernandes. O direito à moradia e o direito ao meio ambiente ecologicamente equilibrado..., p.113). Em adição a isto, o direito ao meio ambiente poderia ser integralmente atendido sem inviabilizar o atendimento das demandas econômicas e habitacionais em outros locais, ao passo que o atendimento destes direitos em vegetação remanescente de Mata Atlântica anularia completamente o direito ao meio ambiente e, pior, anularia-o de modo definitivo.

[436] Ressalta-se que, nessa cogitada colisão de direitos fundamentais, não se poderia aceitar o possível argumento de que o sacrifício do direito ao meio ambiente teria o condão de atender o princípio da dignidade da pessoa humana, considerado eixo principal do programa da

da proporcionalidade pretende proibir o excesso e, ao mesmo tempo, a insuficiência da proteção ao direito fundamental ao meio ambiente equilibrado[437].

De fato, não há proporcionalidade e razoabilidade no avanço (supressão, corte, exploração e degradação) sobre um bioma que sobrevive em apenas dez por cento da sua área original, distribuído predominantemente em locais de difícil acesso, ao passo que as ocupações humanas e atividades econômicas já ocupam noventa por cento dessa área. Da mesma forma, em tempos de fácil alcance à informação, à tecnologia e a instrumentos de planejamento, uma adequada e racional utilização das áreas desprovidas do bioma Mata Atlântica, ao invés da cômoda e irresponsável supressão dos seus últimos remanescentes de vegetação, atende ao princípio da razoabilidade.

De outro lado, não se vislumbra a possibilidade de desenvolvimento sustentável, conforme determinado pela Constituição Federal de 1988 se há progressiva diminuição de remanescentes de um bioma que já se encontra em risco de extinção e que, além de abrigar impressionante índice de biodiversidade, exerce funções indispensáveis à vida de mais de setenta por cento da população brasileira.

Art. 13. Os órgãos competentes do Poder Executivo adotarão normas e procedimentos especiais para assegurar ao pequeno produtor e às populações tradicionais, nos pedidos de autorização de que trata esta Lei:
I – acesso fácil à autoridade administrativa, em local próximo ao seu lugar de moradia;

Constituição Federal de 1988, seja porque a dignidade humana abrange uma dimensão ambiental, seja porque a redução das importantes e indispensáveis funções ambientais da Mata Atlântica certamente afeta o bem-estar e a sadia qualidade de vida das pessoas. Pode-se somar, ainda, mais um argumento que corroboraria a ausência de proporcionalidade, qual seja a priorização do direito ao meio ambiente e sacrifício parcial dos demais direitos poderia afetar um número restrito de pessoas ou uma coletividade restrita, mas a priorização dos demais direitos em detrimento do direito ao meio ambiente e da proteção constitucional da Mata Atlântica afetaria negativamente toda a coletividade, mais do que isso afetaria toda a população mundial em suas gerações presentes e futuras.
[437] SARLET, Ingo Wolfgang. In: SARLET, Ingo Wolfgang; MARINONI, Luiz Guilherme; MITIDIERO, Daniel. **Curso de Direito Constitucional**. São Paulo: Revista dos Tribunais, 2012. p.214.

II – procedimentos gratuitos, céleres e simplificados, compatíveis com o seu nível de instrução;
III – análise e julgamento prioritários dos pedidos.

Trata-se de norma que obriga aos órgãos públicos ambientais, nas esferas federal, estadual e municipal, a estabelecer normas e procedimentos especiais, por meio da criação de atos normativos próprios, nos pedidos de autorização de que trata a Lei nº 11.428/2006, com o intuito de atender de modo mais facilitado às populações tradicionais e ao pequeno produtor rural.

De fato, o Decreto nº 6.660/2008, que regulamenta a Lei nº 11.428//2006, estabelece que "os órgãos competentes deverão assistir às populações tradicionais e aos pequenos produtores"[438], assim como prevê alguns destes procedimentos simplificados para a coleta de subprodutos da vegetação da Mata Atlântica, tais como folhas, frutos e sementes e para a manutenção da prática do pousio[439].

A aludida previsão legal é decorrência dos princípios da celeridade procedimental e da gratuidade dos serviços administrativos prestados ao pequeno produtor rural e às populações tradicionais, constantes do artigo 6º, parágrafo único, da Lei nº 11.428/2006.

Frise-se que tal previsão também encontra convergência com o Decreto nº 6.040/2007, que institui a Política Nacional de Desenvolvimento Sustentável dos Povos e Comunidades Tradicionais e que estabelece dentre os seus princípios "a promoção dos meios necessários para a efetiva participação dos Povos e Comunidades Tradicionais nas instâncias de controle social e nos processos decisórios relacionados aos seus direitos e interesses."[440]

Um exemplo de norma estadual em cumprimento ao artigo 13 da Lei nº 11.428/2006 é a Resolução SMA-027/2010 da Secretaria de Estado do Meio Ambiente de São Paulo, que dispõe sobre procedimentos simplificados de autorização para supressão de vegetação nativa, a que se referem os artigos 33 e 34 do Decreto Federal 6.660/2008, para pequenos produtores rurais e populações tradicionais no que concerne à agricultura sustentável nas áreas de regeneração inicial da Mata Atlântica.

---

[438] Artigo 44 do Decreto nº 6.660/2008.
[439] Artigos 23, 28, 29 e 47 do Decreto nº 6.660/2008.
[440] Artigo 1º, inciso X, do Decreto nº 6.040/2007.

Outro exemplo que confere simplificação no procedimento de requerimento de autorização para corte ou supressão de vegetação do bioma Mata Atlântica pelos pequenos produtores rurais e populações tradicionais é a Resolução Conjunta IBAMA/SEMA/IAP nº 07/2008 no Estado do Paraná, que dispensa o pagamento de taxa ambiental, a apresentação de mapa de uso atual do solo georreferenciado, assim como de profissional habilitado com Anotação de Responsabilidade Técnica (ART).[441]

Art. 14. A supressão de vegetação primária e secundária no estágio avançado de regeneração somente poderá ser autorizada em caso de utilidade pública, sendo que a vegetação secundária em estágio médio de regeneração poderá ser suprimida nos casos de utilidade pública e interesse social, em todos os casos devidamente caracterizados e motivados em procedimento administrativo próprio, quando inexistir alternativa técnica e locacional ao empreendimento proposto, ressalvado o disposto no inciso I do art. 30 e nos §§ 1º e 2º do art. 31 desta Lei.

§ 1º A supressão de que trata o caput deste artigo dependerá de autorização do órgão ambiental estadual competente, com anuência prévia, quando couber, do órgão federal ou municipal de meio ambiente, ressalvado o disposto no § 2º deste artigo.

§ 2º A supressão de vegetação no estágio médio de regeneração situada em área urbana dependerá de autorização do órgão ambiental municipal competente, desde que o município possua conselho de meio ambiente, com caráter deliberativo e plano diretor, mediante anuência prévia do órgão ambiental estadual competente fundamentada em parecer técnico.

§ 3º Na proposta de declaração de utilidade pública disposta na alínea "b" do inciso VII do art. 3º desta Lei, caberá ao proponente indicar de forma detalhada a alta relevância e o interesse nacional.

Os princípios e objetivos da Lei nº 11.428/2006, assim como os seus artigos 11, 12 e 14 constantes do regime geral do bioma Mata Atlântica, evidenciam que a regra geral é a vedação de supressão dos remanescentes de vegetação primária e de vegetação secundária nos estágios médio e avançado de regeneração.

---

[441] Artigo 11, parágrafo 1º, da Resolução Conjunta IBAMA/SEMA/IAP nº 07/2008.

O artigo 14 da Lei nº 11.428/2006, que também constitui um pressuposto para a eventual análise dos requisitos previstos no regime jurídico especial do bioma Mata Atlântica, prevê expressamente disposições de exceção à regra geral de vedação do corte ou supressão da sua vegetação remanescente, assim como uma regra geral de exigência de discussão, no âmbito de procedimento administrativo próprio, sobre as alternativas técnicas e locacionais em relação ao empreendimento ou atividade pretendida.

A primeira disposição de exceção prevista no artigo 14, *caput*, é de que a supressão de vegetação primária e secundária no estágio avançado de regeneração do bioma Mata Atlântica somente poderá ser autorizada nos casos de excepcional e devida caracterização de alguma das hipóteses de utilidade pública previstas no artigo 3º, VII, da Lei nº 11.428/2006.[442]

A segunda disposição de exceção prevista no artigo 14, *caput*, é a de que a supressão de vegetação secundária no estágio médio de regeneração do bioma Mata Atlântica somente poderá ser autorizada nos casos de excepcional e devida caracterização de alguma das hipóteses de utilidade pública ou de interesse social previstas no artigo 3º, incisos VII e VIII, da Lei nº 11.428/2006.[443]

A terceira disposição de exceção prevista no artigo 14, *caput*, é a ressalva de que a caracterização de alguma das hipóteses de utilidade pública ou de interesse social previstas no artigo 3º, incisos VII e VIII, da Lei nº 11.428/2006, não é necessariamente exigida nos casos previstos no inciso I do art. 30 e nos §§ 1º e 2º do art. 31 da Lei nº 11.428/2006, que tratam dos remanescentes de vegetação secundária em estágio médio e avançado de regeneração do bioma Mata Atlântica situados em áreas urbanas para fins de implantação de empreendimentos e loteamentos.

A regra geral prevista no artigo 14, *caput*, determina que "em todos os casos devidamente caracterizados e motivados em procedimento administrativo próprio, quando inexistir alternativa técnica e locacional ao empreendimento proposto". A respeito desta regra geral, apresenta-se relevante tecer comentários a respeito de alegações que defendem

---

[442] Vide comentários ao artigo 3º da Lei nº 11.428/2006.
[443] Vide comentários ao artigo 3º da Lei nº 11.428/2006.

a inaplicabilidade da exigência de alternativas locacionais aos casos de pretensão de corte ou supressão de remanescentes de vegetação secundária em estágio médio e avançado de regeneração do bioma Mata Atlântica situados em áreas urbanas para fins de implantação de empreendimentos e loteamentos, sob o argumento simplista de que a ressalva constante na parte final do *caput* do artigo 14 abrangeria não somente a desnecessidade de caracterização das hipóteses de utilidade pública e interesse social, mas também a demonstração de alternativas locacionais.

No entanto, a nosso aviso a referida alegação é inábil para afastar a exigência de demonstração de alternativas técnicas e locacionais para a pretensa implantação de empreendimentos ou loteamentos em imóvel urbano dotado de vegetação remanescente secundária em estágio médio ou avançado de regeneração, a uma, porque não haveria qualquer lógica ou razoabilidade em deixar de cobrar essa exigência justamente de empreendimentos privados que buscam exclusivamente a obtenção de lucro, ao passo que nos casos de atividades dotadas de utilidade pública ou interesse social tal providência é exigida; a duas, porque o artigo 48 do Decreto nº 6.660/2008[444], ao fazer referência à exigência de alternativa técnica e locacional prevista no artigo 14 da Lei nº 11.428/2006, não diferenciou empreendimentos privados ou dotados de utilidade pública ou interesse social; a três, porque a redação do artigo 14, *caput*, reforça a imprescindibilidade da demonstração de inexistência de alternativa técnica e locacional a qualquer modalidade de atividade ou empreendimento proposto, até mesmo porque o próprio artigo 12 determina que "os novos empreendimentos que impliquem o corte ou a supressão de vegetação do Bioma Mata Atlântica deverão ser implantados preferencialmente em áreas já substancialmente alteradas ou degradadas"; e a quatro, porque o artigo 14, *caput*, deve ser interpretado em consonância os objetivos e princípios da Lei nº 11.428/2006, que funcionam também como normas jurídicas e verdadeiras referências às demais normas em sua aplicação e interpretação, podendo-se citar dentre eles o princípio da equidade intergeracional e o objetivo central que a proteção e utilização da Mata Atlântica deve ser realizada

---

[444] "Art. 48. A alternativa técnica e locacional prevista no art. 14 da Lei nº 11.428, de 2006, observados os inventários e planos previstos para os respectivos setores, deve ser aprovada no processo de licenciamento ambiental do empreendimento".

do modo a garantir "a manutenção e a recuperação da biodiversidade, vegetação, fauna e regime hídrico do Bioma Mata Atlântica para as presentes e futuras gerações".

Outro possível questionamento em relação ao disposto no artigo 14, *caput*, da Lei nº 11.428/2006, refere-se à sua (in)aplicabilidade nas hipóteses gerais de vedação de corte ou supressão de vegetação primária e secundária (estágios médio e avançado de regeneração) previstas no artigo 11 da mesma Lei. A nosso aviso, independentemente da expressa exigência legal de apresentação de alternativas tecnológicas e locacionais em todos os referidos casos, o órgão público ambiental deverá de modo fundamentado decidir se as hipóteses de utilidade pública ou interesse social previstas no artigo 3º, incisos VII e VIII, da Lei nº 11.428/2006, encontram-se devidamente caracterizadas e apenas casuisticamente avaliar se possuem o condão de excepcionar as hipóteses gerais de vedação previstas nos incisos I e II do artigo 11.

Isso porque, por exemplo, não haveria qualquer lógica e razoabilidade autorizar uma obra de transporte viário dotada de utilidade pública em uma área de vegetação secundária em estágio avançado de regeneração situada à montante do ponto de captação de água para abastecimento humano, que exerce a proteção de manancial (artigo 11, inciso I, alínea "b"), ao mesmo tempo que não se poderia admitir atividades de manejo agroflorestal em vegetação secundária em estágio médio de regeneração por pequenos produtores rurais, dotadas de interesse social, se esses proprietários não cumprem a legislação ambiental e a proteção das Áreas de Preservação Permanente (artigo 11, inciso II).

Não se pode olvidar, nessa toada, que as normas que estabelecem exceções devem ser interpretadas restritivamente, assim como não comportam interpretação analógica e que, no caso da relação entre a regra geral prevista no artigo 11 e as disposições excepcionais estatuídas no artigo 14, *caput*, há de se buscar uma interpretação sistemática com base na análise em conjunto dos dispositivos legais e na coerência de toda a aplicação da Lei nº 11.428/2006[445].

De outro lado, também a título exemplificativo, no âmbito de análise casuística do órgão público ambiental competente para decisão sobre

---

[445] ANDRADE, Flávio da Silva. A hermenêutica jurídica segundo Carlos Maximiliano. **Revista do Tribunal Regional Federal 1a. Regiao**, v. 28, p. 100-113, 2016.

2. COMENTÁRIOS À LEI Nº 11.428, DE 22.12.2006

autorização de corte ou supressão de vegetação secundária em estágio avançado de regeneração do bioma Mata Atlântica com base nas hipóteses excepcionais previstas no artigo 14, *caput*, da Lei nº 11.428/2006, entender-se-ia justificável, desde que atendidos todos os demais requisitos legais, a emissão de autorização para práticas preservacionistas de controle de fogo e de erradicação de espécies exóticas, mesmo em zonas de entorno de Unidades de Conservação de Proteção Integral ou em corredores ecológicos entre remanescentes de vegetação primária ou secundária em estágio avançado de regeneração (artigo 11, inciso I, alíneas "c" e "d").

Sob outro ângulo, evidente que as obras e atividades não dotadas de utilidade pública e interesse social não podem excepcionar as regras gerais de vedação de corte ou supressão de vegetação primária, ou secundária (nos estágios médio e avançado de regeneração).

Relevante lembrar novamente que frente a requerimento de corte, exploração ou supressão de vegetação do bioma Mata Atlântica, a correspondente pretensão deve ser preliminarmente confrontada com o que dispõem os artigos 11, 12, e 14 da Lei nº 11.428/2006, que se constituem pressupostos cujo atendimento é indispensável para viabilizar o início da verificação de eventual adequação às regras constantes do seu regime jurídico especial.

Por sua vez, o artigo 14, parágrafo 1º, da Lei nº 11.428/2006, prevê que a competência para apreciação do pleito de corte ou supressão de vegetação remanescente de Mata Atlântica, primária ou secundária em seus estágios avançado e médio, é do órgão público ambiental do Estado da Federação onde se situa o remanescente de vegetação, com anuência prévia, quando couber, do órgão federal ou municipal de meio ambiente.

O Decreto nº 6.660/2008, que regulamenta a Lei nº 11.428/2006, determina em seu artigo 19, incisos I e II, que a anuência prévia do órgão federal do meio ambiente, qual seja o IBAMA, é indispensável nas hipóteses em que a pretensão de supressão de vegetação primária ou secundária (nos estágios médio ou avançado de regeneração) envolver uma extensão superior a cinquenta hectares em área rural por empreendimento, isolada ou cumulativamente, ou se envolver uma extensão superior a três hectares em área urbana ou em região metropolitana por empreendimento, novamente isolada ou cumulativamente.

Veja-se que o artigo 19, inciso II, do Decreto nº 6.660/2008, determina a necessidade de anuência do IBAMA para pretensões de supressão de vegetação primária ou secundária (nos estágios médio ou avançado de regeneração) em extensão superior a três hectares, mesmo em área rural, se o remanescente estiver localizado em região metropolitana. Tal previsão se mostra pertinente e fundamentada na constatação de que as regiões metropolitanas concentram significativa parcela dos problemas socioambientais, tais como aqueles decorrentes dos elevados adensamentos urbanos e insuficiência de planejamento urbano, déficit na estrutura de saneamento, poluições hídrica, atmosférica e sonora e ocupação de espaços de fragilidade ambiental, o que justifica a previsão da exigência de anuência do IBAMA, no âmbito de um controle adicional e concorrente em prol da proteção dos poucos remanescentes de vegetação do bioma Mata Atlântica.

Relevante destacar que a Instrução Normativa 22/2014 do IBAMA, em seu artigo 2º, parágrafo 1º, determina que a anuência a ser analisada pelo IBAMA deverá ser solicitada pelo órgão público ambiental estadual antes da decisão sobre a eventual emissão da Licença Prévia em favor da atividade ou empreendimento. Isso porque, conforme o disposto no artigo 8º, inciso I, da Resolução CONAMA 237/1997, é a Licença Prévia que aprova a localização e concepção do empreendimento, atestando a sua viabilidade técnica e ambiental. Dessa forma, apresenta-se lógico que a avaliação do IBAMA sobre a anuência prévia deva ser realizada antes da expedição da Licença Prévia, pois interfere na análise da viabilidade locacional do empreendimento, até mesmo em razão do dever de se considerar o menor prejuízo possível à vegetação do bioma Mata Atlântica e não se resumir a uma atuação de mera definição de compensações ambientais.

Aliás, a aplicação de raciocínio diverso atentaria contra os princípios constitucionais da Administração Pública (razoabilidade, proporcionalidade, economicidade, eficiência, moralidade, impessoalidade) e causaria risco de dano ao patrimônio público, eis que a contratação de projeto de execução da obra ou empreendimento baseada em Licença Prévia emitida pelo órgão público ambiental estadual poderia se tornar prejudicado diante de possível negativa de anuência do IBAMA ou de proposição, por exemplo, de outra alternativa tecnológica ou locacional.

A Instrução Normativa IBAMA nº 5/2011, por sua vez, estabeleceu critérios e procedimentos para as análises dos pedidos e concessões de anuências prévias pela referida autarquia federal para a supressão de vegetação de Mata Atlântica primária ou secundária nos estágios médio ou avançado de regeneração[446], nos termos do art. 19 do Decreto nº 6.660/2008, sem prejuízo das demais análises e avaliações de competência do órgão ambiental licenciador.

Dessa forma, caso o IBAMA indefira o pleito de anuência prévia formulada pelo interessado, o órgão público ambiental estadual não possui outra alternativa senão indeferir o requerimento de supressão ou corte de vegetação de Mata Atlântica. De outro lado, se o IBAMA deferir a anuência prévia, pode[447], no âmbito dessa anuência, estabelecer condicionantes[448] para mitigar e compensar os impactos da atividade sobre o ecossistema remanescente[449].

Vale esclarecer que a referida competência para emitir anuência prévia deixa de ser do IBAMA e passa a ser do Instituto Chico Mendes de Conservação da Biodiversidade (ICMBio), se a vegetação estiver localizada em alguma das Unidades de Conservação federais[450].

No que tange à anuência prévia do órgão municipal do meio ambiente, a sua necessidade depende de previsão da legislação ambiental no âmbito dos Estados da Federação[451] ou, eventualmente, até mesmo na esfera municipal. De qualquer forma, entende-se que a exigência de anuência municipal, além de refletir a ordem constitucional de coope-

---

[446] No âmbito da Instrução Normativa IBAMA nº 05/2011, o artigo 2º explicita as etapas para o procedimento de concessão de anuência prévia, o artigo 3º aponta os estudos e documentos mínimos que devem instruir o procedimento a ser analisado e o artigo 4º define os principais critérios a serem considerados pelo IBAMA em sua análise técnica.

[447] Em nossa opinião, trata-se de um poder-dever.

[448] A Instrução Normativa IBAMA nº 5/2011 estabelece, em seu artigo 5º, § único, que "a concessão de anuência prévia para supressão de vegetação em área de mata atlântica de que trata o art. 19 do Decreto nº 6.660, de 2008, poderá ser emitida com condicionantes para mitigar os impactos da supressão sobre o ecossistema remanescente".

[449] Artigo 21 do Decreto nº 6.660/2008.

[450] Artigo 19, § 1º, do Decreto nº 6.660/2008.

[451] No Estado do Paraná, por exemplo, a Resolução nº 65/2008 do CEMA (Conselho Estadual do Meio Ambiente, tornou obrigatória a apresentação de anuência/certidão do município em todos os procedimentos de licenciamento ambiental: "(...) Artigo 4º (...) § 1º No procedimento de licenciamento ambiental deverá constar, obrigatoriamente, a certidão da Prefeitura Municipal (Anexo I), declarando expressamente que o local e o tipo de empreendimento ou atividade estão em conformidade com a legislação integrante e complementar do plano diretor municipal e com a legislação municipal do meio ambiente, e que atendem as demais exigências legais e administrativas perante o município. (...)"

ração dos entes federativos para a proteção do meio ambiente, também confere segurança jurídica aos próprios empreendedores e proponentes de obras ou atividades potencialmente poluidoras, na medida em que os Municípios zelarão, de modo preventivo, pelo fiel respeito à legislação municipal, evitando a necessidade de atuações repressivas[452].

[452] Sobre o tema, confira-se o teor do seguinte julgado pelo Tribunal de Justiça do Estado do Paraná: "AGRAVO DE INSTRUMENTO. DECISÃO QUE DENEGOU PEDIDO DE ANTECIPAÇÃO DA TUTELA. MATÉRIA AMBIENTAL. ORDEM DE INTERDIÇÃO DE ESTABELECIMENTO QUE NÃO ATENDE INTEGRALMENTE OS PARÂMETROS DE QUALIDADE AMBIENTAL NECESSÁRIOS À MANUTENÇÃO OU ELASTECIMENTO DA AUTORAZAÇÃO DE FUNCIONAMENTO. DECISÃO QUE DEVE TOMAR EM CONTA O CARÁTER SISTÊMICO DA DISTRIBUIÇÃO DE COMPETÊNCIAS ADMINISTRATIVAS NO QUE TOCA AO PODER DE POLÍCIA EM MATÉRIA AMBIENTAL. INEXISTÊNCIA DE HIERARQUIA. CONTROLE E ABSTRATO E CONCRETO DA VIABILIDADE AMBIENTAL DO EMPREENDIMENTO DEVE SE DAR POR TODOS OS ENTES FEDERATIVOS, COMPLEMENTARMENTE. CONCESSÃO DE LICENÇA DE OPERAÇÃO PELO ESTADO NÃO EXCLUI A POSSIBILIDADE DO MUNICÍPIO INDEFERIR A CONCESSÃO DE ALVARÁ PELO NÃO ATENDIMENTO DE REGRAS AMBIENTAIS. ELEMENTOS DE CONVICÇÃO QUE DEMONSTRAM FAVORECER AO MUNICÍPIO A VEROSSIMILHANÇA PREPONDERANTE NA QUAL SE ESCORA TODA A TUTELA EMERGENCIAL EM FACE DE UM PERIGO. RECURSO CONHECIDO E PROVIDO." (TJPR – 4ª C.Cível – AI 939901-5 – Foro Regional de São José dos Pinhais da Comarca da Região Metropolitana de Curitiba – Rel.: Maria Aparecida Blanco de Lima – Unânime – J. 27.11.2012). Ademais, oportuno registrar trecho da fundamentação do voto da Desembargadora Maria Aparecida Blanco de Lima proferido no acordão acima: "(...) todos os entes federados tomam um papel na execução das regras protetivas ao meio ambiente, sem que entre eles haja propriamente uma hierarquia. Assim, desde que se adequem aos parâmetros conformativos e estruturais definidos pela própria Lei Maior, são eles, portanto, igualmente competentes para os atos de licenciamento e fiscalização em matéria ambiental. (...) Razoável, pois, concluir que a obtenção de licença junto ao órgão ambiental estadual seja condição necessária, mas não única para ver afirmada a sustentabilidade ambiental de determinada obra ou empreendimento, de maneira que se possa legitimamente autorizar tal empreendimento. (...) Assim, como é perfeitamente admissível em tese (e a análise do caso há de ser feita dessa forma, eis que se está a tratar dum exame sumário da causa), possa o órgão ambiental Municipal divergir do Estadual em relação ao pleno atendimento das regras que tutelam o meio ambiente ecologicamente equilibrado, nada obsta que o Município se apoie em normas de natureza ambiental para negar alvará de funcionamento a um empreendimento ao qual o Estado já exteriorizou sua aprovação. Isso porque, como visto, não há antagonismo e sim cumplicidade entre ambas as manifestações estatais. Tanto o órgão estadual quanto o municipal são em igual medida competidos pela Constituição da atribuição de avaliar abstrata e concretamente a viabilidade ambiental das atividades significativamente poluidoras (CF, art. 225, § 1º, IV e V) e, se algum deles apurar qualquer irregularidade, cumpre-lhe prontamente aplicar as medidas jurídicas que julgar necessárias

2. COMENTÁRIOS À LEI Nº 11.428, DE 22.12.2006

Já o artigo 14, § 2º, da Lei nº 11.428/2006 define o possível deslocamento da competência para apreciação de requerimento de supressão de vegetação de Mata Atlântica ao órgão ambiental municipal, com base em determinados requisitos que devem ser interpretados em conjunto e de modo sistemático com a Lei Complementar nº 140/2011[453], que regulamenta os incisos III, VI, VII e o parágrafo único do artigo 23 da Constituição Federal, e dispõe sobre as hipóteses de competência da União, dos Estados e dos Municípios para o licenciamento ambiental.

Desta forma, aos requisitos previstos no artigo 14, § 2º, da Lei nº 11.428/2006 para esse deslocamento de competência ao órgão público ambiental municipal, de que a vegetação deve ser secundária em estágio médio de regeneração e ainda se situar na área urbana e de que o Município deve contar com Plano Diretor e Conselho Municipal de Meio Ambiente com caráter deliberativo, devem se somar os requisitos estatuídos na Lei Complementar nº 140/2011.

De fato, o artigo 9º, inciso XIV, da Lei Complementar nº 140/2011, estabelece a possibilidade de competência dos Municípios (órgãos públicos ambientais municipais) para atividades ou empreendimentos que causem ou possam causar impacto ambiental de âmbito local[454], conforme tipologia definida pelos respectivos Conselhos Estaduais de Meio Ambiente, considerados os critérios de porte, potencial poluidor e natureza da atividade; ou localizados em Unidades de Conservação instituídas pelo Município, exceto em Áreas de Proteção Ambiental (APAs). Ressalta-se que a Lei Complementar Federal 140/2011 é expressa para que a definição de impacto ambiental de âmbito local seja realizada por ato normativo específico do respectivo Conselho Estadual de Meio Am-

---

e suficientes para afastar este dano ou risco de dano ao meio ambiente ecologicamente equilibrado. (...)"

[453] A Lei Complementar nº 140/2011 revogou parcialmente a Resolução CONAMA nº 237/97.

[454] Pedro Abi-Eçab expõe preocupação sobre a assunção da competência do licenciamento ambiental pelos Municípios ao afirmar que: "[...] na balança eleitoral, geração de empregos e crescimento econômico (o qual não se confunde com desenvolvimento) pesam muito mais do que desenvolvimento sustentável e conservação da biodiversidade, especialmente no plano estadual e municipal, tendência que se acentua gradativamente do centro para a periferia da federação. (ABI-EÇAB, Pedro. Descentralização e ineficácia do Sistema Nacional do Meio Ambiente. In: GAIO, Alexandre; ABI-EÇAB, Pedro (Org.). **Lei da Política Nacional do Meio Ambiente**: 30 anos. Campo Grande: Contemplar, 2012. p.169).

biente – CEMA, o que ainda não ocorreu na grande maioria dos Estados da Federação[455].

Deve-se perceber que os Estados da Federação, que definem por meio de ato normativo sobre o impacto local e sobre as tipologias de atividades e empreendimentos passíveis de licenciamento ambiental municipal, não são obrigados a promover o deslocamento de competência aos municípios na forma sugerida pelo artigo 14, parágrafo 2º, da Lei nº 11.428/2006, tal como o que ocorreu no Estado do Paraná por meio da Resolução CEMA/PR nº 88/2013, que restringiu nessa tipologia a competência municipal para as hipóteses de supressão ou corte apenas de vegetação secundária em estágio inicial e ainda situada em área urbana.

De qualquer forma, enquanto não há a definição de impacto local por ato normativo específico do respectivo Conselho Estadual de Meio Ambiente – CEMA, assim como enquanto não haja órgão ambiental capacitado e Conselho Municipal de Meio Ambiente no âmbito do Município, persiste a competência supletiva do Estado para o licenciamento ambiental, nos termos do artigo 15, inciso II, da Lei Complementar Federal 140/2011.

A nosso aviso, o órgão público ambiental municipal somente pode ser considerado capacitado para exercer a função de licenciamento ambiental de atividades e empreendimentos de impacto local se houver a comprovação de existência, em resumo, de: a) Conselho de Meio Ambiente e Fundo de Meio Ambiente implementados e em funcionamento; b) aparato mínimo de legislação ambiental que trate de infrações ambientais, fiscalização e licenciamento ambiental; c) Plano Diretor atualizado e que possua o conteúdo mínimo previsto nos artigos 42 e 42-A do Estatuto da Cidade[456]; d) Sistema Municipal de Informações Ambientais em cumprimento ao previsto na Lei

---

[455] "Art. 18. Esta Lei Complementar aplica-se apenas aos processos de licenciamento e autorização ambiental iniciados a partir de sua vigência. § 1º Na hipótese de que trata a alínea "h" do inciso XIV do art. 7º, a aplicação desta Lei Complementar dar-se-á a partir da entrada em vigor do ato previsto no referido dispositivo. § 2º Na hipótese de que trata a alínea "a" do inciso XIV do art. 9º, a aplicação desta Lei Complementar dar-se-á a partir da edição da decisão do respectivo Conselho Estadual. § 3º Enquanto não forem estabelecidas as tipologias de que tratam os §§ 1º e 2º deste artigo, os processos de licenciamento e autorização ambiental serão conduzidos conforme a legislação em vigor."
[456] Lei nº 10.257/2001.

nº 10.650/2003[457]; e) quadro próprio de servidores públicos concursados que desempenhem funções administrativas, funções fiscalizatórias, assim como a função de análise e decisão quanto aos requerimentos de licenciamento ambiental, sendo que quanto ao quadro destes últimos servidores há necessidade de que possuam habilitação legal para a análise de acordo com a tipologia de atividade ou empreendimento potencialmente poluidor ou degradador; e) infra-estrutura de espaço, de equipamentos e material de apoio para o exercício das funções administrativas, fiscalizatórias e de licenciamento ambiental.

Veja-se que, mesmo na hipótese de competência efetivada do órgão ambiental municipal, o artigo 14, parágrafo 2º, da Lei nº 11.428/2006, exige anuência prévia do órgão ambiental estadual competente fundamentada em parecer técnico.

Assevere-se ainda que o artigo 13, parágrafo 2º, da Lei Complementar nº 140/2011, determina que "a supressão de vegetação decorrente de licenciamentos ambientais é autorizada pelo ente federativo licenciador"[458]. Assim, mesmo que houvesse o atendimento de todos os requisitos previstos no artigo 14, § 2º, da Lei nº 11.428/2006 e na Lei

---

[457] O patamar mínimo de Sistema Municipal de Informações Ambientais é o previsto na Lei Federal 10.650/2003, que dispõe sobre o acesso público aos dados e informações existentes nos órgãos e entidades do SISNAMA (Sistema Nacional do Meio Ambiente). Conforme a Lei Federal 10.650/2003, há três principais formas de concretização ao acesso às informações ambientais. A primeira forma se consubstancia na obrigação dos órgãos integrantes do SISNAMA (Sistema Nacional do Meio Ambiente), o que inclui os órgãos municipais, a permitirem o acesso público a quaisquer processos administrativos e documentos relacionados à matéria ambiental, inclusive com direito de vista (artigo 2º, § 4º). A segunda forma se refere ao dever dos órgãos integrantes do SISNAMA (Sistema Nacional do Meio Ambiente) a fornecerem todas as informações ambientais solicitadas por qualquer cidadão (artigo 2º, § 5º). A terceira forma diz respeito à obrigação dos órgãos públicos ambientais em publicar e divulgar em Diário Oficial, assim como afixar em local de fácil acesso ao público, as seguintes informações ambientais (artigo 4º): pedidos de licenciamento, sua renovação e a respectiva concessão; pedidos e licenças para supressão de vegetação; autos de infrações e respectivas penalidades impostas pelos órgãos ambientais; lavratura de termos de compromisso de ajustamento de conduta; reincidências em infrações ambientais; recursos interpostos em processo administrativo ambiental e respectivas decisões; e registro de apresentação de estudos de impacto ambiental e sua aprovação ou rejeição. Não se pode olvidar, ainda, a obrigação constante do artigo 8º da Lei Federal 10.650/2003, de que "os órgãos ambientais competentes integrantes do Sisnama deverão elaborar e divulgar relatórios anuais relativos à qualidade do ar e da água e, na forma da regulamentação, outros elementos ambientais".
[458] Artigo 13, § 2º, da Lei Complementar nº 140/2011.

Complementar nº 140/2011 para o deslocamento de competência do licenciamento ambiental ao Município, se o corte ou a supressão de vegetação de Mata Atlântica tiver como finalidade a implantação de empreendimento que se sujeita a licenciamento ambiental pelo Estado da Federação ou pela União, caberá a estes também decidir sobre a apreciação de requerimento de supressão de vegetação de Mata Atlântica.

Deve-se esclarecer, ainda, que a Lei Complementar nº 140/2011, em seu artigo 5º, dispõe que um ente federativo poderá delegar a outro ente federativo, mediante convênio, a execução de suas atribuições, desde que o destinatário disponha de órgão ambiental capacitado[459] a executar as atividades delegadas e Conselho de meio ambiente. Porém, essa possível delegação se trata de ato discricionário do ente que pretende delegar.

Por fim, entende-se que, em relação ao disposto no artigo 14, § 3º, da Lei nº 11.428/2006, é o Estudo Prévio de Impacto Ambiental e Relatório de Impacto Ambiental o instrumento adequado para o proponente indicar de forma detalhada a alta relevância e o interesse nacional na proposta de declaração de utilidade pública do empreendimento ou atividade.

Art. 15. *Na hipótese de obra ou atividade potencialmente causadora de significativa degradação do meio ambiente, o órgão competente exigirá a elaboração de Estudo Prévio de Impacto Ambiental, ao qual se dará publicidade, assegurada a participação pública.*

Essa regra atende ao comando previsto na Constituição Federal de 1988, que impõe ao Poder Público, no caso de pretensão de licenciamento de obra ou atividade potencialmente causadora de significativa degradação do meio ambiente, a exigência de Estudo Prévio de Impacto Ambiental e de Relatório de Impacto Ambiental (EPIA/RIMA), como

---

[459] "Art. 5º O ente federativo poderá delegar, mediante convênio, a execução de ações administrativas a ele atribuídas nesta Lei Complementar, desde que o ente destinatário da delegação disponha de órgão ambiental capacitado a executar as ações administrativas a serem delegadas e de conselho de meio ambiente. Parágrafo único. Considera-se órgão ambiental capacitado, para os efeitos do disposto no **caput**, aquele que possui técnicos próprios ou em consórcio, devidamente habilitados e em número compatível com a demanda das ações administrativas a serem delegadas."

2. COMENTÁRIOS À LEI Nº 11.428, DE 22.12.2006

forma de assegurar a efetividade do direito de todos ao meio ambiente ecologicamente equilibrado[460]. Álvaro Luiz Valery Mirra lembra que a grande contribuição do EPIA/RIMA foi

[...] estabelecer um tempo distinto, e necessariamente mais demorado, para a aprovação de projetos de empreendimentos que, apesar de relevantes para o desenvolvimento econômico e social e benéficos a curto ou a médio prazo, podem ser também danosos à qualidade de vida e ao bem-estar da coletividade a longo prazo – incluindo as futuras gerações[461].

O EPIA/RIMA é uma das modalidades de estudos ambientais pertencente ao gênero Avaliação dos Impactos Ambientais, que constitui instrumento central previsto no artigo 9º, inciso III, da Lei nº 6.938/81, que instituiu a Política Nacional do Meio Ambiente.

O EPIA/RIMA foi regulamentado em âmbito nacional pela Resolução CONAMA nº 001/86, próprio para a aferição da viabilidade socioambiental de obra, atividade ou empreendimento cujo potencial poluidor seja significativo. Para esse intuito, deve conter uma avaliação com profundidade horizontal e vertical a respeito dos impactos sociais e ambientais do empreendimento, com a definição das áreas de sua influência direta e indireta, dos impactos gerados na implantação e no funcionamento do empreendimento ao meio físico, biológico e de ecossistemas naturais e socioeconômico, contemplando-se todas as alternativas tecnológicas e de localização de projeto, confrontando-as com a hipótese de não execução do projeto.

De fato, os artigos 5º e 6º da Resolução CONAMA nº 1/86 estabelecem quais os aspectos que compõem o conteúdo mínimo obrigatório para a avaliação completa de seus aspectos socioambientais, dentre eles[462]: o diagnóstico ambiental da área de influência do projeto, com a descrição e análise dos recursos ambientais e suas interações, considerando o meio físico, o meio biológico e os ecossistemas naturais (fauna

---

[460] Artigo 225, parágrafo 1º, inciso IV, da Constituição de República Federativa do Brasil.
[461] MIRRA, Álvaro Luiz Valery. **Impacto ambiental**. 2ª ed. São Paulo: Juarez de Oliveira, 2002. p. 4.
[462] O órgão público ambiental pode e deve estabelecer aspectos adicionais a serem contemplados no EIA/RIMA de acordo com a tipologia do empreendimento e as alternativas locacionais apresentadas, o que deve ocorrer a partir de um termo de referência com todas as exigências necessárias.

e flora), o meio socioeconômico; a análise dos impactos ambientais do projeto e de suas alternativas locacionais e tecnológicas, confrontando-as com a hipótese de não execução do projeto (opção zero) através de identificação, previsão da magnitude e interpretação da importância dos prováveis impactos relevantes, discriminando os impactos positivos e negativos (benéficos e adversos), diretos e indiretos, imediatos e a médio e longo prazos, temporários e permanentes; seu grau de reversibilidade; suas propriedades cumulativas e sinérgicas; a distribuição dos ônus e benefícios sociais; a definição das medidas mitigadoras dos impactos negativos e a elaboração do programa de acompanhamento e monitoramento dos impactos[463].

No tocante às alternativas locacionais do projeto, a resolução CONAMA nº 01/86 avança ao fixar como condicionante do EPIA/RIMA "a caracterização da qualidade ambiental futura da área de influência, comparando as diferentes situações da adoção do projeto e suas alternativas, bem como com a hipótese de sua não realização"[464].

Em seu artigo 1º, a mencionada Resolução conceitua impacto ambiental[465] e define, em rol exemplificativo, no artigo 2º, hipóteses em que a significância de tal impacto é presumida para fins de exigibilidade do EPIA/RIMA[466]. Em outras palavras, naquelas hipóteses previamente incluídas no rol do artigo 2º da Resolução CONAMA nº 001/86 resta afastada a discricionariedade do órgão ambiental quanto à apresentação de EPIA/RIMA, o que não afasta a possibilidade de sua exigência em outras hipóteses. Como observa José Afonso da Silva:

---

[463] Parágrafo inserido no capítulo denominado Tutela do Meio Ambiente: (GAIO, Alexandre; ABI-EÇAB, Pedro C. Tutela do Meio Ambiente. in: VITORELLI, Edilson (org). **Manual de Direitos Difusos.** Salvador: Editora JusPodivm, 2018. No prelo).
[464] Artigo 9º, inciso V.
[465] "(...) qualquer alteração das propriedades físicas, químicas e biológicas do meio ambiente, causada por qualquer forma de matéria ou energia resultante das atividades humanas que, direta ou indiretamente, afetam: I – a saúde, a segurança e o bem-estar da população; II – as atividades sociais e econômicas; III – a biota; IV – as condições estéticas e sanitárias do meio ambiente; V – a qualidade dos recursos ambientais (...)".
[466] Pode-se citar, dentre outros, oleodutos, gasodutos, minerodutos, troncos coletores e emissários de esgotos sanitários; estradas de rodagem com duas ou mais faixas de rolamento; ferrovias; portos e terminais de minério, petróleo e produtos químicos; aeroportos, aterros sanitários, processamento e destino final de resíduos tóxicos ou perigosos; usinas de geração de eletricidade.

2. COMENTÁRIOS À LEI Nº 11.428, DE 22.12.2006

"[...] qualquer que seja a obra ou a atividade, pública ou particular, que possa apresentar riscos de degradação significativa do meio ambiente fica sujeita à sua prévia elaboração [...] porque a Constituição não admite limitação taxativa dos casos de estudo de impacto ambiental".[467]

É somente com a exigência do EPIA/RIMA é que o órgão público responsável pela condução do licenciamento ambiental terá à disposição todas as informações técnicas necessárias para concluir pela viabilidade ou inviabilidade ambiental do projeto e, portanto, por seu licenciamento ou negativa de licenciamento. Antonio Herman Benjamin e Milaré ressaltam que não se resume o EPIA/RIMA à mera técnica formal de apreciação dos impactos ambientais de um determinado projeto, devendo por isso repercutir diretamente no conteúdo e na qualidade da decisão administrativa final[468].

Dessa forma, somente após a conclusão de viabilidade socioambiental de uma das alternativas locacionais e tecnológicas propostas no EPIA/RIMA é que o órgão público competente emite licença prévia, que aprova sua localização e concepção, atestando a viabilidade ambiental e estabelecendo os requisitos básicos e condicionantes a serem atendidos nas próximas fases de sua implementação (licenças de instalação e operação)[469].

Deve-se lembrar, ainda, que apenas com a concreta participação popular e debate do EPIA/RIMA é que a viabilidade ambiental dos empreendimentos dotados de significativo impacto ambiental poderá ser atestada. Não é por acaso que a Resolução CONAMA nº 237/97 prevê a possibilidade de pedido de complementação dos estudos durante e após a realização das audiências públicas:

[...] Art. 10 – O procedimento de licenciamento ambiental obedecerá às seguintes etapas: [...] V – Audiência pública, quando couber, de acordo com a regulamentação pertinente; VI – Solicitação de esclarecimentos e complementações pelo órgão ambiental competente, decorrentes de audiências

---

[467] SILVA, José Afonso. **Direito Ambiental Constitucional.** 4ª ed. São Paulo: Malheiros, 2002, p. 289.
[468] BENJAMIN, Antonio Herman V; MILARÉ, Édis. **Estudo prévio de impacto ambiental: teoria prática e legislação.** São Paulo: Revista dos Tribunais, 1993. 245 p. Os princípios do EIA, p. 100-123.
[469] Artigo 8º, I, da Resolução CONAMA nº 237/97.

públicas, quando couber, podendo haver reiteração da solicitação quando os esclarecimentos e complementações não tenham sido satisfatórios; VII – Emissão de parecer técnico conclusivo e, quando couber, parecer jurídico;"

A Resolução CONAMA nº 09/1987, que dispõe sobre a realização de audiências públicas no processo de licenciamento ambiental, estabelece que a audiência pública será realizada sempre que o órgão ambiental julgar necessário, "ou quando for solicitado por entidade civil, pelo Ministério Público, ou por 50 (cinqüenta) ou mais cidadãos". Parece-nos, portanto, que a interpretação adequada deste dispositivo é a de que a Audiência Pública deve ser realizada sempre que houver o requerimento da sociedade civil ou do Ministério Público, ficando o órgão ambiental obrigado a sua realização.

A Audiência Pública apresenta-se como verdadeira garantia constitucional da sociedade civil na proteção do meio ambiente, e que, por isso, não pode ser indiscriminadamente suprimida ou tolhida. Não é à toa que a própria Resolução CONAMA nº 9/1987, no seu art. 2º, § 2º, prevê sanção grave para a sua não realização, estabelecendo que "quando solicitada e não realizada a audiência, a licença ambiental será invalidada"[470].

Nesse particular, entende-se que o disposto no artigo 15 da Lei nº 11.428/2006 veio reforçar a ideia de necessidade de exigência do EPIA/RIMA para a pretensão de obras ou atividades em áreas de remanescentes de vegetação da Mata Atlântica, especialmente em locais onde há vegetação primária ou secundária em estágio médio ou avan-

---

[470] Neste particular, Maria Goretti Dal Bosco esclarece a vinculação do órgão ambiental: "Este dispositivo [art. 2º da Resolução 09/1987 do CONAMA], por sua vez, confirmou a discricionariedade do órgão ambiental para a realização da audiência pública ("sempre que julgar necessário"), mas cria, num segundo momento, uma situação que vincula o órgão, ou seja, "quando for solicitado por entidade civil, pelo Ministério Público ou por 50 ou mais cidadãos". Essa solicitação, quer nos parecer, realmente vincula o órgão ambiental, pois a discricionariedade está expressa somente na primeira sentença do artigo. (...) "A interpretação correta dos citados dispositivos nos leva a concluir que, no Brasil, a audiência pública deve ser realizada sempre que o órgão ambiental julgar necessário ou, obrigatoriamente, sempre que requerida por entidade civil, pelo Ministério Público ou por um grupo de 50 ou mais cidadãos." (DAL BOSCO, Maria Goretti. Audiência pública como direito de participação. Prática Jurídica Editora Consulex, Brasília-DF, v. 14, p. 13-19, 2003).

çado de regeneração, ainda que não haja correspondência com aquelas hipóteses previstas no artigo 2º da Resolução CONAMA nº 001/86.

A nosso aviso, o comando previsto no artigo 15 da Lei nº 11.428/2006 estabelece uma presunção da necessidade de exigência pelo órgão público ambiental competente da realização de EPIA/RIMA pelo requerente de licenciamento ambiental de empreendimento ou atividade que demande o corte ou supressão de vegetação primária ou secundária (nos estágios médio e avançado de regeneração), seja porque a Lei da Mata Atlântica em regra veda a sua supressão, seja porque o bioma como um todo se encontra sobrevivendo sob ameaça em uma porção ínfima remanescente e ainda em estado fragmentado, seja porque o bioma Mata Atlântica possui incrível índice de biodiversidade e proporciona serviços ambientais indispensáveis a mais de cento e quarenta milhões de brasileiros, seja porque com base nesses pressupostos, e com ainda mais razão e intensidade, devem-se aplicar os princípios da prevenção e da precaução.

Ilustram o acolhimento desse posicionamento por nossos Tribunais os seguintes acórdãos:

"[...] Ausência de discricionariedade quanto à exigência de EIA/RIMA em área de vegetação natural caracterizada como Floresta Ombrófila Densa integrante do bioma Mata Atlântica (art. 2º da Lei nº 11.428/2006 e art. 3º do Decreto nº 750/93). Também não é indagável a magnitude da degradação ambiental em área de mata atlântica, cuja extensão e a intensidade dos impactos deixam de ser pressupostos específicos do dever de realizar EIA/RIMA. 8. Da mesma forma, a Lei nº 11.428/2006 condiciona o corte, a supressão e a utilização de vegetação secundária em estágio avançado de regeneração à ausência de alternativa técnica locacional para o empreendimento."[471]

"[...] 2. Metade da área do referido projeto é recoberta por floresta estacional decidual, tipo de vegetação que integra as formações florestais cuja utilização e proteção está amparada pelo pela Lei nº 11.428/2006, pelo Decreto nº 750/93 e pela Resolução CONAMA nº 26/94. A leitura da legislação atinente à espécie não deixa margem de dúvidas sobre o nível de proteção que a floresta estacional decidual merece e a necessidade de realização de prévio

---

[471] TRF-3 – AC: 45 SP 0000045-33.2005.4.03.6103, Relator: JUIZ CONVOCADO HERBERT DE BRUYN, Data de Julgamento: 25/07/2013, SEXTA TURMA.

estudo de impacto ambiental e respectivo relatório de impacto ambiental (EIA/RIMA) para o empreendimento. 3. A mata atlântica é definida pela Constituição em seu art. 225, § 4º, como patrimônio nacional. O Decreto nº 750/93, as Resoluções CONAMA nº 26/94, 278/2001 e 317/2002 atribuem à mata atlântica um caráter de intocabilidade, não admitindo a autorização para o corte raso de vegetação nativa primária ou nos estágios médio e avançado de regeneração e, tampouco, a exploração ou corte de espécies nativas ameaçadas de extinção. A novel Lei n. 11.428/2006 manteve a proibição e ampliou as restrições para exploração, corte ou supressão de vegetação nativa primária ou nos estágios médio e avançado de regeneração da mata atlântica".[472]

Mesmo nas hipóteses não expressamente previstas na Resolução CONAMA nº 1/86 ou em outro ato normativo federal, estadual ou municipal, mas que o empreendimento ou atividade tenha significativo potencial degradador do meio ambiente, a apresentação do EIA/RIMA se torna obrigatória, não tendo o Poder Público, autorização constitucional para dispensá-lo. Veja-se, neste teor, o seguinte julgado do Supremo Tribunal Federal[473]:

[...] Ação direta de inconstitucionalidade. Art. 182 § 3º, da Constituição do Estado de Santa Catarina. Estudo de impacto ambiental. Contrariedade ao art. 225, § 1º, IV, da Carta da República A norma impugnada, ao dispensar a elaboração de estudo prévio de impacto ambiental no caso de áreas de florestamento ou reflorestamento para fins empresariais, cria exceção incompatível com o disposto no mencionado inc. IV do § 1º do art. 225 da CF/1988. Ação julgada procedente, para declarar a inconstitucionalidade do dispositivo constitucional catarinense sob enfoque[474].

---

[472] TRF-1 – AG: 59260 PI 2007.01.00.059260-7, Relator: DESEMBARGADORA FEDERAL SELENE MARIA DE ALMEIDA, Data de Julgamento: 12/03/2008, QUINTA TURMA, Data de Publicação: 28/03/2008 e-DJF1 p.319.

[473] Parágrafo inserido no capítulo denominado Tutela do Meio Ambiente: (Gaio, Alexandre; Abi-Eçab, Pedro C. Tutela do Meio Ambiente. in: Vitorelli, Edilson (org). **Manual de Direitos Difusos**. Salvador: Editora JusPodivm, 2018. No prelo).

[474] Supremo Tribunal Federal (STF). ADI 1.086-7/SC, Seção I, rel. Min. Ilmar Galvão, DJ 01.10.2001.

Art. 16. *Na regulamentação desta Lei, deverão ser adotadas normas e procedimentos especiais, simplificados e céleres, para os casos de reutilização das áreas agrícolas submetidas ao pousio.*

Conforme verificado no artigo 3º, inciso III, da Lei nº 11.428/2006, o pousio é definido como a "prática que prevê a interrupção de atividades ou usos agrícolas, pecuários ou silviculturais do solo por até 10 (dez) anos para possibilitar a recuperação de sua fertilidade".

O artigo 16 da Lei nº 11.428/2006 estabelece que, para as hipóteses de reutilização das áreas agrícolas submetidas ao pousio, a regulamentação deve atribuir um caráter especial, simplificado e célere aos procedimentos que tratam dessa prática, lembrando que essa regulamentação é relevante para definir os requisitos e critérios para autorização de supressão, exploração e corte de vegetação secundária em estágio inicial de regeneração em áreas onde houve a interrupção de atividades ou usos agrícolas, pecuários ou silviculturais do solo por um determinado lapso temporal para possibilitar a recuperação de sua fertilidade, nos termos do artigo 26 do mesmo diploma legal.

O Decreto nº 6.660/2008, em seus artigos 22 a 25, regulamenta os procedimentos para a supressão da vegetação secundária em estágio inicial de regeneração da área submetida ao pousio, com o intuito de reutilização de áreas agrícolas.

Preveem-se, por exemplo, respectivamente nos artigos 23 e 24, parágrafo 2º, da Lei nº 11.428/2006, as informações mínimas a serem apresentadas pelo pequeno produtor rural ou população tradicional para a supressão de até dois hectares por ano da vegetação em área submetida ao pousio, e os requisitos para a autorização de supressão de vegetação secundária em estágio inicial de regeneração por um período de até dez anos em relação a um sistema integrado de pousio por meio do conjunto de módulos de rotação do sistema no imóvel, dentre eles a previsão de área a ser cortada ou suprimida por período e a estimativa do volume de produtos e subprodutos florestais a serem obtidos a cada período a partir do corte ou supressão da vegetação. Em ambas as hipóteses, a autorização florestal somente poderá ser concedida pelo órgão público ambiental competente após análise das informações prestadas e a prévia vistoria de campo que ateste a veracidade das informações contidas no requerimento[475].

Art. 17. *O corte ou a supressão de vegetação primária ou secundária nos estágios médio ou avançado de regeneração do Bioma Mata Atlântica, autorizados por esta Lei, ficam condicionados à compensação ambiental, na forma da destinação de área equivalente à extensão da área desmatada, com as mesmas características ecológicas, na mesma bacia hidrográfica, sempre que possível na mesma microbacia hidrográfica, e, nos casos previstos nos arts. 30 e 31, ambos desta Lei, em áreas localizadas no mesmo Município ou região metropolitana.*

§ 1º Verificada pelo órgão ambiental a impossibilidade da compensação ambiental prevista no caput deste artigo, será exigida a reposição florestal, com espécies nativas, em área equivalente à desmatada, na mesma bacia hidrográfica, sempre que possível na mesma microbacia hidrográfica.

§ 2º A compensação ambiental a que se refere este artigo não se aplica aos casos previstos no inciso III do art. 23 desta Lei ou de corte ou supressão ilegais.

Nos casos passíveis de autorização de corte ou supressão de vegetação do bioma Mata Atlântica, independentemente das regras constantes do regime jurídico especial (artigos 20 a 32 da Lei nº 11.428/2006), que definem, dentre outras condições, a porcentagem do imóvel que deve ser mantido com vegetação[476], o artigo 17, *caput*, determina que, nos casos em que o órgão público ambiental competente autorizar, com base na Lei nº 11.428/2006, a supressão de vegetação primária ou secundária nos estágios médio ou avançado de regeneração do bioma Mata Atlântica, essa autorização deve ser condicionada a uma compensação ambiental, dirigida ao empreendedor ou requerente da aludida supressão, que consiste na destinação de área equivalente à extensão da área desmatada, com as mesmas características ecológicas.

No caso de vegetação remanescente situada na área rural a referida destinação de área equivalente deve ocorrer na mesma bacia hidrográfica, mas preferencialmente na mesma microbacia hidrográfica. Já no

---

[475] Artigos 23, parágrafo 3º, e 24, parágrafo 3º, do Decreto nº 6.660/2008.
[476] Vide comentários aos artigos 30, I, 31, §§ 1º e § 2º.

2. COMENTÁRIOS À LEI Nº 11.428, DE 22.12.2006

caso de vegetação remanescente situada na área urbana ou região metropolitana, a que se alude nos artigos 30 e 31 da Lei nº 11.428/2006, a destinação de área equivalente deve ser realizada em área também localizada no mesmo Município ou região metropolitana.

O propósito de referida previsão de restrição locacional para a compensação ambiental da supressão de vegetação é proporcionar a manutenção da maior possível higidez ambiental da região do desmatamento.

Mas como pode ser operacionalizada essa destinação de área equivalente? Os artigos 26 e 27 do Decreto nº 6.660/2008 apresentam três formas de destinação de área equivalente.

A primeira forma de destinação de área equivalente é a constituição pelo requerente da supressão florestal de Reserva Particular do Patrimônio Natural (RPPN) em local dotado de vegetação remanescente com as mesmas características ecológicas[477], nos moldes preconizados no artigo 21 da Lei nº 9.985/2000.

A segunda forma de destinação é a instituição de servidão florestal em caráter permanente em uma área com as mesmas características ecológicas[478], no qual há uma renúncia a qualquer direito de supressão ou exploração da vegetação nativa, localizada fora da Reserva Legal e das Áreas de Preservação Permanente[479].

O terceiro modo de destinação é a doação ao Poder Público de área equivalente situada no interior de Unidade de Conservação de proteção integral pendente de regularização fundiária.

Nas três opções citadas, a área equivalente deve estar localizada na mesma bacia hidrográfica do imóvel onde se pretende suprimir a vegetação do bioma Mata Atlântica, e, sempre que possível, na mesma microbacia hidrográfica. Ressalta-se o dever de o órgão público ambiental realizar vistoria preliminar na área destinada à compensação para corroborar se realmente possui a extensão e as características ecológicas equivalentes àquelas da área desmatada[480].

Vê-se de modo negativo, contudo, a regra geral constante do artigo 17, *caput*, da Lei nº 11.428/2006, que institui a necessidade de compen-

---

[477] Vide artigo 27, *caput*, do Decreto nº 6.660/2008.
[478] Vide artigo 27, *caput*, do Decreto nº 6.660/2008.
[479] O instituto da servidão florestal foi previsto originariamente no artigo 44-A da Lei nº 4.771/65 e atualmente é tratado no artigo 9º-A da Lei nº 6.938/81.
[480] Artigo 27, § único, do Decreto nº 6.660/2008.

sação ambiental para o corte ou supressão de vegetação primária ou secundária em estágio médio ou avançado, mediante a preferencial proteção de uma área com características equivalentes. Isso porque, a nosso aviso, se há duas áreas equivalentes com cobertura de Mata Atlântica e há a supressão autorizada de uma delas, essa situação importa em concluir que haverá um remanescente a menos (ou em menor extensão), ou seja, não há sequer neutralização do prejuízo ambiental.

Menos prejudicial seria se a disposição legal em comento exigisse prioritariamente a recuperação integral de áreas já degradadas em extensões maiores do que aquelas que tiveram as supressões autorizadas e que poderiam somar e minimizar as consequências destas, já que viabilizaria, ainda que sob o ponto de vista quantitativo e em médio prazo, a permanência e talvez pequeno aumento da extensão de remanescentes de vegetação de Mata Atlântica.

Paradoxalmente, a disposição prevista no § 1º deste dispositivo legal, que é fixada de modo subsidiário ao previsto no *caput*, para os casos de o órgão público ambiental verificar a impossibilidade de compensação ambiental por meio de destinação de área equivalente, a nosso ver é a modalidade de compensação ambiental que efetivamente busca melhor atender ao propósito de manutenção dos remanescentes do bioma Mata Atlântica.

Diante disso, e considerando que a lei deve atender aos fins sociais a que ela se destina[481], que a hermenêutica jurídico-ambiental rege-se pelo princípio *in dubio pro natura*[482] e que a Lei nº 11.428/2006 deve ser interpretada e aplicada conforme a vontade constitucional[483], defende-

---

[481] Artigo 5º da Lei de Introdução às normas do Direito Brasileiro (Decreto-Lei nº 4.657/42).
[482] Consoante raciocínio de Paulo José de Farias Leite: "(...) pelos já citados §§ 1º e 4º do art. 24, pelo art. 225 da Constituição, bem como pela indefinição do que seja norma especial, deve-se, fortiori ratione, fixar como diretriz exegética que os eventuais conflitos, nos quais a noção de norma geral e especial não seja suficiente, devem ser resolvidos pela prevalência da norma que melhor defenda o direito fundamental tutelado, por tratar-se de preceito constitucional (lei nacional) que se impõe à ordem jurídica central ou regional (in dubio pro natura). Assim, o princípio in dubio pro natura deve constituir um princípio inspirador da interpretação. Isto significa que, nos casos em que não for possível uma interpretação unívoca, a escolha deve recair sobre a interpretação mais favorável ao meio ambiente." (FARIAS, Paulo José Leite. **Competência federativa e proteção ambiental**. Porto Alegre: Sérgio Antônio Fabris Editor, 1999, p. 356)
[483] A vontade constitucional é de que o Poder Público direcione todas suas políticas públicas ambientais à realização progressiva e gradual do direito fundamental ao meio ambiente e nunca à sua regressão e retrocesso.

2. COMENTÁRIOS À LEI Nº 11.428, DE 22.12.2006

mos que o órgão público ambiental possui o dever de inverter a ordem de prioridade prevista no artigo 17, para exigir, primeiramente, a recuperação florestal nativa de área degradada com extensão equivalente (preferencialmente maior) à área desmatada, mediante a execução de projeto técnico aprovado pelo órgão público ambiental[484], e a sua proteção por meio do instituto da servidão florestal ou da instituição de Reserva Particular do Patrimônio Natural e, tão somente na comprovada impossibilidade dessa providência, passar a exigir compensação ambiental por meio da destinação de outra equivalente.

Frise-se que, em qualquer das modalidades de compensação ambiental previstas no artigo 17, *caput*, e parágrafo 1º, da Lei nº 11.428/2006, é indispensável que haja a sua averbação nas matrículas dos imóveis correspondentes, assim como que essa informação seja inserida em bancos de dados dos Sistemas de Informações Ambientais dos órgãos públicos ambientais de modo a permitir o seu acesso por toda a sociedade. Tais providências se propõem a impedir que as referidas áreas dotadas dessa restrição legal sejam objeto de posterior análise de autorização para corte ou supressão e a viabilizar a participação da sociedade na sua devida fiscalização.

Consoante asseverado nos comentários ao artigo 1º da Lei nº 11.428//2006, se a vegetação remanescente do bioma Mata Atlântica se situar na delimitação da Zona Costeira, as regras da Lei da Mata Atlântica para a compensação ambiental de seu corte ou supressão devem ser conjugadas, sob a perspectiva de melhor conferir proteção ao direito fundamental ao meio ambiente, com as regras do Decreto nº 5.300/2004, que regulamenta a Lei do Plano Nacional de Gerenciamento Costeiro.

Nesse particular, o artigo 17 do Decreto nº 5.300/2004, ao não fazer distinção quanto à classificação da vegetação e seus estágios de sucessão e regeneração, acaba por exigir compensação de área equivalente à desmatada nos casos de corte ou supressão de vegetação secundária, mesmo nos casos em que esta se encontre em estágio inicial de regeneração, suprindo positivamente uma importante omissão da Lei nº 11.428/2006 nas áreas de convergência da Zona Costeira com o bioma Mata Atlântica.

Outra medida positiva prevista no artigo 17 do Decreto nº 5.300//2004 é a necessidade de averbação da compensação ambiental da área

---

[484] Artigo 26, § 2º, do Decreto nº 6.660/2008.

desmatada situada na Zona Costeira à margem da matrícula do imóvel que possui a área equivalente, providência esta que entendemos deve se estender para qualquer caso na área de abrangência do bioma Mata Atlântica.

Em adição a isso, entende-se que as disposições da Lei da Mata Atlântica devem ser conjugadas com aquelas do Decreto nº 5.300/2004 no que tange à localização da área equivalente à desmatada na região da Zona Costeira para fins de compensação ambiental. Isso porque a restrição para que esta se situe na mesma bacia hidrográfica (e preferencialmente na mesma microbacia hidrográfica) é mais favorável para a manutenção da higidez ambiental da região do desmatamento. Sob outro vértice, o critério da unidade geoambiental, embora tenha em regra uma abrangência territorial mais alargada, apresenta-se interessante para exigir a identificação de características geológicas, geomorfológicas e pedológicas com o intuito de se buscar como resultado uma tipologia de vegetação semelhante àquela da área desmatada.

O parágrafo 2º deste artigo 17 esclarece ainda que o sistema de compensação ambiental não se aplica ao pequeno produtor rural e às populações tradicionais para o exercício de atividades ou usos agrícolas, pecuários ou silviculturais imprescindíveis à sua subsistência e de sua família. É o caso da previsão de autorização de corte ou supressão de vegetação secundária em estágio médio de regeneração do bioma Mata Atlântica prevista no artigo 23, inciso III, da Lei nº 11.428/2006, mas que exclui as Áreas de Preservação Permanente e exige a averbação da Reserva Legal.

Por fim, o artigo 17, parágrafo 2º, também determina que o sistema de compensação ambiental não pode incidir nas hipóteses de corte ou supressões ilegais de vegetação da Mata Atlântica, até mesmo porque, neste último caso, impõe-se a exigência da reparação integral do dano ambiental, que deve contemplar, sempre que possível, a restauração *in natura* do bem lesado[485].

---

[485] A título de exemplo, cita-se trecho do brilhante acórdão relatado pelo Ministro Herman Benjamin: "[...] A jurisprudência do STJ está firmada no sentido de que, nas demandas ambientais, por força dos princípios do poluidor-pagador e da reparação in integrum, admite--se a condenação, simultânea e cumulativa, em obrigação de fazer, não fazer e indenizar. Assim, na interpretação do art. 3º da Lei 7.347/1985, a conjunção "ou" opera com valor aditivo, não introduz alternativa excludente. Precedentes da Primeira e Segunda Turmas do

2. COMENTÁRIOS À LEI Nº 11.428, DE 22.12.2006

Art. 18. No Bioma Mata Atlântica, é livre a coleta de subprodutos florestais tais como frutos, folhas ou sementes, bem como as atividades de uso indireto, desde que não coloquem em risco as espécies da fauna e flora, observando-se as limitações legais específicas e em particular as relativas ao acesso

STJ. 4. A recusa de aplicação, ou aplicação truncada, pelo juiz, dos princípios do poluidor-pagador e da reparação in integrum arrisca projetar, moral e socialmente, a nociva impressão de que o ilícito ambiental compensa, daí a resposta administrativa e judicial não passar de aceitável e gerenciável "risco ou custo normal do negócio". Saem debilitados, assim, o caráter dissuasório, a força pedagógica e o objetivo profilático da responsabilidade civil ambiental (= prevenção geral e especial), verdadeiro estímulo para que outros, inspirados no exemplo de impunidade de fato, mesmo que não de direito, do degradador premiado, imitem ou repitam seu comportamento deletério. 5. Se o meio ambiente lesado for imediata e completamente restaurado ao seu estado original (reductio ad pristinum statum), não há falar, como regra, em indenização. Contudo, a possibilidade técnica e futura de restabelecimento in natura (= juízo prospectivo) nem sempre se mostra suficiente para, no terreno da responsabilidade civil, reverter ou recompor por inteiro as várias dimensões da degradação ambiental causada, mormente quanto ao chamado dano ecológico puro, caracterizado por afligir a Natureza em si mesma, como bem inapropriado ou inapropriável. Por isso, a simples restauração futura – mais ainda se a perder de vista – do recurso ou elemento natural prejudicado não exaure os deveres associados aos princípios do poluidor-pagador e da reparação in integrum. 6. A responsabilidade civil, se realmente aspira a adequadamente confrontar o caráter expansivo e difuso do dano ambiental, deve ser compreendida o mais amplamente possível, de modo que a condenação a recuperar a área prejudicada não exclua o dever de indenizar – juízos retrospectivo e prospectivo. A cumulação de obrigação de fazer, não fazer e pagar não configura bis in idem, tanto por serem distintos os fundamentos das prestações, como pelo fato de que eventual indenização não advém de lesão em si já restaurada, mas relaciona-se à degradação remanescente ou reflexa. 7. Na vasta e complexa categoria da degradação remanescente ou reflexa, incluem-se tanto a que temporalmente medeia a conduta infesta e o pleno restabelecimento ou recomposição da biota, vale dizer, a privação temporária da fruição do bem de uso comum do povo (= dano interino, intermediário, momentâneo, transitório ou de interregno), quanto o dano residual (= deterioração ambiental irreversível, que subsiste ou perdura, não obstante todos os esforços de restauração) e o dano moral coletivo. Também deve ser restituído ao patrimônio público o proveito econômico do agente com a atividade ou empreendimento degradador, a mais-valia ecológica que indevidamente auferiu (p. ex., madeira ou minério retirados ao arrepio da lei do imóvel degradado ou, ainda, o benefício com o uso ilícito da área para fim agrossilvopastoril, turístico, comercial). 8. Recurso Especial parcialmente provido para reconhecer a possibilidade, em tese, de cumulação da indenização pecuniária com as obrigações de fazer voltadas à recomposição in natura do bem lesado, devolvendo-se os autos ao Tribunal de origem para que verifique se, na hipótese, há dano indenizável e fixe eventual quantum debeatur." (Recurso Especial nº 1145083/MG (2009/0115262-9), 2ª Turma do STJ, Rel. Herman Benjamin. j. 27.09.2011, unânime, DJe 04.09.2012).

ao patrimônio genético, à proteção e ao acesso ao conhecimento tradicional associado e de biossegurança.

O Decreto nº 6.660/2008, em seus artigos 28 e 29, condiciona a coleta de subprodutos florestais (frutos, flores, folhas, cascas, óleos, resinas, raízes, sementes, cipós, bulbos, bambus e outros) à observância de alguns cuidados básicos, tais como a época de maturação dos frutos e sementes, a utilização de técnicas de coleta que não exponham em risco a sobrevivência das espécies, a manutenção das funções relevantes na alimentação, reprodução e abrigo da flora e fauna silvestre, os períodos de coleta e volumes fixados em regulamentos específicos, quando houver, independentemente da existência de outras restrições normativas específicas.

Nesse âmbito, o legislador atribui especial atenção à verificação de limitações legais específicas quanto ao acesso ao patrimônio genético, à proteção e ao acesso ao conhecimento tradicional associado e de biossegurança[486].

Um exemplo de ato normativo que prevê restrição à coleta de sementes é a Portaria nº 47/2012 do Instituto Ambiental do Paraná, que estabelece a data de 15 de abril de cada ano para início da colheita, transporte e comercialização do pinhão, quer para uso em sementeiras, quer para ser usado como alimento, considerando especialmente o ciclo de sua maturação.

Importante lembrar que, à exceção da exploração eventual, e para consumo próprio, realizada pelas populações tradicionais e pequenos produtores rurais[487], a exploração e o transporte de subprodutos florestais destinados à comercialização, tais como lenha para secagem ou processamento de folhas, frutos e sementes, entre outros, dependem de autorização do órgão ambiental competente[488].

Ainda sobre a coleta de subprodutos florestais e atividades de uso indireto na Mata Atlântica, o Decreto nº 6.660/2008 previu, sob a exigência dos mesmos requisitos legais anteriormente mencionados[489], inclusive a necessidade de autorização emitida pelo órgão público

---

[486] Artigo 28, V, do Decreto nº 6.660/2008.
[487] Artigos 2º, 3º e 28, § 1º, do Decreto nº 6.660/2008.
[488] Artigo 2º, § 4º, do Decreto nº 6.660/2008.
[489] Artigo 28 do Decreto nº 6.660/2008.

ambiental competente, a possibilidade da prática de extrativismo sustentável a partir da condução de espécie nativa produtora de folhas, frutos ou sementes, para a produção e comercialização[490], assim como da condução dos cacaueiros para a coleta de frutos no sistema de cabruca[491], "desde que não descaracterize a cobertura vegetal nativa e não prejudique a função ambiental da área."[492]

Fica claro, portanto, que qualquer prática de extrativismo sustentável, inclusive o sistema cabruca, em vegetação remanescente do bioma Mata Atlântica, não pode envolver a inserção ou exploração de espécies exóticas ou o corte de espécies florestais nativas, sob pena de afronta a uma interpretação sistemática da Lei nº 11.428/2006 e a inobservância da regra expressa do próprio Decreto nº 6.660/2008, que determina como condições indispensáveis para essas práticas a não descaracterização da cobertura vegetal nativa e a ausência de prejuízo às funções ambientais da área, dentre elas a manutenção das funções relevantes na alimentação, reprodução e abrigo da flora e fauna silvestre.

No interior das Unidades de Conservação de proteção integral, a regra é a vedação de qualquer uso direto dos seus recursos naturais[493]. Assim, a coleta de sementes e frutos em Unidades de Conservação de proteção integral apenas pode ocorrer excepcionalmente se houver a previsão dessa permissividade no plano de manejo da unidade e se o gestor da unidade autorizar expressamente essa prática[494].

De outro lado, o Decreto nº 6.660/2008, em seu artigo 29, enumera, em um rol taxativo (*numerus clausus*), as seguintes atividades de uso indireto no bioma Mata Atlântica: I – abertura de pequenas vias e corredores de acesso; II – implantação de trilhas para desenvolvimento de ecoturismo; III – implantação de aceiros para prevenção e combate a incêndios florestais; IV – construção e manutenção de cercas ou picadas de divisa de propriedades; e V – pastoreio extensivo tradicional em

---

[490] Artigo 28, parágrafo 3º, do Decreto nº 6.660/2008.
[491] "Cacau-Cabruca é um sistema ecológico de cultivo agroflorestal. Baseia-se na substituição de estratos florestais por uma cultura de interesse econômico, implantada no sub-bosque de forma descontínua e circundada por vegetação natural, não prejudicando as relações mesológicas com os sistemas remanescentes". Conceito disponível em: <http://www.ceplac.gov.br/radar/sistema_agro.htm>
[492] Artigo 28, parágrafo 4º, do Decreto nº 6.660/2008.
[493] Artigos 2º, VI, e 7º, § 1º, da Lei nº 9.985/2000.
[494] Artigo 28, § 2º, do Decreto nº 6.660/2008.

remanescentes de campos de altitude, nos estágios secundários de regeneração, desde que não promova a supressão da vegetação nativa ou a introdução de espécies vegetais exóticas.

Em relação a essas atividades, dispensa-se a necessidade de prévia autorização do órgão público ambiental competente, contudo não podem afetar áreas consideradas de preservação permanente, assim como é vedado colocarem em risco qualquer espécie da fauna ou da flora ou importarem na supressão de espécies ameaçadas de extinção[495].

***Art. 19.** O corte eventual de vegetação primária ou secundária nos estágios médio e avançado de regeneração do Bioma Mata Atlântica, para fins de práticas preservacionistas e de pesquisa científica, será devidamente regulamentado pelo Conselho Nacional do Meio Ambiente e autorizado pelo órgão competente do Sisnama.*

A primeira observação que se extrai do presente dispositivo legal é que o vocábulo "eventual" indica que é absolutamente excepcional qualquer corte de vegetação primária ou secundária nos estágios médio e avançado de regeneração do bioma Mata Atlântica, inclusive para fins de práticas preservacionistas e de pesquisa científica.

Veja-se que, consoante já exposto nos comentários ao artigo 3º, inciso IV, a prática preservacionista é definida como a atividade imprescindível à proteção da integridade da vegetação nativa, tal como o controle do fogo, da erosão e das espécies exóticas e invasoras, desde que tenham comprovado fundamento técnico e científico.

A segunda observação é de que apenas pode se considerar como prática preservacionista e de pesquisa científica para fins de aplicação da Lei da Mata Atlântica, inclusive para eventual análise de viabilidade de corte eventual corte de vegetação primária ou secundária nos estágios médio e avançado de regeneração com base nas aludidas finalidades, após a regulamentação do tema pelo Conselho Nacional do Meio Ambiente (CONAMA), o que ainda não ocorreu.

Por fim, de modo lógico, o artigo 19 da Lei nº 11.428/2006 deixa expresso que a pretensão de corte eventual de vegetação primária ou secundária nos estágios médio e avançado de regeneração do bioma

---

[495] Artigo 29, *caput*, e parágrafo único, do Decreto nº 6.660/2008.

Mata Atlântica, para fins de práticas preservacionistas e de pesquisa científica, após a sua regulamentação pelo CONAMA, deve ser autorizada pelo órgão público ambiental competente.

2.3 Título 3 – Do Regime Jurídico Especial do Bioma Mata Atlântica (Art. 20 a 32)

No título III da Lei nº 11.428/2006, que trata do regime jurídico especial do bioma Mata Atlântica, os artigos 20 a 32 explicitam quais são os requisitos e condicionantes para o corte ou a supressão da Mata Atlântica, diferenciando, de modo separado, esses requisitos e condicionantes em relação às hipóteses de vegetação primária, de vegetação secundária em estágio avançado de regeneração, de vegetação secundária em estágio médio de regeneração, de vegetação secundária em estágio inicial de regeneração, e, ainda, as hipóteses de remanescentes de vegetação da Mata Atlântica localizados em áreas urbanas e regiões metropolitanas, assim como o caso específico das atividades minerárias em áreas de vegetação secundária em estágio avançado e médio de regeneração.

É importante relembrar que anteriormente à verificação de eventual adequação às citadas regras constantes do seu regime jurídico especial nos casos de pretensão de corte, exploração ou supressão de vegetação do bioma Mata Atlântica, é indispensável a realização de preliminar confronto da aludida pretensão com o que dispõe o regime jurídico geral do bioma Mata Atlântica, que serve como base fundante e pressuposto para a aplicação das normas relativas à proteção e utilização do referido bioma.

> *Art. 20. O corte e a supressão da vegetação primária do Bioma Mata Atlântica somente serão autorizados em caráter excepcional, quando necessários à realização de obras, projetos ou atividades de utilidade pública, pesquisas científicas e práticas preservacionistas.*
>
> *Parágrafo único. O corte e a supressão de vegetação, no caso de utilidade pública, obedecerão ao disposto no art. 14 desta Lei, além da realização de Estudo Prévio de Impacto Ambiental/Relatório de Impacto Ambiental – EIA/RIMA.*

O artigo 20, *caput*, da Lei nº 11.428/2006, reitera a regra geral de vedação de corte ou supressão da vegetação remanescente do bioma Mata

Atlântica e trata das hipóteses excepcionais de intervenção em vegetação no estado primário, que é vegetação de máxima expressão local, com grande diversidade biológica, sendo os efeitos das ações antrópicas (humanas) mínimos, a ponto de não afetar significativamente suas características originais de estrutura e de espécies[496].

A primeira exceção à regra da vedação de autorização ao corte ou supressão de vegetação primária de Mata Atlântica se refere à necessidade de implementação de pesquisa científica[497] ou de prática preservacionista[498] e que ainda não se submeteram à devida regulamentação pelo CONAMA.

A segunda exceção à regra da vedação de autorização ao corte ou supressão de vegetação primária de Mata Atlântica diz respeito ao atendimento a obra ou atividade dotada de utilidade pública, consoante as hipóteses taxativas previstas no artigo 3º, inciso VII, da Lei nº 11.428/2006[499].

O artigo 20, parágrafo único, da Lei nº 11.428/2006, torna ainda mais explícita a regra do artigo 15 do mesmo diploma legal quanto à exigência de realização de Estudo Prévio de Impacto Ambiental e Relatório de Impacto Ambiental (EPIA/RIMA) para obra ou atividade potencialmente causadora de significativa degradação do meio ambiente, ao prever expressamente a indispensabilidade dessa modalidade de estudo ambiental quanto à pretensão de corte ou supressão de vegetação primária.

Por óbvio que esse Estudo Prévio de Impacto Ambiental deve contemplar alternativas locacionais, seja pela exigência do artigo 5º, inciso I, da Resolução do CONAMA nº 01/86, seja pela exigência dos artigos 12 e 14 da Lei nº 11.428/2006, de modo a se exigir à exaustão a demonstração da eventual inexistência de outra alternativa locacional menos impactante.

Ademais, na medida em que a autorização para o corte e a supressão da vegetação primária do bioma Mata Atlântica apenas pode ocorrer excepcionalmente, o proponente da obra ou atividade deve conseguir demonstrar cabalmente no bojo do Estudo Prévio de Impacto Ambiental

---

[496] Resolução CONAMA nº 10/1993.
[497] O artigo 19 da Lei nº 11.428/2006 remete à vindoura regulamentação do Conselho Nacional do Meio Ambiente (CONAMA).
[498] Vide comentários aos artigos 3º, inciso IV, e 19 da Lei nº 11.428/2006.
[499] Vide comentários ao artigo 3º, inciso VII, da Lei nº 11.428/2006.

e Relatório de Impacto Ambiental (EPIA/RIMA) a caracterização na obra ou atividade pretendida de alguma das hipóteses taxativas de utilidade pública previstas no artigo 3º, inciso VII, da Lei nº 11.428/2006.

Deve-se atentar, ainda, que não há diferença de tratamento jurídico se o remanescente de vegetação primária de Mata Atlântica se localizar em zona urbana ou zona rural, assim como não se prevê a possibilidade de sua exploração, ainda que eventual.

Não se pode olvidar também a necessidade de observância às regras gerais de vedação de corte ou supressão de vegetação primária constantes do artigo 11 da Lei nº 11.428/2006, cabendo ao órgão público ambiental, independentemente da exigência de realização de EPIA/RIMA, de apresentação de alternativas tecnológicas e locacionais e de comprovação de hipótese de utilidade pública da obra ou atividade pretendida, avaliar de modo fundamentado se há justificativa para excepcionar as aludidas regras de vedação com base em interpretação sistemática da Lei nº 11.428/2006, inclusive sob o seu enfoque principiológico, sob pena de nulidade da decisão administrativa[500].

Imperativo lembrar que o eventual licenciamento ambiental de corte ou supressão de vegetação primária do bioma Mata Atlântica deve observar a eventual exigência de anuência prévia municipal, e a exigência de anuência prévia do IBAMA nos casos em que a pretensão de supressão de vegetação primária envolver uma extensão superior a cinquenta hectares em área rural por empreendimento, isolada ou cumulativamente, ou se envolver uma extensão superior a três hectares em área urbana ou região metropolitana por empreendimento, novamente isolada ou cumulativamente, nos termos do artigo 14, parágrafo 1º, da Lei nº 11.428/2006, do artigo 19, incisos I e II, do Decreto nº 6.660/2008.

Por fim, deve-se reiterar a imprescindível aplicação das regras previstas no artigo 17 da Lei nº 11.428/2006 quanto às compensações ambientais decorrentes de qualquer pretensão de corte ou supressão de vegetação.

Art. 21. *O corte, a supressão e a exploração da vegetação secundária em estágio avançado de regeneração do Bioma Mata Atlântica somente serão autorizados:*

---

[500] Vide comentários ao artigo 14 da Lei nº 11.428/2006.

I – em caráter excepcional, quando necessários à execução de obras, atividades ou projetos de utilidade pública, pesquisa científica e práticas preservacionistas;
II – (VETADO)
III – nos casos previstos no inciso I do art. 30 desta Lei.
Art. 22. O corte e a supressão previstos no inciso I do art. 21 desta Lei no caso de utilidade pública serão realizados na forma do art. 14 desta Lei, além da realização de Estudo Prévio de Impacto Ambiental, bem como na forma do art. 19 desta Lei para os casos de práticas preservacionistas e pesquisas científicas.

O artigo 21 da Lei nº 11.428/2006 admite, também de modo excepcional, a autorização para o corte, a supressão e a exploração da vegetação secundária em estágio avançado de regeneração do bioma Mata Atlântica, que é uma vegetação com elevado índice de diversidade biológica e complexidade estrutural, onde predominam as manifestações mais altas (altura média superior a doze metros e diâmetro médio superior a quatorze centímetros), com copas horizontalmente amplas e relativamente uniformes.

As hipóteses excepcionais que podem autorizar o corte, supressão ou exploração da vegetação secundária em estágio avançado de regeneração se referem à pesquisa científica e à prática preservacionista[501], em relação as quais o artigo 22 faz referência ao artigo 19 desta Lei, que condiciona qualquer autorização à prévia regulamentação dessas práticas pelo Conselho Nacional do Meio Ambiente, mas também às obras, atividades ou projetos de utilidade pública, segundo as hipóteses taxativas previstas no artigo 3º, inciso, VII, da Lei nº 11.428/2006[502]. Observe-se que as hipóteses de interesse social não possuem o condão de excepcionar a vedação de corte, supressão ou exploração de vegetação secundária em estágio avançado de regeneração.

Outra hipótese excepcional de corte ou supressão de vegetação secundária em estágio avançado de regeneração do bioma Mata Atlântica, instituída no artigo 21, inciso III, da Lei nº 11.428/2006, é a da incidência da situação prevista no artigo 30, inciso I, do mesmo diploma

---

[501] Vide comentários aos artigos 3º, inciso IV, e 19 da Lei nº 11.428/2006.
[502] Vide comentários ao artigo 3º.

legal, que se refere ao propósito de implantação de edificação ou loteamento em remanescentes de vegetação situados em áreas urbanas, desde que abrangidos por perímetros urbanos aprovados até a data de 26 de dezembro de 2006, que é data de início de vigência da Lei nº 11.428/2006[503].

Vê-se, aqui, que independentemente da regular aplicação das hipóteses gerais de vedação previstas no artigo 11, e das exigências contidas nos artigos 12 e 14, todos da Lei nº 11.428/2006, a localização urbana ou rural do remanescente da vegetação secundária da Mata Atlântica em estágio avançado de regeneração conduz a tratamentos jurídicos distintos.

Se o remanescente de vegetação secundária em estágio avançado de regeneração se localiza na zona rural, verifica-se que as hipóteses de utilidade pública, pesquisa científica e prática preservacionista excepcionam a regra geral de vedação não somente do seu corte ou supressão, mas também de qualquer eventual pretensão de exploração deste remanescente. Disso decorre a conclusão de que, sem prejuízo da aplicação das vedações gerais constantes no artigo 11 da Lei nº 11.428/2006, é inviável legalmente o manejo florestal e até mesmo o extrativismo em remanescente de vegetação secundária em estágio avançado de regeneração situado na zona rural.

De qualquer forma, na hipótese de caracterização de utilidade pública, o órgão público ambiental deve avaliar se há incidência das regras gerais de vedação de corte ou supressão de vegetação secundária em estágio avançado de regeneração constantes do artigo 11 da Lei nº 11.428/2006 e decidir de modo fundamentado se há justificativa para excepcionar as aludidas regras de vedação com base em interpretação sistemática da Lei nº 11.428/2006.

Se a pretensão de supressão de vegetação secundária em estágio avançado de regeneração situado na zona rural envolver uma extensão superior a cinquenta hectares em área rural por empreendimento, isolada ou cumulativamente, exige-se a anuência prévia do IBAMA, nos termos do artigo 14, parágrafo 1º, da Lei nº 11.428/2006, do artigo 19, inciso I, do Decreto nº 6.660/2008, independentemente da eventual exigência de anuência prévia municipal.

---

[503] Vide comentários ao artigo 30, inciso I, da Lei nº 11.428/2006.

Já se o remanescente de vegetação secundária em estágio avançado de regeneração se localiza na zona urbana instituída por perímetro urbano aprovado até a data de início de vigência da Lei nº 11.428/2006, primeiro não se prevê no artigo 30 desta Lei a possibilidade de sua exploração, e segundo a pretensão de supressão ou corte dispensa a caracterização de utilidade pública da obra ou empreendimento. De outro lado, nos casos de pretensas edificações e loteamentos em área urbana, na medida em que não são dotados de utilidade pública, as hipóteses de vedação geral de corte ou supressão previstas no artigo 11 da Lei nº 11.428/2006 não comportam exceção.

Lembre-se que se a pretensão de supressão de vegetação secundária em estágio avançado de regeneração situado na zona urbana, ou na zona rural da região metropolitana, envolver uma extensão superior a três hectares por empreendimento, isolada ou cumulativamente, exige-se a anuência prévia do IBAMA, nos termos do artigo 14, parágrafo 1º, da Lei nº 11.428/2006, do artigo 19, inciso II, do Decreto nº 6.660/2008, independentemente da eventual exigência de anuência prévia municipal.

O artigo 22 da Lei nº 11.428/2006 aponta expressamente a necessidade de realização de Estudo Prévio de Impacto Ambiental e Relatório de Impacto Ambiental (EPIA/RIMA) e de observância ao disposto no artigo 14 da mesma Lei, que trata da exigência de demonstração da inexistência de alternativa técnica ou locacional ao empreendimento pretendido em procedimento administrativo próprio, para as hipóteses de obra ou atividade de utilidade pública.

Relevante asseverar que, embora o artigo 22 não tenha feito referência expressa ao disposto no artigo 21, inciso III, reitera-se a obrigação irrenunciável de o órgão público ambiental exigir, também do proponente da obra ou atividade a ser implantada na zona urbana, a demonstração de inexistência de alternativa técnica e locacional ao empreendimento proposto, por força da aplicação dos artigos 12[504] e 14 da Lei nº 11.428/2006.

Conforme já ressaltado anteriormente, não haveria qualquer lógica ou razoabilidade em deixar de cobrar essa exigência justamente de empreendimentos privados que buscam exclusivamente a obtenção de

---

[504] O artigo 12 da Lei nº 11.428/2006 determina que "os novos empreendimentos que impliquem o corte ou a supressão de vegetação do Bioma Mata Atlântica deverão ser implantados preferencialmente em áreas já substancialmente alteradas ou degradadas".

lucro, ao passo que nos casos de atividades dotadas de utilidade pública ou interesse social tal providência é exigida.

Importante perceber ainda que o artigo 48 do Decreto nº 6.660/ /2008[505], ao fazer referência à exigência de alternativa técnica e locacional prevista no artigo 14 da Lei nº 11.428/2006, não diferenciou empreendimentos privados ou dotados de utilidade pública ou interesse social, não se podendo olvidar ainda o dever de interpretação do referido artigo 14 em consonância os objetivos e princípios da Lei nº 11.428/2006.

Da mesma forma, ainda mais em se tratando de vegetação secundária em estágio avançado de regeneração, que detém alto grau de biodiversidade independentemente de se localizar na zona rural ou urbana, também entendemos deva ser em regra exigida a realização de Estudo Prévio de Impacto Ambiental e Relatório de Impacto Ambiental, até mesmo por força do artigo 15 da Lei nº 11.428/2006.

Em adição a isso, oportuno alertar, no caso de possibilidade de autorização de corte ou supressão de vegetação secundária em estágio avançado de regeneração, a necessidade de observância à compensação ambiental prevista no artigo 17 da Lei nº 11.428/2006.

Art. 23. O corte, a supressão e a exploração da vegetação secundária em estágio médio de regeneração do Bioma Mata Atlântica somente serão autorizados:

I – em caráter excepcional, quando necessários à execução de obras, atividades ou projetos de utilidade pública ou de interesse social, pesquisa científica e práticas preservacionistas;

II – (VETADO)

III – quando necessários ao pequeno produtor rural e populações tradicionais para o exercício de atividades ou usos agrícolas, pecuários ou silviculturais imprescindíveis à sua subsistência e de sua família, ressalvadas as áreas de preservação permanente e, quando for o caso, após averbação da reserva legal, nos termos da Lei nº 4.771, de 15 de setembro de 1965;

IV – nos casos previstos nos §§ 1º e 2º do art. 31 desta Lei.

---

[505] "Art. 48. A alternativa técnica e locacional prevista no art. 14 da Lei nº 11.428, de 2006, observados os inventários e planos previstos para os respectivos setores, deve ser aprovada no processo de licenciamento ambiental do empreendimento".

Art. 24. O corte e a supressão da vegetação em estágio médio de regeneração, de que trata o inciso I do art. 23 desta Lei, nos casos de utilidade pública ou interesse social, obedecerão ao disposto no art. 14 desta Lei.

Parágrafo único. Na hipótese do inciso III do art. 23 desta Lei, a autorização é de competência do órgão estadual competente, informando-se ao Ibama, na forma da regulamentação desta Lei.

No caso de vegetação secundária em estágio médio de regeneração da Mata Atlântica, desde que observadas as hipóteses de vedação do corte ou supressão previstas no artigo 11, e das exigências constantes dos artigos 12 e 14, todos da Lei nº 11.428/2006, em especial a exigência de demonstração de ausência de alternativas locacionais, poderá ser excepcionalmente autorizado o seu corte, supressão ou exploração, se:

a) a finalidade for de pesquisa científica ou de prática preservacionista[506], as quais ainda dependem de regulamentação do CONAMA para serem autorizadas;

b) houver a devida caracterização de utilidade pública em obras ou atividades, segundo as hipóteses taxativas previstas no artigo 3º, inciso VII, da Lei nº 11.428/2006[507]. Nesta hipótese, o órgão público ambiental deve avaliar se há incidência das regras gerais de vedação de corte ou supressão de vegetação secundária em estágio médio de regeneração constantes do artigo 11 da Lei nº 11.428/2006 e decidir de modo fundamentado se há justificativa para excepcionar as aludidas regras de vedação com base em interpretação sistemática da Lei nº 11.428/2006;

c) houver a devida caracterização de interesse social em obras, atividades ou planos, segundo as hipóteses taxativas previstas no artigo 3º, inciso VIII, da Lei nº 11.428/2006[508]. Também nesta hipótese, é imperativa a verificação da eventual incidência das regras gerais de vedação de corte ou supressão de vegetação secundária em estágio médio de regeneração constantes do artigo 11 da Lei nº 11.428/2006, decorrendo daí o dever do órgão público ambiental decidir de modo fundamentado se há justificativa para

---

[506] Vide comentário ao artigo 3º, inciso IV, da Lei nº 11.428/2006.
[507] Vide comentários ao artigo 3º, da Lei nº 11.428/2006.
[508] Vide comentários ao artigo 3º, da Lei nº 11.428/2006.

excepcionar as aludidas regras de vedação com base em interpretação sistemática da Lei nº 11.428/2006;
d) houver a comprovação de ser imprescindível para a subsistência do pequeno produtor rural e populações tradicionais e de suas famílias[509] por meio do exercício de atividades ou usos agrícolas, pecuários ou silviculturais.

Porém, nesta hipótese, o artigo 23, inciso III, da Lei nº 11.428/2006, ressalva a impossibilidade de intervenção em Áreas de Preservação Permanente e a necessidade de demonstração de que as Reservas Legais se encontram protegidas, e o Decreto nº 6.660/2008, no artigo 30 e seus incisos e parágrafos, exige a comprovação de inexistência de alternativa locacional e ainda restringe a extensão do corte ou supressão a um limite máximo de dois hectares, além da indispensável emissão de autorização do órgão público ambiental estadual competente a ser informada ao IBAMA, mas precedida das informações e estudos ambientais apresentados pelo interessado e vistoria de campo que confirme a veracidade das informações.

Além disso, uma vez que não se trata de hipótese que caracterize utilidade pública ou interesse social, apresenta-se inviável excepcionar as regras gerais de vedação de corte ou supressão de vegetação secundária em estágio médio de regeneração do bioma Mata Atlântica previstas no artigo 11 da Lei nº 11.428/2006;
e) houver a incidência das situações previstas no artigo 31, parágrafos 1º e 2º, da Lei nº 11.428/2006, que se referem ao propósito de implantação de edificação ou loteamento em remanescentes de vegetação secundária em estágio médio de regeneração situados em áreas urbanas[510]. Neste caso, se por um lado há a dispensa da comprovação de utilidade pública ou interesse social da obra ou atividade, por outro lado as hipóteses de vedação geral de corte ou supressão previstas no artigo 11 da Lei nº 11.428/2006 não comportam exceção.

O artigo 24, *caput*, da Lei nº 11.428/2006, aponta expressamente a necessidade de observância ao disposto no artigo 14 da mesma Lei nos

---

[509] Vide comentários ao artigo 3º, incisos I e II, da Lei nº 11.428/2006.
[510] Vide comentários ao artigo 31 da Lei nº 11.428/2006.

casos de vegetação secundária em estágio médio de regeneração, que trata da exigência de demonstração em procedimento administrativo próprio da inexistência de alternativa técnica ou locacional nas hipóteses de obras ou atividades dotadas de utilidade pública ou interesse social. E embora o aludido artigo 24, *caput*, não tenha feito referência expressa às demais hipóteses de corte ou supressão de vegetação secundária em estágio médio de regeneração, repisa-se a obrigação irrenunciável do órgão público ambiental em exigir, também nas demais hipóteses não dotadas de utilidade pública e interesse social, a demonstração de inexistência de alternativa técnica e locacional, por força da aplicação dos artigos 12 e 14 da Lei nº 11.428/2006.

Novamente se assenta que não haveria qualquer lógica ou razoabilidade em deixar de cobrar essa exigência justamente de empreendimentos ou atividades de interesse privado, ao passo que nos casos de atividades dotadas de utilidade pública ou interesse social tal providência é exigida, e que o artigo 48 do Decreto nº 6.660/2008, ao fazer referência à exigência de alternativa técnica e locacional prevista no artigo 14 da Lei nº 11.428/2006, não diferenciou empreendimentos privados ou dotados de utilidade pública ou interesse social.

Relevante lembrar que o eventual licenciamento ambiental de corte ou supressão de vegetação secundária em estágio médio de regeneração do bioma Mata Atlântica deve observar a eventual exigência de anuência prévia municipal, e a exigência de anuência prévia do IBAMA nos casos em que a pretensão de supressão de vegetação envolver uma extensão superior a cinquenta hectares em área rural por empreendimento, isolada ou cumulativamente, ou se envolver uma extensão superior a três hectares em área urbana ou em região metropolitana por empreendimento, novamente isolada ou cumulativamente, nos termos do artigo 14, parágrafo 1º, da Lei nº 11.428/2006, do artigo 19, incisos I e II, do Decreto nº 6.660/2008.

Da mesma forma, mesmo em se tratando de vegetação secundária em estágio médio de regeneração, que possui índice de diversidade biológica e altura maior (altura média de doze metros e diâmetro médio de quinze centímetros) que aquela encontrada no estágio inicial de regeneração, também defendemos deva ser em regra exigida a realização de Estudo Prévio de Impacto Ambiental e Relatório de Impacto Ambiental, até mesmo por força do artigo 15 da Lei nº 11.428/2006.

2. COMENTÁRIOS À LEI Nº 11.428, DE 22.12.2006

Ademais, é salutar lembrar que, no caso de possibilidade de autorização de corte ou supressão de vegetação secundária em estágio médio de regeneração, deve-se respeitar a regra da compensação ambiental prevista no artigo 17 da Lei nº 11.428/2006.

Apesar do explicitado regramento, o tratamento atribuído pela Lei nº 11.428/2006 à vegetação secundária em estágio médio de regeneração de Mata Atlântica é em alguns pontos preocupante e conflitante com a proteção exigida pela Constituição Federal de 1988. Citam-se, exemplificativamente, três desses pontos conflitantes.

Primeiro, porque, consoante já foi ventilado, houve a exclusão dos corredores dos remanescentes de vegetação secundária em estágio médio de regeneração da vedação prevista no artigo 11, alínea "c" da Lei nº 11.428/2006.

Segundo, porque não faz referência expressa à exigência de Estudo Prévio de Impacto Ambiental e Relatório de Impacto Ambiental (EPIA/ /RIMA) para a supressão ou o corte de vegetação secundária em estágio médio de regeneração, com exceção das atividades minerárias[511], atribuindo maior margem de discricionariedade ao órgão público ambiental para decidir no caso em concreto a exigência do referido estudo com base no artigo 15 da Lei nº 11.428/2006 ou em outro diploma normativo.

Terceiro, porque, sem prejuízo da indispensável exigência de alternativas técnicas e locacionais, entende-se demasiada permissiva quanto às hipóteses de supressão de vegetação em zonas urbanas para fins de loteamento ou edificação[512], salvo se há preenchimento das hipóteses previstas no seu artigo 11, relativas à vedação de corte ou supressão de Mata Atlântica, ou se há aplicação de outras restrições previstas em normas ambientais.

Contudo, um ponto positivo que pode ser citado em relação às disposições da Lei nº 11.428/2006 que regulam a supressão ou corte de vegetação secundária em estágio médio de regeneração da Mata Atlântica é a continuidade do tratamento diferenciado previsto às populações tradicionais[513], indo além do Decreto nº 750/93, seja na gratuidade,

---

[511] Vide comentários ao artigo 32 da Lei nº 11.428/2006.
[512] Vide comentários ao artigo 31 da Lei nº 11.428/2006.
[513] Segundo dispõe o artigo 3º, inciso II, da Lei nº 11.428/2006, população tradicional é a "população vivendo em estreita relação com o ambiente natural, dependendo de seus recursos

celeridade e simplificação dos procedimentos de autorização ambiental[514], mas também na possibilidade de obtenção de autorização de corte ou supressão de até dois hectares da área coberta por vegetação em estágio médio de regeneração existente na propriedade ou posse, após a análise de inexistência de outra alternativa locacional na área e de não incidência das hipóteses de vedação previstas no artigo 11 da Lei nº 11.428/2006, para o exercício de atividades ou usos agrícolas, pecuários ou silviculturais imprescindíveis à subsistência dessa população[515]. Essa previsão pode contribuir para que essas populações tradicionais mantenham a sua cultura e, mais do que isso, permaneçam vivas junto com a Mata Atlântica.

Art. 25. O corte, a supressão e a exploração da vegetação secundária em estágio inicial de regeneração do Bioma Mata Atlântica serão autorizados pelo órgão estadual competente.

Parágrafo único. O corte, a supressão e a exploração de que trata este artigo, nos Estados em que a vegetação primária e secundária remanescente do Bioma Mata Atlântica for inferior a 5% (cinco por cento) da área original, submeter-se-ão ao regime jurídico aplicável à vegetação secundária em estágio médio de regeneração, ressalvadas as áreas urbanas e regiões metropolitanas.

Se a vegetação da Mata Atlântica for secundária em estágio inicial de regeneração, o artigo 25 da Lei nº 11.428/2006, no âmbito do regime especial do bioma Mata Atlântica, não colaciona qualquer condicionante técnico, requisito ou pressuposto para o seu corte ou supressão.

De fato, a proteção do estágio inicial de regeneração da vegetação de Mata Atlântica restou praticamente desguarnecida, pois sequer as vedações previstas no artigo 11 da Lei nº 11.428/2006 a ela se aplicam, o que demonstra, lamentavelmente, a ausência de compromisso dessa Lei com a restauração de remanescentes de Mata Atlântica que se encontrem em estágio inicial de regeneração. Em outras palavras, é um verdadeiro estímulo para que os remanescentes de vegetação secundária em estágio

---

naturais para a sua reprodução sociocultural, por meio de atividades de baixo impacto ambiental;"

[514] Vide artigo 13 da Lei nº 11.428/2006.

[515] Artigo 30 do Decreto nº 6.660/2008.

inicial de regeneração nunca alcancem o estágio médio ou avançado de regeneração.

Em nossa visão, no que se refere ao tratamento atribuído à vegetação secundária em estágio inicial de regeneração pela Lei nº 11.428/2006, há inconstitucionalidade por omissão, pois não houve a fixação de qualquer condição ou restrição para o seu corte ou supressão. A inconstitucionalidade por omissão consiste na omissão relevante do legislador quanto à prática de ato que estava constitucionalmente obrigado[516]. Oswaldo Luiz Palu explica que a omissão relevante é a que deriva do "descumprimento de normas que, de forma permanente e concreta, vinculam o legislador à adoção de medidas legislativas concretizadoras da constituição"[517].

De fato, a Constituição Federal de 1988 determinou expressamente que a Mata Atlântica é patrimônio nacional e que a sua utilização, inclusive dos recursos naturais, apenas pode ocorrer, na forma da lei, dentro de condições que assegurem a preservação do meio ambiente[518], aliado ao dever do Poder Público de promover a restauração dos processos ecológicos essenciais para assegurar o direito ao meio ambiente ecologicamente equilibrado às futuras gerações[519]. No entanto, a Lei nº 11.428/2006 olvidou essa obrigação constitucional ao deixar de estabelecer qualquer proteção à vegetação secundária de Mata Atlântica em seu estágio inicial, dificultando, dessa forma, a recuperação desse bioma por meio da formação de novos remanescentes.

O artigo 25, parágrafo único, da Lei nº 11.428/2006, ameniza um pouco a quase total ausência de proteção aos remanescentes de vegetação secundária em estágio inicial de regeneração, ao prever que, nas eventuais situações em que o Estado da Federação abrangido pelo bioma Mata Atlântica possuir extensão inferior a cinco por cento de remanescentes de vegetação nativa em comparação com a sua composição original, aplica-se à vegetação secundária em estágio inicial de regeneração o mesmo regime jurídico atribuído ao estágio médio de regeneração.

---

[516] PALU, Oswaldo Luiz. **Controle de constitucionalidade**: conceitos, sistemas e efeitos. 2.ed. São Paulo: Revista dos Tribunais, 2001. p.74.
[517] PALU, Oswaldo Luiz. **Controle de constitucionalidade**..., p.75.
[518] Artigo 225, § 4º, da Constituição Federal de 1988.
[519] Artigo 225, *caput*, e § 1º, inciso I, da Constituição Federal de 1988.

No entanto, não nos parece suficiente para a proteção do bioma Mata Atlântica o disposto no referido artigo 25, parágrafo único, seja porque essa previsão se restringe à zona rural, seja porque fazer depender a proteção do estágio inicial a um *status* de quase inexistência do bioma Mata Atlântica no território é anuir com o progressivo desmatamento e perda da biodiversidade.

No âmbito de interseção das delimitações da Mata Atlântica e da Zona Costeira, uma regra prevista no Decreto nº 5.300/2004, que regulamenta a Lei do Plano Nacional de Gerenciamento Costeiro, minimiza um pouco a precária proteção da vegetação secundária em estágio inicial de regeneração do bioma Mata Atlântica. Isso porque o artigo 17 do Decreto nº 5.300/2004, ao não fazer distinção quanto à classificação da vegetação e seus estágios de sucessão e regeneração, acaba por exigir compensação de área equivalente à desmatada nos casos de corte ou supressão de vegetação secundária, mesmo nos casos em que esta se encontre em estágio inicial de regeneração, suprindo positivamente uma importante omissão da Lei nº 11.428/2006 nas áreas de convergência da Zona Costeira com o bioma Mata Atlântica.

Sob outro vértice, relembra-se que a regra do artigo 12 da Lei nº 11.428/2006 se aplica à vegetação do bioma Mata Atlântica, independentemente da vegetação ser primária ou secundária, e nesse caso, o estágio de sua regeneração (inicial, médio ou avançado) e, nessa linha de raciocínio, se houver a pretensão de supressão de vegetação secundária do bioma Mata Atlântica no estágio inicial de regeneração, o referido dispositivo legal determina que se atribua preferência às áreas desprovidas de qualquer vegetação.

O Decreto nº 6.660/2008, em seu artigo 32, expõe as informações mínimas que devem ser apresentadas pelo interessado no corte ou na supressão de remanescente de vegetação secundária em estágio inicial de regeneração, destacando-se, dentre essas informações, o inventário fitossociológico da área a ser cortada ou suprimida, com vistas a determinar o estágio de regeneração da vegetação e a indicação da fitofisionomia original, a localização com a indicação das coordenadas geográficas dos vértices do imóvel, das Áreas de Preservação Permanente, da Reserva Legal e sua averbação, e da área a ser cortada ou suprimida.

Se o interessado no corte ou supressão de remanescente de vegetação secundária em estágio inicial de regeneração for população tradicional ou pequeno produtor rural, o artigo 33 do Decreto nº 6.660/2008 simplifica as informações que devem constar do seu requerimento, dispensando, por exemplo, o inventário fitossociológico da área a ser cortada ou suprimida, com vistas a determinar o estágio de regeneração da vegetação e a indicação da fitofisionomia original.

Em adição a isso, e não poderia ser de modo diferente, em ambos os casos o órgão público ambiental apenas pode conceder a autorização para a supressão ou corte de remanescente de vegetação secundária em estágio inicial de regeneração após a análise das informações prestadas e prévia vistoria de campo que ateste a veracidade das informações[520].

Art. 26. Será admitida a prática agrícola do pousio nos Estados da Federação onde tal procedimento é utilizado tradicionalmente.

Art. 27. (VETADO)

A prática agrícola do pousio tem a sua definição indicada no artigo 3º, inciso III, desta Lei, como a "prática que prevê a interrupção de atividades ou usos agrícolas, pecuários ou silviculturais do solo por até 10 (dez) anos para possibilitar a recuperação de sua fertilidade". O estabelecimento de um prazo máximo foi importante para não dificultar a fiscalização do cumprimento da função social da propriedade, e por consequência, para não prejudicar a proteção ambiental e a execução da política nacional da reforma agrária[521].

Relembra-se que o artigo 16 da Lei nº 11.428/2006 estabelece que, para as hipóteses de reutilização das áreas agrícolas submetidas ao pousio, a regulamentação deve atribuir um caráter especial, simplificado e célere aos procedimentos que tratam dessa prática.

De fato, essa regulamentação efetivada nos artigos 22 a 25 do Decreto nº 6.660/2008, foi relevante para a aplicação do artigo 26 da Lei nº 11.428/2006, pois era necessário definir os requisitos e critérios para autorização de supressão, exploração e corte de vegetação secundária em estágio inicial de regeneração em áreas onde houve a interrupção de atividades ou usos agrícolas, pecuários ou silviculturais do solo por

---

[520] Artigos 32, § único, e 33, § único, do Decreto nº 6.660/2008.
[521] Vide comentários ao artigo 3º, inciso II, da Lei nº 11.428/2006.

um determinado lapso temporal para possibilitar a recuperação de sua fertilidade.

No âmbito da citada regulamentação, preveem-se, por exemplo, respectivamente nos artigos 23 e 24, parágrafo 2º, da Lei nº 11.428/2006, as informações mínimas a serem apresentadas pelo pequeno produtor rural ou população tradicional para a supressão de até dois hectares por ano da vegetação secundária em estágio inicial em área submetida ao pousio, e os requisitos para a autorização de supressão dessa vegetação em um período de até dez anos em relação a um sistema integrado de pousio por meio do conjunto de módulos de rotação do sistema no imóvel, dentre eles a previsão de área a ser cortada ou suprimida por período e a estimativa do volume de produtos e subprodutos florestais a serem obtidos a cada período a partir do corte ou supressão da vegetação.

Em ambas as hipóteses, a autorização florestal somente poderá ser concedida pelo órgão público ambiental competente após análise das informações prestadas e a prévia vistoria de campo que ateste a veracidade das informações contidas no requerimento[522].

Na hipótese de sistema integrado de pousio, que demanda o uso intercalado de diferentes módulos ou áreas de cultivo nos limites da respectiva propriedade ou posse, o Decreto nº 6.660/2008 prevê a possibilidade de concessão de autorização de supressão de vegetação secundária em estágio inicial de regeneração para o conjunto de módulos de rotação do sistema no imóvel, por período não superior a dez anos[523].

No caso do pleito de autorização para corte ou supressão de vegetação secundária em estágio inicial de regeneração no âmbito da prática agrícola do pousio se referir a uma extensão superior a dois hectares, há exigência de sua submissão às mesmas regras apontadas pelo artigo 32 do Decreto nº 6.660/2008, inclusive com relação à obrigação de prévia realização de inventário fitossociológico da área a ser cortada ou suprimida, com vistas a determinar o estágio de regeneração da vegetação e a indicação da fitofisionomia original.

---

[522] Artigos 23, parágrafo 3º, e 24, parágrafo 3º, do Decreto nº 6.660/2008.
[523] Artigo 24 do Decreto nº 6.660/2008.

Art. 28. O corte, a supressão e o manejo de espécies arbóreas pioneiras nativas em fragmentos florestais em estágio médio de regeneração, em que sua presença for superior a 60% (sessenta por cento) em relação às demais espécies, poderão ser autorizados pelo órgão estadual competente, observado o disposto na Lei nº 4.771, de 15 de setembro de 1965.

Art. 29. (VETADO)

Espécies arbóreas pioneiras, conforme explicam Maria de Nazaré Martins Maciel *et al.*, são "espécies cujas sementes só germinam em clareiras, em dossel completamente aberto, recebendo radiação direta em pelo menos parte do dia"[524].

A definição das espécies arbóreas pioneiras passíveis de corte, supressão e manejo apenas em fragmentos florestais em estágio médio de regeneração da Mata Atlântica foi incumbida ao Ministério do Meio Ambiente, mediante a edição de Portaria[525]. De fato, o Ministério do Meio Ambiente emitiu a Portaria nº 51, de 3 de fevereiro de 2009, que indicou uma série de espécies arbóreas pioneiras nativas para efeito do disposto no artigo 28 da Lei nº 11.428/2006[526].

O dispositivo legal em análise possibilita a autorização pelo órgão público ambiental competente para o corte, a supressão e o manejo de espécies arbóreas pioneiras nativas apenas em fragmentos florestais em estágio médio de regeneração, em que a presença destas seja superior a 60% (sessenta por cento) em relação às demais espécies. O cálculo des-

---

[524] MACIEL, Maria de Nazaré Martins *et al.* Classificação Ecológica das Espécies Arbóreas. **Revista Acadêmica: ciências agrárias e ambientais**, Curitiba, v.1, n. 2, p.69-78, 2003.
[525] Artigo 35, § 2º, do Decreto nº 6.660/2008.
[526] As espécies arbóreas indicadas na Portaria MMA nº 51/2009 foram as seguintes: Aegiphila sellowiana (tamanqueiro); Alchornea glandulosa (tapiá); Alchornea triplinervea (tanheiro); Aloysia virgata (lixeira); Ateleia glazioviana (timbó); Cecropia glaziovi (embaúba); Cecropia pachystachya (embaúba); Clethra scabra (carne de vaca); Clusia criuva (mangue de formiga); Cupania vernalis (camboatá vermelho); Eremanthus erythropappus (candeia); Eriotheca candolleana (embiruçu); Gochnatia polymorpha (candeia/cambará); Hyeronima alchorneoides (licurana); Matayba elaeagnoides (camboatá branco); Miconia cinnamomifolia (jacatirão açu); Mimosa scabrella (bracatinga); Mimosa bimucronata (maricá); Pera glabrata (tamanqueira); Piptadenia gonoacantha (pau jacaré); Piptocarpha angustifolia (vassourão branco); Rapanea ferruginea (capororoca); Sapium glandulatum (leiteiro); Tabebuia cassinoides (caxeta); Trema micrantha (grandiuva); Vernonia discolor (vassourão preto); Vismia brasiliensis (pau de lacre).

se percentual apenas pode ser realizado com base nas espécies arbóreas com Diâmetro na Altura do Peito – DAP acima de cinco centímetros[527].

Relevante atentar que os artigos 36 a 37 do Decreto nº 6.660/2008 estabeleceram diversos requisitos para o interessado requerer autorização de corte e manejo de espécies arbóreas pioneiras nativas em remanescentes de vegetação secundária em estágio médio de regeneração, dentre eles que as espécies arbóreas pioneiras estejam contempladas por Portaria do Ministério do Meio Ambiente; a vedação do corte de espécies arbóreas pioneiras constantes das listas nacionais ou estaduais de espécies da flora ameaçadas de extinção; a vedação do corte de espécies arbóreas se houver a descaracterização de estágio médio do fragmento; a apresentação de medidas para a "minimização dos impactos sobre espécies arbóreas secundárias e clímácicas existentes na área"; e a apresentação de "inventário fitossociológico da área a ser cortada ou suprimida, com vistas a determinar o estágio de regeneração da vegetação e a indicação da fitofisionomia original".

Ora, apresenta-se impossível a análise do preenchimento dos aludidos requisitos sem a exigência de realização de estudo prévio sobre os impactos do corte dessas árvores pioneiras sobre as interações ecológicas dos seres da flora e da fauna que habitam aquele remanescente do bioma Mata Atlântica. Consoante avisa Roberto Varjabedian, sem esses estudos tratar-se-ia de "permissividade temerária [...], abrindo amplo espaço para a degradação ambiental nesses ambientes"[528].

Dessa forma, é indispensável que os órgãos públicos ambientais, no âmbito dos pleitos formulados pelos interessados com base no artigo 28 da Lei nº 11.428/2006, ao menos exijam a realização de um Relatório Ambiental Prévio (RAP), com base em termo de referência que contemple no mínimo os requisitos previstos nos artigos 35 a 38 do Decreto nº 6.660/2008, para a obtenção de elementos mínimos suficientes à análise da viabilidade ambiental do pretendido corte de espécies arbóreas pioneiras.

Art. 30. *É vedada a supressão de vegetação primária do Bioma Mata Atlântica, para fins de loteamento ou edificação, nas regiões metropolitanas e*

---

[527] Artigo 35, § 1º, do Decreto nº 6.660/2008.
[528] VARJABEDIAN, Roberto. Lei da Mata Atlântica..., p.151.

áreas urbanas consideradas como tal em lei específica, aplicando-se à supressão da vegetação secundária em estágio avançado de regeneração as seguintes restrições:

I – nos perímetros urbanos aprovados até a data de início de vigência desta Lei, a supressão de vegetação secundária em estágio avançado de regeneração dependerá de prévia autorização do órgão estadual competente e somente será admitida, para fins de loteamento ou edificação, no caso de empreendimentos que garantam a preservação de vegetação nativa em estágio avançado de regeneração em no mínimo 50% (cinqüenta por cento) da área total coberta por esta vegetação, ressalvado o disposto nos arts. 11, 12 e 17 desta Lei e atendido o disposto no Plano Diretor do Município e demais normas urbanísticas e ambientais aplicáveis;

II – nos perímetros urbanos aprovados após a data de início de vigência desta Lei, é vedada a supressão de vegetação secundária em estágio avançado de regeneração do Bioma Mata Atlântica para fins de loteamento ou edificação.

O artigo 30 trata de hipóteses de (im)possibilidade de corte ou supressão de vegetação primária e secundária em estágio avançado de regeneração do bioma Mata Atlântica em áreas urbanas definidas em lei para a finalidade específica de loteamento ou de edificação. A classificação do remanescente da vegetação do bioma Mata Atlântica e a sua localização aliada ao marco temporal da aprovação legal do perímetro urbano (anterior ou posterior à edição da Lei nº 11.428/2006) definem os casos vedados e permissíveis de corte ou supressão, assim como as restrições aplicáveis.

A primeira regra colacionada no artigo 30, *caput*, da Lei nº 11.428//2006, é a de absoluta vedação da supressão de vegetação primária do bioma Mata Atlântica situada em área urbana para fins de loteamento ou edificação.

No que concerne aos remanescentes de vegetação secundária em estágio avançado de regeneração do bioma Mata Atlântica situados em perímetro urbano, a definição do tratamento jurídico depende do marco temporal da aprovação legal do perímetro urbano, nos termos dos incisos I e II do artigo 30 da Lei nº 11.428/2006.

Se o perímetro urbano onde se situa o remanescente de vegetação secundária em estágio avançado de regeneração tiver sido aprovado por lei após a data de 26 de dezembro de 2006, marco de início de vigência da Lei nº 11.428/2006[529], também há vedação absoluta para a sua supressão para fins de loteamento ou edificação.

De outro lado, se o perímetro urbano onde se situa o remanescente de vegetação secundária em estágio avançado de regeneração tiver sido aprovado por lei anteriormente à referida data (26 de dezembro de 2006), permite-se a sua supressão para a finalidade de loteamento e edificação, desde que haja observância às seguintes condições e restrições previstas no artigo 30, inciso I, e nos artigos 11, 12, 14 e 17 da Lei nº 11.428/2006:

a) a competência para apreciar pleito de licenciamento ambiental da edificação e loteamento, assim como da autorização florestal para a supressão de vegetação secundária em estágio avançado de regeneração é do órgão público ambiental estadual;

b) a incidência de qualquer uma das hipóteses previstas no artigo 11 desta Lei[530] torna vedada a supressão. Em outras palavras, se o remanescente de vegetação secundária em estágio avançado de regeneração situado na área urbana se enquadrar em qualquer uma das hipóteses gerais de proibição de corte ou supressão de Mata Atlântica previstas no artigo 11, não poderá ser autorizado o seu corte ou supressão;

c) o interessado na supressão deve apresentar alternativas tecnológicas e locacionais ao órgão público ambiental licenciador em procedimento administrativo próprio, e demonstrar, nos termos dos artigos 12 e 14 desta Lei[531], que não há qualquer outra alternativa locacional na região que contenha área já substancialmente alterada ou degradada;

d) deve haver observância ao disposto no Plano Diretor do Município e às demais normas urbanísticas e ambientais aplicáveis;

e) deve haver, anteriormente à decisão sobre eventual concessão de licença prévia pelo órgão público ambiental estadual competente em favor da edificação ou loteamento, a anuência prévia do órgão municipal do meio ambiente, se existir essa previsão na legisla-

---

[529] A Lei nº 11.428, de 22/12/2006 foi publicada no Diário Oficial da União na data de 26/12/2006.
[530] Vide comentários ao artigo 11 da Lei nº 11.428/2006.
[531] Vide comentários aos artigos 12 e 14 da Lei nº 11.428/2006.

ção ambiental no âmbito dos Estados da Federação ou, eventualmente, até mesmo na esfera municipal, nos termos do artigo 14, parágrafo 1º, da Lei nº 11.428/2006;

f) deve haver, anteriormente à decisão sobre eventual concessão de licença prévia pelo órgão público ambiental estadual competente em favor da edificação ou loteamento, a anuência prévia do IBAMA se a pretensão de supressão de vegetação secundária no estágio avançado de regeneração envolver uma extensão superior a três hectares, isolada ou cumulativamente, nos termos do artigo 14, parágrafo 1º, da Lei nº 11.428/2006, do artigo 19, inciso II, do Decreto nº 6.660/2008, e do artigo 2º, parágrafo 1º, da Instrução Normativa IBAMA nº 22/2014;

g) no caso de viabilidade de emissão de autorização para corte ou supressão de vegetação, o interessado deve, conforme previsão contida no artigo 17 desta Lei, e sem prejuízo de outras compensações ambientais fixadas pelo órgão público ambiental, destinar área equivalente à extensão da área desmatada (ou preferencialmente recuperar área em extensão superior)[532], com as mesmas características ecológicas, e preferencialmente situada no mesmo Município;

h) no caso de autorização da supressão, deve haver garantia da preservação de vegetação nativa em estágio avançado de regeneração em no mínimo 50% (cinquenta por cento) da área total coberta por esta vegetação.

Apesar da ausência de previsão expressa no artigo 30, inciso I, quanto à realização de Estudo Prévio de Impacto Ambiental e Relatório de Impacto Ambiental, entendemos que deve haver uma presunção da necessidade da sua exigência pelo órgão público ambiental em virtude do alto grau de biodiversidade existente em um remanescente de vegetação de Mata Atlântica secundária em estágio avançado de regeneração.

Independentemente disso, não se pode olvidar que as demais legislações federais, estaduais ou municipais também podem exigir a realização de estudos ambientais aprofundados para a edificação ou loteamento pretendido. Nesse particular, assevere-se que a própria

---

[532] Vide comentários ao artigo 17 da Lei nº 11.428/2006.

Resolução nº 01/86 do CONAMA define um rol meramente exemplificativo de obras ou empreendimentos que devem se submeter ao Estudo de Impacto Ambiental e Relatório de Impacto Ambiental[533]. Ademais, o artigo 15 da própria Lei nº 11.428/2006 determina, de modo genérico, a exigência de Estudo Prévio de Impacto Ambiental e Relatório de Impacto Ambiental para as obras ou atividades potencialmente causadoras de significativa degradação do meio ambiente.

Quanto à citada exigência de manutenção de 50% (cinquenta por cento) da área total coberta pela vegetação em estágio avançado de regeneração, parece-nos que há uma expectativa errônea de preservação da Mata Atlântica, pois não se atenta ao risco de permitir o referendo de supressão de extensas áreas desse bioma. Conforme alerta Roberto Varjabedian, "ao fixar porcentuais dessa maneira, especialmente em caso de áreas com cobertura vegetal de Mata Atlântica de grandes dimensões, a supressão de vegetação também ocorrerá em grandes extensões"[534]. Isto sem adentrar nas possíveis maliciosas aquisições de áreas contíguas pelo empreendedor para que, sob a justificativa de que a área total coberta de vegetação é maior, alcance-se também uma supressão de área maior de vegetação de Mata Atlântica.

Apesar das mencionadas restrições e condições para a supressão de vegetação secundária de Mata Atlântica em estágio avançado de regeneração nos casos de perímetros urbanos aprovados antes do início de vigência da Lei nº 11.428/2006, vislumbramos uma insuficiência para a efetiva proteção desse bioma, já que, antes da data de 26 de dezembro de 2006, houve significativas expansões das zonas urbanas dos Municípios por meio da edição ou alteração dos seus Planos Diretores[535], o

---

[533] Como bem observou José Afonso da Silva, "qualquer que seja a obra ou a atividade, pública ou particular, que possa apresentar riscos de degradação significativa do meio ambiente fica sujeita à sua prévia elaboração [...] porque a Constituição não admite limitação taxativa dos casos de estudo de impacto ambiental". (SILVA, José Afonso da. **Direito ambiental constitucional**, p.287).

[534] VARJABEDIAN, Roberto. Lei da Mata Atlântica..., p.152.

[535] A título de exemplo, o Município de Cuiabá/MT teve o seu perímetro urbano ampliado de 153,06 km² para 254.57 km² entre os anos de 1982 e 2007. (CUIABÁ. Prefeitura Municipal de Cuiabá. Evolução do Perímetro Urbano de Cuiabá – 1938 a 2007. Ano 2007. IPDU – Instituto de Planejamento e Desenvolvimento Urbano. Cuiabá: 2007. p. 12). Disponível em: <http://www.cuiaba.mt.gov.br/upload/arquivo/evolucao_do_perimetro_urbano_de_cuiaba.pdf>. O Município de Campinas/SP, por sua vez, teve o seu perímetro urbano ampliado

que reforça ainda mais a necessidade de fiel observância das hipóteses gerais de vedação de corte ou supressão previstas no artigo 11 da Lei nº 11.428/2006, assim como o dever de demonstração de ausência de alternativas locacionais, nos termos do que determinam os artigos 12 e 14 do mesmo diploma legal.

Registre-se que o Atlas dos Remanescentes Florestais da Mata Atlântica informou, por exemplo, que houve o desmatamento de 775 hectares de Mata Atlântica na região de Curitiba e sua região metropolitana apenas no período compreendido entre os anos de 2008 e 2010[536].

Art. 31. Nas regiões metropolitanas e áreas urbanas, assim consideradas em lei, o parcelamento do solo para fins de loteamento ou qualquer edificação em área de vegetação secundária, em estágio médio de regeneração, do Bioma Mata Atlântica, devem obedecer ao disposto no Plano Diretor do Município e demais normas aplicáveis, e dependerão de prévia autorização do órgão estadual competente, ressalvado o disposto nos arts. 11, 12 e 17 desta Lei.

§ 1º Nos perímetros urbanos aprovados até a data de início de vigência desta Lei, a supressão de vegetação secundária em estágio médio de regeneração somente será admitida, para fins de loteamento ou edificação, no caso de empreendimentos que garantam a preservação de vegetação nativa em estágio médio de regeneração em no mínimo 30% (trinta por cento) da área total coberta por esta vegetação.

§ 2º Nos perímetros urbanos delimitados após a data de início de vigência desta Lei, a supressão de vegetação secundária em estágio médio de regeneração fica condicionada à manutenção de vegetação em estágio médio de regeneração em no mínimo 50% (cinqüenta por cento) da área total coberta por esta vegetação.

O artigo 31 trata dos requisitos para a excepcional autorização de corte ou supressão de vegetação secundária em estágio médio de rege-

---

de 141,25 km² para 421,90 km² entre os anos de 1979 e 2000, consoante informação disponível em: <http://www.campinas.sp.gov.br/governo/seplama/plano-diretor-2006/doc/tr_cc-turb.pdf>.

[536] FUNDAÇÃO SOS MATA ATLÂNTICA; INSTITUTO NACIONAL DE PESQUISAS ESPACIAIS (INPE). **Atlas dos Remanescentes Florestais da Mata Atlântica**: período 2008-2010. São Paulo, 2011. Disponível em: <http://www.inpe.br/noticias/arquivos/pdf/atlasrelatoriofinal.pdf>.

neração do bioma Mata Atlântica em áreas urbanas definidas em lei para a finalidade específica de loteamento ou de edificação. O marco temporal da aprovação legal do perímetro urbano (anterior ou posterior à edição da Lei nº 11.428/2006) define o traço diferenciador do tratamento jurídico atribuído aos remanescentes de vegetação secundária em estágio médio de regeneração, qual seja, o porcentual mínimo da área total coberta por esta vegetação cuja preservação deve ser garantida no caso de autorização de supressão: cinquenta por cento ou trinta por cento se a referida vegetação se localizar em perímetro urbano que foi aprovado, respectivamente, depois ou antes do início da vigência da Lei nº 11.428/2006.

Desta forma, observada a referida diferença de tratamento jurídico se o perímetro urbano onde se situa o remanescente de vegetação secundária em estágio médio de regeneração tiver sido aprovado por lei anteriormente ou posteriormente à referida data (26 de dezembro de 2006), permite-se a sua supressão para a finalidade de loteamento e edificação, desde que haja observância às seguintes condições e restrições previstas no artigo 31, parágrafos 1º e 2º, e nos artigos 11, 12, 14 e 17 da Lei nº 11.428/2006:

a) a competência para apreciar pleito de licenciamento ambiental da edificação e loteamento, assim como da autorização florestal para a supressão de vegetação secundária em estágio médio de regeneração é do órgão público ambiental estadual[537];

b) a incidência de qualquer uma das hipóteses previstas no artigo 11 desta Lei[538] torna vedada a supressão. Em outras palavras, se o remanescente de vegetação secundária em estágio médio de regeneração situado na área urbana se enquadrar em qualquer uma das hipóteses gerais de proibição de corte ou supressão de Mata Atlântica previstas no artigo 11, não poderá ser autorizado o seu corte ou supressão;

c) o interessado na supressão ou corte de vegetação secundária em estágio médio de regeneração deve apresentar alternativas tecnológicas e locacionais ao órgão público ambiental licenciador em procedimento administrativo próprio, e demonstrar, nos termos

---

[537] Vide sobre a eventual possibilidade de deslocamento da competência ao órgão público ambiental municipal nos comentário ao artigo 14 da Lei nº 11.428/2006.
[538] Vide comentários ao artigo 11 da Lei nº 11.428/2006.

2. COMENTÁRIOS À LEI Nº 11.428, DE 22.12.2006

dos artigos 12 e 14 desta Lei[539], que não há qualquer outra alternativa locacional na região que contenha área já substancialmente alterada ou degradada;

d) deve haver observância ao disposto no Plano Diretor do Município e às demais normas urbanísticas e ambientais aplicáveis;

e) deve haver, anteriormente à decisão sobre eventual concessão de licença prévia pelo órgão público ambiental estadual competente em favor da edificação ou loteamento, a anuência prévia do órgão municipal do meio ambiente, se existir essa previsão na legislação ambiental no âmbito dos Estados da Federação ou, eventualmente, até mesmo na esfera municipal, nos termos do artigo 14, parágrafo 1º, da Lei nº 11.428/2006;

f) deve haver, anteriormente à decisão sobre eventual concessão de licença prévia pelo órgão público ambiental estadual competente em favor da edificação ou loteamento, a anuência prévia do IBAMA se a pretensão de supressão de vegetação secundária no estágio médio de regeneração envolver uma extensão superior a três hectares, isolada ou cumulativamente, nos termos do artigo 14, parágrafo 1º, da Lei nº 11.428/2006, do artigo 19, inciso II, do Decreto nº 6.660/2008, e do artigo 2º, parágrafo 1º, da Instrução Normativa IBAMA nº 22/2014;

g) no caso de viabilidade de emissão de autorização para corte ou supressão de vegetação, o interessado deve, conforme previsão contida no artigo 17 desta Lei, destinar área equivalente à extensão da área desmatada (ou preferencialmente recuperar área em extensão superior)[540], com as mesmas características ecológicas, e preferencialmente situada no mesmo Município.

Embora não haja previsão expressa no artigo 31 da Lei nº 11.428/ /2006 quanto à realização de Estudo Prévio de Impacto Ambiental e Relatório de Impacto Ambiental, entendemos que em se tratando de vegetação secundária em estágio médio de regeneração, que possui índice de diversidade biológica e altura maior (altura média de doze metros e diâmetro médio de quinze centímetros) do que aquela encontrada

---

[539] Vide comentários aos artigos 12 e 14 da Lei nº 11.428/2006.
[540] Vide comentários ao artigo 17 da Lei nº 11.428/2006.

no estágio inicial de regeneração, também deve ser em regra exigida a realização do referido estudo, até mesmo por força do artigo 15 da Lei nº 11.428/2006.

Também vemos com preocupação a permissividade disposta no artigo 31 da Lei nº 11.428/2006 em relação aos remanescentes de vegetação secundária em estágio médio de regeneração situados em área urbana, pois, apesar das condições e restrições estabelecidas, viabiliza-se a supressão de um número ainda maior de remanescentes e a significativa diminuição da biodiversidade, se não estiverem presentes algumas das hipóteses de vedação do artigo 11 da Lei nº 11.428/2006 e se não houver o devido cumprimento da exigência de demonstração de ausência de alternativas locacionais.

Art. 32. A supressão de vegetação secundária em estágio avançado e médio de regeneração para fins de atividades minerárias somente será admitida mediante:

I – licenciamento ambiental, condicionado à apresentação de Estudo Prévio de Impacto Ambiental/Relatório de Impacto Ambiental – EIA/RIMA, pelo empreendedor, e desde que demonstrada a inexistência de alternativa técnica e locacional ao empreendimento proposto;

II – adoção de medida compensatória que inclua a recuperação de área equivalente à área do empreendimento, com as mesmas características ecológicas, na mesma bacia hidrográfica e sempre que possível na mesma microbacia hidrográfica, independentemente do disposto no art. 36 da Lei nº 9.985, de 18 de julho de 2000.

Ressalta-se, inicialmente, que não cabe corte ou supressão de vegetação primária do bioma Mata Atlântica para fins de desenvolvimento de atividades minerárias.

Outra observação inicial importante é de que as atividades minerárias não são contempladas pelas hipóteses taxativas de utilidade pública ou interesse social apontadas no artigo 3º, incisos VII e VIII, da Lei nº 11.428/2006 e portanto não podem, sequer sob a análise casuística do órgão público ambiental competente, excepcionar as hipóteses gerais de vedação previstas no artigo 11 do mesmo diploma legal.

O que o artigo 32 da Lei nº 11.428/2006 se propôs a estabelecer foi mais uma hipótese excepcional de corte ou supressão de vegetação secundária em estágio médio ou avançado de regeneração do bioma Mata Atlântica, que se submete não somente aos requisitos constantes do aludido dispositivo legal, mas também aos requisitos constantes dos demais artigos da Lei nº 11.428/2006 em seus regimes jurídicos geral e especial.

Dessa forma, são requisitos para o excepcional de corte ou supressão de vegetação secundária em estágio médio ou avançado de regeneração do bioma Mata Atlântica para fins de atividades minerárias:

a) exigência de um licenciamento ambiental que contenha a apresentação de Estudo Prévio de Impacto Ambiental e Relatório de Impacto Ambiental (EPIA/RIMA) e a demonstração de inexistência de alternativa técnica e locacional ao empreendimento minerário, por força de comando expresso do artigo 32, inciso I, da Lei nº 11.428/2006. O EPIA/RIMA deve contemplar, dentre diversos aspectos, as suas justificativas técnicas, econômicas e sociais, o seu custo-benefício considerando inclusive se a extração do minério será para exportação *in natura* com baixo retorno econômico e altos prejuízos socioambientais decorrentes das suas externalidades, a análise de todos os impactos previstos e as alternativas tecnológicas e locacionais que envolvam a opção de não realização do empreendimento (opção zero);

b) a competência para apreciar pleito de licenciamento ambiental de atividade minerária, assim como da autorização florestal para a supressão de vegetação secundária em estágio avançado de regeneração é do órgão público ambiental estadual;

c) a incidência de qualquer uma das hipóteses previstas no artigo 11 desta Lei[541] torna vedado o corte ou a supressão da vegetação secundária em estágio médio ou avançado de regeneração e, por consequência, torna inviável o licenciamento ambiental da atividade minerária no local em análise;

d) o interessado na supressão deve apresentar alternativas tecnológicas e locacionais ao órgão público ambiental licenciador em procedimento administrativo próprio, e demonstrar, nos termos dos artigos 12 e 14 desta Lei[542], que não há qualquer outra alternativa

---

[541] Vide comentários ao artigo 11 da Lei nº 11.428/2006.
[542] Vide comentários aos artigos 12 e 14 da Lei nº 11.428/2006.

locacional na região que contenha área já substancialmente alterada ou degradada.

Tais dispositivos legais se mostram importantes para rechaçar as comuns alegações de rigidez locacional das atividades minerárias utilizadas para justificar a sua implantação em locais dotados da significativa importância ou fragilidade ambiental, muitas vezes em regiões sem estrutura adequada para dar suporte ao empreendimento. Mesmo nas hipóteses de alguns tipos de minérios terem comprovadamente localização muito restrita, tal fator também não é impeditivo para que a exigência de estudos sobre as alternativas locacionais seja colocada em prática[543].

e) deve haver observância ao disposto no Plano Diretor do Município e às demais normas urbanísticas e ambientais aplicáveis;

f) deve haver, anteriormente à decisão sobre eventual concessão de licença prévia pelo órgão público ambiental estadual competente em favor da atividade minerária, a anuência prévia do órgão municipal do meio ambiente, se existir essa previsão na legislação ambiental no âmbito dos Estados da Federação ou, eventualmente, até mesmo na esfera municipal, nos termos do artigo 14, parágrafo 1º, da Lei nº 11.428/2006;

g) deve haver, anteriormente à decisão sobre eventual concessão de licença prévia pelo órgão público ambiental estadual competente

---

[543] Consoante já abordado nos comentários ao artigo 12 da Lei nº 11.428/2006, tal providência pode e deve ser operacionalizada de diversos modos para fins de cumprimento do artigo 12 da Lei nº 11.428/2006: a) exigência de levantamento de possíveis locais com jazidas não dotados de superfície com vegetação de alto grau de biodiversidade; b) na hipótese de comprovada inexistência de locais com as características apontadas no item anterior, a exigência de estudos sobre as opções de exploração dentro da delimitação do polígono apontado no Alvará de Pesquisa Minerária, para minimizar a área diretamente afetada e, por consequência, optar pela menor extensão possível de desmatamento de vegetação do bioma Mata Atlântica, priorizando aquela vegetação já substancialmente antropizada ou degradada; c) além do esgotamento do estudo e análise das alternativas locacionais referidas nos itens anteriores, o artigo 12 da Lei nº 11.428/2006 impõe pressupor que, no caso de exploração minerária, o *layout* do empreendimento deve ser projetado de modo a implantar instalações administrativas, usina de beneficiamento, barragem de rejeitos, pilhas de estéreis e vias de acesso fora da área coberta com vegetação nativa, ou na pior das hipóteses em áreas substancialmente alteradas ou degradadas, sem prejuízo da indispensável e progressiva destinação ambiental adequada dos rejeitos e estéreis, de preferência por meio de sua reintrodução na cadeia produtiva.

em favor da atividade minerária, a anuência prévia do IBAMA se a pretensão de supressão de vegetação secundária no estágio médio ou avançado de regeneração envolver uma extensão superior a cinquenta hectares em área rural por empreendimento, isolada ou cumulativamente, ou se envolver uma extensão superior a três hectares em área urbana ou região metropolitana por empreendimento, novamente isolada ou cumulativamente, nos termos do artigo 14, parágrafo 1º, da Lei nº 11.428/2006, do artigo 19, incisos I e II, do Decreto nº 6.660/2008;

h) no caso de viabilidade de emissão do licenciamento ambiental em prol de atividade minerária e de autorização florestal para corte ou supressão de vegetação secundária em estágio médio ou avançado de regeneração, o artigo 32, inciso II, da Lei nº 11.428/2006, prevê o condicionamento do licenciamento ambiental em referência à adoção de medidas compensatórias, dentre elas obrigatoriamente à recuperação de área equivalente à área do empreendimento, inclusive quanto às características ecológicas, e o pagamento de quantia de até meio por cento do valor do empreendimento para fins de, prioritariamente, custear a regularização fundiária de Unidades de Conservação de proteção integral[544].

Trata-se de dispositivo legal que, ao invés de exigir como compensação ambiental a destinação de outra área com características ecológicas equivalentes à desmatada, conforme prevê o artigo 17, exige a recuperação de área já degradada, coadunando-se com o dever constitucional de proteção e recuperação da Mata Atlântica e dificultando a diminuição de seus remanescentes.

2.4 Título 4 – Dos Incentivos Econômicos (Art. 33 a 41)

Art. 33. O poder público, sem prejuízo das obrigações dos proprietários e posseiros estabelecidas na legislação ambiental, estimulará, com incentivos econômicos, a proteção e o uso sustentável do Bioma Mata Atlântica.

§ 1º Na regulamentação dos incentivos econômicos ambientais, serão observadas as seguintes características da área beneficiada:

---

[544] Vide artigo 32, inciso II, da Lei nº 11.428/2006 e artigo 36 da Lei nº 9.985/2000.

I – a importância e representatividade ambientais do ecossistema e da gleba;
II – a existência de espécies da fauna e flora ameaçadas de extinção;
III – a relevância dos recursos hídricos;
IV – o valor paisagístico, estético e turístico;
V – o respeito às obrigações impostas pela legislação ambiental;
VI – a capacidade de uso real e sua produtividade atual.

§ 2º Os incentivos de que trata este Título não excluem ou restringem outros benefícios, abatimentos e deduções em vigor, em especial as doações a entidades de utilidade pública efetuadas por pessoas físicas ou jurídicas.

Art. 34. As infrações dos dispositivos que regem os benefícios econômicos ambientais, sem prejuízo das sanções penais e administrativas cabíveis, sujeitarão os responsáveis a multa civil de 3 (três) vezes o valor atualizado recebido, ou do imposto devido em relação a cada exercício financeiro, além das penalidades e demais acréscimos previstos na legislação fiscal.

§ 1º Para os efeitos deste artigo, considera-se solidariamente responsável por inadimplência ou irregularidade a pessoa física ou jurídica doadora ou propositora de projeto ou proposta de benefício.

§ 2º A existência de pendências ou irregularidades na execução de projetos de proponentes no órgão competente do Sisnama suspenderá a análise ou concessão de novos incentivos, até a efetiva regularização.

O presente dispositivo legal vem ao encontro do objetivo fixado pela Lei nº 11.428/2006 para o fomento de atividades públicas e privadas para a proteção da Mata Atlântica[545] e prevê a obrigação do Poder Público em implementar incentivos econômicos para a proteção e o uso sustentável do bioma Mata Atlântica.

Os referidos incentivos econômicos, dependentes de regulamentação, referem-se a estímulos promovidos pelo Poder Público aos proprietários ou posseiros para a proteção e uso sustentável da Mata Atlântica, tendo como critérios para a sua concessão a importância e representatividade ambientais do ecossistema, a existência de espécies da fauna e flora ameaçadas de extinção, a relevância dos recursos hídricos, o valor paisagístico, estético e turístico, o respeito às obrigações impostas pela legislação ambiental e a capacidade de uso real e sua produtividade atual.

---

[545] Artigo 7º, inciso III, da Lei nº 11.428/2006.

A previsão de incentivos econômicos para a proteção do bioma Mata Atlântica se apresenta como um instrumento interessante, mas que deve ser aplicado com cautela, para que, ao lado do regular e indispensável exercício das funções de natureza fiscalizatória e repressiva, promova-se uma alteração dos padrões de comportamento social em relação aos cuidados e à preservação do meio ambiente.

É relevante lembrar que a Política Nacional do Meio Ambiente já dispõe de instrumentos econômicos, como a servidão florestal ou ambiental[546] (artigo 9º, inciso XIII da Lei nº 6.938/81 e seguintes), com marco regulatório em nosso sentir seguro e condizente com o contemporâneo sistema de governança ambiental.

Dentre os incentivos econômicos a serem estimulados pelo Poder Púbico também podemos mencionar a possibilidade de pagamento por serviços ambientais, que consistiria na atribuição de uma compensação de ordem econômica ao proprietário ou possuidor que, sem prejuízo de respeitar as restrições constantes da Lei nº 11.428/2006, vai além delas e promove ações de recuperação e conservação de remanescentes de vegetação do bioma Mata Atlântica em relação aos quais a legislação permitiria em tese algum tipo de intervenção.

A nosso aviso, o conceito fundante do pagamento de serviços ambientais (PSA) considerando nosso arcabouço jurídico, é a ação que

---

[546] Cristiane Derani e Kelly Schaper Soriano de Souza explicam que a "servidão ambiental, instrumento jurídico-econômico que também integra a PNMA, fora inicialmente incluída pela Lei n. 11.284/2006, sendo posteriormente regulamentada pela Lei n. 12.651/2012 (Código Florestal vigente).Trata-se de um mecanismo legal de autolimitação do uso da terra por parte dos proprietários para a preservação ambiental. Referido instrumento autoriza ao proprietário ou possuidor limitar, em caráter permanente ou temporário, o uso, total ou parcial do seu imóvel, para preservar, conservar ou recuperar os recursos ambientais existentes, não se aplicando, contudo, a áreas de preservação permanente ou à reserva legal mínima exigida. A área instituída como servidão ambiental poderá ser utilizada por outro proprietário rural para compensar a inexistência de reserva legal em seu imóvel, hipótese na qual a servidão deverá ser averbada na matrícula de todos os imóveis envolvidos. Com isso, existem vantagens econômicas para o proprietário rural que explora a totalidade de sua área, já que poderá manter sua atividade econômica intacta bem como atender à exigência da legislação ambiental, compensando sua reserva legal com área preservada em outro imóvel, assim como para o proprietário instituidor da servidão, que obterá um retorno financeiro pela manutenção de área protegida, com uso limitado. (Derani, Cristiane; Souza, Kelly. S. S. Instrumentos econômicos na Política Nacional de Meio Ambiente: por uma economia ecológica. **Veredas do Direito**. Belo Horizonte. v. 10, p. 07-246, 2013).

extrapole os limites, as exigências legais mínimas de preservação ambiental, dado que o proprietário (ou equivalente) não tem livre disposição sobre toda a sua área e deve observar as limitações legais ao seu uso. Veja-se que o próprio projeto de lei 312/15 em trâmite na Câmara de Deputados, que busca instituir a Política Nacional de Pagamento por Serviços Ambientais, corrobora a lógica de não "premiar" quem simplesmente cumpre a legislação ambiental ao propor a inaplicabilidade do PSA em relação à proteção das Áreas de Preservação Permanente e de Reserva Legal[547].

Nada obstante a importância dos instrumentos econômicos para a preservação e recuperação ambiental, tal como o pagamento de serviços ambientais, deve-se atentar para que a sua adoção não consubstancie mecanismo de substituição ou diminuição do indispensável poder-dever fiscalizatório do Poder Público na esfera ambiental, especialmente diante da notória desestruturação gradual dos órgãos públicos ambientais.

Outro cuidado que se entende necessário na seara da eventual aplicação de instrumentos econômicos para a proteção da Mata Atlântica, a exemplo do pagamento de serviços ambientais, é a não adoção de uma noção de "meio ambiente inteiro"[548], com base em premiação, por exemplo, daquele que protege relevante porção de cobertura de vegetação nativa, mas não cumpre no mesmo imóvel boas práticas no uso e conservação do solo, ou que promova a captação de água para a sua produção agrícola de modo irregular ou abusivo. Marcos Rochinski adverte sobre esse risco ao afirmar que tal lógica

> [...] abre margem para que os proprietários médios ou grandes produtores que tenham uma floresta preservada dentro de sua propriedade sejam beneficiários, ainda que eles desenvolvam uma prática agrícola que destrua o restante do meio ambiente por causa do uso indiscriminado de agrotóxicos. Nós defendemos que uma política de PSA deva acontecer vinculada ao debate do modelo produtivo, ou seja, a partir da interação do agricultor e da agricultora, da família, com o meio ambiente. Isso em sua prática agrícola diária, que extrapola a questão da água, da floresta. Essa prática precisa ser

---

[547] Vide artigo 6º do referido projeto de lei. Disponível em: <http://www.camara.gov.br/proposicoesWeb/prop_mostrarintegra?codteor=1299830>
[548] BOFF, Leonardo. **A força da ternura**: Pensamentos para um mundo igualitário, solidário, pleno e amoroso. Rio de Janeiro: Sextante, 2006.

um componente que também defina quem deve ter acesso a esse tipo de política[549].

O pagamento de serviços ambientais pelo Poder Público depende de previsão de ato normativo, até mesmo em razão da necessidade de manejo de seus recursos orçamentários. Nesse particular, fazemos referência ao trâmite no Congresso Nacional do projeto de Lei nº 312/2015, que busca regulamentar o tema do pagamento de serviços ambientais. Alguns Estados da Federação (Acre, Espírito Santo, Paraná, Santa Catarina e outros) e Municípios (São José dos Campos/SP, Londrina/PR e outros) já possuem leis que tratam do tema.

Para Ricardo Libel Waldman e Luiz Augusto da Veiga Elias, o pagamento de serviços ambientais

[...] não se restringe a pecúnia, mas pode envolver outros benefícios diversos como isenção fiscal (taxas e impostos), benfeitorias, acesso facilitado a mercados, programas especiais e concessão de linhas de crédito, disponibilização de tecnologia e capacitação, dentre outros[550].

A isenção de pagamento de Imposto Territorial Rural (ITR) para os proprietários ou possseiros de áreas cobertas por florestas nativas, primárias ou secundárias em estágio médio ou avançado de regeneração do bioma Mata Atlântica, na forma prevista na Lei nº 9.393/96[551], por meio da inserção promovida pelo artigo 48 da Lei nº 11.428/2006, também constitui uma forma de incentivo econômico de iniciativa do Poder Público. De fato, o artigo 10, parágrafo 2º, alínea "e", da Lei nº 9.393/96, prevê que não é tributável para fins de apuração do Imposto Territorial Rural (ITR) a parte do imóvel coberta "por florestas nativas, primárias ou secundárias em estágio médio ou avançado de regeneração."

Outro exemplo interessante de incentivo econômico do Poder Público para a proteção do bioma Mata Atlântica é o resultante do ICMS ecoló-

---

[549] ROCHINSKI, Marcos. PSA – Para quem? Um debate sobre sustentabilidade na perspectiva da FETRAF. **Caderno de Debates. Visões alternativas ao Pagamento por Serviços Ambientais:** Carta de Belém/Fase. Rio de Janeiro: Fase – Solidariedade e Educação, 2014. p. 42-43.

[550] WALDMAN, Ricardo Libel; VEIGA ELIAS, Luiz Augusto da. Os Princípios do Direito Ambiental e o Pagamento por Serviços Ambientais/Ecossistêmicos (PSA/PSE). **Revista de Direito Ambiental**, São Paulo, n. 69, p. 53-62, 2013.

[551] Artigo 10, § 1º, II, da Lei nº 9.393/96.

gico, mecanismo criado por lei em diversos Estados da Federação, que tem como fundamento a transferência destes aos Municípios de uma parcela dos recursos financeiros arrecadados do ICMS (Imposto sobre Circulação de Mercadorias e Serviços) como forma de compensação pela preservação de bens ambientais ou estímulo para a execução de políticas públicas ambientais conforme critérios definidos na legislação[552].

Deve-se observar que o artigo 33 da Lei nº 11.428/2006 esclarece que permanece incólume a obrigação de respeito à legislação ambiental pelos proprietários e posseiros independentemente da implementação de incentivos econômicos pelo Poder Público. Reitera-se, nesse ponto, o dever de cuidado na forma de implementação dos incentivos econômicos para a proteção e recuperação do bioma Mata Atlântica para que não se torne um instrumento de cunho meramente contratual, desvinculado de uma efetiva conscientização e de um reconhecimento do valor ambiental.

O artigo 34 da Lei nº 11.428/2006, por sua vez, colaciona instrumentos para evitar e combater possíveis fraudes relacionadas à execução dos incentivos econômicos.

Art. 35. A conservação, em imóvel rural ou urbano, da vegetação primária ou da vegetação secundária em qualquer estágio de regeneração do Bioma Mata Atlântica cumpre função social e é de interesse público, podendo, a critério do proprietário, as áreas sujeitas à restrição de que trata esta Lei ser computadas para efeito da Reserva Legal e seu excedente utilizado para fins de compensação ambiental ou instituição de Cota de Reserva Ambiental – CRA.

---

[552] A consequência da utilização desse instrumento para a proteção do bioma Mata Atlântica é abordada por Fernando Facury Scaff ao trazer o exemplo do Estado de São Paulo: "Com o ICMS Ecológico os municípios localizados nesta área de Mata Atlântica já se sentem mais recompensados, buscando alternativas para o seu desenvolvimento aplicando vultuosos recursos em projetos de ecoturismo. Aliás, com a implantação do novo sistema de eco-repartição financeira, verificou-se um sensível aumento de receita em cerca de 23,56% dos Municípios de São Paulo,[36] muitos dos quais passaram a ter, pelos critérios do ICMS Ecológico, a maior parcela de seus recursos, representando fundamental avanço em seu desenvolvimento. A título de exemplo veja-se o caso de Iporanga, cujo percentual de 77% de todo o repasse de ICMS a que faz jus é proveniente dos critérios ecológicos". (SCAFF, Fernando Facury. Tributação e Políticas Públicas: o ICMS Ecológico. **Revista de Direito Ambiental**. n. 38. p. 99-120, 2005.)

2. COMENTÁRIOS À LEI Nº 11.428, DE 22.12.2006

Parágrafo único. Ressalvadas as hipóteses previstas em lei, as áreas de preservação permanente não integrarão a reserva legal.

Na medida em que a Constituição Federal de 1988 determina que a propriedade, rural ou urbana, apenas cumpre a sua função social se há adequada e racional utilização dos recursos naturais, garantia do bem-estar e preservação do meio ambiente[553], é uma consequência lógica a afirmação de que a conservação da vegetação do bioma Mata Atlântica cumpre função social e é de interesse público. De fato, segundo lembra Erika Bechara,

[...] ao contrário do que alguns imaginam, a função social da propriedade não está ligada única e exclusivamente a sua exploração econômica ou produtividade [...] as áreas recobertas de mata nativa, pelo contrário, podem até não gerar benefícios financeiros para o seu proprietário, mas, com certeza, geram um benefício significativo e inquestionável a toda a coletividade[554].

Interessante notar que, no presente dispositivo legal, a conservação de qualquer remanescente de vegetação do bioma Mata Atlântica, ainda que seja secundária em estágio inicial de regeneração, cumpre função social e é de interesse público. Nesse ponto, o artigo 35 da Lei nº 11.428/2006 harmoniza-se com os objetivos desta lei e da Constituição Federal referentes à manutenção e recuperação dos remanescentes de vegetação do bioma Mata Atlântica e atenua, em certa medida, a grave permissividade atribuída pelo artigo 25 da Lei nº 11.428/2006 à vegetação secundária em estágio inicial de regeneração.

Em virtude das restrições e dos limites à utilização e à exploração da propriedade ou da posse situada no bioma Mata Atlântica, a própria Lei nº 11.428/2006 previu, em seu artigo 35, a possibilidade de contar essas áreas sujeitas à restrição, com exceção das Áreas de Preservação Permanente, para efeito da Reserva Florestal Legal do imóvel e seu excedente utilizado para fins de compensação ambiental ou instituição de Cota de Reserva Ambiental – CRA[555].

---

[553] Artigos 5º, incisos XXII e XXIII, 182 e 186, da Constituição Federal de 1988.
[554] BECHARA, Érika. Desmatamento da mata atlântica para fins de reforma agrária. **Revista de Direito Ambiental**, São Paulo, n.24, p.275-279, 2001.
[555] A Cota de Reserva Ambiental (CRA) é, segundo o artigo 44 do novo Código Florestal (Lei nº 12.651/2012), um "(...) título nominativo representativo de área com vegetação nativa,

Art. 36. Fica instituído o Fundo de Restauração do Bioma Mata Atlântica destinado ao financiamento de projetos de restauração ambiental e de pesquisa científica.
§ 1º (VETADO)
§ 2º (VETADO)
§ 3º (VETADO)

Art. 37. Constituirão recursos do Fundo de que trata o art. 36 desta Lei:
I – dotações orçamentárias da União;
II – recursos resultantes de doações, contribuições em dinheiro, valores, bens móveis e imóveis, que venha a receber de pessoas físicas e jurídicas, nacionais ou internacionais;
III – rendimentos de qualquer natureza, que venha a auferir como remuneração decorrente de aplicações do seu patrimônio;
IV – outros, destinados em lei.

Art. 38. Serão beneficiados com recursos do Fundo de Restauração do Bioma Mata Atlântica os projetos que envolvam conservação de remanescentes de vegetação nativa, pesquisa científica ou áreas a serem restauradas, implementados em Municípios que possuam plano municipal de conservação e recuperação da Mata Atlântica, devidamente aprovado pelo Conselho Municipal de Meio Ambiente.
§ 1º Terão prioridade de apoio os projetos destinados à conservação e recuperação das áreas de preservação permanente, reservas legais, reservas particulares do patrimônio natural e áreas do entorno de unidades de conservação.
§ 2º Os projetos poderão beneficiar áreas públicas e privadas e serão executados por órgãos públicos, instituições acadêmicas públicas e organizações da sociedade civil de interesse público que atuem na conservação, restauração ou pesquisa científica no Bioma Mata Atlântica.

existente ou em processo de recuperação: I – sob regime de servidão ambiental, instituída na forma do art. 9º-A da Lei nº 6.938, de 31 de agosto de 1981; II – correspondente à área de Reserva Legal instituída voluntariamente sobre a vegetação que exceder os percentuais exigidos no art. 12 desta Lei; III – protegida na forma de Reserva Particular do Patrimônio Natural – RPPN, nos termos do art. 21 da Lei nº 9.985, de 18 de julho de 2000; IV – existente em propriedade rural localizada no interior de Unidade de Conservação de domínio público que ainda não tenha sido desapropriada.(...)"

Art. 39. (VETADO)

Art. 40. (VETADO)

A criação, no ano de 2006, do Fundo de Restauração do bioma Mata Atlântica, de modo separado e independente do Fundo Nacional do Meio Ambiente (FNMA)[556] e do Fundo de Direitos Difusos (FDD)[557], representou um relevante passo para a obtenção de um mínimo de receita destinada ao financiamento de projetos de recuperação desse bioma. No entanto, lamentavelmente, esse Fundo ainda não se encontra ativo, porque, passados mais de onze anos da promulgação da Lei nº 11.428/2006, não houve a sua devida regulamentação.

A destinação dos recursos do Fundo de Restauração do Bioma Mata Atlântica foi direcionada prioritariamente ao âmbito municipal, com a condição de que os Municípios implementem seus planos municipais de conservação e recuperação da Mata Atlântica, devidamente aprovados pelos seus respectivos Conselhos Municipais de Meio Ambiente. Alguns Municípios, como João Pessoa/PB, Glória do Goitá/PE, Teófilo Otoni/MG, Sorocaba/SP, Maringá/PR, Dona Emma (SC) e Caxias do Sul/RS, já formularam os seus planos municipais de conservação e recuperação da Mata Atlântica e aguardam a regulamentação dos artigos 36 a 38 da Lei nº 11.428/2006.

Os planos municipais de conservação e recuperação da Mata Atlântica terão um potencial significativo para a realização de ações concretas, especialmente diante da exigência, na sua elaboração, de um diagnóstico mínimo da situação do bioma no Município. Nesse particular, o Decreto nº 6.660/2008, em seu artigo 43, determina que os planos municipais de conservação e recuperação da Mata Atlântica devem necessariamente abranger:

[...] I – diagnóstico da vegetação nativa contendo mapeamento dos remanescentes em escala de 1:50.000 ou maior;

II – indicação dos principais vetores de desmatamento ou destruição da vegetação nativa;

---

[556] Criado pela Lei nº 7.797 de 10 de julho de 1989.

[557] Criado pelo artigo 13 da Lei da Ação Civil Pública (Lei nº 7.347 de 24 de julho de 1985) e regulamentado pelo Decreto nº 1.306, de 9 de novembro de 1994.

III – indicação de áreas prioritárias para conservação e recuperação da vegetação nativa; e
IV – indicações de ações preventivas aos desmatamentos ou destruição da vegetação nativa e de conservação e utilização sustentável da Mata Atlântica no Município.

Os planos municipais de conservação e recuperação da Mata Atlântica devem ser elaborados pelas Prefeituras Municipais, se necessário com o auxílio de instituições de pesquisa ou organizações da sociedade civil, e devem ser aprovados pelos Conselhos Municipais de Meio Ambiente.

A Fundação SOS Mata Atlântica sintetiza as principais vantagens aos municípios decorrentes da elaboração do plano municipal de conservação e recuperação da Mata Atlântica:

[...] – Estruturação do planejamento integrado no município;
– Mapeamento de áreas para fins de regularização fundiária, licenciamento e conservação de mananciais;
– Segurança jurídica com o cumprimento da Lei da Mata Atlântica, da LC 140/2011, e colaboração ao cumprimento do Código Florestal com apoio aos munícipes na inscrição no Cadastro Ambiental Rural e nos programas de regularização;
– implementação de um instrumento norteador e balizador para os Municípios que estão licenciando atividades e empreendimentos em seu território, em virtude da descentralização do licenciamento ambiental pelo órgão ambiental, assegurando igualmente maior segurança jurídica;
– planejamento do município para o enfrentamento dos efeitos adversos da mudança do clima utilizando os próprios ecossistemas da Mata Atlântica para ajudar as pessoas a se adaptarem às mudanças previstas;
– Mitigação de impactos à sociedade de eventos climáticos extremos (por exemplo: deslizamentos, enchentes etc.), na prevenção de ocupações;
– Valorização do Conselho de Meio Ambiente Municipal e operacionalização dos Fundos Municipais de Meio Ambiente;
– Possibilidade de apoio técnico e institucional para capacitação, elaboração e implementação do PMMA por meio das Secretarias estaduais e da Fundação SOS Mata Atlântica; etc.[558]

---

[558] Informações disponíveis em: < https://www.sosma.org.br/projeto/planos-de-mata-atlantica/>

2. COMENTÁRIOS À LEI Nº 11.428, DE 22.12.2006

Ressalta-se que, no ano de 2017, o Ministério do Meio Ambiente publicou novo e atualizado roteiro para a elaboração e implementação dos planos municipais de conservação e recuperação da Mata Atlântica, incluindo sugestões de maior integração com outros instrumentos de planejamento das cidades, em especial os Planos Diretores, e com as realidades dos municípios de entorno, assim como considerações sobre mudanças climáticas, dentre outras várias atualizações[559].

Apenas podem ser contemplados com verbas do Fundo de Restauração do bioma Mata Atlântica os projetos formulados e executados por órgãos públicos, incluindo-se as instituições acadêmicas, ou organizações da sociedade civil de interesse público (OSCIPs)[560] que possuam atuação na conservação, restauração ou pesquisa científica no bioma Mata Atlântica.

Dentre os projetos a serem apresentados para o recebimento de verbas do Fundo de Restauração do bioma Mata Atlântica, estabeleceu-se um critério de prioridade para atendimento, qual seja o de que primeiramente serão contemplados os projetos "destinados à conservação e recuperação das áreas de preservação permanente, reservas legais, reservas particulares do patrimônio natural e áreas do entorno de unidades de conservação". Esse critério de prioridade é positivo e se coaduna com um dos principais objetivos da Lei nº 11.428/2006, que é a salvaguarda da biodiversidade.

No que tange aos recursos que integrarão o Fundo de Restauração do bioma Mata Atlântica, entende-se que, além daqueles apontados no artigo 37 da Lei nº 11.428/2006, devem ser direcionados a este Fundo os valores oriundos das indenizações e das compensações pecuniárias obtidas no âmbito de ações civis públicas e termos de ajustamento de conduta que tratam de danos ambientais praticados em prejuízo do bioma Mata Atlântica.

---

[559] BRASIL: Roteiro para a elaboração e implementação dos Planos Municipais de Conservação e Recuperação da Mata Atlântica. Brasília: MMA, 2017. Disponível em: < http://www.mma.gov.br/images/arquivos/biomas/mata_atlantica/Roteiro%20para%20a%20Elaboracao%20e%20Implementacao%20dos%20Planos%20Municipais%20de%20Conservacao%20e%20Recuperacao%20da%20Mata%20Atlantica.pdf>

[560] A Lei nº 9.790/1999 dispõe sobre a qualificação de pessoas jurídicas de direito privado, sem fins lucrativos, como Organizações da Sociedade Civil de Interesse Público.

Art. 41. O proprietário ou posseiro que tenha vegetação primária ou secundária em estágios avançado e médio de regeneração do Bioma Mata Atlântica receberá das instituições financeiras benefícios creditícios, entre os quais:
I - prioridade na concessão de crédito agrícola, para os pequenos produtores rurais e populações tradicionais;
II - (VETADO)
III - (VETADO)
Parágrafo único. Os critérios, condições e mecanismos de controle dos benefícios referidos neste artigo serão definidos, anualmente, sob pena de responsabilidade, pelo órgão competente do Poder Executivo, após anuência do órgão competente do Ministério da Fazenda.

No que tange aos incentivos creditícios, o artigo 41 da Lei nº 11.428//2006 estabelece prioridade na concessão de crédito agrícola pelas instituições financeiras para os pequenos produtores rurais e populações tradicionais que tenham vegetação primária ou secundária em estágios avançado e médio de regeneração do bioma Mata Atlântica.

Trata-se de um importante mecanismo trazido pela Lei nº 11.428//2006 que, embora de modo tímido e ainda dependente de regulamentação, busca estimular os proprietários e posseiros a preservarem a vegetação primária ou secundária em estágios avançado e médio de regeneração do bioma Mata Atlântica existente em seus imóveis.

2.5 Título 5 - Das Penalidades (Art. 42 a 44)

Art. 42. A ação ou omissão das pessoas físicas ou jurídicas que importem inobservância aos preceitos desta Lei e a seus regulamentos ou resultem em dano à flora, à fauna e aos demais atributos naturais sujeitam os infratores às sanções previstas em lei, em especial as dispostas na Lei nº 9.605, de 12 de fevereiro de 1998, e seus decretos regulamentadores.

A Constituição Federal de 1988 prescreve o dever genérico de defesa e preservação do meio ambiente, a observância dos princípios que estatuem a primariedade do meio ambiente e a exploração limitada da propriedade[561], atribuindo diversas obrigações positivas à sociedade e ao

[561] A Constituição Federal de 1988, nos termos dos artigos 170, inciso VI, e 186, incisos I e II, em prol da coletividade e das vindouras gerações, condicionou a existência de um direito de

2. COMENTÁRIOS À LEI Nº 11.428, DE 22.12.2006

Poder Público, dentre elas o dever de responsabilização integral do infrator ambiental. Para tanto, a Carta Magna determina que os infratores que promoverem danos ao meio ambiente estão sujeitos, além das sanções penais e administrativas, à obrigação de reparação dos danos causados[562].

O artigo 42 da Lei nº 11.428/2006 prevê a imposição das sanções administrativas e criminais às pessoas físicas ou jurídicas que, por ação ou omissão, provoquem dano à flora, à fauna e aos demais atributos naturais do bioma Mata Atlântica, ou que desrespeitem os preceitos desta Lei e de seu Decreto regulamentador. Fez-se referência especial à Lei nº 9.605/98, não somente porque esta lei traz a previsão, em seu capítulo V, de diversos crimes contra a fauna[563] e a flora[564], além de outros delitos[565] que podem atentar contra os atributos que justificam a proteção do bioma Mata Atlântica[566], mas também porque o artigo 70 desta Lei preceitua como infração administrativa ambiental "toda ação ou omissão que viole as regras jurídicas de uso, gozo, promoção, proteção e recuperação do meio ambiente".

Deve-se, contudo, atentar que a Lei nº 9.605/98 não é o único diploma legal – embora seja o principal – a prever crimes ambientais os quais possam afetar direta ou indiretamente o bioma Mata Atlântica, o que pode ser confirmado, de modo exemplificativo, por meio do tipo penal previsto no artigo 27 da Lei nº 11.105/2005[567].

No âmbito administrativo, é o Decreto nº 6.514/2008[568] que regulamenta o artigo 70 da Lei nº 9.605/98 na esfera federal e constitui o

---

propriedade válido e da sua exploração à utilização sustentável dos seus recursos naturais e à preservação do meio ambiente.

[562] Art. 225 (...) § 3º As condutas e atividades consideradas lesivas ao meio ambiente sujeitarão os infratores, pessoas físicas ou jurídicas, a sanções penais e administrativas, independentemente da obrigação de reparar os danos causados.

[563] Artigos 29 a 35 da Lei nº 9.605/98.

[564] Artigos 38 a 52 da Lei nº 9.605/98.

[565] Citam-se, como exemplo, os tipos penais dos artigos 54, 61 e 64 da Lei nº 9.605/98.

[566] Merece destaque o novo tipo penal inserido no artigo 38-A da Lei nº 9.605/98, que tutela de modo especial a vegetação do bioma Mata Atlântica, e será objeto de comentários ao artigo 43 da Lei nº 11.428/2006.

[567] Art. 27. Liberar ou descartar OGM no meio ambiente, em desacordo com as normas estabelecidas pela CTNBio e pelos órgãos e entidades de registro e fiscalização: Pena – reclusão, de 1 (um) a 4 (quatro) anos, e multa.

[568] O Decreto nº 6514/2008 revogou o Decreto nº 3.179/99 e regulamenta o capítulo VI da Lei nº 9.605/98.

principal diploma legal que trata das infrações e sanções administrativas ao meio ambiente e, consequentemente, daquelas relacionadas ao bioma Mata Atlântica. Dentre as infrações e sanções previstas no Decreto nº 6.514/2008, merecem destaque os artigos 49 e 50, que tipificam como infração administrativa a conduta consistente em destruir ou danificar a vegetação nativa e impõem um acréscimo no valor das multas no montante de R$ 1.000,00 (mil reais) por hectare ou fração quando houver a afetação de vegetação primária ou secundária no estágio avançado ou médio de regeneração do bioma Mata Atlântica, e no montante de R$ 500,00 (quinhentos reais) por hectare ou fração quando a lesão afetar vegetação secundária no estágio inicial de regeneração do bioma Mata Atlântica.

Os Estados da Federação, o Distrito Federal e os Municípios também podem criar infrações e sanções administrativas às pessoas físicas ou jurídicas que, por ação ou omissão, provoquem dano à flora, à fauna e aos demais atributos naturais do bioma Mata Atlântica[569]. Quanto à fiscalização do cumprimento dessas normas federais, estaduais ou municipais que preveem infrações administrativas ambientais, como lecionam Vladimir Passos de Freitas e Gilberto Passos de Freitas, "nada impede que uma pessoa política fiscalize infrações previstas como de competência de outra"[570]. Veja-se que, mesmo com o advento da Lei Complementar nº 140/2011, persiste a atribuição comum dos entes federativos para a fiscalização de cumprimento da legislação ambiental em vigor, ressalvando-se que, na hipótese de duplicidade ou multiplicidade de autos de infração ambiental lavrados, prevalece aquele lavrado por órgão que

---

[569] Entendemos que esses atos normativos respeitam a divisão de poderes realizada na Constituição Federal de 1988. Primeiro, porque o artigo 23 estatui a competência comum da União, dos Estados, do Distrito Federal e dos Municípios para proteger o meio ambiente, preservar as florestas, a fauna e a flora e combater a poluição em qualquer uma das suas formas (Artigo 23, incisos VI e VII, da Constituição Federal de 1988). E segundo, porque a competência legislativa no campo da proteção ao meio ambiente e responsabilidade por danos ambientais é concorrente entre a União, os Estados, e o Distrito Federal, conforme se lê do artigo 24, incisos VII e VIII, competindo aos Municípios legislarem sobre assuntos de interesse local e suplementarem a legislação federal e estadual no que couber (Artigo 30, incisos I e II).

[570] FREITAS, Vladimir Passos de; FREITAS, Gilberto Passos de. **Crimes contra a Natureza**. 7ª ed. São Paulo: Revista dos Tribunais, 2001. p.306.

2. COMENTÁRIOS À LEI Nº 11.428, DE 22.12.2006

detenha a atribuição de licenciamento ou autorização para o empreendimento ou atividade fiscalizada[571].

De modo ainda mais expresso, o artigo 17, parágrafo 2º, da Lei Complementar nº 140/2011, estatui que nas situações em há a constatação de atual ocorrência de ilícito ou degradação ambiental ou ainda de sua iminência, "o ente federativo que tiver conhecimento do fato deverá determinar medidas para evitá-la, fazer cessá-la ou mitigá-la, comunicando imediatamente ao órgão competente para as providências cabíveis".

Art. 43. A Lei nº 9.605, de 12 de fevereiro de 1998, passa a vigorar acrescida do seguinte art. 38-A:
"Art. 38-A. Destruir ou danificar vegetação primária ou secundária, em estágio avançado ou médio de regeneração, do Bioma Mata Atlântica, ou utilizá-la com infringência das normas de proteção:
Pena – detenção, de 1 (um) a 3 (três) anos, ou multa, ou ambas as penas cumulativamente.
Parágrafo único. Se o crime for culposo, a pena será reduzida à metade."
Alteração já realizada no texto legal.

Art. 44. (VETADO)

Criou-se um novo tipo penal na Lei nº 9.605/98, cominando a pena de detenção de um a três anos a quem "destruir ou danificar vegetação primária ou secundária, em estágio avançado ou médio de regeneração, do Bioma Mata Atlântica, ou utilizá-la com infringência das normas de proteção".

Esse tipo penal traz um relevante avanço para a proteção da Mata Atlântica na seara da responsabilização criminal, já que estatui uma pena equivalente a quem pratica a mesma conduta em alguma das Áreas de Preservação Permanente previstas na Lei nº 12.651/2012[572].

---

[571] Artigo 17, § 3º, da Lei Complementar nº 140/2011.
[572] O artigo 38, *caput*, da Lei nº 9.605/98 assim dispõe: "Art. 38. Destruir ou danificar floresta considerada de preservação permanente, mesmo que em formação, ou utilizá-la com infringência das normas de proteção: Pena – detenção, de 1 (um) a 3 (três) anos, ou multa, ou ambas as penas cumulativamente. Parágrafo único. Se o crime for culposo, a pena será reduzida à metade."

Não se pode olvidar que esse tipo penal veio suprir uma omissão do legislador ante os mandados expressos de criminalização da Constituição Federal de 1988[573] para a efetiva tutela progressiva e gradual do direito ao meio ambiente ecologicamente equilibrado, inclusive do bioma Mata Atlântica, sempre com o intuito da manutenção e reconstituição de sua vegetação e biodiversidade. Afirma-se isso porque, até a criação desse tipo penal, a Mata Atlântica não recebia tratamento diferenciado na seara criminal em relação às vegetações e florestas em geral, encontrando, em regra, tutela penal apenas no artigo 48 da Lei nº 9.605/98[574].

O artigo 38-A da Lei Federal 9.605/98 é considerado norma penal em branco, vez que até a própria definição jurídica do bioma Mata Atlântica exige consulta à Lei nº 11.428/2006. Da mesma forma, os conceitos de vegetação primária e secundária e as definições de estágio inicial, médio ou avançado de recuperação, são, em cumprimento ao disposto no art. 4º da Lei nº 11.428/2006[575], fornecidos pelo CONAMA (Conselho Nacional do Meio Ambiente) para complementar a interpretação da legislação.

Neste particular, o CONAMA definiu os conceitos suprarreferidos (estágios sucessionais e caracterização da vegetação) por meio da Resolução 10/93 em âmbito nacional, e de Resoluções específicas no âmbito de cada um dos Estados da Federação abrangidos pelo bioma Mata Atlântica, as quais foram convalidadas após a vigência da Lei Federal 11.428/06 por meio da Resolução CONAMA 388/2007.

A nosso aviso, considerando o princípio da estrita legalidade em matéria penal, não é possível estender a aplicação deste tipo penal, tal como se encontra posto no ordenamento jurídico, à supressão de vegetação secundária em estágio inicial de regeneração, sob pena de validar-se analogia *in malam partem*, ou seja, em detrimento do acusado. Com

---

[573] A nossa Carta Maior estabeleceu mandados expressos de criminalização para a efetiva tutela de direitos fundamentais, tais como o direito ao meio ambiente ecologicamente equilibrado, tanto que previu, em seu artigo 225, § 3º, que "as condutas e atividades consideradas lesivas ao meio ambiente sujeitarão os infratores, pessoas físicas ou jurídicas, a sanções penais e administrativas, independentemente da obrigação de reparar os danos causados.

[574] "Art. 48. Impedir ou dificultar a regeneração natural de florestas e demais formas de vegetação: Pena – detenção, de 6 (seis) meses a 1 (um) ano, e multa".

[575] "Art. 4º A definição de vegetação primária e de vegetação secundária nos estágios avançado, médio e inicial de regeneração do Bioma Mata Atlântica, nas hipóteses de vegetação nativa localizada, será de iniciativa do Conselho Nacional do Meio Ambiente".

efeito, observa-se que o tipo penal é explícito em restringir a punibilidade às supressões ou danos à vegetação primária e à vegetação secundária em estágio médio ou avançado de regeneração, de forma que, em nosso sentir, sua aplicação ficaria restrita aos prejuízos efetivados às formações de vegetação do bioma Mata Atlântica nos aludidos estágios sucessionais. Neste particular, a Jurisprudência é firme em exigir, para a aplicação do tipo penal previsto no art. 38-A da Lei Federal 9.605/98, a prova de que a vegetação danificada se encontrava em sua forma primária ou secundária em estágio médio ou avançado de regeneração, sob pena de não incidência do referido crime. Vejamos exemplos:

[...] EMENTA: APELAÇÃO CRIME. AMBIENTAL. CRIMES CONTRA A FLORA. ART. 38-A, CAPUT, E ART. 48, CAPUT, AMBOS DA LEI Nº 9605/98. ABSOLVIÇÃO. RECURSO MINISTERIAL. PLEITO CONDENATÓRIO PELA PRÁTICA DO DELITO DO ART. 38-A, CAPUT, DA LEI Nº 9605/98. IMPOSSIBILIDADE. DEPOIMENTOS DANDO CONTA DO CORTE E DESTOCA SOMENTE DE PINUS ELLIOTTI. NÃO COMPROVAÇÃO DO CORTE DE PINHEIROS. PROVAS INSUFICIENTES A ENSEJAR UM DECRETO CONDENATÓRIO. AGENTE DENUNCIADO PELA CONDUTA DE TER EFETUADO O CORTE DE ÁRVORES DE ÁREA DE BIOMA MATA ATLÂNTICA, EM ESTÁGIO INICIAL DE REGENERAÇÃO. ATIPICIDADE FORMAL. FALTA DE ELEMENTO NORMATIVO. BEM JURÍDICO PROTEGIDO QUE CONSISTE EM VEGETAÇÃO PRIMÁRIA OU SECUNDÁRIA, EM ESTÁGIO AVANÇADO OU MÉDIO DE REGENERAÇÃO. ABSOLVIÇÃO MANTIDA, RECURSO DESPROVIDO[576].

[...] EMENTA: APELAÇÃO CRIMINAL. CRIME AMBIENTAL. ART. 38-A LEI 9.605/98. (1) INEXISTÊNCIA DO CRIME. ÁREA DE REGENERAÇÃO INICIAL. NÃO CONFIGURAÇÃO. INTELIGÊNCIA DA RESOLUÇÃO Nº 29, DE 07 DE DEZEMBRO DE 1994, DO CONAMA. (2) AUSÊNCIA DE DOLO NA CONDUTA. NÃO ACOLHIDO. (3) APLICAÇÃO DO PRINCÍPIO DA INSIGNIFICÂNCIA. IMPOSSIBILIDADE. EFETIVA OCORRÊNCIA DE DANO AMBIENTAL, DECORRENTE DO GRAU E EXTENSÃO DA DEGRADAÇÃO PERPETRADA. PERICULOSIDADE SOCIAL DA AÇÃO. (4) DOSIMETRIA DA PENA. CIRCUNSTÂNCIAS JUDICIAIS

---

[576] TJ-PR – APL: 11893813 PR 1189381-3 (Acórdão), Relator: Laertes Ferreira Gomes, Data de Julgamento: 09/10/2014, 2ª Câmara Criminal, Data de Publicação: DJ: 1482 23/01/2015.

DESFAVORÁVEIS AO APELANTE NÃO FUNDAMENTADAS DE FORMA IDÔNEA. REDIMENSIONAMENTO DE OFÍCIO DA PENA-BASE. (5) RECURSO PARCIALMENTE PROVIDO[577].

De fato, a conduta consistente na supressão de vegetação secundária em estágio inicial de regeneração do bioma Mata Atlântica encontra adequação ao tipo penal previsto no artigo 48 da Lei nº 9.605/98[578].

O crime previsto no artigo 38-A da Lei nº 9.605/98, por sua vez, pode se materializar a partir das condutas de destruir, danificar ou utilizar com infringência das normas de proteção a vegetação primária ou secundária, em estágio médio ou avançado de regeneração do bioma Mata Atlântica. Verifica-se, assim, que o crime se caracteriza não somente em razão de supressões, cortes e outras condutas que importem em destruição ou danos não devidamente autorizados pelo órgão público ambiental competente, mas também em virtude de qualquer utilização dos referidos remanescentes em desacordo com as restrições e condições estabelecidas na Lei nº 11.428/2006 e no Decreto nº 6.660/2008. Isso significa dizer, por exemplo, que a coleta de subprodutos florestais em desacordo com as condições fixadas no artigo 28 do Decreto nº 6.660/2008, e o manejo de espécies arbóreas pioneiras em afronta aos requisitos previstos no artigo 36 do Decreto nº 6.660/2008, também caracterizam, em tese, a prática do crime previsto no artigo 38-A da Lei nº 9.605/98, assim como a utilização econômica por meio de plantio de soja em área que continha vegetação secundária em estágio médio de regeneração ilegalmente desmatada.

2.6 Título 6 – Das Disposições Finais (Art. 45 a 51)

Art. 45. (VETADO)

Art. 46. Os órgãos competentes adotarão as providências necessárias para o rigoroso e fiel cumprimento desta Lei, e estimularão estudos técnicos e

---

[577] TJ-ES – APL: 00007329220098080025, Relator: Sérgio Luiz Teixeira Gama, Data de Julgamento: 31/07/2013, SEGUNDA CÂMARA CRIMINAL, Data de Publicação: 12/08/2013.

[578] "Art. 48. Impedir ou dificultar a regeneração natural de florestas e demais formas de vegetação: Pena – detenção, de 6 (seis) meses a 1 (um) ano, e multa".

científicos visando à conservação e ao manejo racional do Bioma Mata Atlântica e de sua biodiversidade.

O presente dispositivo legal, dirigido ao Poder Público em todas as suas esferas, traz um comando que deveria ser óbvio em todas as leis, e nesse ponto desnecessário, qual seja de que a lei deve ser cumprida fiel e rigorosamente. De qualquer forma, o alerta reforça a mora de o Poder Executivo federal implementar, dentre outras providências, a regulamentação do Fundo de Restauração do bioma Mata Atlântica.

A outra tarefa incumbida aos órgãos competentes no artigo em análise é a de estímulo aos estudos técnicos e científicos visando à conservação e ao manejo racional do bioma Mata Atlântica e de sua biodiversidade. A título de exemplo, nesse escopo se insere a confecção pelo Ministério do Meio Ambiente, no ano de 2010, do livro "Mata Atlântica: patrimônio nacional dos brasileiros"[579]; o apoio e coordenação do projeto "Mata Atlântica II" pelo Fundo Brasileiro da Biodiversidade (FUNBIO) e o Ministério do Meio Ambiente, entre os anos de 2009 e 2012, que teve como objeto a apresentação de estudos e projetos sobre os temas de criação ou ampliação de unidades de conservação públicas municipais e estaduais, a elaboração de planos municipais de conservação e recuperação da Mata Atlântica, a regularização ambiental de imóveis rurais e a viabilização de projetos de pagamentos por serviços ambientais[580]; e, no ano de 2017, a publicação pelo Ministério do Meio Ambiente de novo e atualizado roteiro para a elaboração e implementação dos planos municipais de conservação e recuperação da Mata Atlântica.

Art. 47. Para os efeitos do inciso I do caput do art. 3º desta Lei, somente serão consideradas as propriedades rurais com área de até 50 (cinqüenta) hectares, registradas em cartório até a data de início de vigência desta Lei, ressalvados os casos de fracionamento por transmissão causa mortis.

---

[579] CAMPANILI; SCHAFFER, Wigold Bertoldo (Orgs.). **Mata Atlântica**: patrimônio nacional dos brasileiros. Ministério do Meio Ambiente. Secretaria de Biodiversidade e Florestas. Núcleo Mata Atlântica e Pampa; Brasília: MMA, 2010.
[580] Vide a chamada para a apresentação de projetos para o "Projeto Mata Atlântica II", disponível em <http://www.funbio.org.br/wp-content/uploads/2013/03/edital-5.2010.pdf>

Art. 48.   O art. 10 da Lei nº 9.393, de 19 de dezembro de 1996, passa a vigorar com a seguinte redação:
"Art. 10.
§ 1º

II –
d) sob regime de servidão florestal ou ambiental;
e) cobertas por florestas nativas, primárias ou secundárias em estágio médio ou avançado de regeneração;

IV –
b) de que tratam as alíneas do inciso II deste parágrafo;
" (NR)
Alteração já realizada no texto legal.
Art. 49. O § 6º do art. 44 da Lei nº 4.771, de 15 de setembro de 1965, alterada pela Medida Provisória nº 2.166-7, de 24 de agosto de 2001, passa a vigorar com a seguinte redação:
"Art. 44.

§ 6º O proprietário rural poderá ser desonerado das obrigações previstas neste artigo, mediante a doação ao órgão ambiental competente de área localizada no interior de unidade de conservação de domínio público, pendente de regularização fundiária, respeitados os critérios previstos no inciso III do caput deste artigo." (NR)
Alteração já realizada no texto legal.

Art. 50. (VETADO)

Art. 51. Esta Lei entra em vigor na data de sua publicação.

No tocante ao artigo 47 da Lei nº 11.428/2006, é relevante lembrar que o artigo 3º, *caput*, inciso I, do mesmo diploma legal, ao tratar da definição de pequeno produtor rural, conjugou o fator do tamanho da propriedade, qual seja uma extensão não superior a cinquenta hectares, a diversos outros requisitos. O que o referido artigo 47 buscou estabelecer é a restrição para que, com o intuito de se evitar fraudes, somente sejam consideradas as propriedades rurais com área de até 50 (cinquenta) hectares, registradas em cartório até a data de 26 de dezembro de 2008, início de vigência da Lei nº 11.428/2006, ressalvados os casos de fracionamento por transmissão *causa mortis*.

O artigo 48 da Lei nº 11.428/2006 fez inserir na Lei nº 9.393/96[581] a previsão de isenção de pagamento de Imposto Territorial Rural (ITR) para os proprietários ou posseiros de áreas cobertas por florestas nativas, primárias ou secundárias em estágio médio ou avançado de regeneração do bioma Mata Atlântica ou sob o regime de servidão florestal ou ambiental. Com o advento da Lei nº 12.651/2012, alterou-se novamente o artigo 10, § 1º, inciso II, alínea "d", para o fim de manter somente a expressão servidão ambiental[582].

O artigo 49 da Lei nº 11.428/2006 inseriu o artigo 44, § 6º no Código Florestal então em vigência (Lei nº 4.771/65), que estabeleceu uma nova modalidade de compensação de reserva legal ao proprietário rural, consistente na doação de área de unidade de conservação de domínio público pendente de regularização fundiária ao órgão público ambiental competente, para que se torne desonerado perpetuamente do cumprimento da obrigação de existência de reserva legal em seu imóvel. Já defendemos, no ano de 2008[583], a inconstitucionalidade material do referido dispositivo legal, pois, em síntese:

a) permite, em tese, a supressão da Reserva Legal florestal de todos os imóveis rurais, não obstante a Reserva Legal tenha sido criada pelo Poder Público na condição de espaço territorial especialmente protegido sob amparo da Carta Magna com a vedação de supressão ou qualquer utilização que comprometa a integridade dos atributos que justifiquem sua proteção (artigo 225, § 1º, III, da Constituição Federal);

b) permite a supressão da Reserva Legal florestal, embora esta possua a função de garantir o mínimo de sustentabilidade ambiental das propriedades rurais, sem a qual estas não cumpririam a sua

---

[581] Artigo 10, § 1º, II, "d" e "e".

[582] O instituto da servidão ambiental ou servidão florestal é uma espécie de limitação de uso de toda ou parte da propriedade ou posse de imóvel, sob a iniciativa do próprio proprietário ou possuidor, com o intuito de preservar, conservar ou recuperar os recursos naturais, cujo regramento está disposto nos artigos 9º-A, 9º-B e 9º-C da Lei nº 6.938/81.

[583] GAIO, Alexandre; GAIO, Ana Paula Pina. Reserva legal: a sua supressão pelo instituto da compensação e o confronto com o princípio da proibição do retrocesso do direito ambiental. **Revista Brasileira de Direito Ambiental**, São Paulo, v.4, n.16, p.213-246, 2008.

imprescindível função social (artigo 186, I e II, da Constituição Federal);
c) permite a supressão da Reserva Legal, que objetiva a proteção ao mínimo de biodiversidade no território nacional, ao passo que o legislador constituinte incumbiu justamente ao Poder Público o dever de preservar e restaurar os processos ecológicos essenciais, de prover o manejo ecológico das espécies e ecossistemas, de preservar a diversidade e a integridade do patrimônio genético do País e de proteger a fauna e a flora (artigo 225, § 1º, I, II e VII, da Constituição Federal);
d) as Reservas Legais, ao lado das Unidades de Conservação de proteção integral, compõem um conteúdo mínimo de preservação de um meio ambiente ecologicamente equilibrado imprescindível às presentes e futuras gerações, e a supressão de qualquer delas, além de fragmentar indevidamente o direito fundamental ao meio ambiente ecologicamente equilibrado, ignora o princípio da dignidade da pessoa humana e os direitos fundamentais à vida e à saúde (artigos 1º, III, 5º, *caput*, 6º, *caput*, e 225, *caput*, da Constituição Federal);
e) na medida em que o Poder Público delineou o conteúdo mínimo de proteção ambiental, exigindo-se como um dos seus pressupostos o respeito aos espaços territoriais especialmente protegidos, inclusive à Reserva Legal, não pode, ainda que por outra espécie legislativa, dele dispor, sob pena de agredir o princípio da proibição do retrocesso do direito fundamental ao meio ambiente no Brasil, pois é dever do Poder Público direcionar todas suas políticas públicas ambientais à realização progressiva e gradual desse direito e nunca à sua regressão e retrocesso;
f) a ineficiência do Poder Público quanto à necessária regularização fundiária de um espaço territorial especialmente protegido (Unidades de Conservação de proteção integral) não pode ser compensada pelo aniquilamento de outro espaço territorial especialmente protegido (Reserva Legal), até mesmo porque o nosso ordenamento jurídico contém diversos instrumentos legais para a resolução do problema da regularização fundiária, especialmente aqueles previstos na Lei nº 9.985/2000 (artigo 36) e no Decreto nº 4.340/2002 (artigo 33);

g) permite que os proprietários rurais literalmente paguem para obter a desoneração perpétua da obrigação de existência e manutenção da Reserva Legal em seus imóveis, como se fosse possível mercadejar obrigações que integram o direito fundamental ao meio ambiente ecologicamente equilibrado;

h) permite, em tese, que praticamente a integralidade da extensão de todas as propriedades rurais do território nacional (inclusive da Amazônia) se submeta à exploração econômica, conduzindo o Brasil para a manutenção tão somente de ilhas de proteção ambiental (Unidades de Conservação) em meio a uma imensidão de campos desmatados, o que importa na promoção de impactos ambientais incomensuráveis, impensáveis e nunca antes vistos e na destruição da absoluta maioria de nossos ecossistemas, biodiversidade e patrimônio genético;

i) afronta o princípio constitucional da igualdade no seu aspecto material, já que confere tratamento igual aos desiguais, ou seja, privilegia os proprietários rurais que possuem condições financeiras de adquirir uma determinada área situada em Unidade de Conservação para doá-la ao órgão ambiental, em detrimento dos pequenos proprietários rurais, que permanecem com a obrigação de manter a reserva legal em virtude da ausência da mesma condição financeira daqueles (artigo 5º, *caput*, da Constituição Federal).

No entanto, apesar do ajuizamento de ações diretas de inconstitucionalidade pelo Ministério Público e pelo Partido Socialismo e Liberdade (PSOL) junto ao Supremo Tribunal Federal, inclusive para questionar a referida modalidade de compensação da Reserva Legal, o plenário do pretório excelso concluiu na data de 28 de fevereiro de 2018 o julgamento ainda não transitado em julgado[584] das referidas ações e, em relação ao tema, julgou constitucional, por maioria, para permitir a compensação por meio de doação de área no interior de Unidade de Conservação de proteção integral, ou por meio do cadastramento de outra área equivalente situada no mesmo bioma, assim como conferiu interpretação conforme a Constituição, por maioria, para viabilizar a

---

[584] Ainda há possibilidade de alterações no julgamento em virtude de prováveis embargos declaratórios.

compensação da Reserva Legal por meio da Cota de Reserva Ambiental (CRA) apenas com a utilização de áreas com identidade ecológica[585].

O artigo 51 da Lei nº 11.428/2006, finalmente, dispõe que esta Lei entra em vigor na data de sua publicação, o que ocorreu na data de 26 de dezembro de 2006, por meio do Diário Oficial da União.

---

[585] Vide comentários ao artigo 1º da Lei nº 11.428/2006.

Considerações finais

Não obstante o porcentual de áreas de remanescentes de vegetação de Mata Atlântica no Brasil seja mínimo e que esse mínimo seja imprescindível para a manutenção de significativa biodiversidade no planeta e para a qualidade de vida e da própria vida da maior parte da população brasileira, os desmatamentos, as ocupações e degradações dos citados remanescentes continuam a ocorrer.

Em levantamento dos remanescentes de Mata Atlântica do Brasil realizado em conjunto pelo Instituto Nacional de Pesquisa Espaciais (INPE) e pela Fundação SOS Mata Atlântica, tendo como referência temporal apenas o período compreendido entre os anos de 2011 e 2016, constatou-se que houve nesse período a manutenção e continuidade do desmatamento de Mata Atlântica:

– 2011-2012 – desmatamento de 23.548 hectares.
– 2012-2013 – desmatamento de 23.948 hectares.
– 2013-2014 – desmatamento de 18.627 hectares
– 2014-2015 – desmatamento de 18.433 hectares.
– 2015-2016 – desmatamento de 29.075 hectares[586].

O panorama da situação do bioma Mata Atlântica elucida a relevância da análise do seu sistema legal protetivo e do efetivo cumprimento da Lei nº 11.428/2006, que dispõe sobre a utilização e proteção da sua vegetação, para viabilizar a conciliação das necessidades de proteção e

[586] Disponível em: <https://www.sosma.org.br/>

recuperação da Mata Atlântica e de respeito ao direito fundamental ao meio ambiente ecologicamente equilibrado e a promoção do desenvolvimento social em bases sustentáveis, conforme determina a Constituição Federal de 1988.

A opção concomitante da Constituição Federal por um modo de produção capitalista e por um Estado de Direito Socioambiental podem ser consensuados, especialmente a partir da delimitação e aplicação prática com maior amplitude da noção de desenvolvimento e da percepção que a dignidade humana é indissociável das dimensões social e ambiental.

O resultado da análise da Lei nº 11.428/2006 indica alguns avanços e a obtenção de conquistas na proteção da Mata Atlântica, tais como as vedações de corte e supressão de vegetação remanescente previstas no artigo 11, ou a exigência de alternativas tecnológicas e locacionais previstas nos artigos 12 e 14, além de um tratamento mais atento às necessidades das populações tradicionais e a criação do tipo penal inserido no artigo 38-A da Lei nº 9.605/98.

Mas, de outro lado, a Lei nº 11.428/2006 também aponta insuficiência em relação ao propósito de proteger os remanescentes de vegetação de Mata Atlântica e à incapacidade no tocante ao dever de promover a recuperação de áreas degradadas e, consequentemente, a formação de novos remanescentes.

Veja-se que a mesma Presidência da República Federativa do Brasil, que promulgou a Lei nº 11.428/2006, apresentou como fundamento para o veto do artigo 27 do projeto de Lei nº 3.285, de 1992[587], o fato de que "as áreas de Mata Atlântica remanescentes não são suficientes sequer para se alcançar a meta mínima necessária para se assegurar a conservação do bioma", o que "demonstra a necessidade de proteger ao máximo todos os remanescentes, impondo, ainda, a adoção de medidas para promover a recuperação de áreas degradadas"[588]. Ainda se expôs na aludida mensagem de veto:

> [...] A Mata Atlântica, considerada patrimônio nacional pela Constituição Federal, estendia-se, originalmente, por cerca de 1.300.000 km² do território brasileiro. Hoje, os remanescentes primários e em estágio médio/avançado

---

[587] O aludido artigo 27 tratava da exploração seletiva de espécies da flora nativa em área de vegetação secundária nos estágios inicial, médio ou avançado de regeneração do bioma Mata Atlântica.
[588] BRASIL. Mensagem nº 1.164, de 22 de dezembro de 2006.

de regeneração estão reduzidos a apenas 7,84% da cobertura florestal original, o que compreende aproximadamente 100.000 km². Isso faz com que o Bioma Mata Atlântica seja considerado o segundo mais ameaçado de extinção do mundo. Apesar da devastação, a Mata Atlântica é um dos biomas com uma das mais altas taxas de biodiversidade do mundo: cerca de 20.000 espécies de plantas angiospermas (6,7% de todas as espécies do mundo), sendo 8.000 endêmicas, e grande riqueza de vertebrados (264 espécies de mamíferos, 849 espécies de aves, 197 espécies de répteis e 340 espécies de anfíbios). Destes 100.000 km², apenas 21.000 km² (equivalente a aproximadamente 2% da área original) estão protegidos em Unidades de Conservação de Proteção Integral. Os principais organismos internacionais dedicados ao tema da conservação da biodiversidade, como a União Internacional para a Conservação da Natureza (IUCN), com estreito vínculo com o Sistema das Nações Unidas, recomenda com sólida fundamentação científica a proteção, em Unidades de Conservação, de no mínimo 10% da extensão de cada bioma. Na mesma direção, a Decisão VI/9 da COP-6 da Convenção da Diversidade Biológica, da qual o Brasil é signatário, estabeleceu na estratégia para a conservação de plantas como meta global para o ano de 2010: 'b. Conservar a biodiversidade de plantas: IV) ao menos 10% de cada uma das regiões ecológicas do mundo efetivamente conservadas; V) proteção de 50% das áreas mais importantes para a diversidade de plantas assegurada; VIII) 60% das espécies de plantas ameaçadas do mundo conservadas in situ. Já na 7ª Conferência Mundial sobre Diversidade Biológica (COP-7) os países signatários comprometeram-se em reduzir os níveis de extinção de espécies até 2010, sob o alerta de que atividades humanas estão causando a perda de espécies em um ritmo sem precedentes.' Evidentemente, as áreas de Mata Atlântica remanescentes não são suficientes sequer para se alcançar a meta mínima necessária para se assegurar a conservação do bioma. Isto demonstra a necessidade de proteger ao máximo todos os remanescentes, impondo, ainda, a adoção de medidas para promover a recuperação de áreas degradadas. [...] Ademais, os fragmentos de Mata Atlântica não são distribuídos ao longo do bioma, bem como são relativamente pequenos para garantir a perpetuidade de populações de um grande número de espécies raras, endêmicas e ameaçadas de extinção, tanto da flora, quanto da fauna[589].

[589] BRASIL. Mensagem nº 1.164, de 22 de dezembro de 2006.

Importante notar que alguns dispositivos da Lei nº 11.428/2006, por sua proteção insuficiente à Mata Atlântica, não respeitaram os objetivos e princípios[590] constantes dos seus próprios artigos 6º e 7º, os quais definiram, em especial, o princípio da equidade intergeracional e o objetivo de que a proteção e utilização do aludido bioma deve ser realizada do modo a garantir a manutenção e a recuperação da biodiversidade, vegetação, fauna e regime hídrico para as presentes e futuras gerações[591]. Reitere-se que o legislador estabeleceu que o objetivo da Lei nº 11.428/ /2006 não se restringe à manutenção da biodiversidade, vegetação, fauna e regime hídrico da Mata Atlântica, mas também à sua "recuperação", o que torna patente o dever de avanço e melhoria da condição ambiental desse bioma e não de retrocesso.

No que tange ao objetivo geral estatuído na Lei nº 11.428/2006, qual seja, o desenvolvimento sustentável na Mata Atlântica[592], que encontra fundamento na Constituição Federal de 1988 em seus artigos 170, inciso VI, e 225, considera-se que não foi integralmente atendido, uma vez que não se vislumbra sustentabilidade na diminuição de remanescentes de um bioma que já se encontra em risco de extinção e que, além de abrigar impressionante índice de biodiversidade, exerce funções indispensáveis à vida de mais de setenta por cento da população brasileira. Ademais, a noção de desenvolvimento, segundo já exposto, pressupõe, além do atendimento dos direitos sociais, a melhoria das condições ambientais e não de seu decréscimo.

O direito ao meio ambiente ecologicamente equilibrado dever ser garantido por toda a sociedade, e especialmente pelo Poder Público, o qual deve direcionar todas suas políticas públicas ambientais à realização progressiva e gradual deste direito fundamental, e nunca a sua regressão e retrocesso.

---

[590] Celso Antonio Bandeira de Mello afirma que: "violar um princípio é muito mais grave que transgredir uma norma. A desatenção ao princípio implica ofensa não apenas a um específico mandamento obrigatório, mas a todo o sistema de comandos. É a mais grave forma de ilegalidade ou inconstitucionalidade, conforme o escalão do princípio violado, porque representa insurgência contra todo o sistema, subversão de seus valores fundamentais, contumélia irremissível a seu arcabouço lógico e corrosão de sua estrutura mestra." (BANDEIRA DE MELLO, Celso Antônio. **Curso de direito administrativo**. 15.ed. São Paulo: Malheiros, 2003. p.818).

[591] Artigo 7º, inciso I, Lei nº 11.428/2006.

[592] Artigo 6º, *caput*, da Lei nº 11.428/2006.

Finalmente, de modo paralelo a esta problemática, apresentam-se algumas propostas não exaustivas e não estáticas[593], a título de singela contribuição, que podem auxiliar, direta ou indiretamente, na proteção e recuperação do bioma Mata Atlântica:

a) a disseminação, na sociedade, de informações e conhecimentos na área ambiental, especialmente a respeito da Mata Atlântica, seja de suas funções ambientais e importância para a biodiversidade, seja de todo o conjunto de normas nacionais e internacionais que tutelam esse espaço territorial, pois conforme bem asseverou Érika Bechara,

[...] o desconhecimento ou mesmo um conhecimento superficial e não sistemático das normas de proteção da Mata Atlântica pode comprometer todos os esforços que foram empreendidos para a criação desse arcabouço legal[594].

b) a contínua articulação do Ministério Público, outras instituições públicas e sociedade civil em âmbito nacional para o respeito, o cumprimento e a ausência de retrocesso da legislação ambiental que protege indiretamente o bioma Mata Atlântica;

c) a exigência de cumprimento integral, pelos órgãos públicos ambientais, ao disposto na Lei nº 10.650, de 16 de abril de 2003, que estabelece nos seus artigos 1º e 4º, inciso II[595], o dever de publicar em Diário Oficial e ficar disponíveis nesses órgãos, em local de fácil acesso ao público, as listagens e relações contendo os dados referentes aos pedidos de licenças para supressão de vegetação.

---

[593] Isto porque esse processo de solução das questões da Mata Atlântica "dada sua abrangência e complexidade, tem que ser necessariamente democrático, dinâmico e reavaliado periodicamente". (CONSÓRCIO MATA ATLÂNTICA. **Reserva da biosfera da Mata Atlântica**. Universidade Estadual de Campinas (Org). Campinas: Editora da Universidade Estadual de Campinas, 1992. v1: Referências básicas. p.11).

[594] BECHARA, Érika. A transformação de áreas rurais em áreas urbanas e as suas implicações para a Mata Atlântica. In: LIMA, André (Org.). **Aspectos jurídicos da proteção da Mata Atlântica**. São Paulo: Instituto Socioambiental, 2001. p.89.

[595] Art. 1º Esta Lei dispõe sobre o acesso público aos dados e informações ambientais existentes nos órgãos e entidades integrantes do Sistema Nacional do Meio Ambiente – Sisnama, instituído pela Lei nº 6.938, de 31 de agosto de 1981. [...] Art. 4º Deverão ser publicados em Diário Oficial e ficar disponíveis, no respectivo órgão, em local de fácil acesso ao público, listagens e relações contendo os dados referentes aos seguintes assuntos: [...] II – pedidos e licenças para supressão de vegetação;

O cumprimento desse dever possibilita o controle da sociedade previamente à decisão administrativa que autorizará ou não o corte ou supressão da Mata Atlântica. Ressalta-se que o acesso público aos dados e às informações existentes nos órgãos e entidades integrantes do Sistema Nacional do Meio Ambiente é de relevante interesse ambiental, e se considera que o seu descumprimento configura, em tese, o crime previsto no artigo 68 da Lei nº 9.605/98;

d) a urgente intensificação dos esforços nos trabalhos de estudo e levantamento de corredores (existentes ou corredores em potencial) de remanescentes de vegetação do bioma Mata Atlântica, assim como de outras áreas consideradas estratégicas, para a destinação de recursos e compensação ambientais, além da criação e implementação de novas Unidades de Conservação de proteção integral. Nesse ponto, importante lembrar que o bioma Mata Atlântica, até o ano de 2017, possuía apenas 10,3% de cobertura por Unidades de Conservação, sendo que se excluirmos a contabilização das Áreas de Proteção Ambiental, que admitem ocupação e o exercício de atividades econômicas, o bioma detém o inexpressivo percentual de 2,8% de cobertura por Unidades de Conservação[596];

e) a intensificação e ampliação das ações dos Planos de Ação Nacional para Conservação de Espécies Ameaçadas, inclusive aquele referente à Onça Pintada[597], especialmente para o desenvolvimento e aprofundamento de estudos sobre essa espécie animal, e para o aumento de fiscalização com o intuito de evitar o desmatamento ilegal e a caça das onças pintadas;

f) a realização de planejamento e execução pelo Ministério Público em todo o âmbito de abrangência do bioma Mata Atlântica de

---

[596] PACHECO, André Aroeira. Brasil burla meta de Áreas Protegidas e põe em risco seu patrimônio ambiental. **O Eco colunas**. Publicado em 14.03.2018. Disponível em: < http://www.oeco.org.br/colunas/colunistas-convidados/brasil-burla-meta-de-areas-protegidas-e-poe-em-risco-seu-patrimonio-ambiental/>

[597] Instaurado pelo Instituto Chico Mendes de Conservação da Biodiversidade (ICMBio) por meio da Portaria ICMBio nº 132, de 14.12.2010 (DOU 17.12.2010). Disponível em: < http://www.icmbio.gov.br/portal/biodiversidade/fauna-brasileira/plano-de-acao/1344-plano-de-acao-para-conservacao-da-onca-pintada.html>

operações articuladas, e se possível concomitantes, de identificação dos maiores desmatamentos via trabalho comparativo aerofotogramétrico, para a exigência nas searas extrajudicial ou judicial, de recuperação[598] de remanescentes de vegetação do bioma Mata Atlântica ilegalmente desmatados ou suprimidos, sem prejuízo da responsabilização dos infratores, a exemplo da Operação Mata Atlântica em Pé;

g) a maior destinação de recursos do orçamento para a implementação de projetos e políticas públicas que tenham como objeto a proteção e recuperação da Mata Atlântica, a vinculação de parte das verbas oriundas do ICMS para a essa finalidade, a maior transparência na gestão dos fundos municipais, estaduais e federal do meio ambiente, assim como a fiscalização da destinação de recursos decorrentes da aplicação do artigo 36 da Lei nº 9.985/2000 à implantação e manutenção de Unidades de Conservação de proteção integral existentes no área de domínio da Mata Atlântica[599];

h) a exigência de devida e suficiente estruturação e funcionamento dos órgãos públicos ambientais que integram o Sistema Nacional do Meio Ambiente (SISNAMA), devendo contar com significativo incremento das estruturas de recursos materiais e humanos[600]

---

[598] Além da reconstituição do bem lesado, deve-se exigir dos responsáveis, em regra, de modo complementar, a compensação ambiental ou indenização pelos danos ambientais causados.

[599] Art. 36. Nos casos de licenciamento ambiental de empreendimentos de significativo impacto ambiental, assim considerado pelo órgão ambiental competente, com fundamento em estudo de impacto ambiental e respectivo relatório – EIA/RIMA, o empreendedor é obrigado a apoiar a implantação e manutenção de unidade de conservação do Grupo de Proteção Integral, de acordo com o disposto neste artigo e no regulamento desta Lei.

§ 1º O montante de recursos a ser destinado pelo empreendedor para esta finalidade não pode ser inferior a meio por cento dos custos totais previstos para a implantação do empreendimento, sendo o percentual fixado pelo órgão ambiental licenciador, de acordo com o grau de impacto ambiental causado pelo empreendimento."

[600] Apenas a título exemplificativo, o órgão público ambiental no Estado do Paraná, o Instituto Ambiental do Paraná, não promove concurso público de acesso às funções de fiscalização e de licenciamento há mais de vinte e um anos. (IAP não abre concurso há 19 anos. **Gazeta do Povo**, 23 abr. 2008. Vida e Cidadania. Disponível em: <http://www.gazetadopovo.com.br/vidaecidadania/ conteudo.phtml?id=759401>. Outro exemplo desse sucateamento é a informação de que, no ano de 2009, 173 áreas federais protegidas não tinham sequer um fiscal e 82 dessas áreas não possuíam nenhum servidor. (O ECO REPORTAGENS. **País**

e devida capacitação técnica dos seus servidores. Assevere-se que, diante do notório sucateamento progressivo dos aludidos órgãos ambientais, o Poder Público, ao invés de adotar providências concretas para a sua reestruturação, vem, de um modo geral, desincumbindo gradativamente os órgãos públicos ambientais de atribuições, principalmente por meio de dispensa de licenciamento ambiental ou autorização florestal[601] para várias atividades potencialmente poluidoras ou degradadoras do meio ambiente, denominadas de baixo impacto ou, dispensando a necessidade de realização de vistoria *in loco* pelos seus servidores em outras várias hipóteses. Deve-se adicionar, ainda, a relevância de maior estruturação e capacitação das Polícias Civil e Federal para a investigação e instrução de inquéritos policiais que apurem crimes ambientais, assim como das Polícias Militares Ambientais, que têm assumido em vários Estados da Federação, na prática, a função de exercer o maior volume da fiscalização ambiental[602];

i) a responsabilização criminal e por ato de improbidade administrativa dos servidores públicos que desrespeitam a legislação ambiental nos processos administrativos de licenciamento ambiental e de autorização florestal de supressão de Mata Atlântica, assim como a responsabilização daqueles que emitem estudo, laudo ou relatório ambiental total ou parcialmente falso ou enganoso, inclusive por omissão nesses procedimentos[603];

---

atingirá metas de conservação? 10 mar. 2009. Disponível em: <http://www.oeco.com.br/reportagens/21176-pais-atingira-metas-de-conservacao>.

[601] Vide, por exemplo, no Estado do Paraná, a Resolução nº 051/2009 da SEMA (Secretaria Estadual do Meio Ambiente).

[602] Vladimir Passos de Freitas, em artigo específico sobre a Polícia e o meio ambiente, salienta não somente a necessidade de sua especialização e a sua dotação de recursos materiais suficientes para a fiscalização ambiental e produção de provas, mas também de capacitação dos profissionais desde o seu ingresso por meio do concurso público: "[...] É necessário que o direito ambiental passe a fazer parte da matéria dos concursos de ingresso na Polícia. Também que sejam ministradas aulas nos cursos realizados nas Academias de Polícia, não só os preparatórios como os de atualização. As matérias não podem limitar-se ao direito, mas devem, necessariamente, passar por temas interdisciplinares como, por exemplo, a biologia, a química e a engenharia florestal. (FREITAS, Vladimir Passos de. A polícia na proteção ao meio ambiente. **Revista de Direito Ambiental**, São Paulo, n.28, p.159, 2002).

[603] Vide artigos 66, 67, 68 e 69-A, da Lei nº 9.605/98, e artigos 9º, 10 e 11, da Lei nº 8.429/92.

j) a alteração do modelo energético brasileiro, hoje indevidamente baseado em hidrelétricas cuja distribuição serve predominantemente aos interesses econômicos (ex. atividades eletrointensivas envolvendo alumínio, cerâmica, cimento, metalurgia e petroquímica), todas produtoras de *commodities*, em detrimento dos interesses públicos primários. Enquanto essa alteração não ocorre, deve-se exigir que os licenciamentos ambientais de empreendimentos hidrelétricos promovam a análise dos impactos sinérgicos no conjunto da bacia hidrográfica, sempre mediante EIA//RIMA (Estudo de Impacto Ambiental/Relatório de Impacto Ambiental), pautado pelo respeito integral à Resolução CONAMA (Conselho Nacional do Meio Ambiente) nº 01/86, com ampla publicidade material[604];

k) a adoção de medidas de incentivo à agroecologia, à agricultura familiar e aos projetos de manejo e desenvolvimento sustentável, assim como o questionamento do modelo predatório do agronegócio, o que inclui a contestação do seu regime de financiamentos públicos[605];

l) a exigência ao Poder Público que, de modo preventivo, as pretensas implantações de grandes empreendimentos relacionados à exploração do pré-sal em áreas do bioma Mata Atlântica sejam precedidas de ampla discussão com a sociedade e de realização e aprovação de Estudo de Impacto Ambiental e Relatório de Impacto Ambiental (EIA/RIMA)[606];

---

[604] Proposta formulada pelo Grupo Nacional do Ministério Público no Manifesto de Belém, ocorrido no mês de novembro de 2011 por ocasião do Congresso Nacional do Ministério Público. (GRUPO NACIONAL DO MINISTÉRIO PÚBLICO. **Manifesto de Belém**: teor das propostas e deliberações do GNMP na IV Reunião presencial. 2011. Disponível em: <http://gnmp.com.br/publicacao/ 80/manifesto-de-belem>.

[605] Proposta formulada pelo Grupo Nacional do Ministério Público no Manifesto de Belém, ocorrido no mês de novembro de 2011 por ocasião do Congresso Nacional do Ministério Público. (GRUPO NACIONAL DO MINISTÉRIO PÚBLICO. **Manifesto de Belém**: teor das propostas e deliberações do GNMP na IV Reunião presencial. 2011. Disponível em: <http://gnmp.com.br/publicacao/80/ manifesto-de-belem>.

[606] Proposta formulada pelo Grupo Nacional do Ministério Público no Manifesto de Belém, ocorrido no mês de novembro de 2011 por ocasião do Congresso Nacional do Ministério Público. (*Id.*).

m) a exigência aos Municípios de construção e implementação da Agenda 21[607], inclusive com a incorporação das suas propostas nos orçamentos, anual e plurianual, a observância dessa Agenda pelos Planos Diretores, com o intuito de atribuir maior eficácia às políticas de proteção ambiental, assim como a implementação e execução dos Planos Municipais de conservação e recuperação da Mata Atlântica[608];

n) a exigência aos Municípios de realização de planejamento integrado das zonas urbanas e rurais, atentando-se à necessidade de preservação dos remanescentes do bioma Mata Atlântica, assim como de abstenção, na reforma dos seus Planos Diretores, de qualquer expansão das zonas urbanas sobre as zonas rurais sem a prévia realização de estudos sobre a sua real necessidade e sobre os impactos dessa expansão, e sem a prévia realização de amplo debate com a sociedade. Ainda assim, no caso de necessidade de expansão urbana, devem-se proteger os espaços de interesse ambiental e respeitar a perpetuidade das Reservas Florestais Legais, que exercerão, já em zonas urbanas, o relevante papel de composição das Áreas Verdes Urbanas dos municípios.[609] Na hipótese de anterior inexistência de área de Reserva Florestal Legal no imóvel incorporado ao perímetro urbano, deve-se assentar a necessidade de sua recomposição no referido imóvel ou, ao menos, a sua compensação em outro local do mesmo município[610];

---

[607] O Acordo Relativo à Conferência das Nações Unidas sobre Meio Ambiente e Desenvolvimento, ocorrido no Rio de Janeiro, que inclui a Agenda 21, foi promulgado pelo Brasil por meio do Decreto nº 440, de 6 de fevereiro de 1992.

[608] O artigo 38 da Lei nº 11.428/2006 prevê a possibilidade de o município ser beneficiado com recursos do Fundo de Restauração do Bioma Mata Atlântica se tiver implementado o plano municipal de conservação e recuperação da Mata Atlântica.

[609] Vide comentários ao artigo 1º da Lei nº 11.428/2006.

[610] Quanto ao dever de compensação da Reserva Florestal Legal de imóvel incorporado ao perímetro urbano, o Parecer Normativo nº 1349/03/IAP/PROJU emitido pelo Instituto Ambiental do Paraná em 25 de setembro de 2003, contem a seguinte ementa: INCORPORAÇÃO DE ÁREAS RURAIS AO PERÍMETRO URBANO DAS CIDADES PARA FINS DE PARCELAMENTO DO SOLO – INEXISTÊNCIA ANTERIOR DE ÁREA DE RESERVA LEGAL – NECESSIDADE DE COMPENSÁ-LA EM OUTRO LOCAL DO MESMO MUNICÍPIO.

o) a criação de maiores incentivos técnicos e tributários para a criação de Unidades de Conservação particulares na área de domínio da Mata Atlântica, as denominadas Reservas Particulares do Patrimônio Natural (RPPN)[611];

p) a ampliação, pelo Poder Judiciário, de varas especializadas em matéria ambiental[612] e a contínua capacitação e sensibilização dos membros do Poder Judiciário a respeito do direito ambiental e do bioma Mata Atlântica, pois, conforme afirma o Juiz Federal Zenildo Bodnar, "é com juízes idealistas e indignados com os ataques suicidas perpetrados contra a mãe natureza que será possível ao Poder Judiciário desempenhar o seu papel transformador da sociedade"[613];

q) a criação, no âmbito do Ministério Público de todos os Estados da Federação, de coordenadorias regionais de promotorias de proteção ao meio ambiente, seja pelo critério geográfico das bacias hidrográficas, seja por outro critério que possa traduzir maior funcionalidade na sua implementação, dotadas de estrutura material e técnica, além de Promotores de Justiça com exclusiva ou semi-exclusiva atribuição de cooperação e atuação conjunta com o Promotor natural de cada comarca nas questões ambientais mais relevantes daquela região[614];

s) a criação e manutenção de banco de dados e plataforma de acesso ao público, sem prejuízo da averbação na margem das matrículas de imóveis, contendo a relação de todos os imóveis e seus respectivos polígonos, assim como da relação de todas as pessoas físicas

---

[611] Conforme dispõe o artigo 21 da Lei nº 9.605/98, a Reserva Particular do Patrimônio Natural "é uma área privada, gravada com perpetuidade, com o objetivo de conservar a diversidade biológica", onde apenas são permitidas a pesquisa científica e a visitação com objetivos turísticos, recreativos e educacionais.

[612] Sobre o tema vide: FREITAS, Vladimir Passos de. O Poder Judiciário e o direito ambiental no Brasil. **Justitia**, São Paulo, v.198, p.95-107, 2009.

[613] BODNAR, Zenildo. O Poder Judiciário e a tutela do meio ambiente. **Revista de Doutrina da 4ª Região**, Porto Alegre, n.15, 2006.

[614] As Promotorias regionais por bacias hidrográficas situadas na área de domínio da Mata Atlântica podem imprimir uma atuação mais efetiva e uniforme em relação aos diversos fatores abordados de pressão sobre os remanescentes da Mata Atlântica. Sobre o tema, vide: MOREIRA, Luciana Ribeiro Lepri. **Direito ambiental**: legitimação e atuação do Ministério Público. Curitiba: Juruá, 2004. Capítulo VI.

e jurídicas, com o registro de infrações, débitos e passivos ambientais no âmbito de abrangência do bioma Mata Atlântica, com o intuito de facilitar a busca pela reparação integral dos danos ambientais e o respeito ao que dispõe a Lei nº 11.428/2006, em especial o seu artigo 5º, inclusive para evitar prejuízos aos adquirentes desavisados desses imóveis;

t) a criação e manutenção de banco de dados e plataforma de acesso ao público, sem prejuízo da averbação na margem das matrículas de imóveis, contendo a relação de todos os imóveis e seus respectivos polígonos, assim como da relação de todas as pessoas físicas e jurídicas, relacionados às modalidades de compensação ambiental previstas no artigo 17, *caput*, e parágrafo 1º, da Lei nº 11.428/2006, de modo a impedir que as referidas áreas dotadas dessa restrição legal sejam objeto de posterior análise de autorização para corte ou supressão e a viabilizar a participação da sociedade na sua devida fiscalização;

u) a defesa da especialidade da Lei da Mata Atlântica, não somente nos casos concretos, mas também de modo geral aos órgãos públicos ambientais estaduais, inclusive para impedir a homologação do CAR de propriedades rurais com base em consolidação ilegal de atividades em Áreas de Preservação Permanente e em Reservas Legais decorrentes de corte ou supressão ilegal de vegetação do bioma Mata Atlântica ocorridos a partir de 26 de setembro de 1990;

v) a defesa dos compartimentos do bioma Mata Atlântica que se encontram com reduzido porcentual de remanescentes de vegetação para o fim de restringir a compensação da Reserva Legal e evitar a extinção de espécies da flora e da fauna;

A capacidade maior ou menor de nossas gerações atuais de brasileiros protegerem e recuperarem esse mínimo de remanescentes sobreviventes da Mata Atlântica e de condicionarem a ditadura da economia a limites sustentáveis será a herança (ou dívida) que deixaremos para as futuras gerações.

REFERÊNCIAS

ABI-EÇAB, Pedro. Descentralização e ineficácia do Sistema Nacional do Meio Ambiente. In: GAIO, Alexandre; ABI-EÇAB, Pedro (Org.). **Lei da Política Nacional do Meio Ambiente**: 30 anos. Campo Grande: Contemplar, 2012. p.163-183.

ABRAF. **Anuário estatístico da Abraf 2011**. Disponível em: <http://www.abraflor.org.br/estatisticas/ABRAF11/ABRAF11-BR.pdf>.

ANDRADE, Flávio da Silva. A hermenêutica jurídica segundo Carlos Maximiliano. **Revista do Tribunal Regional Federal 1ª Regiao**, v. 28, p. 100-113, 2016.

ARAÚJO, L.O.S; MORAIS, C.S. de. Rigidez locacional e os impactos socioeconômicos e ambientais da Mina do Brucutu no Município de Barão de Cocais-MG. **Revista Engenharia de Interesse Social**. Vol. 1. nº 1, 2016, p. 1-15.

ARAÚJO, Ubiracy Craveiro. Mata Atlântica: do disciplinamento jurídico acerca da competência legislativa para autorizar a sua supressão. In: LIMA, André (Org.). **Aspectos jurídicos da proteção da Mata Atlântica**. São Paulo: Instituto Socioambiental, 2001. p.30-44.

ARHENS, Sérgio. O novo código florestal brasileiro: conceitos jurídicos fundamentais. In: CONGRESSO FLORESTAL BRASILEIRO, 8., 2003, São Paulo. **Anais**... São Paulo: SBS; Brasília: SBEF, 2003. 1 CD-ROM. 14p. Disponível em: <http://www. buscalegis.ufsc.br/revistas/index.php/buscalegis/article/viewFile/26462/26025>.

ARRUDA, Moacir Bueno. Corredores ecológicos no Brasil: Gestão integrada de ecossistemas. In: Moacir Bueno Arruda; Luis Fernando Nogueira. (Org.). **Corredores ecológicos: Uma abordagem integradora de ecossistemas no Brasil**. 1ª ed. Brasília: Edições Ibama, 2004, v. 1, p. 11-46.

BANDEIRA DE MELLO, Celso Antônio. **Curso de direito administrativo**. 15.ed. São Paulo: Malheiros, 2003.

BECHARA, Érika. A transformação de áreas rurais em áreas urbanas e as suas implicações para a Mata Atlântica. In: LIMA, André (Org.). **Aspectos jurídicos da proteção da Mata Atlântica**. São Paulo: Instituto Socioambiental, 2001. p.89-100.

BECHARA, Érika. Desmatamento da mata atlântica para fins de reforma agrária. **Revista de Direito Ambiental**, São Paulo, n.24, p.275-279, 2001.

BECK, Ulrich. **La sociedad del riesgo global**. España: Siglo Veintiuno, 2002.

BENATTI. José Heder. **Posse Coletiva da Terra: um estudo jurídico sobre o apossamento de seringueiros e quilombolas**. Disponível em: <http://daleth.cjf.jus.br/revista/numero3/artigo07.htm>.

BENJAMIN, Antônio Herman. **Função ambiental**. Brasília: BDJUR, 1993.

BENJAMIN, Antônio Herman; MILARÉ, Édis. **Estudo prévio de impacto ambiental: teoria prática e legislação**. São Paulo: Revista dos Tribunais, 1993.

BENJAMIN, Antônio Herman. Introdução ao direito ambiental brasileiro. **Revista de Direito Ambiental**, São Paulo, n.14, p.48-82, 1999.

BENJAMIN, Antônio Herman. O regime brasileiro de unidades de conservação. **Revista de Direito Ambiental**, São Paulo, n.21, p.27-56, 2001.

BENJAMIN, Antônio Herman. Constitucionalização do ambiente e ecologização da constituição brasileira. In: CANOTILHO, José Joaquim Gomes; LEITE, José Rubens Morato (Org.). **Direito constitucional ambiental brasileiro**. São Paulo: Saraiva, 2007. p.57-135.

BENJAMIN, Antônio Herman. Mata Atlântica de todos nós. In: CAMPANILI; SCHAFFER, Wigold Bertoldo (Orgs.). **Mata Atlântica**: patrimônio nacional dos brasileiros. Ministério do Meio Ambiente. Secretaria de Biodiversidade e Florestas. Núcleo Mata Atlântica e Pampa; Brasília: MMA, 2010. p.6-7.

BENSUSAN, Nurit. Biodiversidade. In: CAMARGO, Aspásia; CAPOBIANCO, João Paulo Ribeiro; OLIVEIRA, José Antonio Puppim de (Org.). **Meio ambiente Brasil**: avanços e obstáculos pós-Rio-92. São Paulo: Estação Liberdade, 2002. p.229-244.

BOBBIO, Norberto. **Teoria do Ordenamento Jurídico**. Tradução: Maria Celeste Cordeiro Leite dos Santos. 6ª ed. Brasília: Ed. Universidade de Brasília, 1995.

BODNAR, Zenildo. O Poder Judiciário e a tutela do meio ambiente. **Revista de Doutrina da 4.ª Região**, Porto Alegre, n.15, 2006. Disponível em: <http://www.revistadoutrina.trf4.jus.br/artigos/edicao015/Zenildo_Bodnar.htm>.

BOFF, Leonardo. **Cuidar da terra, proteger a vida**: como evitar o fim do mundo. Rio de Janeiro: Record, 2010.

BOFF, Leonardo. **A força da ternura**: Pensamentos para um mundo igualitário, solidário, pleno e amoroso. Rio de Janeiro: Sextante, 2006.

CABEÇA DE CUIA. **Piauí quer mudar mapa para ocupar áreas da Mata Atlântica**. Disponível em: <http://www.cabecadecuia.com/noti-

cias/101353/piaui-quer-mudar-mapa-para-ocupar-areas-da-mata-atlantica-.html>.

CABRAL, Diogo de Carvalho. Floresta, política e trabalho: a exploração das madeiras-de-lei no Recôncavo da Guanabara (1760-1820). **Revista Brasileira de História.** São Paulo, v.28, n.55, jun. 2008.

CAMARGO, Ana. **Desenvolvimento sustentável**: dimensões e desafios. Campinas: Papirus, 2003.

CAMPANILI, Maura; SCHAFFER, Wigold Bertoldo (Org.). **Mata Atlântica**: patrimônio nacional dos brasileiros. Brasília: MMA, 2010.

CANOTILHO, José Joaquim Gomes. Direito constitucional ambiental português e da União Européia. In: CANOTILHO, José Joaquim Gomes; LEITE, José Rubens Morato (Org.). **Direito constitucional ambiental brasileiro.** São Paulo: Saraiva, 2007. p.1-56.

CAPELLA, Juan Ramón. **Cidadãos servos.** Porto Alegre: Sérgio Antonio Fabris, 1998.

CAPOBIANCO, João Paulo R. A situação atual e perspectivas para a conservação da Mata Atlântica (incluindo os mapas do domínio da Mata Atlântica: remanescentes florestais em 1990 e Fitofisionomias). In: LIMA, André (Org.). **Aspectos jurídicos da proteção da Mata Atlântica.** São Paulo: Instituto Socioambiental, 2001. p.9-15.

CAPOBIANCO, João Paulo R.; LIMA, André R. A evolução da proteção legal da Mata Atlântica. In:_____ (Org.). **Mata Atlântica**: avanços legais e institucionais para a sua conservação. São Paulo: Instituto Socioambiental, 1997. p.7-16.

CAPRA, Fritjof. **A teia da vida**: uma nova compreensão científica dos sistemas vivos. São Paulo: Cultrix, 2001.

CARADORI, Rogério da Cruz. **O Código Florestal e a legislação extravagante**: a teoria e a prática da proteção florestal. São Paulo: Atlas, 2009.

CARMO, Aurélio Hipólito do. **Tutela ambiental da Mata Atlântica**: com vistas, principalmente, ao estado de São Paulo. São Paulo: Juarez de Oliveira, 2003.

CETESB. **Supressão de vegetação nativa.** Disponível em: <http://licenciamento. cetesb.sp.gov.br/cetesb/intervencoes_doc_nativa.asp>.

CIRNE, Mariana Barbosa; SOUZA, Ana Gloria Santos Moreira de. Pousio: o que é e quais são seus possíveis reflexos nas questões ambientais. **Veredas do Direito**, Belo Horizonte, v.11, n. 21, p.75-106, janeiro/junho de 2014.

COMISSÃO BRUNDTLAND. Comissão Mundial sobre Meio Ambiente e Desenvolvimento. **Nosso futuro comum.** 2.ed. Rio de Janeiro: Editora da Fundação Getúlio Vargas, 1991.

CONSÓRCIO MATA ATLÂNTICA. **Reserva da biosfera da Mata Atlântica.** Universidade Estadual de Campinas (Org). Campinas: Editora da Universidade Estadual de Campinas, 1992. v1: Referências básicas.

DAL BOSCO, Maria Goretti. Audiência pública como direito de participação. **Prática Jurídica** Editora Consulex, Brasília-DF, v. 14, p. 13-19, 2003.

DEAN, Warren. **A ferro e fogo**: a história da devastação da Mata Atlântica brasileira. Tradução de Cid Knipel Moreira. São Paulo: Companhia das Letras, 1996.

DERANI, Cristiane. **Direito ambiental econômico**. 2.ed. São Paulo: Max Limonad, 2001.

DERANI, Cristiane; SOUZA, Kelly. S. S. Instrumentos econômicos na Política Nacional de Meio Ambiente: por uma economia ecológica. **Veredas do Direito**. Belo Horizonte. v. 10, p. 07-246, 2013.

DEUS, Teresa Cristina de. **Tutela da flora em face do direito ambiental brasileiro**. São Paulo: Juarez de Oliveira, 2003.

FACHIN, Luiz Edson. **Estatuto jurídico do patrimônio mínimo**. São Paulo: Renovar, 2001.

FACHIN, Melina Girardi. **Fundamentos dos direitos humanos**. Rio de Janeiro: Renovar, 2009.

FARIAS, Paulo José Leite. **Competência federativa e proteção ambiental**. Porto Alegre: Sérgio Antônio Fabris Editor, 1999.

FEARNSIDE, Philip. M. 2015. **Environmental and social impacts of hydroelectric dams in Brazilian Amazonia: Implications for the aluminum industry.** World Development doi: 10.1016/j.worlddev.2015.08.015. Versão traduzida disponível em: <https://www.researchgate.net/profile/Philip_Fearnside/publication/281863095_Impactos_Ambientais_e_Sociais_de_Barragens_Hidreletricas_na_Amazonia_Brasileira_As_Implicacoes_para_a_Industria_de_Aluminio/links/55fc293408aeba1d9f3b7a58/Impactos-Ambientais-e-Sociais-de-Barragens-Hidreletricas-na-Amazonia-Brasileira-As-Implicacoes-para-a-Industria-de-Aluminio.pdf>

FIGUEIREDO, Guilherme José Purvin de. **A propriedade no direito ambiental**. 3.ed. São Paulo: Revista dos Tribunais, 2008.

FRANCO, José Gustavo de Oliveira. **Direito ambiental**: matas ciliares. Curitiba: Juruá, 2008.

FREITAS, Mariana Almeida Passos de. **Zona costeira e meio ambiente**: aspectos jurídicos. 2004. Dissertação (Mestrado em Ciências Jurídicas e Sociais) – Pontifícia Universidade Católica do Paraná, Curitiba, 2004. Disponível em: <http://www.biblioteca.pucpr.br/tede//tde_busca/arquivo.php?codArquivo=186>.

FREITAS, Vladimir Passos de. A polícia na proteção ao meio ambiente. **Revista de Direito Ambiental**, São Paulo, n.28, p.150-160, 2002.

FREITAS, Vladimir Passos de. **A Constituição Federal e a efetividade das normas ambientais**. 3.ed. São Paulo: Revista dos Tribunais, 2005.

FREITAS, Vladimir Passos de. O Poder Judiciário e o direito ambiental no Brasil. **Justitia**, São Paulo, v.198, p.95-107, 2009.

FUNDAÇÃO SOS MATA ATLÂNTICA; INSTITUTO NACIONAL DE PESQUISAS ESPACIAIS (INPE). **Atlas dos Remanescentes Florestais da Mata Atlântica**: período 2008-2016. São Paulo. Disponível em: <http://www.inpe.br/noticias/ arquivos/pdf/atlasrelatoriofinal.pdf>.

GAIO, Alexandre. A invasão das unidades de conservação pelos organismos geneticamente modificados. In: GAIO, Alexandre; ALTHAUS, Ingrid Giachini; BERNARDO, Leandro Ferreira (Org.). **Direito ambiental em discussão**. São Paulo: Iglu, 2011. p.103-126.

GAIO, Alexandre. Os Termos de Ajustamento de Conduta para a proteção do meio ambiente como atos jurídicos perfeitos e a consolidação da jurisprudência do Superior Tribunal de Justiça. **Revista Jurídica do Ministério Público do Estado do Paraná**, v. 7, p. 29-48, 2017.

GAIO, Alexandre; GAIO, Ana Paula Pina. Reserva legal: a sua supressão pelo instituto da compensação e o confronto com o princípio da proibição do retrocesso do direito ambiental. **Revista Brasileira de Direito Ambiental**, São Paulo, v.4, n.16, p.213-246, 2008.

GAIO, Alexandre; ABI-EÇAB, Pedro C. Tutela do Meio Ambiente. in: VITORELLI, Edilson (org). **Manual de Direitos Difusos**. Salvador: Editora JusPodivm, 2018. No prelo.

GAIO, Daniel. **A interpretação do direito de propriedade em face da proteção constitucional do meio ambiente urbano**. Rio de Janeiro: Renovar, 2015.

GALEANO, Eduardo. **O livro dos abraços**. 8.ed. Porto Alegre: L&PM, 2000.

GRANZIERA, Beatriz Machado. **O STF no conflito entre a preservação do meio ambiente e o desenvolvimento econômico**. Disponível em: <http://www.sbdp.org.br/arquivos/monografia/110_Beatriz%20Machado%20Granziera.pdf>.

GRUPO NACIONAL DO MINISTÉRIO PÚBLICO. **Manifesto de Belém**: teor das propostas e deliberações do GNMP na IV Reunião presencial. 2011. Disponível em: <http://gnmp.com.br/publicacao/80/manifesto-de-belem>.

GUEDES, Maria Lenise Silva *et al*. Breve incursão sobre a biodiversidade da Mata Atlântica. In: FRANKE, Carlos Roberto; ROCHA, Pedro Luis Bernardo da.; KLEIN, Wilfried; GOMES, Sérgio Luiz (Org.). **Mata Atlântica e biodiversidade**. Salvador: Edufba, 2005. p.39-92.

GUIMARÃES, Rafael Z; OLIVEIRA, Fabiano A. de.; GONÇALVES, Mônica L. Guimarães. Avaliação dos impactos da atividade de sivicultura sobre a qualidade dos recursos hídricos superficiais. **Scientia Florestalis**, Piracicaba, v.38, n.87, p.377-390, 2010.

HARTMANN, Analúcia. **A proteção da Mata Atlântica em zona urbana**. Disponível em: <http://4ccr.pgr.mpf.gov.br/institucional/grupos-de-trabalho/gt-zona-costeira/ docs-zona-costeira/A_Protecao_da_Mata_Atlantica_em_Zona_Urbana.pdf>.

HOUAISS, Antonio, VILLAR, Mauro de Salles, FRACO, Francisco Manoel de Mello. **Dicionário Houaiss da língua portuguesa**. Rio de Janeiro: Objetiva, 2001.

INSTITUTO PÓLIS. **Atlas do meio ambiente Le Monde Diplomatique Brasil**. Curitiba: Posigraf, 2011.

KEMPF, Hervé. **Como os ricos destroem o planeta**. Rio de Janeiro: Globo, 2010.

KRELL, Andreas J. A relação entre proteção ambiental e função social da propriedade nos sistemas jurídicos brasileiro e alemão. In: SARLET, Ingo Wolfgang (Org.). **Estado socioambiental e direitos fundamentais**. Porto Alegre: Livraria do Advogado, 2010. p.173-188.

LAGO, Antônio; PÁDUA, José Augusto. **O que é ecologia**. 9.ed. São Paulo: Brasiliense, 1989.

LIMA, André. Tutela jurídica das espécies da flora ameaçadas de extinção na Mata Atlântica. In: _____ (Org.). **Aspectos jurídicos da proteção da Mata Atlântica**. São Paulo: Instituto Socioambiental, 2001. p.75-88.

Löwy, Michael. **Ecologia e socialismo**. São Paulo: Cortez, 2005.

MACHADO, Paulo Affonso Leme. Mata Atlântica e patrimônio nacional: aspectos jurídicos. In: MARQUES, José Roberto (Org.). **Sustentabilidade e temas fundamentais de direito ambiental**. Campinas: Millennium, 2009. p.365-377.

MACHADO, Rita Dallago (Org.). **Mata Atlântica**: nossa floresta em perigo. Curitiba: Posigraf, 1999.

MACIEL, Maria de Nazaré Martins *et al.* Classificação Ecológica das Espécies Arbóreas. **Revista Acadêmica: ciências agrárias e ambientais**, Curitiba, v.1, n. 2, p.69-78, 2003.

MAGALHÃES, Juraci Perez. **A evolução do direito ambiental no Brasil**. São Paulo: Oliveira Mendes, 1998.

MAGALHÃES, Juraci Perez. **Comentários ao Código Florestal**. 2.ed. São Paulo: Juarez de Oliveira, 2001.

MAIA, Margareth Peixoto. Políticas ambientais e a conservação da biodiversidade no Brasil. In: FRANKE, Carlos Roberto; ROCHA, Pedro Luis Bernardo da.; KLEIN, Wilfried; GOMES, Sérgio Luiz (Org.). **Mata Atlântica e biodiversidade**. Salvador: Edufba, 2005. p.379-408.

MARCHESAN, Ana Maria Moreira. Tutela jurídica da paisagem no espaço urbano. **Revista de Direito Ambiental**, São Paulo, n.43, p.7-34, 2006.

MEIRA, José de Castro. **Direito ambiental**. Disponível em: <http://bdjur.stj.gov.br/ xmlui/bitstream/handle/2011/141/Direito_Ambiental. pdf?sequence=1>.

MEIRELLES, Jussara Maria Leal de. Meio ambiente e saúde mental: uma perspectiva jurídica da solidariedade. In: CONGRESSO NACIONAL DO CONPEDI, 16., 2007. Belo Horizonte-MG; CONGRESSO NACIONAL DO CONPEDI, 16., Florianópolis. **Anais**... Florianópolis, SC: Fundação Boiteux, 2007.

MELLO, Celso Antônio Bandeira de. **Curso de Direito Administrativo**. 14ª ed., São Paulo: Malheiros, 2002.

MERCADANTE, Maurício. Histórico do trâmite do Projeto de Lei da Mata Atlântica na Câmara dos Deputados. In: LIMA, André (Org.). **Aspectos jurídicos da proteção da Mata Atlântica**. São Paulo: Instituto Socioambiental, 2001. p.285-288.

MIRANDA, Evaristo Eduardo de. **Campeões de desmatamento**. Disponível em: <http://www.aquecimento.cnpm.embrapa.br/conteudo/historico_desmatamento.htm>.

MIRANDA, Lívia Izabel Bezerra de. Planejamento em áreas de transição rural-urbana: velhas novidades em novos territórios. **Revista Brasileira de Estudos Urbanos e Regionais**, Belém, v.11, n.1, p.25-40, 2009.

MIRRA, Álvaro Luiz Valery. Fundamentos do direito ambiental no Brasil. **Revista dos Tribunais**, São Paulo, n.706, 1994.

MIRRA, Álvaro Luiz Valery. **Impacto ambiental**. 2ª ed. São Paulo: Juarez de Oliveira, 2002.

MONCADA, Luís S. Cabral de. **Direito econômico**. Coimbra: Coimbra Editora, 2003.

MOREIRA, Luciana Ribeiro Lepri. **Direito ambiental**: legitimação e atuação do Ministério Público. Curitiba: Juruá, 2004.

NODARI, Rubens Onofre; GUERRA, Miguel Pedro. Plantas transgênicas e seus produtos: impactos, riscos e segurança alimentar (biossegurança de plantas transgênicas). **Revista de Nutrição**, Campinas, v.16, n.1, jan./mar. 2003. Disponível em: <http://www.scielo.br/scielo.php?pid=S1415--52732003000100011&script=sci_arttext&tlng=es>.

OLIVEIRA, Jelson; BORGES, Wilton. **Ética de Gaia**. São Paulo: Paulus, 2008.

PACHECO, André Aroeira. **Brasil burla meta de Áreas Protegidas e põe em risco seu patrimônio ambiental.** O Eco colunas. Publicado em 14.03.2018. Disponível em: < http://www.oeco.org.br/colunas/colunistas--convidados/brasil-burla-meta-de-areas-protegidas-e-poe-em-risco-seu--patrimonio-ambiental/>

PÁDUA, José Augusto. **Dois séculos de crítica ambiental no Brasil**. Disponível em: <http://www2.dao.ua.pt/brasilportugal2000/pdf/PensPadua-CHOJE.pdf>.

PALU, Oswaldo Luiz. **Controle de constitucionalidade**: conceitos, sistemas e efeitos. 2.ed. São Paulo: Revista dos Tribunais, 2001.

PEREIRA, Osny Duarte. **Direito florestal brasileiro**: ensaio. Rio de Janeiro: Borsoi, 1950.

PINTO, Luís Paulo. Programas para identificação de áreas prioritárias para conservação. In: LIMA, André (Org.). **Aspectos jurídicos da proteção da Mata Atlântica**. São Paulo: Instituto Socioambiental, 2001. p.22-24.

PIOVESAN, Flávia. **Direitos humanos e justiça internacional**: um estudo comparativo dos sistemas europeu, interamericano e africano. São Paulo: Saraiva, 2006.

PIOVESAN, Flávia. **Direitos humanos e o direito constitucional internacional**. 10.ed. São Paulo: Saraiva, 2009.

POLACK, Robert. **Signos da vida**: a linguagem e os significados do ADN. Tradução de André Carvalho. Rio de Janeiro: Rocco, 1997. (Capítulo 6)

PRADO JUNIOR, Caio. **Formação do Brasil contemporâneo**. 23.ed. São Paulo: Brasiliense, 2006.

PULNER, Rita de Cássia Linhares. **Análise crítica da cientificidade da legislação relativa a manguezais**. Curitiba: Imprensa Oficial do Paraná, 2007.

PUTZ, Francis E. **Ecologia das trepadeiras**. ECOLOGIA.INFO 24, 2011. Disponível em: < http://ecologia.info/trepadeiras.htm>

RISTER, Carla Abrantkoski. **Direito ao desenvolvimento**: antecedentes, significados e consequências. Rio de Janeiro: Renovar, 2007.

ROCHINSKI, Marcos. PSA – Para quem? Um debate sobre sustentabilidade na perspectiva da FETRAF. ***Caderno de Debates. Visões alternativas ao Pagamento por Serviços Ambientais:*** Carta de Belém/Fase. Rio de Janeiro: Fase – Solidariedade e Educação, 2014. p. 41-46.

RUFINO, Gilberto D'Ávila. Direito florestal da Amazônia: uma análise do regime florestal e suas implicações fundiárias. **Revista de Direito Ambiental**, São Paulo, n.16, p.56-78, 1999.

SACHS, Ignacy. **A terceira margem**: em busca do ecodesenvolvimento. São Paulo: Companhia das Letras, 2009.

SANTIAGO, Alex Fernandes. O direito à moradia e o direito ao meio ambiente ecologicamente equilibrado: ocupação de áreas protegidas: conflitos entre direitos fundamentais? **Revista de Direito Ambiental**, São Paulo, n.60, p.94-122, 2010.

SANTOS, Boaventura Souza; MENESES, Maria Paula G. de.; NUNES, João Arriscado. Introdução: para ampliar o cânone da ciência: a diversidade epistemológica do mundo. In: SANTOS, Boaventura de Souza (Org.). **Semear outras soluções**: os caminhos da biodiversidade e dos conhecimentos rivais. Rio de Janeiro: Civilização Brasileira, 2005. p.21-122.

SARLET, Ingo Wolfgang. In: SARLET, Ingo Wolfgang; MARINONI, Luiz Guilherme; MITIDIERO, Daniel. **Curso de Direito Constitucional**. São Paulo: Revista dos Tribunais, 2012. p.214.

SARLET, Ingo Wolfgang; FENSTERSEIFER, Tiago. Estado socioambiental e mínimo existencial (ecológico?): algumas aproximações. In: SARLET, Ingo Wolfgang (Org.). **Estado socioambiental e direitos fundamentais**. Porto Alegre: Livraria do Advogado, 2010. p.11-38.

SATO, Jorge. **Mata Atlântica**: direito ambiental e a legislação. São Paulo: Hemus, 1995.

SCAFF, Fernando Facury. Tributação e Políticas Públicas: o ICMS Ecológico. **Revista de Direito Ambiental**. n. 38. p. 99-120, 2005.

SEN, Amartya. **Desenvolvimento como liberdade**. São Paulo: Companhia das Letras, 2000.

SERRANO JUNIOR, Odoné. **Introdução à contemporânea teoria dos direitos fundamentais**. Curitiba: Juruá, 2010.

SILVA, Jean Carlos Ramos. Biodiversidade e Saúde. In: FRANKE, Carlos Roberto; ROCHA, Pedro Luis Bernardo da.; KLEIN, Wilfried; GOMES, Sérgio Luiz (Org.). **Mata Atlântica e biodiversidade**. Salvador: Edufba, 2005. p.191-222.

SILVA, José Afonso da. **Direito ambiental constitucional**. 4.ed. São Paulo: Malheiros, 2002.

SILVA, José Afonso da. **Curso de direito constitucional positivo**. 22.ed. São Paulo: Malheiros, 2003.

SILVA, José Afonso da. **Direito Urbanístico Brasileiro**. 2ª ed. São Paulo: Malheiros, 1995.

SILVA, Letífica Borges da; CARVALHO, Patrícia Luciane de. Desertificação e meio ambiente. In: FREITAS, Vladimir Passos de (Org.). **Direito ambiental em evolução**. Curitiba: Juruá, 2005. v.4. p.249-262.

SILVA, Luciana Menezes da; RAMOS, Cláudio de Aragão; PIGOZZO, Camila Magalhães. Empreendimentos imobiliários em remanescentes de Mata Atlântica na região da Paralela, Salvador – BA: uma abordagem socioambiental. **Candombá – Revista Virtual**, Salvador, v.4, n.1, p.36-45, 2008.

SILVA, Marcos Josegrei da. A proteção da paisagem como elemento do direito ambiental. In: FREITAS, Vladimir Passos de (Org.). **Direito ambiental em evolução** Curitiba: Juruá, 2005. v.4. p.249-262.

SILVA, Vicente Gomes. Mata Atlântica e a legislação de regência. **Revista de Direito Ambiental**, São Paulo, n.15, p.88-93, 1999.

SILVEIRA, Edson Damas da. Socioambientalismo amazônico e a propedêutica de uma ética ambiental emancipatória. In: CONGRESSO NACIONAL DO

CONPEDI, 15., 2006, Manaus; CONGRESSO NACIONAL DO CONPEDI, 15., 2006, Florianópolis. **Anais**... Florianópolis: Fundação Boiteux, 2006.

Souto, Luis Eduardo Couto de Oliveira. A perpetuidade da reserva legal em vista da expansão urbana dos municípios. In: CONGRESSO NACIONAL DO MINISTÉRIO PÚBLICO: O MINISTÉRIO PÚBLICO COMO FATOR DE REDUÇÃO DE CONFLITOS E CONSTRUÇÃO DA PAZ SOCIAL, 18., 2009, Porto Alegre. **Anais**... Porto Alegre: Magister, 2009. p.43-44.

Sznick, Valdir. **Direito penal ambiental**. São Paulo: Ícone, 2001.

Tonucci Filho, João B. M.; Ferrari Lima, J. M. . Curso Eletrônico à Distância (EAD) – Instrumentos do Estatuto da Cidade – Módulo VII – **Urbanização Compacta e Controle da Expansão Urbana**. 2012.

Trindade, Antonio Augusto Cançado. **Direitos humanos e meio ambiente**: paralelo dos sistemas de proteção internacional. Porto Alegre: Sergio Antonio Fabris, 1993.

Varjabedian, Roberto. Lei da Mata Atlântica: retrocesso ambiental. **Revista Estudos Avançados**, São Paulo, v.24, n.68, p.147-160, jan./abr. 2010.

Vaz, Paulo Afonso Brum. **O direito ambiental e os agrotóxicos**: responsabilidade civil, penal e administrativa. Porto Alegre: Livraria do Advogado, 2006.

Veiga, José Eli da. **Desenvolvimento sustentável**: o desafio do século XXI. Rio de Janeiro: Garamond, 2005.

Wainer, Ann Helen. Legislação ambiental brasileira: evolução histórica do direito ambiental. **Revista de Direito Ambiental**, São Paulo, n.0, p.158-169, 1995.

Waldman, Ricardo Libel; Veiga Elias, Luiz Augusto da. Os Princípios do Direito Ambiental e o Pagamento por Serviços Ambientais/Ecossistêmicos (PSA/PSE). **Revista de Direito Ambiental**, São Paulo, n. 69, p. 53-62, 2013.

Wojciechowski, Paola Bianchi. Meio ambiente, direito e agricultura: o papel do direito para o desenvolvimento de uma agricultura sustentável. In: Gaio, Alexandre; Althaus, Ingrid Giachini; Bernardo, Leandro Ferreira (Org.). **Direito ambiental em discussão**. São Paulo: Iglu, 2011. p.55-86.

GLOSSÁRIO

Alto montano: relativo aos ambientes situados em altitudes acima de 1.500 m[615]. **Antrópico:** relativo à ação humana[616].

Bioma: superfície de grande extensão coberta por determinada(s) vegetação(ões), em que predominam espécies dominantes, associada a uma fauna.

Brejo Interiorano: mancha de floresta que ocorre no nordeste do País, em elevações e platôs onde ventos úmidos condensam o excesso de vapor e criam um ambiente de maior umidade. É também chamado de brejo de altitude[617].

Campo de altitude: vegetação típica de ambientes montano e alto-montano, com estrutura arbustiva e/ou herbácea, que ocorre geralmente nos cumes litólicos das serras com altitudes elevadas, predominando em clima subtropical ou temperado. Caracteriza-se por uma ruptura na seqüência natural das espécies presentes nas formações fisionômicas circunvizinhas. As comunidades florísticas próprias dessa vegetação são caracterizadas por endemismos[618].

Comunidade edáfica: conjunto de populações vegetais dependentes de determinado tipo de solo[619].

Complexidade estrutural: grupo ou conjunto de espécies ocorrentes em uma floresta, cujos indivíduos interagem imprimindo características

---

[615] Definição atribuída pela Resolução CONAMA nº 12/94, que aprova o glossário de termos técnicos elaborado pela Câmara Técnica Temporária para assuntos da Mata Atlântica.
[616] Resolução CONAMA nº 12/94.
[617] Resolução CONAMA nº 10/93.
[618] Resolução CONAMA nº 10/93.
[619] Resolução CONAMA nº 12/94.

próprias a mesma, em virtude de distribuição e abundância de espécies, formação de estratos, diversidade biológica[620].

Corredor entre Remanescentes: faixa de cobertura vegetal existente entre remanescentes de vegetação, capaz de propiciar habitat ou servir de área de trânsito para a fauna residente nos remanescentes assim como para o fluxo gênico das espécies.

Decídua: diz-se da planta cujas folhas caem em certa época do ano[621].

Distribuição diamétrica: maneira como se apresentam os diâmetros dos troncos medidos a 1,30 m do solo (DAP)[622].

Diversidade biológica: variedade de indivíduos, comunidades, populações, espécies e ecossistemas existentes em uma determinada região[623].

Dominância de espécies: grau em que determinadas espécies dominam em uma comunidade, devido ao tamanho, abundância ou cobertura, e que afeta as potencialidades das demais espécies[624].

Dossel: parte formada pela copa das árvores que formam o estrato superior da floresta[625].

Ecossistema: a comunidade de organismos que interagem entre si e com o meio ambiente ao qual pertencem.

Ecótono: zona de contato ou transição entre duas formações vegetais com características distintas[626].

Encrave Florestal do Nordeste: floresta tropical baixa, xerófita, latifoliada e decídua, que ocorre em caatinga florestal, ou mata semi-úmida decídua, higrófila e mesófila com camada arbórea fechada, constituída devido à maior umidade do ar e à maior quantidade de chuvas nas encostas das montanhas. Constitui uma transição para o agreste. No ecótono com a caatinga são encontradas com mais freqüência palmeiras e algumas cactáceas arbóreas[627].

Endemismo: espécie nativa, restrita a uma determinada área geográfica[628].

Epífita: planta que cresce sobre a outra planta sem retirar alimento ou tecido vivo do hospedeiro[629].

---

[620] Resolução CONAMA nº 12/94.
[621] Resolução CONAMA nº 12/94.
[622] Resolução CONAMA nº 12/94.
[623] Resolução CONAMA nº 12/94.
[624] Resolução CONAMA nº 12/94.
[625] Resolução CONAMA nº 12/94.
[626] Resolução CONAMA nº 12/94.
[627] Resolução CONAMA nº 10/93.
[628] Resolução CONAMA nº 12/94.
[629] Resolução CONAMA nº 12/94.

Espécie emergente: aquela que se sobressai devido a sua copa ultrapassar o dossel da floresta, em busca de luminosidade[630].

Espécie indicadora: aquela cuja presença indica a existência de determinadas condições no ambiente em que ocorre[631].

Estrato: determinada camada de vegetação em uma comunidade vegetal. Ex.: estratos herbáceo, arbustivo e arbóreo[632].

Fauna: conjunto de animais característicos de determinada área, época ou meio ambiente específico.

Fisionomia: feições características no aspecto de uma comunidade vegetal[633].

Flora: o conjunto dos vegetais característicos de determinada área, época ou meio ambiente específico.

Floresta ombrófila: também denominada de floresta pluvial, já que se trata de ambiente que convive com um razoável índice de precipitação de chuvas distribuídas por todas as estações do ano.

Floresta ombrófila aberta: é a floresta típica de zonas de transição entre a Floresta Amazônica e as regiões extra-amazônicas, sendo caracterizada por um maior espaçamento das árvores que a integram.

Floresta ombrófila densa: é a floresta caracterizada por árvores com folhas largas e sempre verdes, visualmente mais fechada, e onde há maiores temperaturas e índice mais alto de precipitações pluviométricas em todas as estações do ano. É uma floresta típica de grande parte da Mata Atlântica e de parcela da Floresta Amazônica.

Floresta ombrófila mista: também denominada como Mata das Araucárias, em referência à espécie florestal *araucária angustifólia,* possui uma temperatura inferior, estações do ano mais bem definidas e períodos de seca inferior a sessenta dias.

Floresta estacional decidual: também chamada Floresta Estacional Caducidófila, ocorre em grandes altitudes e baixas temperaturas, sendo caracterizada por duas estações: uma seca (em um período mais longo) e outra chuvosa (em um período mais curto).

Floresta estacional semidecidual: característica de ambientes com mais de sessenta dias secos no ano. Cerca de 20% a 50% das suas espécies florestais perdem as folhas na estação seca.

---

[630] Resolução CONAMA nº 12/94.
[631] Resolução CONAMA nº 12/94.
[632] Resolução CONAMA nº 12/94.
[633] Resolução CONAMA nº 12/94.

Fragmentação da Mata Atlântica: é o processo de divisão e separação de áreas contínuas dotadas de vegetação do bioma Mata Atlântica, o que ocorre normalmente por meio do desmatamento. Quanto maior o processo de fragmentação da vegetação de Mata Atlântica, cada vez menores e mais isolados se tornam os seus remanescentes.

Manejo florestal: conjunto de técnicas empregadas para explorar ou cortar espécies florestais, especialmente as de maior porte, de modo a conservar ao máximo as espécies florestais menores ou ainda em crescimento, assim como, de um modo geral, a flora e fauna existentes no local.

Manguezal: vegetação com influência flúvio-marinha, típica de solos limosos de regiões estuarinas e dispersão descontínua ao longo da costa brasileira, entre os Estados do Amapá e Santa Catarina[634]. Dentre as suas principais funções, podem ser citadas: berço de procriação de espécies, rota migratória, enriquecimento das águas marinhas, produtividade biológica, fonte de alimentos.

Montano: relativo a ambientes que ocupam a faixa de altitude geralmente situada entre 500 m e 1.500 m[635].

Pteridófitas: plantas sem flores que se reproduzem por esporos. Ex.: samambaias, xaxins e avencas[636].

Restinga: vegetação que recebe influência marinha, presente ao longo do litoral brasileiro, também considerada comunidade edáfica, por depender mais da natureza do solo do que do clima. Ocorre em mosaico e encontra-se em praias, cordões arenosos, dunas e depressões, apresentando de acordo com o estágio sucessional, estrato herbáceo, arbustivo e arbóreo, este último mais interiorizado[637]. A vegetação de restinga compreende formações originalmente herbáceas, subarbustivas, arbustivas ou arbóreas, que podem ocorrer em mosaicos e também possuir áreas ainda naturalmente desprovidas de vegetação; tais formações podem ter-se mantido primárias ou passado a secundárias, como resultado de processos naturais ou de intervenções humanas. Em função da fragilidade dos ecossistemas de restinga, sua vegetação exerce papel fundamental para a estabilização dos sedimentos e a manutenção da drenagem natural, bem como para a preservação da fauna residente e migratória associada à restinga e que encontra neste ambiente disponi-

---

[634] Resolução CONAMA nº 10/93.
[635] Resolução CONAMA nº 12/94.
[636] Resolução CONAMA nº 12/94.
[637] Resolução CONAMA nº 10/1993.

bilidade de alimentos e locais seguros para nidificar e proteger-se dos predadores[638].

Serapilheira: camadas de folhas, galhos e matéria orgânica morta que cobre o solo das matas[639].

Subosque: estratos inferiores de uma floresta. Vegetação que cresce sob as árvores[640].

Vegetação nativa: é a vegetação composta por espécies que são originárias de uma determinada área geográfica. A vegetação nativa interage com o ambiente por milhares de anos e se submeteu a um processo de seleção natural que gerou espécies geneticamente resistentes e adaptadas ao local onde ocorrem.

Vegetação exótica: é a vegetação oriunda de outras regiões do planeta, e, ao contrário da vegetação nativa, não sofreu o processo de seleção natural no ambiente inserido e, assim, não pode ser considerada substituta para a vegetação nativa.

Vegetação primária de Mata Atlântica: vegetação de máxima expressão local, com grande diversidade biológica, sendo os efeitos das ações antrópicas (humanas) mínimos, a ponto de não afetar significativamente suas características originais de estrutura e de espécies[641].

Vegetação secundária (ou em regeneração) de Mata Atlântica: vegetação resultante dos processos naturais de sucessão, apos supressão total ou parcial da vegetação primária por ações antrópicas (humanas) ou causas naturais, podendo ocorrer árvores remanescentes da vegetação primária[642].

Vegetação secundária em estágio avançado de regeneração de Mata Atlântica: vegetação com elevado índice de diversidade biológica e complexidade estrutural, onde predominam as manifestações mais altas (altura média superior a doze metros e diâmetro médio superior a quatorze centímetros), com copas horizontalmente amplas e relativamente uniformes. Essa vegetação normalmente alcança esse estágio depois de quinze anos de regeneração natural da vegetação, podendo levar de 60 a 200 anos para alcançar novamente o estágio semelhante à floresta primária. Ressalta-se que o Conselho Nacional do Meio Ambiente (CONAMA) editou Resoluções contendo os critérios para a de-

---

[638] Resolução CONAMA nº 261/99 (Anexo).
[639] Resolução CONAMA nº 12/94.
[640] Resolução CONAMA nº 12/94.
[641] Resolução CONAMA nº 10/93.
[642] Resolução CONAMA nº 10/93.

finição dos estágios de regeneração da vegetação secundária de Mata Atlântica em cada Estado brasileiro abrangido sob o seu domínio.

Vegetação secundária em estágio médio de regeneração de Mata Atlântica: vegetação com índice de diversidade biológica e altura maior (altura média de doze metros e diâmetro médio de quinze centímetros) que aquela encontrada no estágio inicial de regeneração. As árvores e arbustos já predominam sobre as ervas e é possível visualizar camadas diferenciadas de vegetação e subosque (uma camada de arbustos que se forma abaixo da copa das árvores mais altas). Ressalta-se que o Conselho Nacional do Meio Ambiente (CONAMA) editou Resoluções contendo os critérios para a definição dos estágios de regeneração da vegetação secundária de Mata Atlântica em cada Estado brasileiro abrangido sob o seu domínio.

Vegetação secundária em estágio inicial de regeneração de Mata Atlântica: vegetação com índice mais baixo de diversidade biológica, que contém árvores menores (normalmente até quatro metros de altura e oito centímetros de diâmetro) e onde predominam ervas e arbustos. O estágio inicial, para alcançar o estágio médio de regeneração, pode demorar geralmente de cinco a dez anos. Ressalta-se que o Conselho Nacional do Meio Ambiente (CONAMA) editou Resoluções contendo os critérios para a definição dos estágios de regeneração da vegetação secundária de Mata Atlântica em cada Estado brasileiro abrangido sob o seu domínio.

Anexo A
Lei nº 11.428 de 22.12.2006 – DOU 26.12.2006 – RET 09.01.2007

Dispõe sobre a utilização e proteção da vegetação nativa do Bioma Mata Atlântica, e dá outras providências.

O PRESIDENTE DA REPÚBLICA

Faço saber que o Congresso Nacional decreta e eu sanciono a seguinte Lei:

TÍTULO I – Das definições, objetivos e princípios do regime jurídico do bioma mata atlântica

Art. 1º A conservação, a proteção, a regeneração e a utilização do Bioma Mata Atlântica, patrimônio nacional, observarão o que estabelece esta Lei, bem como a legislação ambiental vigente, em especial a Lei nº 4.771, de 15 de setembro de 1965.

CAPÍTULO I – Das definições

Art. 2º Para os efeitos desta Lei, consideram-se integrantes do Bioma Mata Atlântica as seguintes formações florestais nativas e ecossistemas associados, com as respectivas delimitações estabelecidas em mapa do Instituto Brasileiro de Geografia e Estatística – IBGE, conforme regulamento: Floresta Ombrófila Densa; Floresta Ombrófila Mista, também denominada de Mata de Araucárias; Floresta Ombrófila Aberta; Floresta Estacional Semidecidual; e Floresta Estacional Decidual, bem como os manguezais, as vegetações de restingas, campos de altitude, brejos interioranos e encraves florestais do Nordeste.

Parágrafo único. Somente os remanescentes de vegetação nativa no estágio primário e nos estágios secundário inicial, médio e avançado de regeneração na área de abrangência definida no caput deste artigo terão seu uso e conservação regulados por esta Lei.

Art. 3º Consideram-se para os efeitos desta Lei:

I – pequeno produtor rural: aquele que, residindo na zona rural, detenha a posse de gleba rural não superior a 50 (cinqüenta) hectares, explorando-a mediante o trabalho pessoal e de sua família, admitida a ajuda eventual de terceiros, bem como as posses coletivas de terra considerando-se a fração individual não superior a 50 (cinqüenta) hectares, cuja renda bruta seja proveniente de atividades ou usos agrícolas, pecuários ou silviculturais ou do extrativismo rural em 80% (oitenta por cento) no mínimo;

II – população tradicional: população vivendo em estreita relação com o ambiente natural, dependendo de seus recursos naturais para a sua reprodução sociocultural, por meio de atividades de baixo impacto ambiental;

III – pousio: prática que prevê a interrupção de atividades ou usos agrícolas, pecuários ou silviculturais do solo por até 10 (dez) anos para possibilitar a recuperação de sua fertilidade;

IV – prática preservacionista: atividade técnica e cientificamente fundamentada, imprescindível à proteção da integridade da vegetação nativa, tal como controle de fogo, erosão, espécies exóticas e invasoras;

V – exploração sustentável: exploração do ambiente de maneira a garantir a perenidade dos recursos ambientais renováveis e dos processos ecológicos, mantendo a biodiversidade e os demais atributos ecológicos, de forma socialmente justa e economicamente viável;

VI – enriquecimento ecológico: atividade técnica e cientificamente fundamentada que vise à recuperação da diversidade biológica em áreas de vegetação nativa, por meio da reintrodução de espécies nativas;

VII – utilidade pública:
a) atividades de segurança nacional e proteção sanitária;

b) as obras essenciais de infraestrutura de interesse nacional destinadas aos serviços públicos de transporte, saneamento e energia, declaradas pelo poder público federal ou dos Estados;

VIII – interesse social:

a) as atividades imprescindíveis à proteção da integridade da vegetação nativa, tais como: prevenção, combate e controle do fogo, controle da erosão, erradicação de invasoras e proteção de plantios com espécies nativas, conforme resolução do Conselho Nacional do Meio Ambiente – CONAMA;

b) as atividades de manejo agroflorestal sustentável praticadas na pequena propriedade ou posse rural familiar que não descaracterizem a cobertura vegetal e não prejudiquem a função ambiental da área;

c) demais obras, planos, atividades ou projetos definidos em resolução do Conselho Nacional do Meio Ambiente.

Art. 4º A definição de vegetação primária e de vegetação secundária nos estágios avançado, médio e inicial de regeneração do Bioma Mata Atlântica, nas hipóteses de vegetação nativa localizada, será de iniciativa do Conselho Nacional do Meio Ambiente.

§ 1º O Conselho Nacional do Meio Ambiente terá prazo de 180 (cento e oitenta) dias para estabelecer o que dispõe o caput deste artigo, sendo que qualquer intervenção na vegetação primária ou secundária nos estágios avançado e médio de regeneração somente poderá ocorrer após atendido o disposto neste artigo.

§ 2º Na definição referida no caput deste artigo, serão observados os seguintes parâmetros básicos:

I – fisionomia;
II – estratos predominantes;
III – distribuição diamétrica e altura;
IV – existência, diversidade e quantidade de epífitas;
V – existência, diversidade e quantidade de trepadeiras;
VI – presença, ausência e características da serapilheira;
VII – sub-bosque;
VIII – diversidade e dominância de espécies;
IX – espécies vegetais indicadoras.

Art. 5º A vegetação primária ou a vegetação secundária em qualquer estágio de regeneração do Bioma Mata Atlântica não perderão esta classificação nos casos de incêndio, desmatamento ou qualquer outro tipo de intervenção não autorizada ou não licenciada.

CAPÍTULO II – Dos objetivos e princípios do regime jurídico do bioma mata atlântica

Art. 6º A proteção e a utilização do Bioma Mata Atlântica têm por objetivo geral o desenvolvimento sustentável e, por objetivos específicos, a salvaguarda da biodiversidade, da saúde humana, dos valores paisagísticos, estéticos e turísticos, do regime hídrico e da estabilidade social.

Parágrafo único. Na proteção e na utilização do Bioma Mata Atlântica, serão observados os princípios da função socioambiental da propriedade, da eqüidade intergeracional, da prevenção, da precaução, do usuário-pagador, da transparência das informações e atos, da gestão democrática, da celeridade procedimental, da gratuidade dos serviços administrativos prestados ao pequeno produtor rural e às populações tradicionais e do respeito ao direito de propriedade.

Art. 7º A proteção e a utilização do Bioma Mata Atlântica far-se-ão dentro de condições que assegurem:

I – a manutenção e a recuperação da biodiversidade, vegetação, fauna e regime hídrico do Bioma Mata Atlântica para as presentes e futuras gerações;

II – o estímulo à pesquisa, à difusão de tecnologias de manejo sustentável da vegetação e à formação de uma consciência pública sobre a necessidade de recuperação e manutenção dos ecossistemas;

III – o fomento de atividades públicas e privadas compatíveis com a manutenção do equilíbrio ecológico;

IV – o disciplinamento da ocupação rural e urbana, de forma a harmonizar o crescimento econômico com a manutenção do equilíbrio ecológico.

TÍTULO II – Do regime jurídico geral do bioma mata atlântica

Art. 8º O corte, a supressão e a exploração da vegetação do Bioma Mata Atlântica far-se-ão de maneira diferenciada, conforme se trate de vegetação primária ou secundária, nesta última levando-se em conta o estágio de regeneração.

ANEXO A

Art. 9º A exploração eventual, sem propósito comercial direto ou indireto, de espécies da flora nativa, para consumo nas propriedades ou posses das populações tradicionais ou de pequenos produtores rurais, independe de autorização dos órgãos competentes, conforme regulamento.

Parágrafo único. Os órgãos competentes, sem prejuízo do disposto no caput deste artigo, deverão assistir as populações tradicionais e os pequenos produtores no manejo e exploração sustentáveis das espécies da flora nativa.

Art. 10. O poder público fomentará o enriquecimento ecológico da vegetação do Bioma Mata Atlântica, bem como o plantio e o reflorestamento com espécies nativas, em especial as iniciativas voluntárias de proprietários rurais.

§ 1º Nos casos em que o enriquecimento ecológico exigir a supressão de espécies nativas que gerem produtos ou subprodutos comercializáveis, será exigida a autorização do órgão estadual ou federal competente, mediante procedimento simplificado.

§ 2º Visando a controlar o efeito de borda nas áreas de entorno de fragmentos de vegetação nativa, o poder público fomentará o plantio de espécies florestais, nativas ou exóticas.

Art. 11. O corte e a supressão de vegetação primária ou nos estágios avançado e médio de regeneração do Bioma Mata Atlântica ficam vedados quando:

I – a vegetação:

a) abrigar espécies da flora e da fauna silvestres ameaçadas de extinção, em território nacional ou em âmbito estadual, assim declaradas pela União ou pelos Estados, e a intervenção ou o parcelamento puserem em risco a sobrevivência dessas espécies;

b) exercer a função de proteção de mananciais ou de prevenção e controle de erosão;

c) formar corredores entre remanescentes de vegetação primária ou secundária em estágio avançado de regeneração;

d) proteger o entorno das unidades de conservação; ou

e) possuir excepcional valor paisagístico, reconhecido pelos órgãos executivos competentes do Sistema Nacional do Meio Ambiente – SISNAMA;

II – o proprietário ou posseiro não cumprir os dispositivos da legislação ambiental, em especial as exigências da Lei nº 4.771, de 15 de setembro de 1965, no que respeita às Áreas de Preservação Permanente e à Reserva Legal.

Parágrafo único. Verificada a ocorrência do previsto na alínea a do inciso I deste artigo, os órgãos competentes do Poder Executivo adotarão as medidas necessárias para proteger as espécies da flora e da fauna silvestres ameaçadas de extinção caso existam fatores que o exijam, ou fomentarão e apoiarão as ações e os proprietários de áreas que estejam mantendo ou sustentando a sobrevivência dessas espécies.

Art. 12. Os novos empreendimentos que impliquem o corte ou a supressão de vegetação do Bioma Mata Atlântica deverão ser implantados preferencialmente em áreas já substancialmente alteradas ou degradadas.

Art. 13. Os órgãos competentes do Poder Executivo adotarão normas e procedimentos especiais para assegurar ao pequeno produtor e às populações tradicionais, nos pedidos de autorização de que trata esta Lei:

I – acesso fácil à autoridade administrativa, em local próximo ao seu lugar de moradia;

II – procedimentos gratuitos, céleres e simplificados, compatíveis com o seu nível de instrução;

III – análise e julgamento prioritários dos pedidos.

Art. 14. A supressão de vegetação primária e secundária no estágio avançado de regeneração somente poderá ser autorizada em caso de utilidade pública, sendo que a vegetação secundária em estágio médio de regeneração poderá ser suprimida nos casos de utilidade pública e interesse social, em todos os casos devidamente caracterizados e motivados em procedimento administrativo próprio, quando inexistir alternativa técnica e locacional ao empreendimento proposto, ressalvado o disposto no inciso I do art. 30 e nos §§ 1º e 2º do art. 31 desta Lei.

§ 1º A supressão de que trata o caput deste artigo dependerá de autorização do órgão ambiental estadual competente, com anuência prévia, quando couber, do órgão federal ou municipal de meio ambiente, ressalvado o disposto no § 2º deste artigo.

§ 2º A supressão de vegetação no estágio médio de regeneração situada em área urbana dependerá de autorização do órgão ambiental municipal competente, desde que o município possua conselho de meio ambiente, com caráter deliberativo e plano diretor, mediante anuência prévia do órgão ambiental estadual competente fundamentada em parecer técnico.

§ 3º Na proposta de declaração de utilidade pública disposta na alínea "b" do inciso VII do art. 3º desta Lei, caberá ao proponente indicar de forma detalhada a alta relevância e o interesse nacional.

Art. 15. Na hipótese de obra ou atividade potencialmente causadora de significativa degradação do meio ambiente, o órgão competente exigirá a elaboração de Estudo Prévio de Impacto Ambiental, ao qual se dará publicidade, assegurada a participação pública.

Art. 16. Na regulamentação desta Lei, deverão ser adotadas normas e procedimentos especiais, simplificados e céleres, para os casos de reutilização das áreas agrícolas submetidas ao pousio.

Art. 17. O corte ou a supressão de vegetação primária ou secundária nos estágios médio ou avançado de regeneração do Bioma Mata Atlântica, autorizados por esta Lei, ficam condicionados à compensação ambiental, na forma da destinação de área equivalente à extensão da área desmatada, com as mesmas características ecológicas, na mesma bacia hidrográfica, sempre que possível na mesma microbacia hidrográfica, e, nos casos previstos nos arts. 30 e 31, ambos desta Lei, em áreas localizadas no mesmo Município ou região metropolitana.

§ 1º Verificada pelo órgão ambiental a impossibilidade da compensação ambiental prevista no caput deste artigo, será exigida a reposição florestal, com espécies nativas, em área equivalente à desmatada, na mesma bacia hidrográfica, sempre que possível na mesma microbacia hidrográfica.

§ 2º A compensação ambiental a que se refere este artigo não se aplica aos casos previstos no inciso III do art. 23 desta Lei ou de corte ou supressão ilegais.

Art. 18. No Bioma Mata Atlântica, é livre a coleta de subprodutos florestais tais como frutos, folhas ou sementes, bem como as atividades de uso indireto, desde que não coloquem em risco as espécies da fauna e flora, observando-se as limitações legais específicas e em particular as relativas ao acesso ao patrimônio genético, à proteção e ao acesso ao conhecimento tradicional associado e de biossegurança.

Art. 19. O corte eventual de vegetação primária ou secundária nos estágios médio e avançado de regeneração do Bioma Mata Atlântica, para fins de práticas preservacionistas e de pesquisa científica, será devidamente regulamentado pelo Conselho Nacional do Meio Ambiente e autorizado pelo órgão competente do Sisnama.

TÍTULO III – Do regime jurídico especial do bioma mata atlântica

CAPÍTULO I – Da proteção da vegetação primária

Art. 20. O corte e a supressão da vegetação primária do Bioma Mata Atlântica somente serão autorizados em caráter excepcional, quando necessários à realização de obras, projetos ou atividades de utilidade pública, pesquisas científicas e práticas preservacionistas.

Parágrafo único. O corte e a supressão de vegetação, no caso de utilidade pública, obedecerão ao disposto no art. 14 desta Lei, além da realização de Estudo Prévio de Impacto Ambiental/Relatório de Impacto Ambiental – EIA/RIMA.

CAPÍTULO II – Da proteção da vegetação secundária em estágio avançado de regeneração

Art. 21. O corte, a supressão e a exploração da vegetação secundária em estágio avançado de regeneração do Bioma Mata Atlântica somente serão autorizados:

I – em caráter excepcional, quando necessários à execução de obras, atividades ou projetos de utilidade pública, pesquisa científica e práticas preservacionistas;

II – (VETADO)

III – nos casos previstos no inciso I do art. 30 desta Lei.

Art. 22. O corte e a supressão previstos no inciso I do art. 21 desta Lei no caso de utilidade pública serão realizados na forma do art. 14 desta Lei, além da realização de Estudo Prévio de Impacto Ambiental, bem como na forma do art. 19 desta Lei para os casos de práticas preservacionistas e pesquisas científicas.

CAPÍTULO III – Da proteção da vegetação secundária em estágio médio de regeneração

Art. 23. O corte, a supressão e a exploração da vegetação secundária em estágio médio de regeneração do Bioma Mata Atlântica somente serão autorizados:

I – em caráter excepcional, quando necessários à execução de obras, atividades ou projetos de utilidade pública ou de interesse social, pesquisa científica e práticas preservacionistas;

II – (VETADO)

III – quando necessários ao pequeno produtor rural e populações tradicionais para o exercício de atividades ou usos agrícolas, pecuários ou silviculturais imprescindíveis à sua subsistência e de sua família, ressalvadas as áreas de preservação permanente e, quando for o caso, após averbação da reserva legal, nos termos da Lei nº 4.771, de 15 de setembro de 1965;

IV – nos casos previstos nos §§ 1º e 2º do art. 31 desta Lei.

Art. 24. O corte e a supressão da vegetação em estágio médio de regeneração, de que trata o inciso I do art. 23 desta Lei, nos casos de utilidade pública ou interesse social, obedecerão ao disposto no art. 14 desta Lei.

Parágrafo único. Na hipótese do inciso III do art. 23 desta Lei, a autorização é de competência do órgão estadual competente, informando-se ao Ibama, na forma da regulamentação desta Lei.

CAPÍTULO IV – Da proteção da vegetação secundária em estágio inicial de regeneração

Art. 25. O corte, a supressão e a exploração da vegetação secundária em estágio inicial de regeneração do Bioma Mata Atlântica serão autorizados pelo órgão estadual competente.

Parágrafo único. O corte, a supressão e a exploração de que trata este artigo, nos Estados em que a vegetação primária e secundária remanescente do Bioma Mata Atlântica for inferior a 5% (cinco por cento) da área original, submeter-se-ão ao regime jurídico aplicável à vegetação secundária em estágio médio de regeneração, ressalvadas as áreas urbanas e regiões metropolitanas.

Art. 26. Será admitida a prática agrícola do pousio nos Estados da Federação onde tal procedimento é utilizado tradicionalmente.

CAPÍTULO V – Da exploração seletiva de vegetação secundária em estágios avançado, médio e inicial de regeneração

Art. 27. (VETADO)

Art. 28. O corte, a supressão e o manejo de espécies arbóreas pioneiras nativas em fragmentos florestais em estágio médio de regeneração, em que sua presença for superior a 60% (sessenta por cento) em relação às demais espécies, poderão ser autorizados pelo órgão estadual competente, observado o disposto na Lei nº 4.771, de 15 de setembro de 1965.

Art. 29. (VETADO)

CAPÍTULO VI – Da proteção do bioma mata atlântica nas áreas urbanas e regiões metropolitanas

Art. 30. É vedada a supressão de vegetação primária do Bioma Mata Atlântica, para fins de loteamento ou edificação, nas regiões metropolitanas e áreas urbanas consideradas como tal em lei específica, aplicando-se à supressão da vegetação secundária em estágio avançado de regeneração as seguintes restrições:

I – nos perímetros urbanos aprovados até a data de início de vigência desta Lei, a supressão de vegetação secundária em estágio avançado de regeneração dependerá de prévia autorização do órgão estadual competente e somente será admitida, para fins de loteamento ou edificação, no caso de empreendimentos que garantam a preservação de vegetação nativa em estágio avançado de regeneração em no mínimo 50% (cinqüenta por cento) da área total coberta por esta vegetação, ressalvado o disposto nos arts. 11, 12 e 17 desta Lei e atendido o disposto no Plano Diretor do Município e demais normas urbanísticas e ambientais aplicáveis;

II – nos perímetros urbanos aprovados após a data de início de vigência desta Lei, é vedada a supressão de vegetação secundária em estágio avançado de regeneração do Bioma Mata Atlântica para fins de loteamento ou edificação.

Art. 31. Nas regiões metropolitanas e áreas urbanas, assim consideradas em lei, o parcelamento do solo para fins de loteamento ou qualquer edificação em área de vegetação secundária, em estágio médio de regeneração, do Bioma Mata Atlântica, devem obedecer ao disposto no Plano Diretor do Município e demais normas aplicáveis, e dependerão de prévia autorização do órgão estadual competente, ressalvado o disposto nos arts. 11, 12 e 17 desta Lei.

§ 1º Nos perímetros urbanos aprovados até a data de início de vigência desta Lei, a supressão de vegetação secundária em estágio médio de regeneração somente será admitida, para fins de loteamento ou edificação, no caso de empreendimentos que garantam a preservação de vegetação nativa em estágio médio de regeneração em no mínimo 30% (trinta por cento) da área total coberta por esta vegetação.

§ 2º Nos perímetros urbanos delimitados após a data de início de vigência desta Lei, a supressão de vegetação secundária em estágio médio de regeneração fica condicionada à manutenção de vegetação em estágio médio de regeneração em no mínimo 50% (cinqüenta por cento) da área total coberta por esta vegetação.

CAPÍTULO VII – Das atividades minerárias em áreas de vegetação secundária em estágio avançado e médio de regeneração

Art. 32. A supressão de vegetação secundária em estágio avançado e médio de regeneração para fins de atividades minerárias somente será admitida mediante:

I – licenciamento ambiental, condicionado à apresentação de Estudo Prévio de Impacto Ambiental/Relatório de Impacto Ambiental – EIA/RIMA, pelo empreendedor, e desde que demonstrada a inexistência de alternativa técnica e locacional ao empreendimento proposto;

II – adoção de medida compensatória que inclua a recuperação de área equivalente à área do empreendimento, com as mesmas características ecológicas, na mesma bacia hidrográfica e sempre que possível na mesma microbacia hidrográfica, independentemente do disposto no art. 36 da Lei nº 9.985, de 18 de julho de 2000.

TÍTULO IV – Dos incentivos econômicos

Art. 33. O poder público, sem prejuízo das obrigações dos proprietários e posseiros estabelecidas na legislação ambiental, estimulará, com incentivos econômicos, a proteção e o uso sustentável do Bioma Mata Atlântica.

§ 1º Na regulamentação dos incentivos econômicos ambientais, serão observadas as seguintes características da área beneficiada:
I – a importância e representatividade ambientais do ecossistema e da gleba;
II – a existência de espécies da fauna e flora ameaçadas de extinção;
III – a relevância dos recursos hídricos;
IV – o valor paisagístico, estético e turístico;
V – o respeito às obrigações impostas pela legislação ambiental;
VI – a capacidade de uso real e sua produtividade atual.

§ 2º Os incentivos de que trata este Título não excluem ou restringem outros benefícios, abatimentos e deduções em vigor, em especial as doações a entidades de utilidade pública efetuadas por pessoas físicas ou jurídicas.

Art. 34. As infrações dos dispositivos que regem os benefícios econômicos ambientais, sem prejuízo das sanções penais e administrativas cabíveis, sujeitarão os responsáveis a multa civil de 3 (três) vezes o valor atualizado recebido, ou do imposto devido em relação a cada exercício financeiro, além das penalidades e demais acréscimos previstos na legislação fiscal.

§ 1º Para os efeitos deste artigo, considera-se solidariamente responsável por inadimplência ou irregularidade a pessoa física ou jurídica doadora ou propositora de projeto ou proposta de benefício.

§ 2º A existência de pendências ou irregularidades na execução de projetos de proponentes no órgão competente do Sisnama suspenderá a análise ou concessão de novos incentivos, até a efetiva regularização.

Art. 35. A conservação, em imóvel rural ou urbano, da vegetação primária ou da vegetação secundária em qualquer estágio de regeneração do Bioma Mata Atlântica cumpre função social e é de interesse público, podendo, a critério do proprietário, as áreas sujeitas à restrição de que trata esta Lei ser computadas para efeito da Reserva Legal e seu excedente utilizado para fins de compensação ambiental ou instituição de Cota de Reserva Ambiental – CRA.

Caput com redação dada pela Lei nº 12.651, de 25.05.2012, DOU de 28.05.2012, em vigor na data de sua publicação.

O caput alterado dispunha o seguinte:

"Art. 35. A conservação, em imóvel rural ou urbano, da vegetação primária ou da vegetação secundária em qualquer estágio de regeneração do Bioma Mata Atlântica cumpre função social e é de interesse público, podendo, a critério do proprietário, as áreas sujeitas à restrição de que trata esta Lei ser computadas para efeito da Reserva Legal e seu excedente utilizado para fins de compensação ambiental ou instituição de cota de que trata a Lei nº 4.771, de 15 de setembro de 1965."

Parágrafo único. Ressalvadas as hipóteses previstas em lei, as áreas de preservação permanente não integrarão a reserva legal.

CAPÍTULO I – Do fundo de restauração do bioma mata atlântica

Art. 36. Fica instituído o Fundo de Restauração do Bioma Mata Atlântica destinado ao financiamento de projetos de restauração ambiental e de pesquisa científica.

§ 1º (VETADO)
§ 2º (VETADO)
§ 3º (VETADO)

Art. 37. Constituirão recursos do Fundo de que trata o art. 36 desta Lei:

I – dotações orçamentárias da União;

II – recursos resultantes de doações, contribuições em dinheiro, valores, bens móveis e imóveis, que venha a receber de pessoas físicas e jurídicas, nacionais ou internacionais;

III – rendimentos de qualquer natureza, que venha a auferir como remuneração decorrente de aplicações do seu patrimônio;

IV – outros, destinados em lei.

Art. 38. Serão beneficiados com recursos do Fundo de Restauração do Bioma Mata Atlântica os projetos que envolvam conservação de remanescentes de vegetação nativa, pesquisa científica ou áreas a serem restauradas, implementados em Municípios que possuam plano municipal de conservação e recuperação da Mata Atlântica, devidamente aprovado pelo Conselho Municipal de Meio Ambiente.

§ 1º Terão prioridade de apoio os projetos destinados à conservação e recuperação das áreas de preservação permanente, reservas legais, reservas particulares do patrimônio natural e áreas do entorno de unidades de conservação.

§ 2º Os projetos poderão beneficiar áreas públicas e privadas e serão executados por órgãos públicos, instituições acadêmicas públicas e organizações da sociedade civil de interesse público que atuem na conservação, restauração ou pesquisa científica no Bioma Mata Atlântica.

CAPÍTULO II – Da servidão ambiental

Art. 39. (VETADO)

Art. 40. (VETADO)

CAPÍTULO III – Dos incentivos creditícios

Art. 41. O proprietário ou posseiro que tenha vegetação primária ou secundária em estágios avançado e médio de regeneração do Bioma Mata Atlântica receberá das instituições financeiras benefícios creditícios, entre os quais:

I – prioridade na concessão de crédito agrícola, para os pequenos produtores rurais e populações tradicionais;

II – (VETADO)

III – (VETADO)

Parágrafo único. Os critérios, condições e mecanismos de controle dos benefícios referidos neste artigo serão definidos, anualmente, sob pena de responsabilidade, pelo órgão competente do Poder Executivo, após anuência do órgão competente do Ministério da Fazenda.

TÍTULO V – Das penalidades

Art. 42. A ação ou omissão das pessoas físicas ou jurídicas que importem inobservância aos preceitos desta Lei e a seus regulamentos ou resultem em dano à flora, à fauna e aos demais atributos naturais sujeitam os infratores às sanções previstas em lei, em especial as dispostas na Lei nº 9.605, de 12 de fevereiro de 1998, e seus decretos regulamentadores.

Art. 43. A Lei nº 9.605, de 12 de fevereiro de 1998, passa a vigorar acrescida do seguinte art. 38-A:
"Art. 38-A. Destruir ou danificar vegetação primária ou secundária, em estágio avançado ou médio de regeneração, do Bioma Mata Atlântica, ou utilizá-la com infringência das normas de proteção:
Pena – detenção, de 1 (um) a 3 (três) anos, ou multa, ou ambas as penas cumulativamente.
Parágrafo único. Se o crime for culposo, a pena será reduzida à metade."
Alteração já realizada no texto legal.

Art. 44. (VETADO)

TÍTULO VI – Disposições finais

Art. 45. (VETADO)

Art. 46. Os órgãos competentes adotarão as providências necessárias para o rigoroso e fiel cumprimento desta Lei, e estimularão estudos técnicos e científicos visando à conservação e ao manejo racional do Bioma Mata Atlântica e de sua biodiversidade.

Art. 47. Para os efeitos do inciso I do caput do art. 3º desta Lei, somente serão consideradas as propriedades rurais com área de até 50 (cinqüenta) hectares, registradas em cartório até a data de início de vigência desta Lei, ressalvados os casos de fracionamento por transmissão causa mortis.

Art. 48. O art. 10 da Lei nº 9.393, de 19 de dezembro de 1996, passa a vigorar com a seguinte redação:

"Art. 10. ....
§ 1º ....
....
II – ....
d) sob regime de servidão florestal ou ambiental;
e) cobertas por florestas nativas, primárias ou secundárias em estágio médio ou avançado de regeneração;

....
IV – ....
....
b) de que tratam as alíneas do inciso II deste parágrafo;
...." (NR)
Alteração já realizada no texto legal.

Art. 49. O § 6º do art. 44 da Lei nº 4.771, de 15 de setembro de 1965, alterada pela Medida Provisória nº 2.166-7, de 24 de agosto de 2001, passa a vigorar com a seguinte redação:
"Art. 44. ....
....
§ 6º O proprietário rural poderá ser desonerado das obrigações previstas neste artigo, mediante a doação ao órgão ambiental competente de área localizada no interior de unidade de conservação de domínio público, pendente de regularização fundiária, respeitados os critérios previstos no inciso III do caput deste artigo." (NR)
Alteração já realizada no texto legal.

Art. 50. (VETADO)

Art. 51. Esta Lei entra em vigor na data de sua publicação.
Brasília, 22 de dezembro de 2006; 185º da Independência e 118º da República.

LUIZ INÁCIO LULA DA SILVA
MÁRCIO THOMAZ BASTOS
GUIDO MANTEGA
MARINA SILVA
ÁLVARO AUGUSTO RIBEIRO COSTA

Anexo B
Decreto nº 6.660 de 21.11.2008 – DOU 24.11.2008

Regulamenta dispositivos da Lei nº 11.428, de 22 de dezembro de 2006, que dispõe sobre a utilização e proteção da vegetação nativa do Bioma Mata Atlântica.

O PRESIDENTE DA REPÚBLICA, no uso da atribuição que lhe confere o art. 84, inciso IV, da Constituição, e tendo em vista o disposto na Lei nº 11.428, de 22 de dezembro de 2006,

DECRETA:

CAPÍTULO I – Das disposições gerais

Art. 1º O mapa do Instituto Brasileiro de Geografia e Estatística – IBGE, previsto no art. 2º da Lei nº 11.428, de 22 de dezembro de 2006, contempla a configuração original das seguintes formações florestais nativas e ecossistemas associados: Floresta Ombrófila Densa; Floresta Ombrófila Mista, também denominada de Mata de Araucárias; Floresta Ombrófila Aberta; Floresta Estacional Semidecidual; Floresta Estacional Decidual; campos de altitude; áreas das formações pioneiras, conhecidas como manguezais, restingas, campos salinos e áreas aluviais; refúgios vegetacionais; áreas de tensão ecológica; brejos interioranos e encraves florestais, representados por disjunções de Floresta Ombrófila Densa, Floresta Ombrófila Aberta, Floresta Estacional Semidecidual e Floresta Estacional Decidual; áreas de estepe, savana e savana-estépica; e vegetação nativa das ilhas costeiras e oceânicas.

§ 1º Somente os remanescentes de vegetação nativa primária e vegetação nativa secundária nos estágios inicial, médio e avançado de regeneração na área de abrangência do mapa definida no caput terão seu uso e conservação regulados por este Decreto, não interferindo em áreas já ocupadas com agricultura, cidades, pastagens e florestas plantadas ou outras áreas desprovidas de vegetação nativa.

§ 2º Aplica-se a todos os tipos de vegetação nativa delimitados no mapa referido no caput o regime jurídico de conservação, proteção, regeneração e utilização estabelecido na Lei nº 11.428, de 2006, e neste Decreto, bem como a legislação ambiental vigente, em especial a Lei nº 4.771, de 15 de setembro de 1965.

§ 3º O mapa do IBGE referido no caput e no art. 2º da Lei nº 11.428, de 2006, denominado Mapa da Área de Aplicação da Lei nº 11.428, de 2006, será disponibilizado nos sítios eletrônicos do Ministério do Meio Ambiente e do IBGE e de forma impressa.

CAPÍTULO II – Da exploração eventual, sem propósito comercial direto ou indireto, de espécies da flora nativa

Art. 2º A exploração eventual, sem propósito comercial direto ou indireto, de espécies da flora nativa provenientes de formações naturais, para consumo nas propriedades rurais, posses das populações tradicionais ou de pequenos produtores rurais, de que trata o art. 9º da Lei nº 11.428, de 2006, independe de autorização dos órgãos competentes.

§ 1º Considera-se exploração eventual sem propósito comercial direto ou indireto:

I – quando se tratar de lenha para uso doméstico:

a) a retirada não superior a quinze metros cúbicos por ano por propriedade ou posse; e

b) a exploração preferencial de espécies pioneiras definidas de acordo com o § 2º do art. 35;

II – quando se tratar de madeira para construção de benfeitorias e utensílios na posse ou propriedade rural:

a) a retirada não superior a vinte metros cúbicos por propriedade ou posse, a cada período de três anos; e

b) a manutenção de exemplares da flora nativa, vivos ou mortos, que tenham função relevante na alimentação, reprodução e abrigo da fauna silvestre.

§ 2º Para os efeitos do que dispõe o art. 8º da Lei 11.428, de 2006, a exploração prevista no caput fica limitada às áreas de vegetação secundária nos estágios inicial, médio e avançado de regeneração e à exploração ou corte de árvores nativas isoladas provenientes de formações naturais.

§ 3º Os limites para a exploração prevista no caput, no caso de posse coletiva de populações tradicionais ou de pequenos produtores rurais, serão adotados por unidade familiar.

§ 4º A exploração de matéria-prima florestal nativa para uso no processamento de produtos ou subprodutos destinados à comercialização, tais como lenha para secagem ou processamento de folhas, frutos e sementes, assim como a exploração de matéria-prima florestal nativa para fabricação de artefatos de madeira para comercialização, entre outros, dependerá de autorização do órgão ambiental competente, observado o disposto neste Decreto.

§ 5º Para os fins do disposto neste artigo, é vedada a exploração de espécies incluídas na Lista Oficial de Espécies da Flora Brasileira Ameaçadas de Extinção ou constantes de listas dos Estados, bem como aquelas constantes de listas de proibição de corte objeto de proteção por atos normativos dos entes federativos.

Art. 3º O transporte de produtos e subprodutos florestais provenientes da exploração prevista no inciso II do § 1º do art. 2º além dos limites da posse ou propriedade rural, para fins de beneficiamento, deverá ser acompanhado da respectiva autorização para o transporte de produtos e subprodutos florestais de origem nativa emitida pelo órgão ambiental competente.

§ 1º O requerimento da autorização para o transporte de produtos e subprodutos florestais de que trata o caput deverá ser instruído com, no mínimo, as seguintes informações:

I – dados de volume individual e total por espécie, previamente identificadas e numeradas;

II – justificativa de utilização e descrição dos subprodutos a serem gerados;

III – indicação do responsável pelo beneficiamento dos produtos; e

IV – indicação do responsável pelo transporte dos produtos e subprodutos gerados, bem como do trajeto de ida e volta a ser percorrido.

§ 2º O órgão ambiental competente poderá autorizar o transporte de produtos e subprodutos florestais de que trata o caput por meio de aposição de anuência no próprio requerimento, mantendo uma via arquivada no órgão, para fins de registro e controle.

CAPÍTULO III – Do enriquecimento ecológico da vegetação secundária da mata atlântica

Art. 4º O enriquecimento ecológico da vegetação secundária da Mata Atlântica, promovido por meio do plantio ou da semeadura de espécies nativas, independe de autorização do órgão ambiental competente, quando realizado:

I – em remanescentes de vegetação nativa secundária nos estágios inicial, médio e avançado de regeneração, sem necessidade de qualquer corte ou supressão de espécies nativas existentes;

II – com supressão de espécies nativas que não gere produtos ou subprodutos comercializáveis, direta ou indiretamente.

§ 1º Para os efeitos do inciso II, considera-se supressão de espécies nativas que não gera produtos ou subprodutos comercializáveis, direta ou indiretamente, aquela realizada em remanescentes florestais nos estágios inicial e médio de regeneração, em áreas de até dois hectares por ano, que envolva o corte e o manejo seletivo de espécies nativas, observados os limites e as condições estabelecidos no art. 2º.

§ 2º O enriquecimento ecológico realizado em unidades de conservação observará o disposto neste Decreto e no Plano de Manejo da Unidade.

Art. 5º Nos casos em que o enriquecimento ecológico exigir o corte ou a supressão de espécies nativas que gerem produtos ou subprodutos comercializáveis, o órgão ambiental competente poderá autorizar o corte ou supressão de espécies não arbóreas e o corte de espécies florestais pioneiras definidas de acordo com § 2º do art. 35.

§ 1º O corte ou a supressão de que trata o caput somente serão autorizados até o percentual máximo de quarenta por cento dos indivíduos de cada espécie pioneira existente na área sob enriquecimento.

§ 2º Nas práticas silviculturais necessárias à realização do enriquecimento ecológico, deverão ser adotadas medidas para a minimização dos impactos sobre os indivíduos jovens das espécies arbóreas secundárias e climácicas.

Art. 6º Para os efeitos deste Decreto, não constitui enriquecimento ecológico a atividade que importe a supressão ou corte de:
I – espécies nativas que integram a Lista Oficial de Espécies da Flora Brasileira Ameaçadas de Extinção ou constantes de listas dos Estados;
II – espécies heliófilas que, mesmo apresentando comportamento pioneiro, caracterizam formações climácicas;
III – vegetação primária; e
IV – espécies florestais arbóreas em vegetação secundária no estágio avançado de regeneração, ressalvado o disposto no § 2º do art. 2º.

Art. 7º Para requerer a autorização de que trata o art. 5º, o interessado deverá apresentar, no mínimo, as seguintes informações:
I – dados do proprietário ou possuidor;
II – dados da propriedade ou posse, incluindo cópia da matrícula ou certidão atualizada do imóvel no Registro Geral do Cartório de Registro de Imóveis, ou comprovante de posse;
III – outorga para utilização do imóvel emitida pela Secretaria do Patrimônio da União, em se tratando de terrenos de marinha e acrescidos de marinha, bem como nos demais bens de domínio da União, na forma estabelecida no Decreto-Lei nº 9.760, de 5 de setembro de 1946;
IV – inventário fitossociológico da área a ser enriquecida ecologicamente, com vistas a determinar o estágio de regeneração da vegetação e a indicação da fitofisionomia original, elaborado com metodologia e suficiência amostral adequadas, observados os parâmetros estabelecidos no art. 4º, § 2º, da Lei nº 11.428, de 2006, e as definições constantes das resoluções do Conselho Nacional do Meio Ambiente – CONAMA de que trata o caput do referido artigo;
V – nome científico e popular das espécies arbóreas pioneiras a serem cortadas e estimativa de volume de produtos e subprodutos florestais a serem obtidos;
VI – comprovação da averbação da reserva legal ou comprovante de compensação nos termos da Lei nº 4.771, de 1965;
VII – localização com a indicação das coordenadas geográficas dos vértices do imóvel, das áreas de preservação permanente, da reserva legal e dos vértices da área sob enriquecimento;

VIII – nome científico e popular das espécies nativas a serem plantadas ou reintroduzidas;
IX – tamanho da área a ser enriquecida;
X – estimativa da quantidade de exemplares preexistentes das espécies a serem plantadas ou reintroduzidas na área enriquecida;
XI – quantidade a ser plantada ou reintroduzida de cada espécie;
XII – cronograma de execução previsto; e
XIII – laudo técnico com a respectiva Anotação de Responsabilidade Técnica – ART, de profissional habilitado, atestando o estágio de regeneração da vegetação.

§ 1º O requerimento de que trata o caput poderá ser feito individualmente ou, no caso de programas de fomento, para grupos de propriedades.

§ 2º O órgão ambiental competente somente poderá emitir a autorização para corte ou supressão de espécies nativas após análise das informações prestadas na forma do caput e prévia vistoria de campo que ateste a veracidade das informações.

Art. 8º Os detentores de espécies nativas comprovadamente plantadas pelo sistema de enriquecimento ecológico após o início da vigência deste Decreto, em remanescentes de vegetação secundária nos estágios inicial, médio ou avançado de regeneração da Mata Atlântica, poderão cortar ou explorar e comercializar os produtos delas oriundos mediante autorização do órgão ambiental competente.

Parágrafo único. O corte ou a exploração de que trata o caput somente serão autorizados se o plantio estiver previamente cadastrado junto ao órgão ambiental competente e até o limite máximo de cinquenta por cento dos exemplares plantados.

Art. 9º Para os fins do disposto no parágrafo único do art. 8º, será criado, no órgão ambiental competente, Cadastro de Espécies Nativas Plantadas pelo Sistema de Enriquecimento Ecológico.

Parágrafo único. O pedido de cadastramento deverá ser instruído pelo interessado com as informações previstas no art. 7º, além de outras estabelecidas pelo órgão ambiental competente.

Art. 10. Para requerer a autorização de corte ou exploração de que trata o art. 8º, o interessado deverá apresentar, no mínimo, as seguintes informações:

I – dados do proprietário ou possuidor;

II – número do plantio no Cadastro de Espécies Nativas Plantadas pelo Sistema de Enriquecimento Ecológico junto ao órgão ambiental competente;

III – dados da propriedade ou posse, incluindo cópia da matrícula do imóvel no Registro Geral do Cartório de Registro de Imóveis, ou comprovante de posse;

IV – outorga para utilização do imóvel emitida pela Secretaria do Patrimônio da União, em se tratando de terrenos de marinha e acrescidos de marinha, bem como nos demais bens de domínio da União, na forma estabelecida no Decreto-Lei nº 9.760, de 1946;

V – quantidade total de árvores plantadas de cada espécie no sistema de enriquecimento ecológico;

VI – nome científico e popular das espécies;

VII – data ou ano do plantio no sistema de enriquecimento ecológico;

VIII – identificação e quantificação das espécies a serem cortadas e volume de produtos e subprodutos florestais a serem obtidos;

IX – localização da área enriquecida a ser objeto de corte seletivo, com a indicação das coordenadas geográficas de seus vértices; e

X – laudo técnico com a respectiva ART, de profissional habilitado, atestando tratar-se de espécies florestais nativas plantadas no sistema de enriquecimento ecológico, bem como a data ou ano do seu plantio.

Parágrafo único. O órgão ambiental competente somente poderá emitir a autorização para corte ou exploração após análise das informações prestadas na forma do caput e prévia vistoria de campo que ateste o efetivo plantio no sistema de enriquecimento ecológico.

Art. 11. O transporte de produtos e subprodutos florestais provenientes do corte ou exploração previsto nos arts. 5º e 8º deverá ser acompanhado da respectiva autorização para o transporte de produtos e subprodutos florestais de origem nativa emitida pelo órgão ambiental competente.

CAPÍTULO IV – DO plantio e reflorestamento com espécies nativas

Art. 12. O plantio ou o reflorestamento com espécies nativas independem de autorização do órgão ambiental competente.

Parágrafo único. O plantio e o reflorestamento de que trata este artigo, para atividades de manejo agroflorestal sustentável, poderão ser efetivados de forma consorciada com espécies exóticas, florestais ou agrícolas, observada a legislação aplicável quando se tratar de área de preservação permanente e de reserva legal.

Art. 13. A partir da edição deste Decreto, o órgão ambiental competente poderá autorizar, mediante cadastramento prévio, o plantio de espécie nativa em meio à vegetação secundária arbórea nos estágios médio e avançado de regeneração, com a finalidade de produção e comercialização.

§ 1º Nos casos em que o plantio referido no caput exigir o corte ou a supressão de espécies nativas que gerem produtos ou subprodutos comercializáveis, o órgão ambiental competente poderá autorizar o corte ou supressão de espécies não arbóreas e o corte de espécies florestais pioneiras definidas de acordo com § 2º do art. 35, limitado, neste caso, ao percentual máximo de quarenta por cento dos indivíduos de cada espécie pioneira existente na área sob plantio.

§ 2º É vedado, para fins do plantio referido no caput, a supressão ou corte de:

I – espécies nativas que integram a Lista Oficial de Espécies da Flora Brasileira Ameaçadas de Extinção ou constantes de listas dos Estados;

II – vegetação primária; e

III – espécies florestais arbóreas em vegetação secundária no estágio avançado de regeneração, ressalvado o disposto no § 2º do art. 2º.

§ 3º Nas práticas silviculturais necessárias à realização do plantio, deverão ser adotadas medidas para a minimização dos impactos sobre os indivíduos jovens das espécies arbóreas secundárias e climácicas.

§ 4º Para requerer a autorização de que trata o § 1º, o interessado deverá apresentar as mesmas informações previstas no art. 7º.

§ 5º O transporte de produtos e subprodutos florestais provenientes do corte ou exploração previsto no § 1º deverá ser acompanhado da respectiva autorização para o transporte de produtos e subprodutos florestais de origem nativa emitida pelo órgão ambiental competente.

Art. 14. O corte ou a exploração de espécies nativas comprovadamente plantadas somente serão permitidos se o plantio ou o reflorestamento tiver sido previamente cadastrado junto ao órgão ambiental competente no prazo máximo de sessenta dias após a realização do plantio ou do reflorestamento.

§ 1º Para os fins do disposto no caput, será criado ou mantido, no órgão ambiental competente, Cadastro de Espécies Nativas Plantadas ou Reflorestadas.

§ 2º O interessado deverá instruir o pedido de cadastramento com, no mínimo, as seguintes informações:

I – dados do proprietário ou possuidor;

II – dados da propriedade ou posse, incluindo cópia da matrícula ou certidão atualizada do imóvel no Registro Geral do Cartório de Registro de Imóveis, ou comprovante de posse;

III – outorga para utilização do imóvel emitida pela Secretaria do Patrimônio da União, em se tratando de terrenos de marinha e acrescidos de marinha, bem como nos demais bens de domínio da União, na forma estabelecida no Decreto-Lei nº 9.760, de 1946;

IV – localização com a indicação das coordenadas geográficas dos vértices do imóvel e dos vértices da área plantada ou reflorestada;

V – nome científico e popular das espécies plantadas e o sistema de plantio adotado;

VI – data ou período do plantio;

VII – número de espécimes de cada espécie plantada por intermédio de mudas; e

VIII – quantidade estimada de sementes de cada espécie, no caso da utilização de sistema de plantio por semeadura.

Art. 15. Os detentores de espécies florestais nativas plantadas, cadastradas junto ao órgão ambiental competente, quando da colheita, comercialização ou transporte dos produtos delas oriundos, deverão, preliminarmente, notificar o órgão ambiental competente, prestando, no mínimo, as seguintes informações:

I – número do cadastro do respectivo plantio ou reflorestamento;

II – identificação e quantificação das espécies a serem cortadas e volume de produtos e subprodutos florestais a serem obtidos; e

III – localização da área a ser objeto de corte ou supressão com a indicação das coordenadas geográficas de seus vértices.

Art. 16. Os detentores de espécies florestais nativas plantadas até a data da publicação deste Decreto, que não cadastrarem o plantio ou o reflorestamento junto ao órgão ambiental competente, quando da colheita, comercialização ou transporte dos produtos delas oriundos, deverão, preliminarmente, notificar o órgão ambiental competente, prestando, no mínimo, as seguintes informações:

I – dados do proprietário ou possuidor;

II – dados da propriedade ou posse, incluindo cópia da matrícula do imóvel no Registro Geral do Cartório de Registro de Imóveis, ou comprovante de posse;

III – outorga para utilização do imóvel emitida pela Secretaria do Patrimônio da União, em se tratando de terrenos de marinha e acrescidos de marinha, bem como nos demais bens de domínio da União, na forma estabelecida no Decreto-Lei nº 9.760, de 1946;

IV – quantidade total de árvores plantadas de cada espécie, bem como o nome científico e popular das espécies;

V – data ou ano do plantio;

VI – identificação e quantificação das espécies a serem cortadas e volume de produtos e subprodutos florestais a serem obtidos;

VII – localização com a indicação das coordenadas geográficas dos vértices da área plantada a ser objeto de corte ou supressão; e

VIII – laudo técnico com a respectiva ART, de profissional habilitado, atestando tratar-se de espécies florestais nativas plantadas, bem como a data ou ano do seu plantio, quando se tratar de espécies constantes da Lista Oficial de Espécies da Flora Brasileira Ameaçadas de Extinção ou de listas dos Estados.

Parágrafo único. O disposto neste artigo não se aplica para o plantio de espécie nativa em meio à vegetação secundária arbórea nos estágios médio e avançado de regeneração previsto no art. 13.

Art. 17. A emissão da autorização para o transporte de produtos e subprodutos florestais oriundos de espécies nativas plantadas não constantes da Lista Oficial de Espécies da Flora Brasileira Ameaçadas de Extinção ou de listas dos Estados fica condicionada à análise das informações prestadas na forma do art. 15, quando se tratar de plantio ou reflorestamento cadastrado, ou na forma do art. 16, quando se tratar de plantio ou reflorestamento não cadastrado.

Parágrafo único. No caso de espécies nativas plantadas constantes da Lista Oficial de Espécies da Flora Brasileira Ameaçadas de Extinção ou de listas dos Estados, cadastradas ou não junto ao órgão ambiental competente, a autorização para o transporte de produtos e subprodutos florestais somente poderá ser emitida após análise das informações prestadas na forma do caput e prévia vistoria de campo que ateste o efetivo plantio.

Art. 18. Ficam isentos de prestar as informações previstas nos arts. 15 e 16 os detentores de espécies florestais nativas plantadas que realizarem a colheita ou o corte eventual até o máximo de vinte metros cúbicos, a cada três anos, para uso ou consumo na propriedade, sem propósito comercial direto ou indireto, e desde que os produtos florestais não necessitem de transporte e beneficiamento fora dos limites da propriedade.

CAPÍTULO V – Da anuência dos órgãos federais de meio ambiente

Art. 19. Além da autorização do órgão ambiental competente, prevista no art. 14 da Lei nº 11.428, de 2006, será necessária a anuência prévia do Instituto Brasileiro do Meio Ambiente e dos Recursos Naturais Renováveis – IBAMA, de que trata o § 1º do referido artigo, somente quando a supressão de vegetação primária ou secundária em estágio médio ou avançado de regeneração ultrapassar os limites a seguir estabelecidos:

I – cinquenta hectares por empreendimento, isolada ou cumulativamente; ou

II – três hectares por empreendimento, isolada ou cumulativamente, quando localizada em área urbana ou região metropolitana.

§ 1º A anuência prévia de que trata o caput é de competência do Instituto Chico Mendes de Conservação da Biodiversidade – Instituto Chico Mendes quando se tratar de supressão, corte ou exploração de vegetação localizada nas unidades de conservação instituídas pela União onde tais atividades sejam admitidas.

§ 2º Para os fins do inciso II do caput, deverá ser observado o disposto nos arts. 30 e 31 da Lei nº 11.428, de 2006.

Art. 20. A solicitação de anuência prévia de que trata o art. 19 deve ser instruída, no mínimo, com as seguintes informações:

I – dados do proprietário ou possuidor da área a ser suprimida;

II – dados da propriedade ou posse, incluindo cópia da matrícula ou certidão atualizada do imóvel no Registro Geral do Cartório de Registro de Imóveis, ou comprovante de posse;

III – outorga para utilização do imóvel emitida pela Secretaria do Patrimônio da União, em se tratando de terrenos de marinha e acrescidos de marinha, bem como nos demais bens de domínio da União, na forma estabelecida no Decreto-Lei nº 9.760, de 1946;

IV – localização com a indicação das coordenadas geográficas dos vértices da área a ser objeto de corte ou supressão;

V – inventário fitossociológico da área a ser cortada ou suprimida, com vistas a determinar o estágio de regeneração da vegetação e a indicação da fitofisionomia original, elaborado com metodologia e suficiência amostral adequadas, observados os parâmetros estabelecidos no art. 4º, § 2º, da Lei nº 11.428, de 2006, e as definições constantes das resoluções do CONAMA de que trata o caput do referido artigo;

VI – cronograma de execução previsto;

VII – estimativa do volume de produtos e subprodutos florestais a serem obtidos com a supressão; e

VIII – descrição das atividades a serem desenvolvidas na área a ser suprimida.

Parágrafo único. As informações de que trata o caput poderão ser substituídas por cópia do estudo ambiental do empreendimento ou atividade, desde que as contemple.

Art. 21. A anuência prévia de que trata o art. 19 pode ser emitida com condicionantes para mitigar os impactos da atividade sobre o ecossistema remanescente.

Parágrafo único. As condicionantes de que trata este artigo devem ser estabelecidas durante o processo de licenciamento ambiental.

CAPÍTULO VI – Do pousio

Art. 22. Considera-se pousio a prática que prevê a interrupção de atividades ou usos agrícolas, pecuários ou silviculturais do solo por até dez anos para possibilitar a recuperação de sua fertilidade.

Parágrafo único. A supressão da vegetação secundária em estágio inicial de regeneração da área submetida a pousio somente poderá ser autorizada pelo órgão ambiental competente nos imóveis onde, comprovadamente, essa prática vem sendo utilizada tradicionalmente.

Art. 23. A supressão de até dois hectares por ano da vegetação em área submetida a pousio, na pequena propriedade rural ou posses de população tradicional ou de pequenos produtores rurais, dependerá de autorização do órgão ambiental competente, devendo o interessado apresentar requerimento contendo, no mínimo, as seguintes informações:

I – dimensão da área a ser suprimida;
II – idade aproximada da vegetação;
III – caracterização da vegetação indicando as espécies lenhosas predominantes;
IV – indicação da atividade agrícola, pecuária ou silvicultural a ser desenvolvida na área;
V – estimativa do volume de produtos e subprodutos florestais a serem obtidos com a supressão e o destino a ser dado a eles, quando houver; e
VI – localização com a indicação das coordenadas geográficas dos vértices da área a ser cortada ou suprimida.

§ 1º O limite estabelecido no caput, no caso de posse coletiva de populações tradicionais ou de pequenos produtores rurais, será adotado por unidade familiar.

§ 2º Quando a supressão da vegetação de área submetida a pousio for superior a dois hectares, a autorização somente poderá ser concedida de acordo com o disposto no art. 32.

§ 3º A autorização de que trata o caput somente poderá ser concedida após análise das informações prestadas e prévia vistoria de campo que ateste a veracidade das informações.

Art. 24. No caso de sistema integrado de pousio, a autorização de supressão de vegetação secundária em estágio inicial de regeneração poderá ser concedida pelo órgão ambiental competente, para o conjunto de módulos de rotação do sistema no imóvel, por período não superior a dez anos.

§ 1º Entende-se por sistema integrado de pousio o uso intercalado de diferentes módulos ou áreas de cultivo nos limites da respectiva propriedade ou posse.

§ 2º Para requerer a autorização de supressão de vegetação do sistema integrado de pousio de que trata o caput, o interessado deverá apresentar, entre outros, os seguintes documentos:

I – dados do proprietário ou possuidor;

II – dados da propriedade ou posse, incluindo cópia da matrícula ou certidão atualizada do imóvel no Registro Geral do Cartório de Registro de Imóveis, ou comprovante da posse;

III – outorga para utilização do imóvel emitida pela Secretaria do Patrimônio da União, em se tratando de terrenos de marinha e acrescidos de marinha, bem como nos demais bens de domínio da União, na forma estabelecida no Decreto-Lei nº 9.760, de 1946;

IV – localização com a indicação das coordenadas geográficas dos vértices do imóvel, das áreas de preservação permanente e da reserva legal e dos módulos das áreas a serem utilizadas no sistema integrado de pousio, dentro da propriedade ou posse;

V – comprovação da averbação da reserva legal ou comprovante de compensação nos termos da Lei nº 4.771, de 1965;

VI – previsão da área a ser cortada ou suprimida por período e sua localização no sistema integrado de pousio dentro da propriedade ou posse, bem como o período total de rotação do sistema, limitado a dez anos;

VII – estimativa do volume de produtos e subprodutos florestais a serem obtidos a cada período com o corte ou supressão da vegetação e o destino a ser dado a eles; e

VIII – descrição das atividades agrícolas, pecuárias ou silviculturais a serem desenvolvidas no sistema.

§ 3º A autorização de que trata o caput somente poderá ser concedida após análise das informações prestadas e prévia vistoria de campo que ateste a veracidade das informações.

Art. 25. O transporte de produtos e subprodutos florestais provenientes do corte ou supressão previstos nos arts. 23 e 24 deverá ser acompanhado da respectiva autorização para o transporte de produtos e subprodutos florestais de origem nativa emitida pelo órgão ambiental competente.

CAPÍTULO VII - Da destinação de área equivalente à desmatada

Art. 26. Para fins de cumprimento do disposto nos arts. 17 e 32, inciso II, da Lei nº 11.428, de 2006, o empreendedor deverá:

I - destinar área equivalente à extensão da área desmatada, para conservação, com as mesmas características ecológicas, na mesma bacia hidrográfica, sempre que possível na mesma microbacia hidrográfica e, nos casos previstos nos arts. 30 e 31 da Lei nº 11.428, de 2006, em áreas localizadas no mesmo Município ou região metropolitana; ou

II - destinar, mediante doação ao Poder Público, área equivalente no interior de unidade de conservação de domínio público, pendente de regularização fundiária, localizada na mesma bacia hidrográfica, no mesmo Estado e, sempre que possível, na mesma microbacia hidrográfica.

§ 1º Verificada pelo órgão ambiental a inexistência de área que atenda aos requisitos previstos nos incisos I e II, o empreendedor deverá efetuar a reposição florestal, com espécies nativas, em área equivalente à desmatada, na mesma bacia hidrográfica, sempre que possível na mesma microbacia hidrográfica.

§ 2º A execução da reposição florestal de que trata o § 1º deverá seguir as diretrizes definidas em projeto técnico, elaborado por profissional habilitado e previamente aprovado pelo órgão ambiental competente, contemplando metodologia que garanta o restabelecimento de índices de diversidade florística compatíveis com os estágios de regeneração da área desmatada.

Art. 27. A área destinada na forma de que tratam o inciso I e o § 1º do art. 26, poderá constituir Reserva Particular do Patrimônio Natural, nos termos do art. 21 da Lei nº 9.985, de 18 de julho de 2000, ou servidão florestal em caráter permanente conforme previsto no art. 44-A da Lei nº 4.771, de 15 de setembro de 1965 - Código Florestal.

Parágrafo único. O órgão ambiental competente promoverá vistoria prévia na área destinada à compensação para avaliar e atestar que as características ecológicas e a extensão da área são equivalentes àquelas da área desmatada.

CAPÍTULO VIII – Da coleta de subprodutos florestais e atividades de uso indireto

Art. 28. Na coleta de subprodutos florestais, tais como frutos, folhas ou sementes, prevista no art. 18 da Lei nº 11.428, de 2006, deverão ser observados:

I – os períodos de coleta e volumes fixados em regulamentos específicos, quando houver;

II – a época de maturação dos frutos e sementes;

III – técnicas que não coloquem em risco a sobrevivência de indivíduos e da espécie coletada no caso de coleta de flores, folhas, cascas, óleos, resinas e raízes;

IV – técnicas que não coloquem em risco a sobrevivência da espécie na área sob coleta no caso de coleta de cipós, bulbos e bambus;

V – as limitações legais específicas e, em particular, as relativas ao acesso ao patrimônio genético, à proteção e ao acesso ao conhecimento tradicional associado e de biossegurança, quando houver; e

VI – a manutenção das funções relevantes na alimentação, reprodução e abrigo da flora e fauna silvestre.

§ 1º No caso de a coleta de subprodutos florestais de que trata o caput gerar produtos ou subprodutos destinados à comercialização direta ou indireta, será exigida autorização de transporte destes, conforme previsão normativa específica, quando houver.

§ 2º A coleta de sementes e frutos em unidades de conservação de proteção integral dependerá de autorização do gestor da unidade, observado o disposto no plano de manejo da unidade.

§ 3º A prática do extrativismo sustentável, por intermédio da condução de espécie nativa produtora de folhas, frutos ou sementes, visando a produção e comercialização, deverá observar o disposto no caput e, onde couber, as regras do Sistema Participativo de Garantia da Qualidade Orgânica nos termos do Decreto nº 6.323, de 27 de dezembro de 2007, assegurando-se o direito de continuidade de exploração da espécie plantada ou conduzida no período subseqüente.

§ 4 É livre a coleta de frutos e a condução do cacaueiro no sistema de cabruca, desde que não descaracterize a cobertura vegetal nativa e não prejudique a função ambiental da área.

Art. 29. Para os fins do disposto no art. 18 da Lei nº 11.428, de 2006, ressalvadas as áreas de preservação permanente, consideram-se de uso indireto, não necessitando de autorização dos órgãos ambientais competentes, as seguintes atividades:

I – abertura de pequenas vias e corredores de acesso;

II – implantação de trilhas para desenvolvimento de ecoturismo;

III – implantação de aceiros para prevenção e combate a incêndios florestais;

IV – construção e manutenção de cercas ou picadas de divisa de propriedades; e

V – pastoreio extensivo tradicional em remanescentes de campos de altitude, nos estágios secundários de regeneração, desde que não promova a supressão da vegetação nativa ou a introdução de espécies vegetais exóticas.

Parágrafo único. As atividades de uso indireto de que trata o caput não poderão colocar em risco as espécies da fauna e flora ou provocar a supressão de espécies ameaçadas de extinção constantes da Lista Oficial de Espécies da Flora Brasileira Ameaçadas de Extinção ou constantes de listas dos Estados.

CAPÍTULO IX – Do corte e supressão de vegetação secundária em estágio médio de regeneração para atividades imprescindíveis à pequena propriedade e populações tradicionais

Art. 30. O corte e a supressão de vegetação secundária em estágio médio de regeneração para o exercício de atividades ou usos agrícolas, pecuários ou silviculturais imprescindíveis à subsistência de pequeno produtor rural e populações tradicionais e de suas famílias, previstos no art. 23, inciso III, da Lei nº 11.428, de 2006, depende de autorização do órgão estadual competente, devendo o interessado apresentar requerimento contendo, no mínimo, as seguintes informações:

I – dados do proprietário ou possuidor;

II – dados da propriedade ou posse, incluindo cópia da matrícula do imóvel no Registro Geral do Cartório de Registro de Imóveis, ou comprovante de posse;

III – outorga para utilização do imóvel emitida pela Secretaria do Patrimônio da União, em se tratando de terrenos de marinha e acrescidos de marinha, bem como nos demais bens de domínio da União, na forma estabelecida no Decreto-Lei nº 9.760, de 1946;

IV – localização com a indicação das coordenadas geográficas dos vértices da área a ser cortada ou suprimida;

V – inventário fitossociológico da área a ser cortada ou suprimida, com vistas a determinar o estágio de regeneração da vegetação e a indicação da fitofisionomia original, elaborado com metodologia e suficiência amostral adequadas, observados os parâmetros estabelecidos no art. 4º, § 2º, da Lei nº 11.428, de 2006, e as definições constantes das resoluções do CONAMA de que trata o caput do referido artigo;

VI – comprovação da averbação da reserva legal ou comprovante de compensação nos termos da Lei nº 4.771, de 1965;

VII – cronograma de execução previsto;

VIII – estimativa do volume de produtos e subprodutos florestais a serem obtidos com a supressão e o seu destino;

IX – descrição das atividades a serem desenvolvidas na área a ser suprimida; e

X – justificativa demonstrando tratar-se de atividades imprescindíveis à subsistência de pequeno produtor rural ou de populações tradicionais.

§ 1º Consideram-se atividades ou usos agrícolas, pecuários ou silviculturais imprescindíveis à subsistência do pequeno produtor rural e populações tradicionais e de suas famílias, de que trata o caput, o corte e a supressão de vegetação em estágio médio de regeneração até o limite máximo de dois hectares da área coberta por vegetação em estágio médio de regeneração existente na propriedade ou posse.

§ 2º No caso de posse coletiva de população tradicional, o limite estabelecido no § 1º aplica-se à unidade familiar.

§ 3º A emissão de autorização de que trata o caput, nos termos do parágrafo único do art. 24 da Lei nº 11.428, de 2006, deve ser informada ao IBAMA, juntamente com os dados respectivos.

§ 4º A autorização de que trata o caput somente poderá ser concedida após análise das informações prestadas e prévia vistoria de campo que ateste a veracidade das informações e a inexistência de alternativa locacional na propriedade ou posse para a atividade pretendida.

Art. 31. O transporte de produtos e subprodutos florestais provenientes da exploração prevista no art. 30 deverá ser acompanhado da respectiva autorização para o transporte de produtos e subprodutos florestais de origem nativa emitida pelo órgão ambiental competente.

CAPÍTULO X - Do corte e supressão de vegetação secundária em estágio inicial de regeneração

Art. 32. O corte ou supressão da vegetação secundária em estágio inicial de regeneração da Mata Atlântica depende de autorização do órgão estadual competente, devendo o interessado apresentar requerimento contendo, no mínimo, as seguintes informações:

I - dados do proprietário ou possuidor;

II - dados da propriedade ou posse, incluindo cópia da matrícula ou certidão atualizada do imóvel no Registro Geral do Cartório de Registro de Imóveis, ou comprovante de posse;

III - outorga para utilização do imóvel emitida pela Secretaria do Patrimônio da União, em se tratando de terrenos de marinha e acrescidos de marinha, bem como nos demais bens de domínio da União, na forma estabelecida no Decreto-Lei nº 9.760, de 1946;

IV - localização com a indicação das coordenadas geográficas dos vértices do imóvel, das áreas de preservação permanente, da reserva legal e da área a ser cortada ou suprimida;

V - inventário fitossociológico da área a ser cortada ou suprimida, com vistas a determinar o estágio de regeneração da vegetação e a indicação da fitofisionomia original, elaborado com metodologia e suficiência amostral adequadas, observados os parâmetros estabelecidos no art. 4º, § 2º, da Lei nº 11.428, de 2006, e as definições constantes das resoluções do CONAMA de que trata o caput do referido artigo;

VI - comprovação da averbação da reserva legal ou comprovante de compensação nos termos da Lei nº 4.771, de 1965;

VII - cronograma de execução previsto; e

VIII - estimativa do volume de produtos e subprodutos florestais a serem obtidos com a supressão.

Parágrafo único. A autorização de que trata o caput somente poderá ser concedida após análise das informações prestadas e prévia vistoria de campo que ateste a veracidade das informações.

Art. 33. No caso de pequenos produtores rurais ou posses das populações tradicionais, o interessado em obter autorização para o corte ou supressão da vegetação secundária em estágio inicial de regeneração da Mata Atlântica deverá apresentar requerimento contendo, no mínimo, as seguintes informações:

I – dimensão da área pretendida;

II – idade da vegetação;

III – caracterização da vegetação indicando as espécies lenhosas predominantes;

IV – indicação da atividade a ser desenvolvida na área;

V – comprovação da averbação da reserva legal ou comprovante de compensação nos termos da Lei nº 4.771, de 1965; e

VI – localização com a indicação das coordenadas geográficas dos vértices da área a ser cortada ou suprimida.

Parágrafo único. A autorização de que trata o caput somente poderá ser concedida após análise das informações prestadas e prévia vistoria de campo que ateste a veracidade das informações, e ate o limite de até dois hectares por ano.

Art. 34. O transporte de produtos e subprodutos florestais provenientes do corte ou supressão prevista nos arts. 32 e 33 deverá ser acompanhado da respectiva autorização para o transporte de produtos e subprodutos florestais de origem nativa emitida pelo órgão ambiental competente.

CAPÍTULO XI – Do corte, supressão e manejo de espécies arbóreas pioneiras em estágio médio de regeneração

Art. 35. Nos fragmentos florestais da Mata Atlântica em estágio médio de regeneração, o corte, a supressão e o manejo de espécies arbóreas pioneiras nativas, de que trata o art. 28 da Lei nº 11.428, de 2006, com presença superior a sessenta por cento em relação às demais espécies do fragmento florestal, dependem de autorização do órgão estadual competente.

§ 1º O cálculo do percentual previsto no caput deverá levar em consideração somente os indivíduos com Diâmetro na Altura do Peito – DAP acima de cinco centímetros.

§ 2º O Ministério do Meio Ambiente definirá, mediante portaria, as espécies arbóreas pioneiras passíveis de corte, supressão e manejo em fragmentos florestais em estágio médio de regeneração da Mata Atlântica.

Art. 36. O corte, a supressão e o manejo de espécies arbóreas pioneiras de que trata o art. 35 somente poderão ocorrer quando:

I – as espécies constarem da portaria referida no § 2º do art. 35;

II – o volume e intensidade do corte não descaracterizem o estágio médio de regeneração do fragmento;

III – forem adotadas medidas para a minimização dos impactos sobre espécies arbóreas secundárias e climácicas existentes na área; e

IV – não se referirem a espécies que integram a Lista Oficial de Espécies da Flora Brasileira Ameaçadas de Extinção ou constantes de listas dos Estados.

Art. 37. O interessado em obter a autorização de que trata o art. 35 deverá apresentar requerimento contendo, no mínimo, as seguintes informações:

I – dados do proprietário ou possuidor;

II – dados da propriedade ou posse, incluindo cópia da matrícula do imóvel no Registro Geral do Cartório de Registro de Imóveis, ou comprovante de posse;

III – outorga para utilização do imóvel emitida pela Secretaria do Patrimônio da União, em se tratando de terrenos de marinha e acrescidos de marinha, bem como nos demais bens de domínio da União, na forma estabelecida no Decreto-Lei nº 9.760, de 1946;

IV – localização com a indicação das coordenadas geográficas dos vértices do imóvel, das áreas de preservação permanente, da reserva legal e da área a ser objeto de corte, supressão ou manejo de espécies pioneiras;

V – inventário fitossociológico da área a ser cortada ou suprimida, com vistas a determinar o estágio de regeneração da vegetação e a indicação da fitofisionomia original, elaborado com metodologia e suficiência amostral adequadas, observados os parâmetros estabelecidos no art. 4º, § 2º, da Lei nº 11.428, de 2006, e as definições constantes das resoluções do CONAMA de que trata o caput do referido artigo;

VI – comprovação da averbação da reserva legal ou comprovante de compensação nos termos da Lei nº 4.771, de 1965;

VII – cronograma de execução previsto; e

VIII – estimativa do volume de produtos e subprodutos florestais a serem obtidos com o corte, manejo ou supressão.

Parágrafo único. A autorização de que trata o art. 35 somente poderá ser concedida após análise das informações prestadas e prévia vistoria de campo que ateste a veracidade das informações.

Art. 38. O transporte de produtos e subprodutos florestais provenientes do corte, supressão ou manejo, previstos no art. 35 deverá ser acompanhado da respectiva autorização para o transporte de produtos e subprodutos florestais de origem nativa emitida pelo órgão ambiental competente.

CAPÍTULO XII – Da supressão de espécies ameaçadas de extinção

Art. 39. A autorização para o corte ou a supressão, em remanescentes de vegetação nativa, de espécie ameaçada de extinção constante da Lista Oficial de Espécies da Flora Brasileira Ameaçadas de Extinção ou constantes de listas dos Estados, nos casos de que tratam os arts. 20, 21, 23, incisos I e IV, e 32 da Lei nº 11.428, de 2006, deverá ser precedida de parecer técnico do órgão ambiental competente atestando a inexistência de alternativa técnica e locacional e que os impactos do corte ou supressão serão adequadamente mitigados e não agravarão o risco à sobrevivência in situ da espécie.

Parágrafo único. Nos termos do art. 11, inciso I, alínea "a", da Lei nº 11.428, de 2006, é vedada a autorização de que trata o caput nos casos em que a intervenção, parcelamento ou empreendimento puserem em risco a sobrevivência in situ de espécies da flora ou fauna ameaçadas de extinção, tais como:

I – corte ou supressão de espécie ameaçada de extinção de ocorrência restrita à área de abrangência direta da intervenção, parcelamento ou empreendimento; ou

II – corte ou supressão de população vegetal com variabilidade genética exclusiva na área de abrangência direta da intervenção, parcelamento ou empreendimento.

CAPÍTULO XIII – Da supressão de vegetação para fins de loteamento ou edificação

Art. 40. O corte ou supressão de vegetação para fins de loteamento ou edificação, de que tratam os arts. 30 e 31 da Lei nº 11.428, de 2006, depende de autorização do órgão estadual competente, devendo o interessado apresentar requerimento contendo, no mínimo, as seguintes informações, sem prejuízo da realização de licenciamento ambiental, quando couber:

I – dados do proprietário ou possuidor;

II – dados da propriedade ou posse, incluindo cópia da matrícula do imóvel no Registro Geral do Cartório de Registro de Imóveis, ou comprovante de posse;

III – outorga para utilização do imóvel emitida pela Secretaria do Patrimônio da União, em se tratando de terrenos de marinha e acrescidos de marinha, bem como nos demais bens de domínio da União, na forma estabelecida no Decreto-Lei nº 9.760, de 1946;

IV – localização com a indicação das coordenadas geográficas dos vértices do imóvel, das áreas de preservação permanente e da área a ser objeto de corte ou supressão;

V – inventário fitossociológico da área a ser cortada ou suprimida, com vistas a determinar o estágio de regeneração da vegetação e a indicação da fitofisionomia original, elaborado com metodologia e suficiência amostral adequadas, observados os parâmetros estabelecidos no art. 4º, § 2º, da Lei nº 11.428, de 2006, e as definições constantes das resoluções do CONAMA de que trata o caput do referido artigo;

VI – cronograma de execução previsto; e

VII – estimativa do volume de produtos e subprodutos florestais a serem obtidos com a supressão e o destino a ser dado a esses produtos.

§ 1º A autorização de que trata o caput somente poderá ser concedida após análise das informações prestadas e prévia vistoria de campo que ateste a veracidade das informações.

§ 2º O corte ou a supressão de que trata o caput ficarão condicionados à destinação de área equivalente de acordo com o disposto no art. 26.

Art. 41. O percentual de vegetação nativa secundária em estágio avançado e médio de regeneração a ser preservado, de que tratam os arts. 30, inciso I, e 31, §§ 1º e 2º, da Lei nº 11.428, de 2006, deverá ser calculado em relação à área total coberta por essa vegetação existente no imóvel do empreendimento.

Art. 42. O transporte de produtos e subprodutos florestais provenientes do corte ou supressão prevista no art. 40 deverá ser acompanhado da respectiva autorização para o transporte de produtos e subprodutos florestais de origem nativa emitida pelo órgão ambiental competente.

CAPÍTULO XIV – Do plano municipal de conservação e recuperação da mata atlântica

Art. 43. O plano municipal de conservação e recuperação da Mata Atlântica, de que trata o art. 38 da Lei nº 11.428, de 2006, deverá conter, no mínimo, os seguintes itens:

I – diagnóstico da vegetação nativa contendo mapeamento dos remanescentes em escala de 1:50.000 ou maior;

II – indicação dos principais vetores de desmatamento ou destruição da vegetação nativa;

III – indicação de áreas prioritárias para conservação e recuperação da vegetação nativa; e

IV – indicações de ações preventivas aos desmatamentos ou destruição da vegetação nativa e de conservação e utilização sustentável da Mata Atlântica no Município.

Parágrafo único. O plano municipal de que trata o caput poderá ser elaborado em parceria com instituições de pesquisa ou organizações da sociedade civil, devendo ser aprovado pelo Conselho Municipal de Meio Ambiente.

CAPÍTULO XV – Das disposições finais

Art. 44. Os órgãos competentes deverão assistir às populações tradicionais e aos pequenos produtores, nos termos do art. 13 da Lei nº 11.428, de 2006.

Art. 45. Nos casos em que este Decreto exigir a indicação de coordenadas geográficas dos vértices de áreas, tais coordenadas poderão ser obtidas com a utilização de equipamentos portáteis de navegação do Sistema Global de Posicionamento – GPS.

Art. 46. Os projetos de recuperação de vegetação nativa da Mata Atlântica, inclusive em área de preservação permanente e reserva legal, são elegíveis para os fins de incentivos econômicos eventualmente previstos na legislação nacional e nos acordos internacionais relacionados à proteção, conservação e uso sustentável da biodiversidade e de florestas ou de mitigação de mudanças climáticas.

Art. 47. O extrativismo sustentável e a comercialização de produtos e subprodutos oriundos de remanescentes da Mata Atlântica, quando realizados por pequenos produtores rurais e populações tradicionais, poderão integrar Sistemas Participativos de Garantia da Qualidade Orgânica, desde que atendidos os requisitos estabelecidos no Decreto nº 6.323, de 2007.

Art. 48. A alternativa técnica e locacional prevista no art. 14 da Lei nº 11.428, de 2006, observados os inventários e planos previstos para os respectivos setores, deve ser aprovada no processo de licenciamento ambiental do empreendimento.

Art. 49. Os empreendimentos ou atividades iniciados em desconformidade com o disposto neste Decreto deverão adaptar-se às suas disposições, no prazo determinado pela autoridade competente.

Art. 50. Este Decreto entra em vigor na data de sua publicação.

Art. 51. Fica revogado o Decreto nº 750, de 10 de fevereiro de 1993.
Brasília, 21 de novembro de 2008; 187º da Independência e 120º da República.

LUIZ INÁCIO LULA DA SILVA
CARLOS MINC

ÍNDICE

NOTA DO AUTOR À 2ª EDIÇÃO	7
PREFÁCIO	9
SUMÁRIO	13
INTRODUÇÃO	15
CAPÍTULO 1. O BIOMA MATA ATLÂNTICA	19
CAPÍTULO 2. COMENTÁRIOS À LEI Nº 11.428, DE 22.12.2006	81
CONSIDERAÇÕES FINAIS	277
REFERÊNCIAS	289
GLOSSÁRIO	299
ANEXO A – LEI Nº 11.428 DE 22.12.2006 – DOU 26.12.2006 – RET 09.01.2007	305
ANEXO B – DECRETO Nº 6.660 DE 21.11.2008 – DOU 24.11.2008	321
SOBRE O AUTOR	349

SOBRE O AUTOR

Alexandre Gaio é Promotor de Justiça no Ministério Público do Estado do Paraná desde o ano de 2003. Atua no Centro de Apoio Operacional às Promotorias de Proteção ao Meio Ambiente, Habitação e Urbanismo (CAOPMAHU) desde o ano de 2016. Graduado em Direito pela Universidade Federal do Paraná – UFPR. Especialista em Direito Público pela Universidade Federal do Paraná – UFPR. Mestre em Direito Econômico e Socioambiental pela Pontifícia Universidade Católica do Paraná – PUC/PR. Ex-Promotor de Justiça Substituto no Estado de Rondônia.